Reliability of the Design of Retaining Structure

支挡结构设计的可靠性

魏永幸 罗一农 刘昌清 著

人民交通出版社股份有限公司
China Communications Press Co.,Ltd.

内 容 提 要

铁路路基支挡结构的安全、适用和耐久至关重要,囿于现行设计标准的可靠性难以量化分析,作者基于内昆铁路、粤赣高速铁路、武广高速铁路等工程的实践总结,结合"铁路路基支挡结构极限状态设计研究"的科研成果,对路基工程可靠度理论的极限状态法设计思想进行了系统、全面的阐述,为建立和完善以概率论为基础的铁路路基支挡结构极限状态设计标准提供了支撑。

本书可供铁道工程技术等相关专业的科研及相关工程技术人员参考使用。

图书在版编目(CIP)数据

支挡结构设计的可靠性 / 魏永幸,罗一农,刘昌清著. —北京:人民交通出版社股份有限公司,2017.2
ISBN 978-7-114-13224-7

Ⅰ.①支… Ⅱ.①魏… ②罗… ③刘… Ⅲ.①铁路路基—支挡结构—结构设计—结构可靠性—研究 Ⅳ.①U213.1

中国版本图书馆 CIP 数据核字(2016)第 171033 号

书　　名:	支挡结构设计的可靠性
著 作 者:	魏永幸　罗一农　刘昌清
责任编辑:	王　霞　王景景
出版发行:	人民交通出版社股份有限公司
地　　址:	(100011)北京市朝阳区安定门外外馆斜街 3 号
网　　址:	http://www.ccpress.com.cn
销售电话:	(010)59757973
总 经 销:	人民交通出版社股份有限公司发行部
经　　销:	各地新华书店
印　　刷:	北京鑫正大印刷有限公司
开　　本:	787×1092　1/16
印　　张:	18
字　　数:	405 千
版　　次:	2017 年 4 月　第 1 版
印　　次:	2017 年 4 月　第 1 版　第 1 次印刷
书　　号:	ISBN 978-7-114-13224-7
定　　价:	67.00 元

(有印刷、装订质量问题的图书由本公司负责调换)

铁路路基支挡结构在设计使用年限内,必须保证其可靠性——安全、适用和耐久。由于铁路路基支挡结构既属于岩土工程又属于结构工程的范畴,其建造环境的复杂程度和材料性能的不确定性比单纯的结构工程更大,施工方式多样且施工过程的质量控制难度大,实现并保证铁路路基支挡结构的可靠性并不容易。由于传统设计方法的局限性,现行的设计标准中隐含的支挡结构可靠度难以量化分析。笔者长期从事路基工程的设计及施工配合、标准编制、科学研究与技术管理工作,曾主持内昆铁路、遂渝铁路、粤赣高速公路、武广高速铁路等铁路、公路路基工程设计,对此有深刻的认识——影响铁路路基支挡结构可靠性的不确定因素很多,支挡结构在设计使用年限内要保证其可靠性,必须建立一套完整的、基于概率论的铁路路基支挡结构设计方法。

基于上述认识,为深入研究铁路路基支挡结构设计方法,笔者申请并获得了企业科技发展计划项目"铁路路基支挡结构极限状态设计研究",组织研究团队开展了有关研究工作。该项目研究成果于 2014 年通过了中国铁路总公司组织的专家鉴定。通过本项目研究,对路基工程可靠度理论的极限状态设计思想有了系统、全面的认识,从支挡结构设计方法对比入手,建立了支挡结构极限状态方程,分析了支挡结构隐含的可靠指标并确定了目标可靠指标,提出了极限状态设计表达式及分项系数建议值,给出了支挡结构极限状态设计流程。

为进一步推广研究成果,以建立和完善以概率论为基础的铁路路基支挡结构极限状态设计标准,笔者联合课题主研人员,以课题主要创新成果为基础,撰写了本书。本书内容包括:基于可靠度理论的极限状态设计思想、基于可靠度理论分析路基支挡结构的难点和重点、基于概率论的土压力计算、主要支挡结构的可靠性分析和极限状态设计研究及支挡结构极限状态设计原则。

全书由魏永幸、罗一农和刘昌清合作撰写,由魏永幸负责统稿。西南交通大学硕士研究生姜涛、侯培金、孔祥峰、刘臻志、曹頔、吴世泽、张龙飞等参与了课题研究以及本书初稿的编写工作。中国中铁二院工程集团有限责任公司(以下简称中铁二院)高柏松、涂骏、王珣、李楚根、杨祥荣、刘会娟等参与了课题研究。课题研究中,中铁二院和西南交通大学十多位长期从事路基工程勘察设计和教学研究的专家提供了十分宝贵的咨询意见。本书的出版得到了中铁二院工程集团有限责任公司学术著作出版基金的支持。

本书能够顺利出版，得益于研究团队的共同努力，也与单位领导和同事的支持密不可分。在此，谨向研究团队全体成员，向给予我们关心、支持、帮助的领导、同事和朋友，表示衷心的感谢！

本书撰写中借鉴和参考的文献已列出，但难免疏漏，在此谨向有关文献作者一并致谢。

限于作者水平，书中或存在不妥，敬请读者批评指正。

作　者
2016 年 7 月

目录 Contents

第1章 概述 1
    1.1 支挡结构类型及发展历程 2
    1.2 支挡结构的设计方法 8
    1.3 支挡结构的安全度 9

第2章 基于概率论的极限状态设计思想 11
    2.1 可靠度理论的基本概念 12
    2.2 极限状态和功能函数 13
    2.3 校准法 31
    2.4 目标可靠指标和分项系数 32
    2.5 支挡结构的可靠性分析思路 45
    2.6 支挡结构基于可靠理论的设计方法 56
    2.7 支挡结构基于可靠度理论的极限状态设计流程 65
    2.8 支挡结构设计中引入概率论的目的 74

第3章 支挡结构可靠性的难点和重点分析 75
    3.1 支挡结构的设计状况 76
    3.2 支挡结构的荷载和抗力 77
    3.3 支挡结构的计算分析模型 81

第4章 基于概率论的土压力计算 83
    4.1 土压力分类 84
    4.2 土压力分布与支挡结构的类型 87
    4.3 土压力计算对结构功能函数可靠指标的影响 90

第5章 重力式和衡重式挡土墙可靠性分析 95
    5.1 设计状况 96
    5.2 极限状态方程 102

— 1 —

5.3　极限状态方程中的基本随机变量 ································ 106
　　5.4　可靠指标计算 ·· 109
　　5.5　荷载分项系数和抗力分项系数 ·· 123
　　5.6　极限状态设计表达式 ·· 127
　　5.7　重力式挡土墙基于可靠度理论的极限状态设计算例 ············ 131

第6章　L形挡土墙可靠性分析 ·· 135
　　6.1　设计状况 ·· 136
　　6.2　极限状态方程 ·· 138
　　6.3　极限状态方程中的基本随机变量 ································ 144
　　6.4　可靠指标 ·· 146
　　6.5　荷载分项系数和抗力分项系数 ·· 154
　　6.6　设计表达式 ·· 155
　　6.7　L形挡土墙极限状态设计验证及分项系数校准 ··················· 156

第7章　桩结构可靠性分析 ·· 163
　　7.1　设计状况 ·· 164
　　7.2　极限状态方程 ·· 166
　　7.3　极限状态方程中的基本变量 ·· 172
　　7.4　可靠指标 ·· 175
　　7.5　荷载分项系数和抗力分项系数 ·· 182
　　7.6　极限状态设计表达式 ·· 186
　　7.7　桩板墙极限状态设计算例 ·· 189

第8章　锚杆挡土墙可靠性分析 ·· 197
　　8.1　土压力分布和内力计算 ·· 198
　　8.2　稳定性验算和内部结构检算的极限状态方程 ····················· 200
　　8.3　锚杆挡土墙的可靠指标 ·· 202
　　8.4　稳定性和内部结构的极限状态设计表达式 ························ 207

第9章　加筋土挡土墙可靠性分析简介 ·· 213
　　9.1　加筋土挡土墙的极限状态方程 ·· 214
　　9.2　加筋土挡土墙可靠指标 ·· 218
　　9.3　加筋土挡土墙极限状态设计 ·· 222

第10章　U形挡土墙极限状态设计研究简介 ································ 225
　　10.1　荷载类型及设计计算 ·· 226
　　10.2　槽形挡土墙的极限状态方程 ·· 228

10.3　槽形挡土墙极限状态设计法 ································ 229

第11章　支挡结构极限状态设计原则 233

11.1　设计一般规定 ···································· 234
11.2　荷载 ·· 235
11.3　抗力和平衡力系 ·································· 235
11.4　设计计算 ······································ 237

第12章　支挡结构设计参数的试验研究 245

12.1　试验的意义 ···································· 246
12.2　基底摩擦系数分类试验 ···························· 246
12.3　L形挡土墙土压力计算不确定性系数试验 ·············· 263

课题研究成果 275

参考文献 276

第 1 章

概 述

支挡结构广泛地应用于铁路、公路、建筑地基、机场、港口等工程建设之中。铁路路基支挡结构的类型较多,其可靠性与铁路的安全性、适用性和耐久性密切相关。随着铁路工程的快速发展,将支挡结构的可靠性从定性规定发展到定量描述,大家在不断提出这样的需求。影响支挡结构可靠性的因素较多,包括环境因素(自然环境、地质条件等)、技术因素(勘测、设计、施工、养护等)、结构自身因素(类型、材料等)等,其中,支挡结构设计的可靠性,反映了支挡结构可靠性所处的水平。

1.1 支挡结构类型及发展历程

1.1.1 支挡结构主要类型

支挡结构包括挡土墙、抗滑桩、锚杆、预应力锚索等支挡,支撑和锚固结构,用来支撑和加固填土或山坡土体以保持其稳定。在铁路、公路等路基工程中,支挡结构主要用于承受土体侧向土压力,广泛应用于稳定路堤、路堑、隧道洞口以及桥梁两端的路基边坡和加固地基等。在水利、矿场、房屋建筑等工程中,支挡结构主要用于加固山坡、基坑边坡和河流岸壁等。在不良地质灾害区域,支挡结构主要用于加固或拦挡不良地质体——滑坡、崩塌、岩堆体、软基等,拦挡落石、泥石流等。支挡结构属于岩土工程和结构工程,随着我国国民经济水平的提高,基础设施建设不断发展,支挡结构的应用越来越广泛,特别是在铁路、公路路基及建筑基础工程中所占的比重也越来越大。铁路工程中常用的支挡结构见表1-1~表1-15。

重力式挡土墙　　　　　　　　　　　　表1-1

结构示意图	说　明	
墙顶边坡 墙身	工作原理	依靠墙身自重支挡侧向土压力
	采用材料	混凝土、片石混凝土或浆砌片石
	主要特点	形式简单、取材容易、施工简便
	适用范围	一般地区、浸水地区和地震地区路堤与路堑地段

衡重式挡土墙　　　　　　　　　　　　表1-2

结构示意图	说　明	
路基面 衡重台 上墙 下墙	工作原理	利用墙体自重及衡重台上的填土重力共同抵抗土压力
	采用材料	混凝土、片石混凝土或浆砌片石
	主要特点	胸坡陡,在陡坡地区可降低墙高
	适用范围	适用于一般地区和浸水地区,可用于地震地区,主要设置在地面横坡较陡的路肩和路堤地段,也可用于拦挡落石的路堑地段

第1章 概 述

短卸荷板式挡土墙 表1-3

结构示意图	说　　明	
（路基面、上墙、短卸荷板、下墙示意图）	工作原理	利用卸荷板上的填土重力及墙体自重共同抵抗土压力
	采用材料	混凝土(墙身)、钢筋混凝土(卸荷板)
	主要特点	卸荷板减小了下墙土压力,增加了全墙抗倾覆稳定性,节省了墙身材料
	适用范围	可用于一般地区路肩和路堤地段,墙高大于6m且地基具有较大的承载能力

托盘式挡土墙 表1-4

结构示意图	说　　明	
（托盘示意图）	工作原理	除与衡重式挡土墙相同的作用外,墙顶的钢筋混凝土托盘及道砟槽可承受线路上部建筑和列车的重力
	采用材料	混凝土(墙身)、钢筋混凝土(托盘)
	主要特点	可降低墙高、缩短横向距离
	适用范围	山区地面陡峻地带或受既有线建筑物影响横向空间受限制时,且地基承载力较高

悬臂式挡土墙 表1-5

结构示意图	说　　明	
（悬臂板、底板示意图）	工作原理	以墙身自重和踵板上填土自重抵挡侧向土压力
	采用材料	钢筋混凝土
	主要特点	墙身断面尺寸较小,墙高不宜大于6m
	适用范围	石料缺乏、地基承载力较低的填方地段

扶壁式挡土墙 表1-6

结构示意图	说　　明	
（扶壁示意图）	主要特点	墙身断面尺寸较小,沿悬臂式挡土墙墙长方向加设扶壁以限制墙面板变形,墙高在6～10m之间
	其他方面	与悬臂式挡土墙相同

槽形挡土墙 表1-7

结构示意图	说　　明	
（边墙、底板示意图）	工作原理	由边墙抵抗侧向土压力,由底板承受路基面以上荷载,由墙身自重和底板悬出段上土体配重抵抗浮力
	采用材料	钢筋混凝土
	主要特点	墙身断面尺寸较小,支挡和支撑的作用分明
	适用范围	适用于地下水丰富,降水、排水或放坡条件受到限制的挖方地段路基,也适用于地表水丰富、排水困难的低矮填方地段路基或需要减少占地的路堤地段

锚杆挡土墙　　　　　　　　　　　　　　　　　　　　　表 1-8

结构示意图	说　明	
	工作原理	侧向土压力作用于墙面系,通过墙面系传递于锚杆,依靠锚固段的抗拔力或钢筋抗拉力维持稳定
	采用材料	钢筋混凝土(墙面系)、钢筋(锚杆、水泥砂浆)
	主要特点	锚杆施工对山体的扰动较明挖基础结构小,构件较轻、可预制或现场浇筑,可采用单级或多级
	适用范围	适用于岩质或土质边坡加固

锚定板挡土墙　　　　　　　　　　　　　　　　　　　　表 1-9

结构示意图	说　明	
	工作原理	靠固定在稳定区的锚定板提供的抗拔力来维持墙体的稳定
	采用材料	钢筋混凝土(墙面系和锚定板)、钢筋(锚杆)
	主要特点	墙面系和锚杆均为轻型构件,可预制,锚定板需要有稳定的基础
	适用范围	适用于一般地区,置于路肩或路堤坡脚,可采用单级或双级

加筋土挡土墙　　　　　　　　　　　　　　　　　　　　表 1-10

结构示意图	说　明	
	工作原理	内部由锚固段拉筋和填土间的摩阻力维持稳定;外部由加筋实体抵抗侧向土压力
	采用材料	墙面系为钢筋混凝土,拉筋有钢筋混凝土板条、钢带或土工格栅等,填料有砂类土、砾石类土、碎石类土或C组细粒土
	主要特点	构件轻、可预制,对地基承载力要求不高
	适用范围	适用于石料缺乏、地形平坦的地区

土 钉 墙　　　　　　　　　　　　　　　　　　　　　　表 1-11

结构示意图	说　明	
	工作原理	内部由土钉锚固段抗拔力或钢筋抗拉力维持稳定;外部由加筋实体抵抗侧向土压力
	采用材料	墙面系材料包括钢筋网和喷射混凝土构成的面层,土钉为钢筋和水泥砂浆
	主要特点	墙面系和拉筋均为轻型构件
	适用范围	可用于一般地区及破碎软弱岩质边坡加固

锚 固 桩　　　　　　　　　　　　　　　　　　　　　表 1-12

结构示意图	说　　明	
(图)	工作原理	由其锚固段侧向地基抗力来抵抗悬臂段传来的侧向力
	采用材料	钢筋混凝土
	主要特点	结构形式简单,截面有矩形、T形和圆形
	适用范围	常用于稳定滑坡、加固土质和软弱松散岩质路堑边坡、侧向约束软弱地基

桩板式挡土墙　　　　　　　　　　　　　　　　　　表 1-13

结构示意图	说　　明	
(图)	工作原理	侧向土压力传递于挡土板,再由挡土板传递于桩上,由桩的锚固段侧向地基抗力来抵抗悬臂段传来的侧向力
	采用材料	钢筋混凝土
	主要特点	桩身形式简单,截面有矩形、T形和圆形;挡土板有矩形、槽形等
	适用范围	适用于一般地区、浸水地区和地震区的路堑和路堤地段,也可用于滑坡等特殊路基

桩基承台挡土墙　　　　　　　　　　　　　　　　　表 1-14

结构示意图	说　　明	
(图)	工作原理	由挡土墙自重抵抗侧向土压力,将倾覆和稳定力系通过承台传递于桩基,由桩的锚固段侧向地基抗力来抵抗
	采用材料	混凝土(墙)和钢筋混凝土(桩基承台)
	主要特点	形式上具备挡土墙和锚固桩的特点,计算上是挡土墙和桩的组合
	适用范围	适用于地基承载力不满足需要或表层地基不稳定的地段

预应力锚索　　　　　　　　　　　　　　　　　　　表 1-15

结构示意图	说　　明	
(图)	工作原理	通过对锚索施加预应力以加固岩土体,使其达到稳定状态或改善结构内部的受力状态
	采用材料	锚索(主要为钢绞线),锚固体为水泥砂浆,外锚结构一般为钢筋混凝土等
	主要特点	轻便、灵活,外锚结构形式多样
	适用范围	可用于土质、岩质地层的边坡及地基加固

1.1.2 支挡结构的发展历程

对表 1-1～表 1-15 中支挡结构的演变过程及结构分析如下：

1) 以实体圬工为主的刚性挡土墙

早期，我国石料来源丰富，石砌重力式挡土墙是我国广泛采用的主要支挡结构。这种挡土墙形式简单，墙身一般采用水泥砂浆砌片石，有时也用灌注混凝土。20 世纪 50 年代，为适应西南山区地形陡峻的特点，在重力式挡土墙的基础上，中铁二院独创了衡重式挡土墙。衡重式挡土墙是我国山区铁路应用较广泛的一种挡土墙形式，在公路等其他行业中也得到推广运用。衡重式挡土墙较以往的重力式挡土墙可节省圬工 20%～30%，但当挡土墙较高时，墙身截面还是很大。因此，又出现了一种改进的结构形式——卸荷板式挡土墙。由于卸荷板的存在，板上的填料增加了墙体自重，卸荷板减小了下墙土压力，全墙抗倾覆稳定性增加，可节省墙体圬工，从而节省工程投资，但该墙型的上下墙墙身截面抗剪强度潜在一定风险。

2) 钢筋混凝土挡土墙

长期以来重力式挡土墙在支挡工程中一直占有主导地位，但由于其截面大、圬工数量多、施工进度慢，在地形困难、石料缺乏地区应用不便，其使用上的缺点日益突出。因此，支挡结构轻型化一直是岩土工程技术在工程实践中的一个发展趋势。

(1) 悬臂式和扶壁式挡土墙

悬臂式和扶壁式挡土墙在国外已广泛采用，近几年，国内在铁路、公路等建设工程中也已经大量采用。悬臂式挡土墙可看成由衡重式挡土墙的上墙增大且背坡直立演变而成，底板则可看成衡重式挡土墙的下墙减小并向横向延伸而成。这样的变化使土压力的水平力和竖向力分别由悬臂和底板承担，把"衡重台"上填料增大墙身自重的作用发挥到极致，挡土墙也从刚性结构向柔性结构转化，墙身由实体圬工转变为功能明确的钢筋混凝土构件。扶壁式挡土墙是在悬臂式挡土墙的基础上，通过沿纵向增加扶壁减小悬臂的变形，以达到增加墙高的目的。悬臂式和扶壁式挡土墙以钢筋混凝土和填料，置换了重力式挡土墙的实体圬工。

(2) 槽型挡土墙

槽型挡土墙是一种较新的结构形式，由钢筋混凝土底板和边墙组成。从断面形式上可看成由左、右两个悬臂式挡土墙拼接而成，边墙抵抗墙背土压力或水压力，底板承受路基面以上荷载，全墙通过自重及填土配重抵抗地下水的浮力，通过底板、边墙及其全断面防水层阻止路基本体外地表水或地下水浸入至路基面，从而保持结构的稳定性。

3) 加筋体支挡结构

(1) 加筋土挡土墙

加筋土工程起源于法国，而后在世界各国迅速发展。加筋土挡土墙主要由墙面板、拉筋和填料组成，利用填料与拉筋间的摩擦作用，把侧向土压力传递给拉筋，使土体保持稳定，并以这一复合结构抵挡加筋土体后部的土压力，从而保持整个结构的稳定。加筋土挡土墙的筋带不仅连接了墙面板和破裂面之外的稳定土体，而且通过对填料的加筋形成了与重力式挡土墙相同的功能。加筋土挡土墙的主要受力构件是筋带。虽然设计中通常将筋带所受拉力直接传递到墙面上，但实测显示，填土侧向力传递到墙面板上时已经很小。由此可知，通过对填料加筋,改变了侧向土压力的传递方式和传递结果,侧向土压力不是直接传递于外部墙面板,而是分摊到加筋体内部的每条筋带上,以衰减的方式向墙面传递。

(2)土钉墙

土钉墙是在隧道新奥法基础上发展起来的一门边坡支挡新技术,通过钢筋等高强度长条材料对原位岩土体进行加固,从而提高原位岩土体的"视凝聚力"及其强度,使被加固土体形成了性质与原来大为不同的复合材料"视重力式挡土墙"。由此看来,土钉墙的支挡原理与加筋土挡土墙是类似的,不同的是加筋土挡土墙是对填土加筋,土钉墙是对原位土加筋。由于原位土本身存在自稳能力,所以在土压力的计算上,土钉墙与加筋土挡土墙不一样。加筋土挡土墙背虽然受力很小,但还是按照平衡筋带峰值拉力的模式对面板结构进行设计(包裹式加筋土挡土墙除外),而土钉墙的墙面,直接按构造要求进行设计。锚固段的抗拔,加筋土挡土墙通过填料和筋带的摩擦力来实现,土钉墙通过注浆锚固体与原位岩土间的摩擦力或者钢筋与注浆锚固体之间的摩擦力来实现。这两种支挡结构的主要受力构件均是加筋构件。

4)锚杆(索)支挡结构

20世纪40~50年代,美国、法国、联邦德国等国家就开始利用锚杆加固水电站边坡、隧道及洞口边坡等,我国20世纪50年代开始引进锚杆技术,最初在煤炭行业中使用,随后又在水利、铁道、建筑、国防工程中逐渐推广。锚杆挡土墙是由钢筋混凝土肋柱、墙面板和锚杆组成的支挡结构,它依靠锚固在稳定岩土层内锚杆的抗拔力平衡墙面处的土压力。锚杆墙与土钉墙的区别在于锚杆间距大,锚杆作为主要的构件,其抗拉和抗拔功能与土钉相似,但没有土钉加筋原位岩土体形成"视重力式挡土墙"的功能,故没有外部稳定性检算。结构设计是对锚杆和墙面系分别进行设计。

预应力锚索技术用于岩土工程在国外已有很长的历史,阿尔及利亚首次将锚索用于水电工程的坝体加固。20世纪70年代,我国开始将该项技术在国防、水电、矿山、铁路等领域逐步推广。预应力锚索是通过对锚索施加张拉力以加固岩土体使其达到稳定状态或改善内部应力状况的支挡结构。锚索是一种主要承受拉力的杆状构件,它是通过钻孔和水泥砂浆将钢绞线固定于深部稳定地层中,在被加固体表面对钢绞线张拉产生预应力,从而达到使被加固体稳定和限制其变形的目的。预应力锚索与非预应力锚杆的主要不同在于:一个是主动受力,一个是被动受力。预应力锚索的外锚结构很多,常用的有垫墩、垫块、垫板、地梁、格子梁、柱、桩、墙等。锚杆墙上的锚杆,可以施加预应力,杆体材料可采用高强钢筋和钢绞线,这种结构在建筑边坡支护中应用广泛。高强度的钢绞线预应力锚索与锚固桩相结合,就形成了预应力锚索桩。总之,锚索的外锚结构不同,锚索承受的拉力计算模式就不同,单就锚索构件来说,其主要功能与锚杆的钢筋一样,是抗拔和抗拉。

5)锚固桩支挡结构

锚固桩是抗滑桩、桩板墙及预加固桩的统称,最早的锚固桩是抗滑桩。抗滑桩是我国铁路行业20世纪60年代开发、研究的一种抗滑支挡结构。1966年,中铁二院在成昆铁路沙北1号滑坡及甘洛车站2号滑坡中首次采用钢筋混凝土挖孔桩来加固稳定滑坡。目前,锚固桩广泛应用于高路堤、高路堑边坡支挡、滑坡抗滑、斜坡软弱地基的侧向约束等。锚固桩桩间采用挡土板挡土称为桩板墙;锚固桩上加设锚索称为锚索桩;当锚固桩与桩间挡土墙、土钉墙相结合时,称为预加固桩。锚固桩支挡结构的主要构件是锚固桩,该结构通过锚固于稳定地层的锚固段的岩土侧向抗力,来平衡悬臂段传来的侧向力。

1.2 支挡结构的设计方法

支挡结构经历了设计模型由粗略到精细、结构从单一到多样的过程,从经验设计逐步发展到建立一定的设计理论体系。

1.2.1 现行路基支挡结构设计方法概述

结构设计的方法,在可靠性分析方面,从定性的、经验向定量的、以概率为基础的方向发展,这些设计方法可归纳如图 1-1 所示。

在现行《铁路路基支挡结构设计规范》(TB 10025—2006)中,明挖基础支挡结构的抗滑动和抗倾覆稳定性检算采用总安全系数法,基底压应力检算为容许应力法(属于总安全系数法),内部稳定性检算有的采用总安全系数法,有的采用分项系数法,有的采用容许应力法;钢筋混凝土结构设计一般遵循国家标准《钢筋混凝土结构设计规范》(GB 50010—2010),采用极限状态法进行设计,材料的性能参数按该规范选取,作用效应的分项系数按《铁路路基支挡结构设计规范》(TB 10025—2006)的规定选用。现行《铁路路基支挡结构设计规范》(TB 10025—2006)的设计方法,主要是图 1-1 所示的"1"和"3"两种。

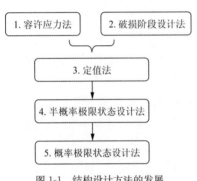

图 1-1 结构设计方法的发展

1.2.2 现行路基支挡结构设计方法面临的问题

1) 支挡结构可靠性指标未知

影响支挡结构可靠性的因素是来自多方面的。传统的设计方法是将支挡结构的可靠性用总安全系数 K 来保证,这种设计方法被称为"总安全系数法"。经过长期的实践积累,已经形成了稳定的设计模式,但由于总安全系数法不考虑设计参数的随机性,很难反映真实的结构可靠程度,同时,也影响结构的经济性。

现行《铁路路基支挡结构设计规范》(TB 10025—2006)中,采用总安全系数法的检算项目,其安全储备到底多少,很难量化——对结构的某项功能来说,即便是选用的设计参数和计算模式完全一样,也未必能说安全系数相同、可靠性就一样,因为没有考虑参数的随机性;不同的功能检算,更不能直接用安全系数来判断可靠性的大小,挡土墙的抗倾覆和抗滑动就是很好的例子——抗倾覆的安全系数大于抗滑动安全系数,但实际工程中,重力式挡土墙倾覆的可能性更大。另外,虽然在钢筋混凝土构件和锚杆(索)的设计方法中采用了极限状态形式,但该规范中给出的分项系数有些是通过反算或参考相关规范而得的,并没有对结构做基于可靠度理论的研究,缺乏对可靠性进行度量的具体指标(可靠度、失效概率和可靠指标),而这些指标是反映结构可靠性的最直接且直观的指标,对这些指标的分析研究,也是基于概率论的极限状态设计的核心问题。

2)支挡结构功能检算状态不明确

以挡土墙的外部稳定性检算要求为例,见表1-16,传统的设计方法给出了功能检算所要达到的要求,但对于此时结构处于什么状态没有给出系统的划分。比如,一般地区地基承载力达到容许应力时,地基处于弹性状态,而在地震情况下,由于地震是偶然事件,规范规定地基承载力可以高于容许应力,地基有可能还处于弹性状态,但也有可能进入塑性状态,这两个状态下结构的安全度显然是不同的。

挡土墙外部稳定性要求　　　　　　　　表1-16

项目名称		地震状况	洪水位状况	一般地区或常水位状况
全墙	抗滑动稳定系数	≥1.1	≥1.2	≥1.3
	抗倾覆稳定系数	≥1.3	≥1.4	≥1.6
	基底偏心距 e　[σ]>600kPa	≤B/3	≤B/4	≤B/4
	[σ]=500~600kPa	≤B/4	≤B/6	≤B/6
	[σ]=200~500kPa	≤B/5	≤B/6	≤B/6
	[σ]<200kPa	≤B/6	≤B/6	≤B/6
墙趾和基底平均压应力	未风化至弱风化的硬质岩	≤1.5[σ]		
	未风化至微风化的软质岩	≤1.5[σ]		
	基本承载力 σ_0>500kPa	≤1.4[σ]	≤1.2[σ]	≤[σ]
	150kPa<σ_0≤500kPa	≤1.3[σ]		
	100kPa<σ_0≤150kPa	≤1.2[σ]		

由表1-16可知,各种状态下,各项功能检算采用了不同的安全系数,安全系数随着设计状况出现的可能性减小而减小。这显示出以前的设计体系已经有了可靠性分级的概念,但以上安全系数是根据经验而得,其数值来源的依据不明,其代表的安全储备到底多大,也不清楚。不能达到这些要求时,结构是不是就一定破坏了,设计者不甚了解。显然,有些条件不满足时,结构并不会破坏。

理解可靠性指标的相对性和可靠指标分级的概念,有助于上述问题的解决。

目前,支挡结构的可靠性主要由安全系数来保证。现有的主力、附加力、特殊力的组合形式是否能反映支挡结构的实际情况;采用的安全系数所提供的储备是否能满足由于外界因素的变化(例如:降雨、列车提速等)对结构所产生的作用要求;设计中如何选取合适的物理力学参数,其适用范围如何确定;设计者是决定选用通用图,还是进行个别设计;施工质量对支挡结构安全性的影响等,此类问题亟待解决。

1.3　支挡结构的安全度

影响支挡结构安全性的因素很多,研究对安全性影响的因素或分析现有安全系数的储备是否能满足这些因素变化时的要求,对改变设计思路,使支挡结构既安全又经济具有重要的意义。

1.3.1 设计中潜在的风险

不确定性带来两个问题——不经济或不安全。支挡结构的最大特点是支挡或支撑来自岩土的侧向或竖向土压力,土压力因土性参数(黏聚力、摩擦角及重度等)的不确定性而变化;支挡结构的抗力因材料性能和几何尺寸的变化而变化;基底承载力、岩土的锚固力或抗拔力均受岩土性能的影响。传统的设计方法,掩盖了这些因素变化的不利影响;或即使知道,限于缺乏相应的手段或方法,也难以量化这种影响。按照基于概率论的极限状态设计,这些变量都应进行统计分析。不确定性的研究,能够使衡量结构可靠性的指标不断接近实际,减小支挡结构的潜在风险。

1.3.2 设计中不经济的现象

由于支挡结构的可靠性客观上受不确定性因素的影响,传统的设计方法对其带来的风险又难以量化,故设计者心中没底,设计时往往存在尽量保守的习惯,表现在安全系数的取值就高不就低。这样的思维导致设计的结构存在笨重、尺寸过大、钢筋过密等不经济现象。施工时为了控制造价,又过度挖掘设计中的安全储备,甚至偷工减料,反过来导致安全隐患。

1.3.3 安全储备的优化

在保证支挡结构具有足够可靠性的基础上,经济合理是设计的基本目标之一,衡量结构是否经济却有其复杂性,衡量的指标不是静态的、单一的。实践证明,如果结构未达到设计使用期就损坏而进行大修或改建,有时维修费用甚至超过初始建造费用。一般来说,设计安全度高、初始费用大,维护费用小;设计安全度低、初始费用小,维护费用大。因此,存在一个初始费用与维护费用的协调问题。按可靠度理论进行设计,可在安全与经济之间选择一种合理的平衡,以最适当的投资,完成预定的功能,获得最大的经济效益。

区别于传统的总安全系数法,基于概率论的极限状态设计方法是针对结构失去应有功能的极限状态,通过概率统计,将影响结构可靠性的各种因素都考虑进去,以多个分项系数进行显性表达的设计方法。分项系数通过可靠度理论计算确定,使表达式达到指定的可接受的可靠指标。由于该方法能够通过设计参数跟踪反映影响结构安全的各个环节,并可以将重要的影响因素以几个分项系数组成设计式的方式显性表达,因此弥补了总安全系数法单一安全系数 K 无法反映复杂设计因素的不足,具有安全、经济、合理,能够指导结构建造和使用的特点。路基工程由于涉及岩土材料,设计参数的随机性和变异性要比一般工程结构大得多,在路基工程结构设计中采用基于概率论的极限状态设计方法将更有意义。

采用极限状态法设计在国内外都是一种趋势,目前,已发展到由分析各种因素的变化情况来衡量结构的安全性、适用性和耐久性。只有引入基于概率论的极限状态设计方法,才能找到各种因素对支挡结构可靠性的影响,才能建立逐步降低安全隐患的设计体系,找到保证安全和经济的平衡点。

第 2 章

基于概率论的极限状态设计思想

20世纪初,金属结构在世界广泛应用,产生了基于弹性理论的容许应力法。该法要求结构在使用期间截面任何一点不超过容许值,但人们逐渐认识到,钢结构在破坏之前一般会进入塑性状态,不适合均值弹性的假设。1938年,前苏联规范采用了破坏阶段法,该方法考虑了结构临近破坏的弹塑性状况,较好地体现了实际情况,但这一方法采用的是总安全系数法来保障荷载的超载。随着对荷载和材料的变异性的研究,前苏联于20世纪50年代提出了极限状态设计法。但初期的极限状态法,并没有给出可靠度的定义和分析方法。20世纪70年代,国际上在工程结构设计方法上,逐渐趋向于采用以概率论为基础的极限状态设计法。

与结构工程相比,岩土工程中不确定因素多,而传统的支挡结构设计,把所有影响结构设计的因素当作固定的因素,结构安全度水平是一个模糊的概念,工程的经济性和安全性不能很好协调。基于可靠度的极限状态设计方法,是工程设计的一种先进方法,在支挡结构设计中,引入以概率论为基础的极限状态设计方法,需要解决以下几个主要问题:建立极限状态方程、计算可靠指标并确定目标可靠指标、确定分项系数、建立极限状态设计表达式。

2.1 可靠度理论的基本概念

2.1.1 可靠性与可靠度

可靠性是结构在规定的时间内,在规定的条件下满足预定功能的能力,它是安全性、适用性和耐久性的总称。工程结构在规定的时间内、规定的条件下,若其安全性、适用性和耐久性均能得到保证,则工程结构是可靠的。可靠度是结构完成预定功能的概率P_s,是对可靠性的定量描述,是评价工程结构可靠性的指标。

对支挡结构而言,其设计、施工和维护应保证在设计使用年限内以适当的可靠度且经济的方式,满足规定的各项功能要求。支挡结构若要达到规定的可靠性水平,则应满足下列功能要求:

(1)结构及构件能承受在正常施工和正常使用期间可能出现的各种作用。
(2)在发生洪水、地震、滑坡、非正常撞击等偶然事件时,结构保持必需的整体稳定性。
(3)正常使用下保持良好的工作性能。
(4)在正常维护下具有足够的耐久性能。

上述(1)、(2)款是承载能力的要求,属于结构的安全性;(3)款属于结构的适用性,(4)款属于结构的耐久性,均为正常使用的要求。

2.1.2 可靠度与失效概率

与可靠度相反,工程结构在规定的时间内和规定的条件下,结构不能完成预定功能的概率为失效概率P_f。结构的可靠与失效为互不相容事件:$P_s + P_f = 1$。可靠度和失效概率均可用来衡量结构的可靠性。

2.2 极限状态和功能函数

2.2.1 极限状态的定义

极限状态为结构或构件超过某一特定状态就不能满足设计规定的某一功能要求的状态。极限状态的划分见表 2-1。

极限状态的分类　　表 2-1

定　　义	超越极限状态的标志
承载能力极限状态： 结构或构件达到最大承载力或产生不适于继续承载的过大变形的状态	(1)结构、构件或连接超过材料强度，或过度变形不适于继续承载； (2)结构或构件失去刚体平衡； (3)结构体系成为机动体系； (4)结构或构件失稳； (5)地基失去承载能力； (6)影响结构安全的其他特定状态
正常使用极限状态： 结构或构件达到正常使用或耐久性能的某项规定限值的状态	(1)影响正常使用的变形； (2)影响正常使用或耐久性能的裂缝、局部损坏； (3)影响正常使用和舒适性的振动； (4)影响正常使用的其他特定状态
疲劳极限状态： 重复荷载作用下，结构或构件达到疲劳失效，不适于继续承载的极限状态	(1)影响安全使用的疲劳裂纹； (2)影响安全使用的变形

注：正常使用极限状态包括：可逆正常使用极限状态——当产生超越正常使用要求的作用卸除后，该作用产生的超越状态可以恢复；不可逆正常使用极限状态——当产生超越正常使用要求的作用卸除后，该作用产生的超越状态不可恢复。

极限状态在数学上可用极限状态方程来表达，即当结构或构件处于极限状态时，各有关基本变量的关系式。最简单的极限状态方程只有两个变量：作用 S 和抗力 R，此时，常见的极限值状态方程形式如下：

$$R=S、R-S=0 \text{ 或 } R/S=1 \tag{2-1}$$

图 2-1 形象地表达了极限状态和非极限状态时，抗力 R 和作用 S 之间的关系。

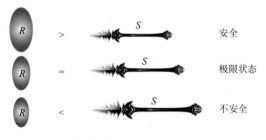

图 2-1　抗力 R 与作用 S 关系

2.2.2 功能函数

作用 S 和抗力 R 实际上是各种作用和抗力的组合，不同的作用和抗力还可以向下细分。

若把计算 S 和 R 的的各变量带入其计算式中,则可建立结构某项功能所对应的功能函数,即将结构某项功能所处的状态,表达为以抗力和作用之差(有时也采用之比)为目标、以各种影响抗力和作用的参数为变量的数学函数形式。常用的功能函数形式如下:

$$Z = R - S \Leftrightarrow Z = g(X_1, X_2, X_3, \cdots, X_n) \tag{2-2}$$

式中,$X_1, X_2, X_3, \cdots, X_n$ 为功能函数中的参变量,这些变量都具有随机性,故也被称为随机变量。这些随机变量是作用或效应计算和抗力计算过程中引入的各种变量。

在进行参数的统计时,非常关心的一个问题是它的概率分布类型。随机变量的分布形式有很多,有正态分布、对数正态分布、极值型分布等,比较一致的看法是,大多数的土性参数比较接近于正态分布或对数正态分布。为了便于使用,人们常常采用正态分布或对数正态分布。正态分布又是最常见的分布,如果随机变量 R、S 均为正态分布,则 Z 为正态分布。

从图 2-1 可知,当功能函数 $R-S \geq 0$ 时为成功,反之为失效。结构可靠性的分析中,更多的是对失效状态如何用数学方法进行量化的研究。

2.2.3 功能函数的可靠指标

直接应用数值积分的方法计算功能函数的失效概率或成功概率(可靠度)均是相当困难的,于是工程中引出了另外一个评价工程结构可靠性的指标——可靠指标 β。

当功能函数中的 R 和 S 均为正态分布时,功能函数 Z 也服从正态分布,其平均值为 μ_Z,标准差为 σ_Z。功能函数的可靠指标 β 为功能函数的均值和标准差之比:

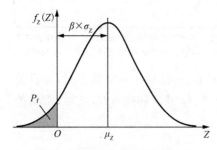

$$\beta = \frac{\mu_Z}{\sigma_Z} = \frac{\mu_R - \mu_S}{\sqrt{\sigma_R^2 + \sigma_S^2}} \tag{2-3}$$

式中:μ_R、μ_S——功能函数中,抗力均值、作用均值;

σ_R、σ_S——功能函数中,抗力标准差、作用标准差。

结构的可靠指标与失效概率之间存在如图 2-2 所示的关系。

图 2-2 可靠指标与失效概率的关系

图 2-2 中阴影部分表示功能函数失效,失效概率计算如下:

$$P_f = P(Z < 0) = \int_{-\infty}^{0} f_Z(Z) dZ = \int_{-\infty}^{0} \frac{1}{\sigma_Z \sqrt{2\pi}} \exp\left[-\frac{1}{2}\left(\frac{Z - \mu_Z}{\sigma_Z}\right)^2\right] dZ \tag{2-4}$$

对其进行标准正态变换,令 $u = \dfrac{Z - \mu_Z}{\sigma_Z}$,可得:

$$P_f = \frac{1}{\sqrt{2\pi}} \int_{-\infty}^{-\frac{\mu_Z}{\sigma_Z}} \exp\left(-\frac{u^2}{2}\right) du = \Phi\left(-\frac{\mu_Z}{\sigma_Z}\right) \tag{2-5}$$

由可靠指标 β 的定义所对应的式(2-3)可知,上式可转化为:

$$P_f = \Phi(-\beta) \text{ 或 } \beta = \Phi^{-1}(1 - P_f) \tag{2-6}$$

式中:$\Phi(\cdot)$——标准正态分布函数。

当基本变量不按正态分布时,可靠指标的计算应将作用和抗力的当量正态分布平均值和标准差带入式(2-3)。

将可靠指标适当分级,根据失效概率 $P_f=\Phi(-\beta)$ 和成功率(可靠度) $P_S=1-P_f$,可得到这3个衡量可靠性的指标,见表2-2。

衡量可靠性的三个指标的对应表 表2-2

β	$P_f(\%)$	$P_S(\%)$
1.0	1.59×10^1	84.1
1.5	6.68×10^0	93.32
2.0	2.28×10^0	97.72
2.5	6.21×10^{-1}	99.38
2.7	3.47×10^{-1}	99.65
3.0	1.35×10^{-1}	99.865
3.2	6.87×10^{-2}	99.93
3.5	2.33×10^{-2}	99.98
3.7	1.08×10^{-2}	99.99
4.0	3.17×10^{-3}	99.997
4.2	1.33×10^{-3}	99.9987
4.5	3.40×10^{-4}	99.9997

从表2-2中可见,直接用可靠度或失效概率来评判结构的可靠性,数值复杂,且分辨率太小,而采用可靠指标 β 来衡量结构的可靠性则一目了然。

有关研究表明,在 $P_f\geqslant10^{-3}$ (相当于可靠指标 $\beta\leqslant3.09$)的范围内,分布类型对计算 P_f 的影响不显著,按正态分布、对数正态分布或极值 I 型分布等计算所得的 P_f 值大都在同一数量级,故当 $P_f\geqslant10^{-3}$ 时,可以不考虑分布类型问题。另外,即使设计参数服从对数正态分布,只要变异系数不是很大,计算可靠指标 $\beta<2.5$,则按正态分布计算仍可求得很好的 P_f 值估计。

鉴于在一般的岩土工程设计中,$\beta=2\sim3$ 的目标可靠度能够满足工程安全要求,普遍被人们所接受,因此在一般情况下,按正态分布来计算 P_f 或 β 值是允许的。但是对于那些比较重要的,要求 $\beta>3$ 的工程来说,分布类型的问题是不可以忽视的。如果某一设计参数的分布形式与正态分布相差较大,在 P_f 或 β 的计算中就应当采取正态化变换或当量正态化处理措施,把本来不服从正态分布的参数转换成服从正态分布的新参数。经过当量正态化处理的随机变量在设计验算点处与原分布具有相同的概率密度和分布函数值,这样可在任意分布的情况下,应用类似于正态分布情况下的计算公式进行可靠度指标的计算。

2.2.4　计算可靠指标的常用方法及选择

1)一次二阶矩中心点法

由两个相互独立的随机正态变量 R、S 构成的极限状态方程是最简单的情况:

$$Z=R-S=0 \tag{2-7}$$

式中:R——随机正态变量,抗力;

S——随机正态变量,荷载效应。

对于独立正态分布变量,在极限状态方程为线性时,可靠指标 β 在正态坐标系中,等于原点到极限状态平面(或直线)的最短距离(图 2-3)。

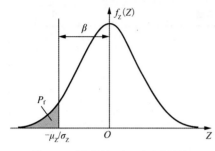

图 2-3 可靠指标 β 在正态坐标系中

当随机变量为正态分布,而功能函数不是线性时,将结构的极限状态方程表示为功能函数的形式:

$$Z = g(X_1, X_2, \cdots, X_n) = 0 \tag{2-8}$$

式中,$X_1, X_2, \cdots, X_n$ 为基本随机变量,其平均值和标准差分别为 μ_{X_i} 和 σ_{X_i}。精确求解 Z 的平均值和标准差是非常困难的。若将 Z 作为泰勒级数展开,其一次展开式(前两项)的概率分布服从正态分布,但一次展开式代表功能函数与原来的功能函数存在偏差,可靠指标与失效概率之间不再是精确对应关系。如何选择展开点,使近似计算结果与精确失效概率的误差最小,是一次二阶矩法要研究的问题。

将式(2-8)在平均值处(中心点 M)展开成泰勒级数,并保留其线性项,得线性方程如下:

$$Z = g(\mu_{X_1}, \mu_{X_2}, \cdots, \mu_{X_n}) + \sum_{i=1}^{n} \frac{\partial g}{\partial X_i} \Big|_{\mu_{X_i}} (X_i - \mu_{X_i}) = 0 \tag{2-9}$$

式中:$\dfrac{\partial g}{\partial X_i}\Big|_{\mu_{X_i}}$ 为 $g(\mu_{X_1}, \mu_{X_2}, \cdots, \mu_{X_n})$ 在 $X_i = \mu_{X_i}$ 的偏导数。

将随机变量 X_i 进行标准正态变换,令 $\hat{X}_i = \dfrac{X_i - \mu_{X_i}}{\sigma_{X_i}}$,则:

$$Z = g(\mu_{X_1}, \mu_{X_2}, \cdots, \mu_{X_n}) + \sum_{i=1}^{n} \frac{\partial g}{\partial X_i} \Big|_{\mu_{X_i}} \cdot \sigma_{X_i} \cdot \hat{X}_i = 0 \tag{2-10}$$

上式表示,在标准正态坐标系中过平均值点 $(\mu_{X_1}, \mu_{X_2}, \cdots, \mu_{X_n})$ 的切平面。结构可靠指标 β,为在该坐标系中原点 O 至该切平面的法线距离 $\overline{OP}$,即:

$$\beta = \frac{g(\mu_{X_1}, \mu_{X_2}, \cdots, \mu_{X_n})}{\sqrt{\sum_{i=1}^{n} \left(\frac{\partial g}{\partial X_i} \Big|_{\mu_{X_i}} \cdot \sigma_{X_i} \right)^2}} \tag{2-11}$$

该式即为中心点法计算结构可靠指标的通式。

该法选用的线性优化点(即平均值点)不在失效界面上,这是该方法的缺点。

一次二阶矩中心点法的主要缺点如下:

(1)同一个结构往往能列出几个等价的极限状态方程,不同的极限状态函数在运用中心点法计算时,其结果可能不一致。

(2)将非线性功能函数在随机变量的平均值处展开不合理:由于平均值不在极限状态曲面上,展开后的极限状态面可能会偏离极限状态曲面,如图 2-4 所示。

(3)基本变量不服从正态分布时,计算出的可靠指标与实际情况有出入。

2)一次二阶矩验算点法

为了提高精度,克服中心点法图 2-4 中显示的偏离,可采用一次二阶矩验算点法:计算结构可靠指标时,对极限状态方程的线性化处理可在某一验算点 P 处进行。验算点法与中心点法的线性示意图比较如图 2-5 所示。

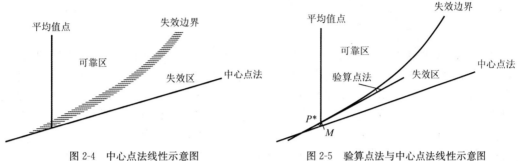

图 2-4　中心点法线性示意图　　　图 2-5　验算点法与中心点法线性示意图

图 2-4 和 2-5 均是将功能函数线性化后的示意图。从两图的对比来看,可以将设计验算点理解为,点 $P(X_1,X_2,\cdots,X_n)$ 为极限状态方程 $Z=0$ 所对应曲面上的点,P^* 点为点 P 中到图 2-5 中 M 点距离最小的点,此点被视为验算点,从后面的可靠指标计算公式推导可知,该点也是图 2-6 中坐标原点至切平面最短距离的点。下面较为详细地介绍一下采用验算点法求解功能函数可靠指标的过程,设结构的极限状态方程为:

$$Z=g(X_1,X_2,\cdots,X_n)=0 \tag{2-12}$$

若基本变量 $X_i(i=1,2,\cdots,n)$ 服从正态分布,其平均值和标准差分别为 μ_{X_i} 和 σ_{X_i}。对随机变量 X_i 做标准正态变换,令 $\hat{X}_i=\dfrac{X_i-\mu_{X_i}}{\sigma_{X_i}}$,则:

$$Z=g(\mu_{X_1}+\sigma_{X_1}\cdot\hat{X}_1,\mu_{X_2}+\sigma_{X_2}\cdot\hat{X}_2,\cdots,\mu_{X_n}+\sigma_{X_n}\cdot\hat{X}_n)=0 \tag{2-13}$$

上式表示的是在标准正态坐标系 $\hat{X}_1O\hat{X}_2\cdots\hat{X}_n$ 中的一个非线性的极限状态超曲面,如图 2-6 所示,它将 n 维空间分成了安全区 $g(\cdot)>0$ 和失效区 $g(\cdot)<0$ 两部分。

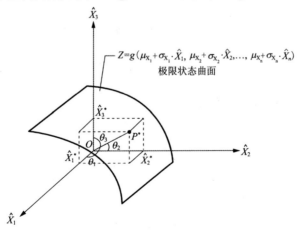

图 2-6　极限状态超曲面

图中,OP^* 表示可靠指标;$\hat{X}^*$ 为 P^* 点的坐标。

设原点 O 到极限状态超曲面 $Z=0$ 的最短距离为 $\overline{OP^*}$,且 P^* 的坐标为 $(\hat{X}_1^*,\hat{X}_2^*,\cdots,\hat{X}_n^*)$,将式(2-7)在 P^* 点处展开成泰勒级数,并取线性项得:

$$Z = g(\mu_{X_1} + \sigma_{X_1} \cdot \hat{X}_1^*, \mu_{X_2} + \sigma_{X_2} \cdot \hat{X}_2^*, \cdots, \mu_{X_n} + \sigma_{X_n} \cdot \hat{X}_n^*) + \sum_{i=1}^{n} \frac{\partial g}{\partial \hat{X}_i}\bigg|_{P^*} \cdot (\hat{X}_i - \hat{X}_i^*) = 0 \tag{2-14}$$

此方程即为极限状态超曲面上 P^* 点处的切平面方程。以此切平面近似地代替非线性失效面。当极限状态方程或失效面为线性时，失效面上的验算点 P^* 是法线的垂足，而由原点到失效面的最短距离（法线长）即为可靠指标 β。对于非线性失效面，由失效面到标准正态变量坐标系坐标原点 O 就没有唯一的距离。因此，用此平面近似地代替非线性失效面，该切平面距离原点越远，失效区 $g(\cdot) < 0$ 将相应减小，反之则增大。因此，失效面 $g(\cdot) = 0$ 的位置可以由它到标准正态变量坐标原点 O 的距离最小来确定。这样，在失效面上到原点距离最小的点是最可能的失效点。因而在一定意义上，这一最短距离可以用来度量结构的可靠度。可将式(2-14)改写成：

$$\sum_{i=1}^{n} \left(\frac{\partial g}{\partial \hat{X}_i}\bigg|_{P^*} \cdot \hat{X}_i \right) - \sum_{i=1}^{n} \left(\frac{\partial g}{\partial \hat{X}_i}\bigg|_{P^*} \cdot \hat{X}_i^* \right) + g(\mu_{X_1} + \sigma_{X_1} \cdot \hat{X}_1^*, \mu_{X_2} + \sigma_{X_2} \cdot \hat{X}_2^*, \cdots, \mu_{X_n} + \sigma_{X_n} \cdot \hat{X}_n^*) = 0 \tag{2-15}$$

两侧同乘以法线化因子 $U = -\left[\sum \left(\frac{\partial g}{\partial \hat{X}_i}\bigg|_{P^*} \right)^2 \right]^{-\frac{1}{2}}$，则有：

$$\frac{-\sum_{i=1}^{n} \left(\frac{\partial g}{\partial \hat{X}_i}\bigg|_{P^*} \cdot \hat{X}_i \right)}{\left[\sum_{i=1}^{n} \left(\frac{\partial g}{\partial \hat{X}_i}\bigg|_{P^*} \right)^2 \right]^{\frac{1}{2}}} - \frac{-\sum_{i=1}^{n} \left(\frac{\partial g}{\partial \hat{X}_i}\bigg|_{P^*} \cdot \hat{X}_i^* \right) + g(\mu_{X_1} + \sigma_{X_1} \hat{X}_1^*, \cdots, \mu_{X_n} + \sigma_{X_n} \hat{X}_n^*)}{\left[\sum_{i=1}^{n} \left(\frac{\partial g}{\partial \hat{X}_i}\bigg|_{P^*} \right)^2 \right]^{\frac{1}{2}}} = 0 \tag{2-16}$$

上式中的常数项（左边第二项）的绝对值即是法线 $\overline{OP^*}$ 的长度，即坐标原点至切平面的最短距离。

$$\beta = \frac{-\sum_{i=1}^{n} \left(\frac{\partial g}{\partial \hat{X}_i}\bigg|_{P^*} \cdot \hat{X}_i^* \right) + g(\mu_{X_1} + \sigma_{X_1} \hat{X}_1^*, \cdots, \mu_{X_n} + \sigma_{X_n} \hat{X}_n^*)}{\left[\sum_{i=1}^{n} \left(\frac{\partial g}{\partial \hat{X}_i}\bigg|_{P^*} \right)^2 \right]^{\frac{1}{2}}} \tag{2-17}$$

法线 $\overline{OP^*}$ 对坐标向量的方向余弦为：

$$-\alpha_i = \cos\theta_{X_i} = \frac{\dfrac{\partial g}{\partial \hat{X}_i}\bigg|_{P^*}}{\left[\sum_{i=1}^{n} \left(\dfrac{\partial g}{\partial \hat{X}_i}\bigg|_{P^*} \right)^2 \right]^{\frac{1}{2}}} \tag{2-18}$$

法线端点（验算点）坐标为：

$$\hat{X}_i^* = -\alpha_i \cdot \beta = \beta \cdot \cos\theta_{X_i} \tag{2-19}$$

在原坐标系下：

$$\beta = \frac{-\sum_{i=1}^{n} \left[\frac{\partial g}{\partial X_i}\bigg|_{P^*} \cdot (X_i^* - \mu_{X_i}) \right] + g(X_1^*, X_2^*, \cdots, X_n^*)}{\left[\sum_{i=1}^{n} \left(\frac{\partial g}{\partial X_i}\bigg|_{P^*} \cdot \sigma_{X_i} \right)^2 \right]^{\frac{1}{2}}} \tag{2-20}$$

由于验算点 P^* 在失效面上,故 $g(X_1^*,X_2^*,\cdots,X_n^*)=0$,所以有

$$\beta=\frac{-\sum_{i=1}^{n}\left[\frac{\partial g}{\partial X_i}\big|_{P^*}\cdot(X_i^*-\mu_{X_i})\right]}{\left[\sum_{i=1}^{n}\left(\frac{\partial g}{\partial X_i}\big|_{P^*}\cdot\sigma_{X_i}\right)^2\right]^{\frac{1}{2}}} \tag{2-21}$$

$$-\alpha_i=\cos\theta_{X_i}=\frac{-\frac{\partial g}{\partial X_i}\big|_{P^*}\cdot\sigma_{X_i}}{\left[\sum_{i=1}^{n}\left(\frac{\partial g}{\partial X_i}\big|_{P^*}\cdot\sigma_{X_i}\right)^2\right]^{\frac{1}{2}}} \tag{2-22}$$

$$X_i^*=\mu_{X_i}-\alpha_i\cdot\beta\cdot\sigma_{X_i} \tag{2-23}$$

根据式(2-22)、式(2-23)和 $g(X_1^*,X_2^*,\cdots,X_n^*)=0$,可求得可靠指标。验算点法的缺点是:当随机变量为非正态分布时,可靠指标计算有一定的误差。

3)"JC"法——当量正态分布法

为了解决随机变量为非正态分布带来的可靠指标计算误差,产生了当量正态分布计算法(由国际安全度联合委员会 JCSS 推荐,简称"JC"法)。当随机变量为非正态分布时,将基本随机变量在验算点处"当量正态"化为正态分布,就可采用与一次二阶矩验算点法基本相同的方法来求解结构的可靠指标。在一次二阶矩验算点法的计算过程中,求算可靠指标 β 只需在验算点 P^* 处赋值。因此,对任意分布的随机变量可以设法在验算点处进行"当量正态"变换,使两者在验算点 P^* 处有共同的概率密度和累积分布函数值,如图 2-7 所示。这样就可以在具有任意分布随机变量的情况下,采用类似于正态分布情况下的方法,求解结构的可靠指标 β。由此可见,"JC"法求可靠指标做了两种近似处理:随机变量分布类型的近似转换——"当量正态化";用切平面近似极限状态曲面(这一点与验算点法一样)。

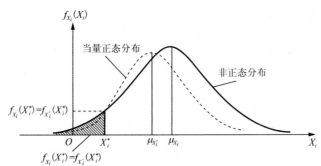

图 2-7 非正态随机变量的当量正态化

当量正态化的具体过程:设任意分布随机变量 X_i 的平均值和标准差分别为 μ_{X_i}、σ_{X_i},其概率密度函数和累积分布函数分别为 $f_{X_i}(X_i)$,$F_{X_i}(X_i)$,当量正态分布 X_i 的平均值 μ'_{X_i} 和标准差 σ'_{X_i} 可依据以下两个条件求得。

(1)在验算点 X_i^* 处有相同的累积分布函数值

$$\Phi\left(\frac{X_i^*-\mu'_{X_i}}{\sigma'_{X_i}}\right)=F_{X_i}(X_i^*) \tag{2-24}$$

即:

$$\mu'_{X_i} = X_i^* - \Phi^{-1}[F_{X_i}(X_i^*)] \cdot \sigma'_{X_i} \quad (2-25)$$

式中：$\Phi(\cdot)$——标准正态分布函数；

$\Phi^{-1}(\cdot)$——标准正态分布函数的反函数。

(2) 在验算点 X_i^* 处有相同的概率密度函数值

$$\frac{\mathrm{d}}{\mathrm{d}x}\left[\Phi\left(\frac{X_i^* - \mu'_{X_i}}{\sigma'_{X_i}}\right)\right] = \frac{1}{\sigma'_{X_i}}\varphi\left(\frac{X_i^* - \mu'_{X_i}}{\sigma'_{X_i}}\right) = f_{X_i}(X_i^*) \quad (2-26)$$

式中：$\varphi(\cdot)$——标准正态分布函数的概率密度函数。

由式(2-24)和式(2-26)得：

$$\sigma'_{Xi} = \varphi\{\Phi^{-1}[F_{X_i}(X_i^*)]\}/f_{X_i}(X_i^*) \quad (2-27)$$

将式(2-27)带入式(2-25)即可求得 μ'_{X_i}。

用"JC"法计算可靠指标的计算过程与验算点法相似，但也有不同：因为在迭代过程中 P 点是未定的，故当量正态分布的 μ'_{X_i} 和 σ'_{X_i} 也是未知的，应根据验算点位置的变化反复修正 μ'_{X_i} 和 σ'_{X_i} 的数值，直到两值计算结果趋于稳定后，再计算可靠指标。"JC"法的缺点是当量正态化变量。

4）分位值法

分位值法是"JC"法的改进方法，其适用范围基本与"JC"法相同。在分位值法计算中，将结构极限状态方程中的基本变量与约化高斯变量进行交换，因此不需要像当量正态分布法那样，在每一次迭代计算中求算各基本变量的当量正态分布的平均值和标准差，使计算工作大为简化。对一般的结构极限状态方程，结构可靠指标可采用分位值法进行计算。

结构的极限状态方程可采用下列表达式：

$$Z = g(X_1, X_2, \cdots, X_n) = 0 \quad (2-28)$$

结构可靠指标 β 可按下列公式进行迭代计算：

$$\beta = \frac{g(X_1^*, X_2^*, \cdots, X_n^*) - \sum_{i=1}^{n}\left(\frac{\partial g}{\partial X_i}\bigg|_{P^*} \cdot X_i'^* \beta_{X_i}^*\right)}{\left[\sum_{i=1}^{n}\left(\frac{\partial g}{\partial X_i}\bigg|_{P^*} \cdot X_i'^*\right)^2\right]^{\frac{1}{2}}} \quad (2-29)$$

$$\alpha_{X_i} = \frac{-\frac{\partial g}{\partial X_i}\bigg|_{P^*} \cdot X_i'^*}{\left[\sum_{i=1}^{n}\left(\frac{\partial g}{\partial X_i}\bigg|_{P^*} \cdot X_i'^*\right)^2\right]^{\frac{1}{2}}} \quad (2-30)$$

$$\beta_{X_i} = \alpha_{X_i}\beta \quad (2-31)$$

$$X_i'^* = \frac{\mathrm{d}}{\mathrm{d}\beta_{X_i}}F_{X_i}^{-1}[\Phi(\beta_{X_i})] \quad (2-32)$$

$$X_i^* = F_{X_i}^{-1}[\Phi(\beta_{X_i})] \quad (2-33)$$

式中：$\frac{\partial g}{\partial X_i}\bigg|_{P^*}$——函数 $g(X_1, X_2, \cdots, X_i, \cdots, X_n)$ 在设计运算点 P^* 处的偏导数，设计运算点的坐标为 $(X_1^*, X_2^*, \cdots, X_i^*, \cdots, X_n^*)$；

X_i^* ——基本变量 X_i 在分位概率为 $\Phi^{-1}(\beta_{X_i})$ 处的分位值;

$X_i'^*$ ——基本变量 X_i 在分位概率为 $\Phi^{-1}(\beta_{X_i})$ 处的分位值的导数;

α_{X_i} ——基本变量 X_i 的灵敏度系数;

β_{X_i} ——基本变量 X_i 的分项可靠指标;

$F_{X_i}^{-1}[\cdot]$ ——基本变量 X_i 的分布函数的反函数。

表 2-3 给出了 4 种常用随机变量分布类型的 X 的分位值 X_i^* 和分位值导数 $X_i'^*$ 的计算公式。

分位值及分位值导数计算公式 表 2-3

分布类型	分位值 X_i^*	分位值导数 $X_i'^*$
正态分布	$\bar{X}+\beta_{X_i}\sigma$	σ
对数正态分布	$\dfrac{\bar{X}}{\sqrt{1+\delta^2}}\exp[\beta_{X_i}\sqrt{\ln(1+\delta^2)}]$	$X_i^*\sqrt{\ln(1+\delta^2)}$
极值 I 型分布	$u-\dfrac{\ln[-\ln\Phi(\beta_{X_i})]}{\alpha}$ 或 $\bar{X}(1-0.45006\delta)-0.7797\delta\bar{X}\ln[-\ln\Phi(\beta_{X_i})]$	$\dfrac{-\exp\left(-\dfrac{\beta_{X_i}^2}{2}\right)}{\sqrt{2\pi}\alpha\Phi(\beta_{X_i})\ln\Phi(\beta_{X_i})}$ 或 $\dfrac{-0.7797\delta\bar{X}\exp\left(-\dfrac{\beta_{X_i}^2}{2}\right)}{\sqrt{2\pi}\Phi(\beta_{X_i})\ln\Phi(\beta_{X_i})}$
三参数对数正态分布	$\dfrac{(\bar{X}-\alpha)\times e^{W\beta_{X_i}}}{\sqrt{1+\left(\dfrac{\sigma}{\bar{X}-\alpha}\right)^2}}+\alpha$ 式中,$W=\sqrt{\ln\left[1+\left(\dfrac{\sigma}{\bar{X}-\alpha}\right)^2\right]}$	$\dfrac{(\bar{X}-\alpha)\times We^{W\beta_{X_i}}}{\sqrt{1+\left(\dfrac{\sigma}{\bar{X}-\alpha}\right)^2}}$

注:$\bar{X}$-平均值;σ-标准差;α-参数;u-参数。

5)蒙特卡罗法(Monte-Carlo)

蒙特卡罗(Monte Carlo Simulation,MCS)法(以下简称"M-C"法)又称随机抽样法、概率模拟法、数值模拟法或统计试验法。这种方法以概率论和数理统计理论为基础,通过随机模拟和统计试验来求解随机变量的统计特征及结构失效概率的数值方法。这是该方法与一般的数值计算方法的根本区别。

由概率定义知,某事件的概率可以用大量试验中该事件发生的频率来估算,当样本容量足够大时,可以认为该事件的发生频率即为其概率。因此,可以先对影响其可靠度的随机变量进行大量的随机抽样,然后把这些抽样值一组一组地代入功能函数式,确定结构是否失效,最后从中求得结构的失效概率。由频率的稳定性可知,当随机抽样数目足够大时,该频率将收敛于失效概率。

"M-C"法正是基于此理论进行分析的,通过构造符合一定规则的随机数来解决数学上的各种问题。对于那些由于计算过程过于复杂而难以得到解析解或者根本没有解析解(比如隐式极限状态方程:输入和输出量没有解析关系,只有数值关系)的问题,"M-C"法是一种有效地求出数值解的方法,例如计算均值,其计算过程如下:先在一个区间或区域内随机抽取一定数量的独立变量样本,然后求相应的独立因变量的平均值。从理论思路上看,"M-C"法的应用范围极其广泛,几乎没有什么限制,并且使结构可靠度分析有可能通过计算机数值模拟试验来实现。

(1) 采用"M-C"法计算可靠度的过程

设功能函数为 $Z=g(X_1,X_2,\cdots,X_n)$。采用适当的随机数发生方法,产生多组随机变量的随机样本为 $(X_{1i},X_{2i},\cdots,X_{ni})$,可得功能函数值为 $Z_i=g(X_{1i},X_{2i},\cdots,X_{ni})$,通过足够多的随机样本计算得出的功能函数 Z 的概率分布,按下式求出结构或构件的失效概率 P_f:

$$P_f=P\{Z\leqslant 0\}=\lim_{m\to\infty}\frac{k}{m} \tag{2-34}$$

式中:m——模拟抽样的总抽样次数;

k——总抽样次数中,$Z\leqslant 0$ 的抽样次数。

再根据失效概率和可靠指标的关系,求得可靠指标:

$$\beta=-\Phi^{-1}(P_f) \tag{2-35}$$

不难看出,上式要求功能函数服从正态分布。

用"M-C"法求解结构的可靠指标,为了得到满足一定精度的相对精确解,须解决两个问题——随机变量的抽取方式和抽样次数的最低要求。一般说来,最低的抽样次数须满足:

$$N\geqslant 100/P_f \tag{2-36}$$

式中,P_f 为预估的失效概率,当 P_f 很小时,要求的抽样次数就必须很大。

(2) 伪随机数的产生和检验

功能函数中的随机变量可能存在不同分布的随机变量,用"M-C"法求解模拟一个实际问题时,需要用到根据不同的随机变量分布类型所产生的随机数。在理论上,只要有一种连续分布随机变量的随机数,通过变换、舍选等抽样方法,就可以得到任意分布随机变量的随机数。在连续分布函数中,$(0,1)$ 上的均匀分布函数是最简单的,如式(2-31)所示,因此,在"M-C"法模拟中,一般先产生 $(0,1)$ 上均匀分布的随机变量的抽样值 $u_i(i=1,2,\cdots,n)$,通过变换、舍取等方法,再产生其他分布随机变量的抽样值。

$$F_X(X)=\begin{cases}0 & X\leqslant 0\\ X & 0\leqslant X\leqslant 1\\ 1 & X\geqslant 1\end{cases} \tag{2-37}$$

式中:X——均匀分布函数自变量。

产生随机数的方法有物理方法和数学方法。真正的随机数是使用物理现象产生的:比如掷钱币、骰子、转轮、使用电子元件的噪声、核裂变等。这样的随机数发生器称作物理性随机数发生器,它们虽然是真正的随机数,但缺点是技术要求比较高。在实际应用中往往使用伪随机数就足够了。这些数列是"似乎"随机的数,实际上它们是通过一个固定的、可以重复的计算方法产生的。它们不真正的随机,但是它们具有类似于随机数的统计特征。用数学方法产生的数值序列称为伪随机数。数学方法以其速度快、计算简单等优点而被人们广泛使用。随着人们对随机数的研究和改进,目前已提出了各种数学方法。其中较为典型的有取中法、移位法、加同余法、乘同余法、混合同余法等。在这些方法中,以乘同余法的统计性

质为优,其产生伪随机数的算式如下:
$$X_{n+1}=a \cdot X_n (\text{Mod } M)$$
$$u_{n+1}=X_{n+1}/M \tag{2-38}$$

式中:a——乘子,为整数;

M——模数,为整数;

X_{n+1}——$a \cdot X_n$ 除以 M 后的余数,$0<X_{n+1}<M$。

只要选择适当的参数 a、M 和种子值 X_0,就可以得到统计性质优良、周期长的伪随机数序列。对用这种方法产生的随机数序列能否代替(0,1)上均匀分布的随机数,还需进行均匀性、参数的独立性等检算。只有检算通过,才能用它来代替(0,1)上的均匀分布随机数。

下面简述3种常用随机变量的随机数的产生过程,见表2-4。

伪随机数的产生过程 表2-4

正态随机变量的模拟
(1)按前述方法产生一个(0,1)上的均匀分布随机数序列 $U=\{u_1,u_2,\cdots,u_n\}$;
(2)按 $u_1,u_2,\cdots$ 的次序,每两个结成一对,依次代入下式求出$(X_i,X_{i+1}),\cdots$ $X_i=\mu_X+\sigma_X\sqrt{-2\ln u_i}\cos(2\pi u_{i+1})$ $X_{i+1}=\mu_X+\sigma_X\sqrt{-2\ln u_i}\sin(2\pi u_{i+1})$ $i=1,3,5\cdots$ 式中,μ_X 和 σ_X 为实际观察样本的均值和标准差。
(3)最后求得随机序列$(X_1,X_2,\cdots,X_n)$的均值 μ_X、标准差 σ_X
对数正态分布的模拟
(1)已知对数正态分布函数的均值和变异系数分别为 μ_X 和 V_X,由此得出: 中间计算变量 $\sigma=\sqrt{1+V_X^2}$,$a=\ln\mu_X-\sigma^2/2$; (2)对数正态分布的随机变量 X'_i 和正态分布随机变量 X_i 存在 $X'_i=e^{(\alpha X_i+a)}$ 的关系; (3)将均值和变异系数分别为 μ_X 和 V_X 按正态分布模拟求的随机序列$(X_1,X_2,\cdots,X_n)$,带入 $x'_i=e^{(\alpha X_i+a)}$,得到对数正态分布随机序列$(X'_1,X'_2,\cdots,X'_n)$,最后求得模拟随机序列的均值 μ_X 和标准差 σ_X
极值Ⅰ型随机变量的模拟
随机变量序列:$x_i=k-\dfrac{1}{a}\ln[\ln(u_i)]$,其中 $a=1.2826/\sigma_X$,$k=\mu_X-0.45/\sigma_X$,μ_X 和 σ_X 分别为实际观察样本的均值和标准差,u_i 为(0,1)上的均匀分布随机数

"M-C"法在目前结构可靠度的计算中,被认为是一种相对精确的计算方法。该方法具有计算方法简单、编程容易、收敛速度和收敛的概率性与问题的维数无关、适应性强等优点,因而在可靠度计算中得到广泛的应用。

应该注意:虽然采用"M-C"法对任意分布的随机变量均可进行抽样模拟,计算出的功能函数失效概率可认为不依赖随机变量的分布,但在反算成可靠指标时,是以功能函数为正态分布为前提,如果功能函数不是正态分布,当可靠指标较大时($\beta>3$),有一定误差,需要对功能函数当量正态化的问题进行分析;抽样方法和编程方式会影响计算结果的精度;随机变量太多的情况下,计算时间较长。

6)优化计算方法

除了"M-C"法在计算可靠指标时不需要求导数外,还有一种不用求导数的可靠指标计算方法——优化计算方法。其基本思路为通过标准正态化,将可靠指标的计算转化为求解原点至极限状态面的最短距离。

对于一般情况,结构的极限状态方程为 $Z=g(X_1,X_2,\cdots,X_n)=0$,在设计验算点 X_i^* 进行标准正态化后,可靠指标的计算变为:

$$\beta=\sqrt{\sum \hat{X}_i^{*2}}=\sqrt{\sum[(X_i^*-\mu_{X_i})/\sigma_{X_i}]^2} \tag{2-39}$$

由于开始时设计验算点是未知的,只有通过对验算点不断修正才能确定可靠指标。可以把 β 看成极限状态曲面上点 $P(X_1,X_2,\cdots,X_n)$ 函数,通过寻找 β 最小值来求算可靠指标和设计验算点。因此,求解可靠指标可用下列数学模型来表达:

$$\text{Min}\beta^2=\left(\frac{X_1^*-\mu_{X_1}^*}{\sigma_{X_1}^n}\right)^2+\left(\frac{X_2^*-\mu_{X_2}^*}{\sigma_{X_2}^n}\right)^2+\cdots+\left(\frac{X_n^*-\mu_{X_n}^*}{\sigma_{X_n}^n}\right)^2 \tag{2-40}$$

当 β^2 取到最小值时,刚好满足 $Z=g(X_1^*,X_2^*,\cdots,X_n^*)=0$。

这是一个等式约束的最小化问题,对于较复杂的情况,求解难度较大。但如果极限状态函数中的某一个随机变量能用其他变量来表示:

$$X_i=g'(X_1,X_2,\cdots,X_{i-1},X_{i+1},\cdots,X_n) \tag{2-41}$$

则式(2-34)可转化为无约束的最优化问题:

$$\begin{aligned}\text{Min }\beta^2=&\left(\frac{X_1^*-\mu_{X_1}^*}{\sigma_{X_1}^2}\right)^2+\left(\frac{X_2^*-\mu_{X_2}^*}{\sigma_{X_2}^2}\right)^2+\cdots+\\&\left(\frac{g''(X_1^*+\cdots+X_{i-1}^*+X_i^*+\cdots+X_n^*)-\mu_{X_i}^*}{\sigma_{X_i}^2}\right)^2+\cdots+\left(\frac{X_n^*-\mu_{X_n}^*}{\sigma_{X_n}^2}\right)^2\end{aligned} \tag{2-42}$$

对于这样的一个无约束最优化问题,可供选择的求解方法很多,可靠指标计算的优化算法,可取得较好的效果。但是我们注意到,对于较复杂的非线性的功能函数,计算初始值的选择是非常重要的,初始值选得不当,不但增加计算的时间,影响计算效率,而且有时甚至导致计算失败,得不到所需的结果。

7)响应面法

响应面法的基本原理:通过一系列确定性实验,用多项式函数来近似隐式极限状态函数,通过合理地选取试验点和迭代策略,来保证多项式函数能够在失效概率上收敛于真实的隐式极限状态函数的失效概率。

响应面法是数学方法和统计方法的结合,利用统计学的综合实验技术解决复杂系统的输入(随机变量)与输出(系统响应)关系的方法,其实质就是对试验数据进行拟合,从而得到系统函数的近似表达式。

一般选取响应面函数为二次多项式形式,多项式系数的确定一般以试验设计为基础,应用中心复合设计回归得到特定因子的最小二乘估计。多项式响应面法利用二次多项式代替结构功能函数,并且通过系数的迭代进行调整。

用响应面法求可靠指标需要解决以下3个问题:

(1)多项式形式的选择。

第 2 章 基于概率论的极限状态设计思想

(2)多项式试验点的确定。

(3)多项式迭代方法的选择。

8)可靠指标计算方法的选择

通过上面对可靠指标常用的计算方法的介绍可知,不同的计算方法有各自的优缺点,下面将以上 7 种计算方法的适用条件及特点进行对比,见表 2-5。

可靠指标计算方法对比 表 2-5

方法 要求	一次二阶矩法		"JC"法		"M-C"法	优化法	响应面法
	中心点	验算点	一般	分位值			
随机变量要求正态	Y	Y	N	N	N	N	N
随机变量需显式表示	Y	Y	N	N	N	Y	N
功能函数对各随机变量的偏导数是否要求	Y	Y	Y	Y	N	N	Y
需要模拟次数	少	少	少	少	多	多	多
主要特点	在均值点展开	在验算点展开	随机变量当量正态化		模拟失效过程	等式约束的最小化	功能函数为近似
			—	约化高斯变量			

在以上几种可靠指标的计算方法中,"一次二阶矩"方法适应于随机变量都为正态分布的情形,而"JC"法可适应随机变量为任意分布的情形,但两种方法都要求功能函数能用随机变量的显函数形式表达出来,且能求出功能函数对各随机变量的偏导数。从"JC"法的基本原理可以看出,结构可靠度分析结果的精确度取决于"当量正态化"和"用切平面近似极限状态曲面"两种处理在具体问题中的近似程度;迭代的收敛性决定于功能函数的非线性程度和设计验算点的初始值,如果验算点的初始值选取不当,迭代可能不收敛,从而无法得出可靠指标值。《铁路工程结构可靠性设计统一标准》(试行)(Q/CR 9007—2014)中,推荐了"JC"法。

"M-C"法求解结构可靠度的优点是回避了结构可靠度分析中的数学困难,并且不受随机变量分布形式和功能函数形式的影响,当抽取的样本数足够多,其计算结果可以认为是精确的,故也常用于各种近似方法计算结果的校核,是一种比较适合求算岩土工程可靠指标的方法。

优化方法在特殊情况下不失为一种好的方法,但用于支挡结构的可靠指标计算,存在两大难题,一是功能函数很难用一个随机变量来表示。另外,由于功能函数高度非线性,特别是在双线铁路荷载的情况下,往往存在多个峰值,计算很容易收敛到局部极小值点。响应面法需要解决的 3 个问题也不容易。

综上所述,可靠指标计算方法的选择可按如下原则:

(1)计算公式简单、可导,可选用"JC"法。比如墙顶为一面坡的路堑墙、路基面为均布荷载的重力式路肩墙、路基面以上荷载可以与墙背填料分算的加筋土挡土墙。

(2)计算公式复杂,或不可导,可选用"M-C"法。支挡结构的计算实际上都比较复杂,均可采用"M-C"法计算可靠指标。

2.2.5 可靠指标计算算例

1) 计算基本条件

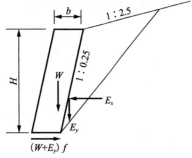

图 2-8 一般地区重力式挡土墙抗滑动计算示意图

以重力式挡土墙抗滑动为例,说明几种方法的计算过程,并比较计算结果。重力式挡土墙抗滑动计算示意图如图 2-8 所示。

(1) 基本设计参数

墙背土体综合内摩擦角 $\varphi=35°$,墙背土体重度 $\gamma=19\text{kN/m}^3$,基底土层与挡土墙之间摩擦系数 $f=0.3$;墙顶土层刷方坡率为 1:2.5,墙身胸坡和背坡率均为 1:0.25,墙身混凝土重度 $\gamma_w=23.00\text{kN/m}^3$;墙背摩擦角 $\delta=17.5°$。随机变量统计特征见表 2-6。

随机变量统计特征 表 2-6

变量名称	φ	δ	γ	f
分布类型	正态	正态	正态	正态
均值 μ	35°	17.5°	19kN/m³	0.3(×1.5)
变异系数 V	8.6%	12.0%	5.0%	16.6%
标准差 σ	3.01°	2.1°	0.95kN/m³	0.0747

(2) 挡土墙尺寸

墙身截面形式如图 2-8 所示,其中墙高 $H=6.0\text{m}$,墙身宽度 $b=2.24\text{m}$,墙背坡率为 1:0.25,挡土墙横截面面积 $A=13.44\text{m}^2$。

2) 一次二阶矩中心点法

若将抗力和作用看作两个随机变量,抗滑动极限状态方程为 $Z=R-S$。令抗力随机变量 $R=(W+E_y)f$、作用随机变量 $S=E_x$,通过抽样计算可知,R 和 S 均服从正态分布,抗力均值和标准差:$\mu_R=141.075(140.8844)\text{kN}$,$\sigma_R=23.602$;作用均值和标准差:$\mu_S=72(73.352)\text{kN}$,$\sigma_S=16.047$。括号中的均值为抽样计算所得均值,与括号外设计计算所得均值有一定差异,但是很接近,后面的计算直接采用设计均值。根据一次二阶矩中心点法,可靠指标计算如下:

对功能函数求导

$$\frac{\partial g}{\partial R}=1, \frac{\partial g}{\partial S}=-1$$

可靠指标

$$\beta=\frac{g(\mu_{X_1},\mu_{X_2},\cdots,\mu_{X_n})}{\sqrt{\sum_{i=1}^{n}\left(\frac{\partial g}{\partial X_i}\Big|_{\mu_{X_i}}\cdot\sigma_{X_i}\right)^2}}=\frac{\mu_R-\mu_S}{\sqrt{\sigma_R^2+\sigma_S^2}}=\frac{141.075-72}{\sqrt{23.602^2+16.047^2}}=2.42$$

3) 一次二阶矩验算点法

从图 2-8 可知,验算点法适用于两个以上随机变量的可靠指标计算,其推导过程为计算 3 个变量的极限状态曲面的切平面到原点的最短距离。推导出的公式是可用于两个及以上的随机变量的可靠指标计算的。本算例为了使计算过程更加简便,便于与其他计算方法比较,这里采用两个随机变量来展示验算点法计算过程。

对于正态分布变量,根据式(2-22)可得:

$$-\alpha_R = \frac{-\frac{\partial g}{\partial R}|_{P^*} \cdot \sigma_R}{\sqrt{\sigma_R^2 + \sigma_S^2}} = \frac{-\sigma_R}{\sqrt{\sigma_R^2 + \sigma_S^2}}$$

$$-\alpha_S = \frac{-\frac{\partial g}{\partial S}|_{P^*} \cdot \sigma_S}{\sqrt{\sigma_R^2 + \sigma_S^2}} = \frac{\sigma_S}{\sqrt{\sigma_R^2 + \sigma_S^2}}$$

根据式(2-23)可得:

$$R^* = \mu_R - \alpha_R \beta \sigma_R = \mu_R - \frac{\sigma_R^2}{\sqrt{\sigma_R^2 + \sigma_S^2}}\beta$$

$$S^* = \mu_S - \alpha_S \beta \sigma_S = \mu_S + \frac{\sigma_S^2}{\sqrt{\sigma_R^2 + \sigma_S^2}}\beta$$

将 R^*、S^* 代入 $g(R^*, S^*) = R^* - S^* = 0$,可得:

$$\beta = \frac{\mu_R - \mu_S}{\sqrt{\sigma_R^2 + \sigma_S^2}} = 2.42$$

4) "JC"法

验算点法的缺点是,当随机变量为非正态分布时,可靠指标计算有一定的误差,故需要对不是正态分布的随机变量进行当量正态化,然后再采用验算点法进行计算。采用"JC"法求算可靠指标的过程,此处不再赘述,下面主要举例说明当量正态化过程。

当量正态化实质可理解为,对于任意分布随机变量 X_i,平均值和标准差分别为 μ_{X_i},σ_{X_i},概率密度函数和累积分布函数分别为 $f_{X_i}(X_i)$、$F_{X_i}(X_i)$,当转化为对应的正态分布时,对当量随机变量 X'_i 的平均值 μ'_{X_i} 和标准差 σ'_{Xi} 进行计算。假设作用变量 S 服从极值Ⅰ型分布,下面给出其当量正态化过程。

均值和标准差:$\mu_S = 72 \text{kN}$,$\sigma_S = 16.047 \text{kN}$。

其分布函数:$F(S) = \exp\{-\exp[-\alpha(S-u)]\}$。

其中:$u = \mu_S - 0.45\sigma_S = 64.7789 \text{kN}$,$\alpha = \pi/(\sqrt{6}\sigma_S) = 0.0799 \text{kN}^{-1}$。

概率密度:$f(S) = \alpha\exp\{-\alpha[S-u] - \exp[-\alpha(S-u)]\}$。

假设初始,$S^* = \mu_S = 72$,则:$F(S^*) = 0.57$,$f(S^*) = 0.0256$。

根据式(2-27)可得当量正态化后的标准差:

$$\sigma'_S = \frac{\varphi\{\Phi^{-1}[F(S^*)]\}}{f(S^*)} = 15.347$$

根据式(2-25)可得当量正态化后的均值:

$$\mu'_S = S^* - \Phi^{-1}[F(S^*)] \cdot \sigma'_S = 69.282$$

有了均值和标准差,就可采用一次二阶矩验算点法计算可靠指标。从上面的计算可以看出,一次二阶矩验算点法的每次迭代计算都要对非正态分布的变量进行当量正态化是比较麻烦的。下面给出对"JC"法改进后的分位值法计算可靠指标的示例。

5)分位值法

假设初始值:$\beta_{(0)}=0, \beta_{R(0)}=0, \beta_{S(0)}=0$

$$R^*_{(0)} = F_R^{-1}[\Phi(\beta^*_{R(0)})] = \mu_R + \beta^*_{R(0)}\sigma_R = 141.075$$

$$S^*_{(0)} = F_S^{-1}[\Phi(\beta^*_{S(0)})] = \mu_S + \beta^*_{S(0)}\sigma_S = 72$$

设定可靠指标计算结果判定值 $\varepsilon = 0.01$。

根据式(2-33)~式(2-29)逆推计算如下:

第一步:

根据式(2-33)和表2-4可得:

基本变量抗力的分位值导数 $R'^*_{(1)} = \dfrac{d}{d\beta_R}F_R^{-1}[\Phi(\beta^*_{R(0)})] = \sigma_R = 23.602$

基本变量作用的分位值导数 $S'^*_{(1)} = \dfrac{d}{d\beta_S}F_S^{-1}[\Phi(\beta^*_{S(0)})] = \sigma_S = 16.047$

根据式(2-30)可得:

基本变量抗力的灵敏度系数 $\alpha_R = \dfrac{-R'^*_{(1)}}{\sqrt{(R'^*_{(1)})^2 + (S'^*_{(1)})^2}} = -0.827$

基本变量作用的灵敏度系数 $\alpha_S = \dfrac{S'^*_{(1)}}{\sqrt{(R'^*_{(1)})^2 + (S'^*_{(1)})^2}} = 0.562$

根据式(2-31)可得:

基本变量抗力的分项指标 $\beta^*_{R(1)} = \alpha_R\beta_{(0)} = 0$

基本变量作用的分项指标 $\beta^*_{S(1)} = \alpha_S\beta_{(0)} = 0$

根据式(2-32)和表2-4可得:

基本变量抗力的分位值 $R^*_{(1)} = F_R^{-1}[\Phi(\beta^*_{R(1)})] = \mu_R + \beta^*_{R(1)}\sigma_R = 141.075$

基本变量作用的分位值 $S^*_{(1)} = F_S^{-1}[\Phi(\beta^*_{S(1)})] = \mu_S + \beta^*_{S(1)}\sigma_S = 72$

根据式(2-29)可得:

可靠指标 $\beta_{(1)} = \dfrac{R^*_{(1)} - S^*_{(1)} - (R'^*_{(1)}\beta^*_{R(1)} - S'^*_{(1)}\beta^*_{S(1)})}{\sqrt{(R'^*_{(1)})^2 + (S'^*_{(1)})^2}} = 2.42029$

比较:$\Delta\beta = |\beta_{(1)} - \beta_{(0)}| = 2.42029 > \varepsilon = 0.01$,应继续进行迭代计算。

第二步:

$R'^*_{(2)} = \sigma_R = 23.602$,$S'^*_{(2)} = \sigma_S = 16.047$,$\alpha_R = -0.827$,$\alpha_S = 0.562$

$\beta^*_{R(2)} = \alpha_R\beta_{(1)} = -2$,$\beta^*_{S(2)} = \alpha_S\beta_{(1)} = 1.36$

$R^*_{(2)} = F_R^{-1}[\Phi(\beta^*_{R(2)})] = \mu_R + \beta^*_{R(2)}\sigma_R = 93.871$

$S^*_{(2)} = F_S^{-1}[\Phi(\beta^*_{S(2)})] = \mu_S + \beta^*_{S(2)}\sigma_S = 93.824$

$\beta_{(2)} = \dfrac{R^*_{(2)} - S^*_{(2)} - (R'^*_{(2)}\beta^*_{R(2)} - S'^*_{(2)}\beta^*_{S(2)})}{\sqrt{(R'^*_{(2)})^2 + (S'^*_{(2)})^2}} = 2.42028$

比较:$\Delta\beta = |\beta_{(2)} - \beta_{(1)}| = 0.00001 \leqslant \varepsilon$(可),$\beta = \beta_{(2)} = 2.42$

6)"M-C"法

(1)基本设计参数

基本设计参数同前。

(2)对最底层随机变量抽样

前面可靠指标的计算,是将功能函数的变量简化为抗力R和作用S,在可靠指标的计算中,因为R和S是底层基本变量的函数,求算这两个综合变量的统计特征时,采用了"M-C"法抽样。本算例给出调用MC()程序进行随机抽样的部分计算结果,说明随机变量的抽样过程。本算例中滑动稳定性功能函数为:$Z=R-S=(W\times f+E_y\times f)-E_x$。式中,最底层的随机变量为$\varphi_0$、$\delta_0$、$\gamma_0$、$f$,则功能函数为:$Z=g(\varphi_0,\delta_0,\gamma_0,f)$。在计算式$R$和$S$值之前,首先应对以上5个随机变量进行抽样。下面以重度随机变量γ为例,说明整个抽样过程。利用素模混合线性乘同余法产生$0\sim1$之间的均匀随机数:

$$X_{n+1}=a\cdot X_n+V \tag{2-43}$$

$$u_{n+1}=\frac{X_{n+1}}{M} \tag{2-44}$$

式中:a、M——分别为乘子、模数,它们均为整数;

X_{n+1}——$a\cdot X_n+V$除以M后的余数,$0<X_{n+1}<M$。

只要选择好参数a、M和种子值X_0,就可以得到统计性质优良,周期长的伪随机数序列。其中,a一般取2053.0,M一般取65536.0,增量V取11849.0,初值X_0取1.0即可。程序运行步骤如下:

产生的第1个随机数为:$u_1=0.7519836$;产生的第2个随机数为:$u_2=0.0108490$。

由变换法产生两个标准正态分布的随机数:

$$\begin{aligned}x_i&=\mu_X+\sigma_X\sqrt{-2\ln u_i}\cos(2\pi u_{i+1})\\ x_{i+1}&=\mu_X+\sigma_X\sqrt{-2\ln u_i}\sin(2\pi u_{i+1})\end{aligned} \quad (i=1,3,5,\cdots) \tag{2-45}$$

式中:μ_X——随机变量均值;

σ_X——随机变量标准差;

u_i、u_{i+1}——为利用素模乘同余法产生的两个$0\sim1$之间的随机数;

x_i、x_{i+1}——抽样计算得到的一对独立正交的随机数。

重度γ均值$\mu_X=19$,变异系数$\delta=0.05$,则:$\sigma_X=\mu_X\delta=0.95$

$$x_1=\mu_X+\sigma_X\sqrt{-2\ln u_i}\cos(2\pi u_2)=19.716$$

$$x_2=\mu_X+\sigma_X\sqrt{-2\ln u_i}\sin(2\pi u_2)=19.049$$

$$\gamma_{(1)}=x_1=19.716,\gamma_{(2)}=x_2=19.049$$

同理可得其他参数的抽样结果如下:

对φ_0抽样可得

$$\varphi_{0_{(1)}}=31.721\varphi_{0_{(2)}}=38.861\cdots\cdots\cdots\cdots\varphi_{0_{(n)}}$$

对δ抽样可得

$$\delta_{(1)}=19.156\delta_{(2)}=15.516\cdots\cdots\cdots\cdots\delta_{(n)}$$

对f抽样可得

$$f_{(1)}=0.411\ f_{(2)}=0.431\cdots\cdots f_{(n)}$$

随机变量抽样完毕后,将 $\gamma_{(1)}=19.716$、$\varphi_{0(1)}=31.721$、$\delta_{(1)}=19.156$、$f_{(1)}=0.411$ 代入极限状态方程,可得:$Z_{(1)}=R_{(1)}-S_{(1)}=130.46-92.83=37.63$,故安全。

同理,把 $\gamma_{(2)}=19.049$、$\varphi_{0(2)}=38.861$、$\delta_{(2)}=15.516$、$f_{(2)}=0.43$ 代入极限状态方程,可得:$Z_{(2)}=R_{(2)}-S_{(2)}=133.85-55.8=78.05$,故安全。

若 $\gamma_{(i)}$、$\varphi_{0(i)}$、$\delta_{(i)}$、$f_{(i)}$ 代入极限状态方程,出现 $Z<0$,则设计计数器 M_S 记录失效次数。

产生随机数的方法很多,较为经典的方法有取中法、位移法、加同余法、乘同余法(上面的方法)、混合同余法等。表 2-7 中的随机数是采用科学计算数学软件 MATLAB 中的随机函数 randn(),一般用当前日历时间初始化随机数种子,这样每次执行代码都可以产生不同的随机数,使伪随机数尽可能仿真。

各随机变量及抗力和荷载抽样值　　　　　　　　　　　　表 2-7

抽样次数	φ_0	δ	γ	f	R	S	Z
1	38.1	17.21	18.45	0.51	158.33	56.48	101.85
2	35.61	17.74	19.23	0.49	154.18	69.8	84.38
3	31.27	19.74	19.79	0.47	148.82	95.75	53.07
4	33.42	17.62	18.16	0.43	135.12	76.6	58.52
5	36.9	17.3	17.94	0.4	124.4	59.69	64.71
6	24.17	15.75	17.1	0.32	99.53	144.78	−45.25
7	29.5	18.12	18.37	0.54	169.78	101.37	68.41
8	33.16	14.69	20.09	0.43	134.06	87.42	46.64
9	32.76	19	17.86	0.46	145.24	78.25	66.99
10	35.13	20.91	21.95	0.44	140.55	81.12	59.43
⋮	⋮	⋮	⋮	⋮	⋮	⋮	⋮
19999	34.43	19.3	18.88	0.31	98.36	73.74	24.62
20000	33.44	20.13	18.7	0.55	175.21	77.83	97.38

(3)**计算抗滑功能的可靠指标**

根据失效次数和抽样次数计算失效概率和可靠度如下:

$$P_f=\frac{M_S}{N}=\frac{250}{20000}=0.012$$

$$P_S=1-P_f=0.9875$$

$$\beta=\Phi^{-1}(1-P_f)=2.2414$$

式中:M_S——失效次数;

N——抽样次数;

P_f、P_S——失效概率、可靠度。

7) 以上几种方法可靠指标计算结果汇总(表2-8)

不同法方法可靠指标计算结果 表2-8

采用方法	中心点法	验算点法	分位值法	"M-C"法
可靠指标	2.42	2.42	2.42	2.24(2.42)

注:"M-C"法的可靠指标中,括号内可靠指标是以抗力和作用为基本变量抽样而得的。

从表2-8中的汇总结果来看,中心点法、验算点法、分位值法的计算结果完全一样。根据2.2.4的理论介绍,这3种方法一个比一个的结果更加精确,那为什么计算的结果完全一样呢?这是因为以上算例为了清晰地展现各种方法的计算过程,功能函数采用了最简单的形式,即只有两个变量,失效的边界线是直线而不是曲线或曲面甚至超曲面,用简单的计算方法即可得到精确的结果。在功能函数中只有两个基本随机变量且作用效应之和为线性表达式的情况下,这几种算法得到同样的结果才是正确的,这个结论通过公式推导可以直接得到,此处不再赘述。

表2-8中"M-C"法给出了不同的结果,使人产生疑惑。为了分析出现这种现象的原因,在对 $Z=g(\varphi_0,\delta_0,\gamma_0,f)$ 中的底层随机变量进行抽样计算后发现,当不直接通过对 Z 进行失效统计计算可靠度指标,而是根据对 $Z=g(\varphi_0,\delta_0,\gamma_0,f)$ 中底层随机变量抽样得到 $Z=R-S$ 中抗力 R 和作用 S 的统计特征,再以这两个为基本随机变量对功能函数 $Z=R-S$ 进行抽样并记录失效次数时,得到的可靠指标的结果是2.42,与前面几种方法的计算结果是一样的。仔细分析这个结果似乎不难理解,前面3种计算方法利用了 R 和 S 的统计特征且认为这两个变量正态、独立,4种方法都采用这两个变量的统计特征来进行可靠指标的计算,自然结果一样。换句话说,"M-C"法抽样毕竟是模拟方法,模拟和真实之间是有差异的。

2.3 校准法

2.3.1 校准法的概念

校准法:通过对现存结构或构件安全系数的反演分析,来确定设计时采用的结构或构件可靠指标及分项系数的方法。有时也称为经验校准法。

当计算出支挡结构的可靠指标后,应确定出设计应达到的可靠指标——目标可靠指标,以此作为设计依据。目标可靠指标的确定一般有如下原则:

(1)目标可靠指标应达到公众的心理预期值。

(2)应与安全等级相对应:安全等级越高,可靠指标越高。

(3)根据破坏性质不同,取值不同:对于结构构件来说,脆性结构的目标可靠指标应高于延性结构的目标可靠指标。

(4)应考虑社会的承受力。

目标可靠指标的确定方法如下:

(1)经济分析法:从结构建造和破坏后的损失平衡考虑。

(2)风险类别法:与其他生产或社会活动中的风险事件进行对比。

(3)校准法:对现行规范结构设计的可靠度水平进行分析,保持与现行规范可靠度水平的一致。

(1)和(2)两种方法是在建立了比较完善的以概率论为基础的设计体系后,根据设计需要达到的主要目标,而选择的方法。(3)校准法是规范从旧的设计体系转变为基于概率论的极限状态的新的设计体系时,比较切实可行的方法,即通过校核现行设计安全度,找出隐含于现有工程中的可靠指标值,经综合分析,制订今后设计采用的目标可靠指标。按照这种方式确定出来的目标可靠指标,可代表结构大部分的可靠性。经验校准在规范初次转轨时是非常必要的。

采用经验校准的方式,即承认按现行规范规定设计的、代表了现阶段设计水准的支挡结构所隐含的可靠指标是可靠的、合理的。经验校准法确定的目标可靠指标,体现了工程建设长年积累的实践经验,继承了现行设计规范规定的设计可靠度水准。

实际上,经验校准法不仅可用来确定目标可靠指标,也可用于确定分项系数。比如,EUROCODE在制订分项系数时,因为无足够的统计数据,主要采用经验校准法确定极限状态设计表达式中的分项系数。现行的《支挡结构设计规范》(TB 10025—2006)中钢筋混凝土构件设计采用的荷载分项系数,也是通过经验校准法得到的。

2.3.2 经验校准法在确定目标可靠指标中的应用

采用校准法确定目标可靠指标的计算步骤如下:

(1)选取一组具有代表性的结构及构件作为校准法的计算对象。

(2)确定各结构及构件的作用效应和抗力中各基本变量的概率分布类型和设计参数。分析传统设计方法的表达式,如抗倾覆、抗滑动、抗弯表达式、抗剪表达式等。

(3)采用合适的可靠指标计算方法,分别计算按现行设计规范设计的各结构及构件的可靠指标。

(4)将求得的代表现行规范设计的各种结构及构件的可靠指标加权平均。

(5)对可靠度校准的加权平均值,进行公众预期、安全等级、破坏性质、是否经济、社会承受能力以及计算可靠指标的客观条件等方面的综合分析,确定结构的目标可靠指标。

2.4　目标可靠指标和分项系数

理论上,可以根据目标可靠指标直接进行设计,但直接采用目标可靠指标进行设计,需要进行大量的数据统计,计算工作量大。为了照顾设计人员的传统习惯(以安全系数保证结构的可靠性)和设计方便,设计时,可根据结构及构件的功能要求,采用将安全系数分项于以荷载代表值、岩土抗力代表值、材料设计强度、几何参数标准值中的极限状态设计方程进行设计。这些分项的安全系数可称为分项系数,分项系数与目标可靠指标之间存在一定的对应关系。

2.4.1 可靠指标与安全系数和分项系数的关系

传统设计中的总安全系数 K 只与抗力 R 和荷载效应 S 的均值有关:

$$\frac{\mu_R}{\mu_S} \geqslant K \Rightarrow \mu_R \geqslant K\mu_S \tag{2-46}$$

实际上 R 和 S 都是随机变量,如图 2-9 所示。如果知道其概率分布,则可建立总安全系数与可靠指标之间的对应关系。假设其统计特征为正态分布,根据可靠指标的定义可得:

$$\beta = \frac{\mu_R - \mu_S}{\sqrt{\sigma_R^2 + \sigma_S^2}} = \frac{\dfrac{\mu_R}{\mu_S} - 1}{\sqrt{\left(\dfrac{\mu_R}{\mu_S}\right)^2 \delta_R^2 + \delta_R^2}} = \frac{K-1}{\sqrt{K^2\delta_R^2 + \delta_S^2}} \tag{2-47}$$

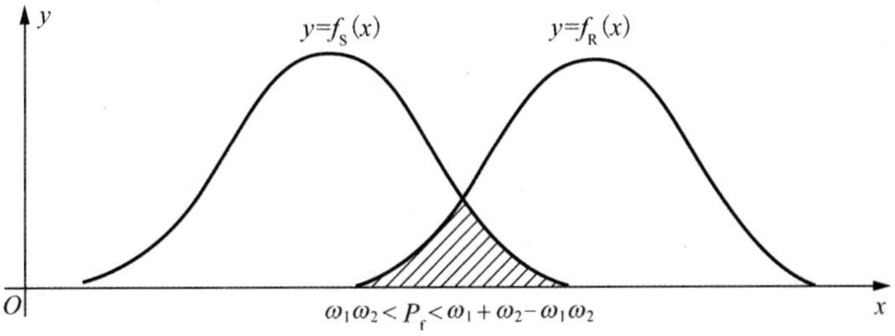

图 2-9 R 与 S 的关系

由此可知,即使安全系数不分项,只要引入概率论思想,就可知道结构的可靠性,但笼统由一个安全系数 K 来反映结构的可靠性,是有偏差的,可能导致不经济。如果将总安全系数分配在影响功能函数的关键变量上,跟踪反映影响结构安全性的各个环节,则能使结构的可靠指标更接近实际情况。如果把调整结构的安全性比喻为治病,调整总安全系数,相当于"宏观治疗";调节分项系数,则相当于"靶向治疗"。

当功能函数中仅有两个相互独立变量抗力 R 和作用效应 S 时,总安全系数 K 可分解为抗力代表值中的抗力分项系数 γ_R 和荷载代表值中的荷载分项系数 γ_S。由此可知,根据目标可靠指标得到的分项系数具有概率的意义:虽然在形式上和安全系数一样,但在分项系数的确定过程中,是考虑了结构或构件的失效概率的。采用目标可靠指标指导下确定的分项系数进行设计,可以照顾传统的设计习惯,同现行国际上分项系数设计准则紧密联系起来,使基于概率论的设计更具实用化。从式(2-46)可知,只要引入了概率的思想,无论采用总安全系数还是采用分项系数的形式进行设计,可靠指标不是一个确定值,只要基本变量的统计规律发生了变化,即使安全系数或分项系数不变,可靠指标也会改变。

2.4.2 分项系数的计算方法

1) 按分位值法确定理论设计值的方法

按分位值法确定理论设计值的方法是一种根据分项可靠指标,确定承载能力极限状态设计表达式中基本变量分项系数的方法。按这种方法确定分项系数的过程,实际上就是分位值法计算可靠指标的逆运算过程。

已知结构的极限状态设计表达式:

$$Z = g(X_1, X_2, \cdots, X_i, \cdots, X_n) \tag{2-48}$$

(1) 当式中仅有一个可变作用(或组合可变作用)时,按分位值法确定理论设计值 $\bar{X}_{id}$ 可

采用迭代法按下列公式求解:

$$\bar{X}_{id} = X_i^* = F_{X_i}^{-1}[\Phi(\beta_{X_i}^*)] \tag{2-49}$$

$$\beta_{X_i}^* = \frac{-\frac{\partial g}{\partial X_i}\mid_{P^*} X'^*_i}{\left[\sum_i^n (\frac{\partial g}{\partial X_i}\mid_{P^*} X'^*_i)^2\right]^{\frac{1}{2}}}\beta \tag{2-50}$$

$$X'^*_i = \frac{d}{d\beta_{X_i}}\{F_{X_i}^{-1}[\Phi(\beta_{X_i}^*)]\} \tag{2-51}$$

计算步骤按图 2-10 进行。

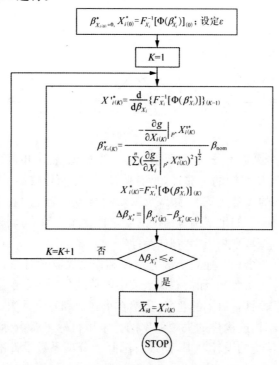

图 2-10 计算理论设计值的分位值法框图

(2)根据各基本变量的理论设计值 $\bar{X}_{id}$,反算相应的理论分项系数 γ_{X_i}。

用分位值法求解分项系数与求解可靠指标一样,需要功能函数可导,当功能函数不可导,可采用其他方法计算设计分项系数。下面将分别介绍林德的 0.75 线性分离法、幂级数展开法和一般分离法。从图 2-10 可知,分位值方法中,基本变量的分项系数对应于分项可靠指标。式(2-47)中,总安全系数与总可靠指标对应,下面所介绍的 3 种方法,虽然把总安全系数根据基本变量的统计规律,分配在基本变量上,但整个计算工程中,只用到一个目标可靠指标,且整个计算过程中,不用求导。

2) 林德(Lind)的 0.75 线性分离法

为了将式(2-47)中的根式进行分离,Lind 引入了分离函数 α,使两个基本变量从平方根中分离出来,并以线性化的形式表示。设有 X_1、X_2 任意的两个随机变量,其平方根的线性化形式如下:

$$\sqrt{X_1^2 + X_2^2} = \alpha(X_1 + X_2) \tag{2-52}$$

令:$\delta_1 = \dfrac{X_1}{X_2}$, $\alpha = \dfrac{\sqrt{X_1^2 + X_2^2}}{X_1 + X_2} = \dfrac{\sqrt{1+\delta_1^2}}{1+\delta_1}$,林德指出,$\alpha$ 在 0.5~0.95 之间,当 $\dfrac{1}{3} \leqslant \delta_1 < 3$ 时,取 $\alpha = 0.75$,$\sqrt{X_1^2 + X_2^2}$ 与 $0.75(X_1 + X_2)$ 的相对误差不超过 6%,有:

$$\sqrt{X_1^2 + X_2^2} = \alpha(X_1 + X_2) \approx 0.75(X_1 + X_2) \tag{2-53}$$

将这个分离并线性化的公式用于将基于可靠指标的设计式(2-47)中,可将总安全系数与可靠指标的对应关系表达为分项函数的形式。若设计抗力 R 和作用效应 S 均为正态分布,而且满足 $\dfrac{1}{3} \leqslant \dfrac{\sigma_R}{\sigma_S} < 3$ 条件时,根据可靠指标的定义和林德思想,可得:

$$\beta = \dfrac{\mu_R - \mu_S}{\sqrt{\sigma_R^2 + \sigma_S^2}} \Rightarrow \mu_R - \mu_S = \beta\sqrt{\sigma_R^2 + \sigma_S^2} \approx 0.75(\sigma_R + \sigma_S)\beta \tag{2-54}$$

将式中的标准差用变异系数 $\left.\begin{array}{l}\sigma_R = \delta_R \mu_R \\ \sigma_S = \delta_S \mu_S\end{array}\right\}$ 表示,移项整理后,得:

$$(1 - 0.75\delta_R\beta)\mu_R = (1 + 0.75\delta_S\beta)\mu_S \tag{2-55}$$

令:

$$\left.\begin{array}{l}\gamma_R = 1 - 0.75\delta_R\beta \\ \gamma_S = 1 + 0.75\delta_S\beta\end{array}\right\} \tag{2-56}$$

从而,得设计表达式:

$$\gamma_R \mu_R \geqslant \gamma_S \mu_S \tag{2-57}$$

式中:μ_R、γ_R——抗力效应和抗力分项系数;

μ_S、γ_S——荷载效应和荷载效应分项系数。

从式(2-56)可知,这里 γ_R 和 γ_S 中已隐含了可靠指标 β。

如果作用效应 S 是由恒载 G 和活载 Q 的效应组成的,即 $S = G + Q$,而且 $\dfrac{1}{3} \leqslant \dfrac{\sigma_G}{\sigma_Q} < 3$,则同理可以进行下述的分离:

$$\mu_R - \mu_S = \beta\sqrt{\sigma_R^2 + \sigma_S^2} \approx 0.75(\sigma_R + \sigma_S)\beta \tag{2-58}$$

由于 $\mu_S = \mu_G + \mu_Q$,由概率论可知 $\sigma_S = \sqrt{\sigma_G^2 + \sigma_Q^2}$,故

$$\mu_R - (\mu_G + \mu_Q) = 0.75(\sigma_R + \sqrt{\sigma_G^2 + \sigma_Q^2})\beta \tag{2-59}$$

再做一次分离得:

$$\mu_R - \mu_G - \mu_Q = 0.75\delta_R\mu_R\beta + 0.75^2\beta(\delta_G\mu_G + \delta_Q\mu_Q) \tag{2-60}$$

整理得:

$$(1 - 0.75\delta_R\beta)\mu_R = (1 + 0.75^2\delta_G\beta)\mu_G + (1 + 0.75^2\delta_Q\beta)\mu_Q \tag{2-61}$$

令:

$\gamma_R = 1 - 0.75\delta_R\beta$,$\gamma_G = 1 + 0.75^2\delta_G\beta$,$\gamma_Q = 1 + 0.5625\delta_Q\beta$,则

$$\gamma_R\mu_R \geqslant \gamma_G\mu_G + \gamma_Q\mu_Q \tag{2-62}$$

式中:γ_R——抗力分项系数;

γ_G——恒载效应分项系数;

γ_Q——活载效应分项系数。

Lind 的 0.75 线性分离法中,γ_R 只与 δ_R 和 β 有关,与 δ_S 无关,而 γ_S 只与 δ_S 和 β 有关,简化了分项系数的计算,但适用范围有限制:对于 2 个变量,其比值在 1/3 和 3 之间时,取 $\alpha=0.75$,其相对误差不超过 6%,如果超过这一范围,误差增大;荷载二次分离,会产生累计误差,这就给分项系数的取值,带来更大的误差。线性分离产生误差的原因可用图 2-11 说明:

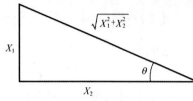

图 2-11 三角形近似图

$\sqrt{X_1^2+X_2^2}=\alpha(X_1+X_2)=\alpha(1+\tan\theta)X_2$,显然 α 是一个变值,它随 X_1、X_2 的相互变化而变化,当 X_2(或 X_1)越小时,相对误差就越大。

3) 幂级数展开法

对于两个变量,可做下列变换:

$$\sqrt{X_1^2+X_2^2}=\max(X_1,X_2)\sqrt{1+\left(\frac{\min(X_1,X_2)}{\max(X_1,X_2)}\right)^2}=\max(X_1,X_2)\sqrt{1+\rho^2} \quad (2\text{-}63)$$

式中:$\rho=\dfrac{\min(X_1,X_2)}{\max(X_1,X_2)}$,且 $0\leqslant\rho\leqslant1$。

令 $\alpha=\dfrac{\sqrt{1+\rho^2}}{1+\rho}$,代入式(2-63)中,得:

$$\sqrt{X_1^2+X_2^2}=\alpha[\max(X_1,X_2)+\min(X_1,X_2)] \quad (2\text{-}64)$$

由上式可知,定义的 α 为线性分离函数的真值。

将 $\sqrt{1+\rho^2}$ 按幂级数展开:$\sqrt{1+\rho^2}=1+\dfrac{1}{2}\rho^2-\dfrac{1}{8}\rho^4+\dfrac{1}{16}\rho^6+\cdots$,取前两项,代入 $\alpha=\dfrac{\sqrt{1+\rho^2}}{1+\rho}$,则对应于 α 的一次近似值:

$$\alpha_1=\frac{(1+0.5\rho^2)}{(1+\rho)} \quad (2\text{-}65)$$

假设 Lind 建议的 0.75 为零次近似值,记为 $\alpha_0=0.75$,对于不同的 ρ 值,带入式 $\alpha=\dfrac{\sqrt{1+\rho^2}}{1+\rho}$ 和式(2-18)进行计算,并同 $\alpha_0=0.75$ 对比,见表 2-9。

α 的真值和各次近似值对比表 表 2-9

ρ / α_i	0	1/10	1/8	1/6	1/4	1/3	1/2.5	1/2	1/1.5	1
α	1.0	0.914	0.896	0.869	0.825	0.791	0.769	0.745	0.721	0.707
α_0	—	—	—	—	—	0.75	0.75	0.75	0.75	0.75
α_1	1.0	0.914	0.896	0.869	0.825	0.792	0.771	0.75	0.733	0.75

由表 2-10 可知,当 $\rho\leqslant1/3$ 时,α_1 接近真值,其相对误差为 1‰;当 $1/3\leqslant\rho\leqslant1$ 时,$\alpha_0\approx\alpha_1$,两者与真值的误差都不超过 6%,但是 α_1 的精度要高于 α_0。如果还要提高 α 的精度,可以采用二次近似值,$\alpha_2\approx\left(1+\dfrac{1}{2}\rho^2-\dfrac{1}{8}\rho^4\right)/(1+\rho)$。

一般采用一次近似值就能够满足工程需要。若将式(2-63)按幂级数展开并采用一次近

似,则:

$$\sqrt{X_1^2+X_2^2} \approx \max(X_1,X_2) \cdot (1+\frac{1}{2}\rho^2) = \max(X_1,X_2) + \frac{1}{2}\rho \cdot \min(X_1,X_2) \quad (2\text{-}66)$$

幂级数展开法改善了精度,可以扩大应用范围,但是它仍然是一种近似方法。

4) 一般分离法

为了克服 Lind 法和幂级数展开法所带来的误差,出现了一般分离法。一般分离法通过一定的数学变换,定义分离函数 Φ_i,然后进行分离。通常情况下,此法为精确解,但在某些情况下,例如:功能函数为非线性多变量,或对数分布时,分项荷载情况采用了泰勒级数展开,为近似值。该方法适用范围广,不仅可以用于两个变量的情况,而且容易推广到多个非正态变量的情况。

设有两个任意变量 X_i、X_j,令 $\Phi_i = \dfrac{X_i}{\sqrt{X_i^2+X_j^2}} = \dfrac{X_i}{X}$,$\Phi_j = \dfrac{X_j}{X}$,则有:

$$\sqrt{X_i^2+X_j^2} = \frac{X_i^2+X_j^2}{\sqrt{X_i^2+X_j^2}} = \Phi_i X_i + \Phi_j X_j \quad (2\text{-}67)$$

式(2-67)中 Φ_i、Φ_j 称为分离函数。

对于 n 个变量 $X_i (i=1,2,\cdots,n)$,分离函数变为 $\Phi_i = \dfrac{X_i}{(\sum\limits_{i=1}^{n} X_i^2)^{1/2}}$,

同理,有:

$$\sqrt{\sum_{i=1}^{n} X_i^2} = \frac{\sum_{i=1}^{n} X_i^2}{\sqrt{\sum_{i=1}^{n} X_i^2}} = \sum_{i=1}^{n} \Phi_i X_i \quad (2\text{-}68)$$

对于两个随机变量抗力 R 和荷载 S 均为正态分布的情况,有

$$\mu_R - \mu_S = \beta \sqrt{\sigma_R^2 + \sigma_S^2} = \beta \Phi_R \sigma_R + \beta \Phi_S \sigma_S \quad (2\text{-}69)$$

将 $\sigma_R = \delta_R \mu_R$,$\sigma_S = \delta_S \mu_S$ 代入上式,移项整理后,得

$$(1-\Phi_R \delta_R \beta)\mu_R = (1+\Phi_S \delta_S \beta)\mu_S \quad (2\text{-}70)$$

令 $\left.\begin{array}{l}\gamma_R = 1-\Phi_R \delta_R \beta \\ \gamma_S = 1+\Phi_S \delta_S \beta\end{array}\right\}$,则相应的表达式为:$\gamma_R \mu_R \geqslant \gamma_S \mu_S$,相应的分离函数:$\Phi_R = \dfrac{\sigma_R}{\sigma_Z}$,$\Phi_S = \dfrac{\sigma_S}{\sigma_Z}$。

其中,$\sigma_Z = \sqrt{\sigma_R^2 + \sigma_S^2}$。

同理,荷载 S 二次分离后,可得到恒载 G 和活载 Q 的分项系数:

$$\left.\begin{array}{l}\gamma_R = 1-\Phi_R \delta_R \beta \\ \gamma_G = 1+\Phi_G \delta_G \beta \\ \gamma_Q = 1+\Phi_Q \delta_Q \beta\end{array}\right\} \quad (2\text{-}71)$$

相应的设计表达式:

$$\gamma_R \mu_R \geqslant \gamma_G \mu_G + \gamma_Q \mu_Q \quad (2\text{-}72)$$

相应的分离函数:

$$\Phi_R = \frac{\sigma_R}{\sigma_Z},\ \Phi_G = \frac{\sigma_G}{\sigma_Z},\ \Phi_Q = \frac{\sigma_Q}{\sigma_Z} \quad (2\text{-}73)$$

若抗力 R 两次分离后,也可得到 R_1 和 R_2 的分项系数:

$$\left.\begin{array}{l}\gamma_{R_1}=1-\Phi_{R_1}\delta_{R_1}\beta\\ \gamma_{R_2}=1-\Phi_{R_2}\delta_{R_2}\beta\\ \gamma_S=1+\Phi_S\delta_S\beta\end{array}\right\} \tag{2-74}$$

一般分离法根据可靠指标的定义,在可靠指标模式中,引入分离函数,进行一定的变换,导出相应的分项系数计算公式,该法物理概念清楚,公式简单,精度较高。

5)分项系数计算方法选择原则

对于功能函数简单、可导的情况,可选择按分位值法确定理论设计值的方法确定分项系数,这种方法的分项系数对应于分项目标可靠指标,在概率论意义上的概念比较明确;反之,则可在其他3种方法中进行选择。当基本变量独立时,后3种方法中,一般分离法为普遍适用的方法。

6)分项系数的计算和选定应遵循以下原则:

(1)选择极限状态设计式可行域内具有代表性的若干种设计状况。

(2)根据既定目标可靠指标计算各种情况下的理论分项系数。

(3)采用加权平均的方法,选定相应的设计分项系数。

(4)在规范初期阶段,应采用设计分项系数所对应的极限状态设计表达式,对结构和构件进行试设计,当设计结果与传统计算出现偏差时,应对出现偏差的原因进行分析,以确定分项系数是否进行调整。

(5)在规范进入比较稳定的阶段后,分项系数的每一次调整,应试算各种设计状况下的可靠指标,当某些设计状况下结构的计算可靠指标小于目标可靠指标减 0.25 时,应将选定的某些设计分项系数做适当的调整,保证计算可靠指标与目标可靠指标的最佳一致性。

2.4.3 分项系数计算举例

1)计算基本条件

以重力式挡土墙抗滑动为例,说明几种方法的计算过程,并比较计算结果。重力式挡土墙抗滑动计算示意如图 2-12 所示。

(1)基本设计参数

墙背土体综合内摩擦角 $\varphi=35°$,墙背土体重度 $\gamma=19\text{kN/m}^3$,基底土层与挡土墙之间摩擦系数 $f=0.3$;墙顶土层刷方坡率和墙身胸坡、背坡率均为 1:0.25,墙身混凝土重度 $\gamma_w=23\text{kN/m}^3$;墙背摩擦角 $\delta=17.5°$。随机变量统计特征见表 2-10。

随机变量统计特征 表 2-10

变量名称	φ	δ	γ	f
分布类型	正态	正态	正态	正态
均值 μ	35°	17.5°	19kN/m³	0.3(×1.5)
变异系数 V	8.6%	12.0%	5.0%	16.6%

(2)挡土墙尺寸

墙身截面形式如图 2-12 所示,其中墙高 $H=6.0\text{m}$,墙身宽度 $b=2.24\text{m}$,墙背坡率为 $1:0.25$,挡土墙横截面面积 $A=13.44\text{m}^2$。

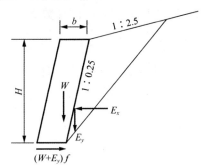

图 2-12　一般地区重力式挡土墙抗滑动计算示意图

(3)根据本算例中挡土墙抗滑动总安全系数初步估算可靠指标:

$$K_c=\frac{\mu_R}{\mu_S}=\frac{(W+E_y)f}{E_x}=\frac{313.5\times0.3\times1.5}{72}=1.306\times1.5=1.959 \qquad (2\text{-}75)$$

式(2-75)是将抗力和作用的均值之比作为总安全系数。若将抗力和作用看作两个随机变量,令抗力随机变量 $R=(W+E_y)f$、作用随机变量 $S=E_x$,通过抽样计算可知,R 和 S 均服从正态分布,抗力均值和变异系数:$\mu_R=141.075\text{kN},\delta_R=0.167301$;作用均值和变异系数:$\mu_S=72\text{kN},\delta_S=0.222875$。根据式(2-47),抗滑动可靠指标可初步估计:

$$\beta=\frac{K-1}{\sqrt{K^2\delta_R^2+\delta_S^2}}=\frac{1.959-1}{\sqrt{1.959^2\times0.167301^2+0.222875^2}}=2.42 \qquad (2\text{-}76)$$

从前面的可靠指标计算可知,式(2-76)的可靠指标为 2.42,与表 2-8 中的可靠指标计算结果是一样的,说明可靠指标正确地反映了总安全系数和两个随机变量对可靠指标的影响。可靠指标 2.42 可作为目标可靠指标来进行分项系数计算,但为了进行分析对比,下面分项系数的计算过程中,除了分位值法,其他方法的分项系数计算,采用了表 2-8 中括号中的可靠指标 2.24 作为目标可靠指标。

2)将抗滑动总安全系数检算式转变为分项系数限状态的设计表达式

$$\gamma_R\mu_R-\gamma_S\mu_S=0 \qquad (2\text{-}77)$$

式中:γ_R——抗力分项系数;

γ_S——荷载分项系数。

后面的分项系数计算,可以看成将式(2-75)中的安全系数 $K_c=1.959$ 分配在作用效应和抗力上。

3)按分位值法确定理论设计值的方法

(1)已知条件

抗滑动稳定性检算功能函数 $Z=g(R,S)=R-S=(W+E_y)f-E_x$ 中,R 和 S 均服从正态分布。

抗力均值和变异系数:$\mu_R=141.075\text{kN},\delta_R=0.167301$;作用均值和变异系数:$\mu_S=$

72kN，$\delta_S=0.222875$。抗力和作用的标准差分别为：$\sigma_R=\delta_R\times\mu_R=0.167301\times141.075=23.602$，$\sigma_S=\delta_S\times\mu_S=0.222875\times72=16.047$。由"表2-3 分位值及分位值导数计算公式"可知：抗力的分位值 $R^*=\mu_R+\beta_R\sigma_R=141.075+23.602\beta_R$ 和分位值导数 $R'^*=\sigma_R=23.602$，作用的分位值 $S^*=\mu_S+\beta_S\sigma_S=72+16.047\beta_S$ 和分位值导数 $S'^*=\sigma_S=16.047$。滑动稳定性检算功能函数分别对抗力 R 和作用 S 求导，可得：$\frac{\partial g}{\partial R}=1$ 和 $\frac{\partial g}{\partial S}=-1$。

有了以上已知数据，假设初始抗力和作用的可靠指标 $\beta_{R(0)}=0$、$\beta_{S(0)}=0$，由分位值法计算所得可靠指标 $\beta=2.42$，根据图2-10可分别计算抗力 R 和作用 S 的理论设计值，确定抗力和荷载分项系数。

(2) 抗力理论设计值计算步骤

第一步：

抗力分位值导数

$$R'^*_{(1)}=\frac{\mathrm{d}}{\mathrm{d}\beta_R}\{F_R^{-1}[\Phi(\beta_R^*)]\}_{(0)}=\sigma_R=23.602$$

抗力分位值可靠指标

$$\beta_{R(1)}^*=\frac{-\frac{\partial g}{\partial R_{(1)}}|_{P^*}R'^*_{(1)}}{\sqrt{\left[\frac{\partial g}{\partial R}\times R'^*_{(1)}\right]^2+\left[\frac{\partial g}{\partial S}\times S'^*_{(1)}\right]^2}}\beta$$

$$=\frac{-\sigma_R}{\sqrt{\sigma_R^2+\sigma_S^2}}\beta=\frac{-23.602}{\sqrt{23.602^2+16.047^2}}\times2.42=-2$$

抗力分位设计值

$$R^*_{(1)}=F_R^{-1}[\Phi(\beta_R^*)]_{(1)}=\mu_R+\beta_{R(1)}^*\sigma_R=141.075-2\times23.602=93.876$$

比较：$\Delta\beta_{R^*}=|\beta_{R^*(1)}-\beta_{R^*(0)}|=|-2-0|=2$

第二步：

抗力分位值导数

$$R'^*_{(2)}=\sigma_R=23.602$$

抗力分位值可靠指标

$$\beta_{R(2)}^*=\frac{-\sigma_R}{\sqrt{\sigma_R^2+\sigma_S^2}}\beta=-2$$

抗力分位设计值

$$R^*_{(2)}=F_R^{-1}[\Phi(\beta_R^*)]_{(2)}=\mu_R+\beta_{R(2)}^*\sigma_R=141.072-2\times23.602=93.868$$

比较：$\Delta\beta_{R^*}=|\beta_{R^*(2)}-\beta_{R^*(1)}|=0$，则抗力分位设计值 $R^*=R^*_{(2)}=93.868$。

从第一步和第二步计算可知，对于变量为正态分布的功能函数，由于分位值导数和分位值可靠指标均为常数，分位设计值的计算实际上可以一步到位。

(3) 同理可得作用理论设计值计算步骤

作用分位值导数：

$$S'^*=\sigma_S=16.047$$

作用分位值可靠指标：

$$\beta_S^* = \frac{\sigma_S}{\sqrt{\sigma_R^2+\sigma_S^2}}\beta = 1.36$$

作用分位设计值:

$$S^* = \mu_S + \beta_S^* \sigma_S = 72 + 1.36 \times 16.047 = 93.824$$

(4) 抗力分项系数和作用分项系数计算

抗力分项系数:

$$\gamma_R = R^*/\mu_R = 93.828/141.072 = 0.665$$

作用分项系数:

$$\gamma_S = S^*/\mu_S = 93.824/72 = 1.303$$

4) 林德的 0.75 线性分离法

从前面可靠指标的计算可知,"M-C"法对底层变量进行抽样计算的可靠指标为 2.24。若设计抗力 R 和作用效应 S 均为正态分布,而且满足 $1/3 \leqslant \sigma_S/\sigma_R < 3$ 条件,根据可靠指标的定义和林德思想,可得:

抗力分项系数

$$\gamma_R = 1 - 0.75\delta_R\beta = 1 - 0.75 \times 0.167301 \times 2.24 = 0.719$$

作用分项系数

$$\gamma_S = 1 + 0.75\delta_S\beta = 1 + 0.75 \times 0.222875 \times 2.24 = 1.374$$

5) 幂级数展开法

若设计抗力 R 和作用效应 S 均为正态分布,且 $0 \leqslant \rho = \sigma_S/\sigma_R < 1$,根据幂级数展开一次近似可得计算步骤如下:

$$\rho = \sigma_S/\sigma_R = 16.047/23.602 = 0.6799$$

抗力分项系数

$$\gamma_R = 1 - \delta_R\beta = 1 - 0.167301 \times 2.24 = 0.625$$

作用分项系数

$$\gamma_S = 1 + 0.5\rho\delta_S\beta = 1 + 0.5 \times 0.6799 \times 0.222875 \times 2.24 = 1.17$$

6) 一般分离法

功能函数标准差: $\sigma_Z = \sqrt{\sigma_R^2 + \sigma_S^2} = \sqrt{23.602^2 + 16.047^2} = 28.540$

抗力分离函数及分项系数: $\Phi_R = \sigma_R/\sigma_Z = 23.602/28.540 = 0.8269$

$$\gamma_R = 1 - \Phi_R\delta_R\beta$$
$$= 1 - 0.8269 \times 0.167301 \times 2.24 = 0.690$$

作用分离函数及分项系数: $\Phi_S = \sigma_S/\sigma_Z = 16.047/28.540 = 0.5622$

$$\gamma_S = 1 + \Phi_R\delta_S\beta = 1 + 0.5622 \times 0.222875 \times 2.24 = 1.281$$

7) 各种方法计算结果对比(表 2-11)

几种方法分项系数计算结果比较　　表 2-11

系数类型及计算方法	分位值法	林德线性分离法	幂级数展开法	一般分离法
抗力分项系数: γ_R	0.665*	0.719	0.625	0.692
		0.696*	0.595*	0.668*

续上表

系数类型及计算方法	分位值法	林德线性分离法	幂级数展开法	一般分离法
作用分项系数：γ_S	1.303*	1.374	1.17	1.285
		1.404*	1.183*	1.308*
换算总安全系数：$K'=\gamma_S/\gamma_R$	1.959*	1.911	1.872	1.858
		2.02*	1.988*	1.958*
与总安全系数校准：$K'/K=K'/1.959$	1.0*	0.975	0.956	0.948
		1.031*	1.015*	0.999*

注：带 * 号的数据对应的目标可靠指标为 2.42，不带 * 号的数据对应的目标可靠指标为 2.24。

评价：

(1) 分位值法计算所得分项系数能很好地与总安全系数校准。从前面可靠指标的计算可知，当功能函数中只有两个随机变量时，分位值法、验算点法、中心点法可靠指标的计算都是一样的，而且和采用总安全系数和两个统计变量的统计特征直接计算可靠指标的值也是一样的。如果仔细观察，不难发现这几种方法最后得到的可靠指标的计算公式都是一样的，即可靠指标的定义式——功能函数的均值和标准差之比。分位值法的可靠指标计算过程和分项系数的计算过程又互为逆运算，自然可靠指标的计算结果与分项系数的结果，以及与总安全系数直接计算出的可靠指标不应出现矛盾，也就是说，如果不考虑误差，这些公式应该是自洽的。

(2) 林德线性分离法、幂级数展开法和一般分离法。当采用"M-C"法对底层随机变量抽样所得可靠指标 2.24 作为目标可靠指标计算分项系数（不带 * 号的系数）时，出现了矛盾现象：分项系数换算成总安全系数与实际总安全系数相比有偏差，没有分位值法校准程度高，而且这 3 种方法出现与前面计算理论介绍不相符的规律。根据理论介绍，这 3 种方法一个比一个的计算结果更精确，但表 2-12 显示一个比一个与总安全系数校准差得更远；当采用对抗力和作用两个变量抽样所得可靠指标 2.42 作为目标可靠指标进行分项系数计算时，分项系数换算成总安全系数不仅与实际总安全系数更接近，而且 3 种方法确实符合后一种方法比前一种更精确的规律。分析其原因："M-C"法抽样毕竟是一种模拟的方法，抽样结果与真实情况有差异。首先，从前面的抽样可知，变量的抽样结果与初始输入的统计特征（均值或标准差）是不可能完全相等的，无限逼近输入的统计特征依赖于抽样计算公式和编程技巧；其次，当我们把随机变量 R 和 S 作为正态分布变量时，实际上可以理解为，剔除了对底层变量抽样时，合成变量 R 和 S 中，不在正态分布中的随机变量。由于前面各种计算分项系数的计算方法中，都隐含了各随机变量为正态分布的前提，故只有随机变量越接近正态分布，分项系数才越容易与总安全系数校准。

(3) 如果真正只有两个变量，且为正态分布，可靠指标 2.42 更准确，但如果底层变量为 n 的情况下，应该是 2.24 所对应的失效概率更准确。当总安全系数分配到各个变量上变为分项系数时，采用"M-C"法计算的可靠指标是直接抽样得出，还是对综合变量再次抽样而得出，是值得考虑的问题。从前面的计算和分析来看，两个变量独立且正态分布的情况下，采用二次抽样后的可靠指标作为目标可靠指标计算分项系数，能和总安全系数更好地校准。这个结论如果能够推广到变量为 n 的情况，将对编程计算可靠指标和分项系数起到很好的指导作用，并简化计算方法，甚至可以产生一种分位值法与"M-C"法相结合的计算方式。

2.4.4 组合系数的确定方法

以上确定分项系数的方法没有明确提到变量的时间特性。总安全系数法中,不同的设计状况,采用了不同的安全系数,粗旷地考虑了作用时间和出现频率,早期相关行业对荷载组合主要是凭借工程设计经验,采用能被工程界广泛接受的荷载组合系数来表达。如果引入可变荷载与时间相关的概率模型,使荷载随时间而变异的客观现实得到反映,则可在基于概率理论的基础上,提出荷载组合的原则。建筑行业在其荷载规范中,有基于概率论的比较系统的规定。而铁路路基支挡结构作为岩土和结构工程,在可变作用和永久作用合算的情况下,讨论荷载组合难度加大。

支挡结构有可能承受多个可变荷载的共同作用。例如:浸水地区路堤地段支挡结构要承受列车荷载、洪水位荷载等可变荷载的共同作用;桩板结构承受列车荷载与温度约束效应的共同作用。设计时,均涉及荷载效应如何组合的问题。

在工程设计中,处理荷载组合问题,一种保守的估计方法是取用各个荷载在结构设计基准期的最大值,但难以实现安全与经济的合理平衡。一般而言,在设计基准期内,各个可变荷载同时出现最大值的可能性是极小的。于是,在工程结构可靠度设计中,希望寻求一种合理的随机组合方法,以求达到安全与经济协调一致的目标。

为了满足工程应用的需求,各个主管设计标准的部门,相继提出了一些实用性的组合方法或组合规则,其中有:

(1) JCSS 建议的组合规则;

(2) 美国国家标准局(A58—82)荷载设计规范建议的 Turkstra 组合规则;

(3)《结构可靠性总原则》(ISO2394)建议的 Ferry Borges-Castanheta 组合规则。

我国《建筑结构可靠度设计统一标准》(GB 50068—2001)采用 JCSS 组合规则。采用 Turkstra 组合规则的行业标准有:《铁路工程结构可靠度设计统一标准》(GB 50216—1994)、《公路工程结构可靠度设计统一标准》(GB/T 50283—1999)、《水利水电工程结构可靠性设计统一标准》(GB 50199—2013)、《港口工程结构可靠性设计统一标准》(GB 50158—2010)等。

假定在设计基准期内,有 3 个可变荷载 S_1、S_2、S_3 参与组合,依其在设计基准期 $[0,T]$ 内的时段数的多少排序,其中:

(1) $S_1(t)$ 的时段数为 $r_1 = 2$,时段长度 $\tau_1 = T/r_1$;

(2) $S_2(t)$ 的时段数为 $r_2 = 6$,时段长度 $\tau_2 = T/r_2$;

(3) $S_3(t)$ 的时段数为 $r_3 = 12$,时段长度 $\tau_3 = T/r_3$。

$S_1(t)$、$S_2(t)$、$S_3(t)$ 为 3 个样本函数,$r_1 < r_2 < r_3$。

将参与组合的可变荷载模型化为平稳二项过程,其样本函数是等时段的矩形波,如图 2-13 所示。

下面以图 2-13 中的 3 个荷载为例,简要对比 JCSS 组合规则、Turkstra 组合规则和 Ferry Borges-Castanheta 组合规则,见表 2-12。

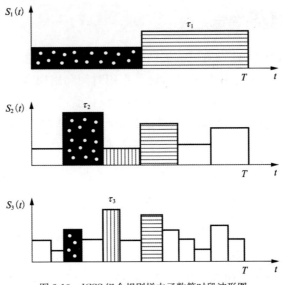

图 2-13　JCSS 组合规则样本函数等时段波形图

3 种组合规则对比　　　　　　　　　　表 2-12

规则	公式
JCSS 3 种可变荷载在设计基准期内各取一次最大值。当一个可变荷载取大值时，其余荷载取相对最大值或任意时点值	$S_{M_1} = \max_{t \in T} S_1(t) + \max_{t \in \tau_1} S_2(t) + \max_{t \in \tau_2} S_3(t)$ $S_{M_2} = S_1(t) + \max_{t \in T} S_2(t) + \max_{t \in \tau_2} S_3(t)$ $S_{M_3} = S_1(t) + S_2(t) + \max_{t \in \tau_2} S_3(t)$
Turkstra 参加组合的 3 个可变荷载，其中一个取最大值时，其余荷载取任意时点值	$S_{M_1} = \max_{t \in T} S_1(t) + S_2(t) + S_3(t)$ $S_{M_2} = S_1(t) + \max_{t \in T} S_2(t) + S_3(t)$ $S_{M_3} = S_1(t) + S_2(t) + \max_{t \in T} S_3(t)$
Ferry Borges-Castanheta 时段最短荷载中的最大值与时段次短荷载任意时点值组合，形成新的荷载函数，再与时段最大的荷载进行组合	$Z_2(t) = \max_{t \in \tau_2} S_3(t) + S_2(t)$ $Z_1(t) = \max_{t \in \tau_1} Z_2(t) + S_1(t)$ $S_M(t) = \max_{t \in T} Z_1(t)$

注：前两种组合，是在几种方案中选择使得结构可靠度为最低的方案。

《铁路工程结构可靠度设计统一标准》(GB 50216—1994)选择了 Turkstra 荷载组合规则。在目前的状况下，只能对存在两种以上可变荷载时，组合系数的计算进行一些原则性的规定。在作用分项系数 γ_G、γ_Q 和抗力分项系数 γ_R 已给定的前提下，对两种或两种以上可变作用参与组合的情况，确定的组合值系数应使按分项系数表达式设计的结构或构件的可靠指标 β 与目标可靠指标 β_{nom} 具有最佳的一致性。当结构承载能力极限状态设计式采用以组合系数表达的作用效应设计公式时，可变作用的组合系数 ψ_C 可按下列步骤进行选定：

(1)选择具有代表性的若干种设计状况，按工程造价和重要性确定权重系数。

(2)按特克斯特拉(Turkstra)组合方法，求得可变作用组合效应 $S_{M,J}$ 在设计基准期内的最大值 $S_{MT,J}$ 的概率分布函数。

(3)将组合可变作用效应 $S_{MT,J}$ 作为总可变作用效应，根据既定的目标可靠指标求得功能函数中各个永久作用效应的理论设计值 $\bar{S}_{G_{id},J}$ 和总组合可变作用效应的理论设计值 $\bar{S}_{MT_d,J}$（角标 J 表示设计状况序列号）。

(4) 根据作用效应设计式采用总组合可变作用效应理论设计值 $\bar{S}_{MT_d,J}$ 的作用效应理论设计值与采用组合系数的作用效应理论设计值相等的原则，确定各种设计状况下的理论组合系数 $\bar{\psi}_{C,J}$：

$$\bar{\psi}_{C,J} = \left. \frac{\sum_{i=1}^{m} \bar{S}_{G_{id},J} + \bar{S}_{MT_d,J} - \sum_{i=1}^{m} \gamma_{G_i} S_{G_{ik}} - \gamma_{Q_1} S_{Q_{1k}}}{\sum_{j=2}^{n} \gamma_{Q_j} S_{Q_{jk}}} \right|_J \tag{2-78}$$

式中：γ_{G_i}、γ_{Q_1}——永久作用 G_i 和主导可变作用 Q_1 在简单组合情况下（即仅有可变作用 Q_1 与永久作用 G_i 组合）的设计分项系数；

γ_{Q_j}——可变作用 Q_j（$j=2,3,\cdots,n$）在简单组合情况下的设计分项系数。

(5) 采用加权平均的方法，求得可变作用的设计组合系数 ψ_C。

2.5 支挡结构的可靠性分析思路

本节将结合支挡结构的特点，阐述图 2-14 中对支挡结构进行可靠性分析的思路，给出计算支挡结构可靠指标和确定目标可靠指标的方法和注意事项。

2.5.1 结构分析

从第 1 章表 1-1～表 1-15 可知，支挡结构的种类很多，对支挡结构可靠性进行分析之前，首先应对支挡结构进行适当的归类，以便对极限状态方程的类型和数量有一个总体概念。图 2-15 抽取了支挡结构中常用的、具有代表性的典型结构，结构分析如下：

(1) 图 2-15 左侧支挡结构是通过自重或对土体加筋构成的土墙自重来抵抗岩土侧压力

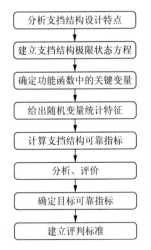

图 2-14 支挡结构可靠性分析思路

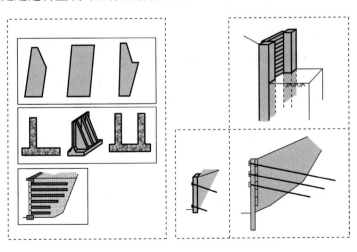

图 2-15 主要支挡结构示意图

的挡土墙,都属于浅基础明挖基坑的支挡结构,在外部稳定性检算上具有共性,在内部检算中各有特点。

①第一排重力式挡土墙和衡重式挡土墙为混凝土刚性挡土墙,结构设计一般由外部稳定性检算控制,内部材料的抗力一般大大满足设计要求,不会成为结构尺寸设计的控制条件。

②第二排为悬臂式和扶壁式挡土墙及槽形挡土墙,材料为钢筋混凝土,与重力式挡土墙相比,具有一定的柔性,该类结构由于截面横向尺寸相对刚性挡土墙要小得多,其结构设计由外部稳定性检算和内部结构设计共同控制。外部稳定性检算主要确定底板横向尺寸;内部结构设计确定构件厚度和钢筋用量及布置。由于槽形挡土墙常处于存在地下水的地方,从其截面形式可知,该结构外部稳定性主要是抗浮稳定。

③第三排为加筋土挡土墙,为柔性挡土墙。该结构的加筋体和填料共同构成的土墙的抗滑动和抗倾覆与重力式挡土墙的原理一样;由于是柔性结构,基底压应力会随着变形重新分配,故基底承载力的验算方式与刚性挡土墙不一样。内部构件分筋带和墙面系构件,筋带从填料中的拔出设计决定筋带长度,抗拉设计决定筋带的粗细或根数;墙面系的结构设计主要确定墙面板厚度;填料作为该结构的材料之一,主要由施工中的材料选取和对填料压实度的控制实现其可靠性。

(2)图 2-15 右侧支挡结构,是通过各部分结构构件与岩土的相互作用,抵抗侧向土压力的结构。这些结构的特点如下:

①第一排的桩板墙和第二排的锚索桩在桩结构的设计检算中具有共性。桩的锚固段的侧向抗力平衡了悬臂段转来的力系。稳定性检算决定桩长和桩身截面,桩身结构设计调整截面尺寸并确定钢筋的用量和布置。

②第二排中锚杆墙的锚杆和锚索桩的锚索,具有共性。抗拔检算决定锚杆(索)的锚固段长度,抗拉检算确定钢筋或锚索的直径和根数。外锚(墙面系)均为钢筋混凝土结构,均需进行钢筋混凝土的结构设计。另外,左图中加筋土挡土墙中的筋带设计,在计算公式形式上和锚杆(索)在抗拔和抗拉检算上有相似的地方。

2.5.2 建立极限状态方程

1)国内外相关标准对极限状态的划分

采用概率极限状态设计法进行结构的可靠度分析,必须首先明确结构极限状态的概念。一般认为,当整个结构或结构的某构件超过某一特定状态时,结构功能失效,该特定状态则为极限状态。在支挡结构极限状态设计研究中,极限状态的划分非常重要,见表 2-13。

极限状态划分举例 表 2-13

相关标准	极限状态划分
国际上用于混凝土设计的标准《Performance and assessment requirements for design standards on structural concrete》ISO 19338—2014	承载能力极限状态(→安全性)*
	正常使用极限状态(→适用性)*
	耐久极限状态(→耐久性)
	耐火极限状态(→耐火性)
	疲劳极限状态(→疲劳性)*

续上表

相 关 标 准	极限状态划分
《欧洲规范》(EN 1990—1999),第一本《结构设计基础》(EN 1990—2002)	破坏极限状态
	运营极限状态
日本《铁道构造物等设计标准·同解说》系列标准里的《基础构造物·抗土压构造物》	长期使用极限状态
	使用极限状态
	最终极限状态
	地震使用极限状态
	地震最终极限状态
我国国家标准《工程结构可靠性设计统一标准》(GB 50153—2008)	承载能力极限状态
	正常使用极限状态

《铁路工程结构可靠性设计统一标准》(Q/CR 9007—2014)按上表中带 * 号的分类划分极限状态,即分为承载能力极限状态、正常使用极限状态和疲劳极限状态 3 种情况。上表承载能力极限状态是对应于结构或结构构件达到最大承载力或不适于继续承载的变形的状态;正常使用极限状态是对应于结构或结构构件达到正常使用或耐久性能的某项规定限值的状态。从上表中极限状态的划分和定义来看,极限状态已经不限于破坏和失效的概念,其外延扩大至不能达到预定的要求——某项规定的限制值。

2)岩土工程极限状态与结构构件极限状态的差异

岩土工程中,一般认为岩土中形成破坏机制或过大的位移、变形导致结构物发生结构性严重破坏,即达到承载能力极限状态:地基发生整体滑动、边坡失稳,支挡结构倾覆、滑移、弯折、断裂,隧洞顶板垮塌或边墙破坏,流沙、管涌、塌陷、液化等;土体的湿陷、融陷、震陷产生的大量变形导致工程结构破坏,岩土的过量水平位移导致桩体倾斜、管道破裂、邻近工程结构性破坏等。

以上岩土工程承载能力极限状态的特点,在岩土工程国际标准 ISO TC182 和欧洲规范岩土设计手册 EURO CODE 7 中,明确划分为 A 和 B 两种情况:情况 A 为在岩土体中形成某种破坏机制;情况 B 为在结构物中形成某种破坏机制,包括岩土位移导致的结构物的严重破坏。

例如:当地基整体失稳或承载力不足造成的破坏、基坑壁失稳、坑底隆起、坑底渗流破坏,都是在岩土中形成了某种破坏机制,属于情况 A;内支撑失稳、维护桩(墙)或腰梁承载力不足的结构破坏、地基过量变形造成上部结构破坏、坑壁位移过大造成邻近建筑物和市政工程破坏,则属于情况 B。

从以上的划分可以看出,B 类情况很容易与正常使用极限状态混淆。一般认为,不产生破坏机制的地基变形或岩土体位移属于正常使用极限状态,但岩土和结构常常是相互关联和相互作用的,当地基变形或岩土位移过大时,虽未在岩土中形成破坏机制,但已经使结构物产生严重破坏,对结构物而言,已经是承载能力极限状态了。界定这种极限状态到底划分为哪种类型的极限状态更合适,对极限状态方程的建立、可靠指标的计算以及极限状态设计表达式采用什么形式均很重要,进而对这种承载能力极限状态的控制条件进行研究有重要的意义，值得重视。

支挡结构属于岩土工程和结构工程，支挡结构的极限状态界定除了遵循业界对岩土工程和结构工程极限状态的共识外，还要结合自身的特点。

3）支挡结构极限状态的划分

为了研究支挡结构的极限状态，需要对支挡结构的极限状态的性质进行界定。表 2-14 是对常用支挡结构极限状态的梳理。

支挡结构的极限状态   表 2-14

●-承载能力极限状态；○-正常使用极限状态；⊙-介于两者之间

检算项目		明挖基础挡土墙				锚固桩支挡结构	锚杆(索)支挡结构
		重力式和衡重式	悬臂式和扶壁式	槽形挡土墙	加筋土挡土墙		
外部稳定	抗倾覆	●	●	●	●		
	抗滑动	●	●	●	●		
	抗浮			●			
	基底承载力	⊙	⊙	⊙	⊙		
结构构件	锚固段抗拔或抗压				●	⊙	●
	抗弯	●	●	●	●	●	●
	抗剪	●	●	●	●	●	●
	抗拉				●	●	●
	抗压	●					
	裂缝宽度		○	○	○	○	○
	位移或变形		○	○	○	○	○

上表显示，结构构件极限状态包括承载能力极限状态和正常使用极限状态，这是众所周知的。由于支挡结构属于岩土工程结构，上表中的外部稳定极限状态除了承载能力极限状态和正常使用极限状态外，还存在一种介于两者之间的极限状态。

地基承载力是指地基所能承受荷载的能力。在荷载作用下，地基要产生变形，随着荷载的增大，地基变形逐渐增大，初始阶段地基土中应力处在弹性平衡状态。当荷载增大到地基土中开始出现某点或小区域内各点在其某一方向平面上的剪应力达到土的抗剪强度时，该点或小区域内各点就发生剪切破坏而处在极限平衡状态，土中应力将发生重分布。这种小范围的剪切破坏区，称为塑性区。地基小范围的极限平衡状态大都可以恢复到弹性平衡状态，地基尚能趋于稳定，仍具有安全的承载能力。但此时地基变形稍大，必须验算变形的计算值不超过允许值。当荷载继续增大，地基出现较大范围的塑性区时，将显示地基承载力不足而失去稳定，此时地基达到极限承载力。由于地基土的这种特性，不难看出，要明确划分极限状态是比较困难的。

《铁路路基支挡结构设计规范》(TB 10025—2006)中，一般地区挡土墙设计在正偏心情况下，墙趾部基底应力 σ_1 不应大于基底容许承载力；在负偏心情况下，墙踵部基底应力 σ_2 不应大于基底容许承载力的 1.3 倍，平均应力 σ_m 不应大于基底容许承载力。容许承载力系指在保证地基稳定条件下,建筑物不产生超允许的沉降的地基承载力。由此可见,一般地区挡土墙如果沿用现行规范的控制要求,地基承载力验算归为正常使用极限状态验算比较合适。地震地区挡土墙地基承载力的抗力值在容许应力上有所提高,以该值控制设计,地基会逐渐进入塑性状态,我国规范对地震的状态的划分不是很细,不好判定到底是什么极限状态。

表 2-13 中日本规范将极限状态划分为 5 种,从使用极限状态到最终极限状态,对地基从弹性变形逐渐达到极限状态,分出了 5 个阶段。由于日本规范对明挖基础进行了地基变形的验算,故对于基础处于哪种极限状态就更明确。如图 2-16 所示,应力图形为①和②时,地基处于弹性状态,此时为长期使用极限状态和使用极限状态,对应于我国的统一标准,相当于正常使用极限状态;应力图形为③和④时,地基进入塑性状态,特别是应力图形④对应于最终极限状态,相当于我国的承载能力极限状态。我国土压应力的计算模式,仅限于图中①、②的情况,并对②的图形采用应力重分布的概念(三角形分布满铺于基底)。对于地震地区,由于设计时采用了提高容许应力值,基底抗力实际上已经在向图中③和④的情况发展。虽然日本的状态划分要明确些,但是图中的③状态,仍然是处于正常使用极限状态和最终极限状态之间的过渡状态。由此可见,地基应力极限状态的划分,是比较复杂的。

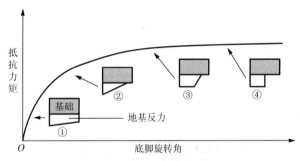

图 2-16 明挖基的抵抗力矩—底脚旋转角和地基反力形状

锚固桩支挡结构的基础有别于明挖基础挡土墙,其锚固段的极限状态是指锚固段的某点对岩土体的最大压应力与桩侧土体的极限应力达到平衡的状态。这种状态实际上是岩土体局部达到了极限,对于锚固段为岩石的情况,锚固点处达到弹性极限;对于锚固段为土体的情况,锚固点以下锚固段 1/3 的区域进入塑形状态。很显然,这种状态并不会导致桩身倾倒,传统验算中规定桩侧压应力不要大于岩土的容许压应力,是为了保证锚固点以上桩身不出现过大的变位,将这种极限状态界定为正常使用极限状态的范畴比较合适。

从表 2-14 可见,重力式挡土墙和衡重式挡土墙、悬臂式和扶壁式挡土墙、槽形挡土墙、加筋土挡土墙,当其依靠自身重力抵抗侧向土压力时,均有抗倾覆、抗滑动和基底应力检算,这些检算均归为外部稳定性检算;加筋土挡土墙和锚杆(索)支挡结构的筋带和锚杆(索)与岩土的相互作用通过抗拔验算验证是否满足要求,筋带、锚杆(索)结构是否满足功能需求的验算是抗拉验算,这些可归为内部稳定性检算;锚固桩支挡结构与岩土的作用主要是验算锚固段对岩土的挤压是否超过预期的规定,这个规定一般是某一点的压应力要满足要求;支挡结构混凝土和钢筋混凝土构件,均存在抗弯和抗剪检算,以抗拉或抗压为主的构件,存在抗拉或抗压检算,钢筋混凝土构件根据所处环境,应进行裂缝宽度的验算,视情况进行挠度位移的验算。

从表 2-14 可见，挡土墙的抗滑、抗倾覆和抗浮极限状态，是结构的平衡状态，不满足要求，结构作为刚体将失去平衡；挡土墙基底压应力的极限状态，一般的情况下是要保证基底变形不要过度，特殊的情况下，如果不满足要求，基底会破坏；对于加筋土的筋带或锚杆(索)支挡结构的拉杆，当达到土体极限抗拔强度时，就会被拔出，达到自身筋带或钢筋抗拉极限时，筋带或锚杆(索)将被拉断或过度变形；混凝土和钢筋混凝土结构的抗弯、抗剪、抗拉、抗压极限状态，均为承载能力极限状态，超越了这些状态，结构构件将丧失其承载能力；裂缝宽度、挠度或变形位移限制的极限状态，均为正常使用极限状态，超越了这个状态，结构将不满足正常使用的要求，或者在公众心理上，会产生不安全的感觉。

具有明挖基础的结构，在外部稳定性检算上有交集；类似于加筋的结构，在内部稳定性检算上有交集；槽形挡土墙的抗浮、锚固桩结构的基础侧向抗压是自身的特点；在结构构件的检算上，支挡结构均有交集；裂缝和挠度的验算，仅限于钢筋混凝土构件。

将表 2-15 中的极限状态表达为极限状态方程的形式，见表 2-15～表 2-18。

重力式、L形、加筋土及槽形挡土墙外部稳定检算的极限状态方程　　表 2-15

检算内容		极限状态方程(形式:$R-S=0$)
承载能力极限状态	抗滑动	平行于基底的抗力－平行于基底的土压力和其他作用=0
	抗倾覆	以墙趾为基准点的抗倾覆力矩－倾覆力矩=0
	抗浮(槽形挡土墙)	自重+配重+抗拔力－浮力=0
正常使用极限状态	基底承载力	地基抗力－墙趾应力(或基底平均应力)=0 地基抗力*－墙踵应力=0

注："地基抗力*"为地基抗力乘以一定的调整系数。

支挡结构钢筋混凝土构件极限状态方程　　表 2-16

检算内容		极限状态方程(形式:$R-S=0$)
承载能力极限状态	抗弯	材料抗弯力矩－承受的弯矩=0
	抗剪	材料抗剪力－承受的剪应力=0
	抗拉	材料抗拉应力－承受的应力=0
正常使用极限状态	裂缝宽度	裂缝宽度限制值－构件上的最大裂缝宽度=0
	挠度或位移	挠度或位移限定值－构件最大挠度或指定点的位移=0

桩结构锚固段检算极限状态方程(正常使用)　　表 2-17

检算内容	极限状态方程(形式:$R-S=0$)
土层	锚固点下锚固段 1/3 处或桩底土层抗力－对应点产生的压应力=0
岩层	锚固点处岩层抗力－锚固点压应力=0

锚杆(索)及加筋带的拉拔检算极限状态方程(承载能力)　　表 2-18

检算内容	极限状态方程(形式:$R-S=0$)
抗拉	材料的抗拉力－构件所受最大拉力=0
抗拔	构件与岩土间的抗拔力－构件所受最大拉力=0 对于锚杆(索):构件与注浆体之间的抗拔力－构件所受最大拉力=0

4)小结

支挡结构属于岩土工程和结构工程,结构与岩土之间相互作用的某些极限状态界定相比结构构件的极限状态界定更困难。通过对照国内外极限状态的划分、分析岩土工程和结构工程极限状态的共性和特点、梳理支挡结构极限状态并举例说明明挖基础和桩基础的极限状态的含义,可以得到以下几点认识:

(1)广义的极限状态可理解为某项功能达到预定的要求,极限状态已经不限于破坏和失效的概念,其外延扩大至不能达到预定设计目标的要求——某项规定的限制值。

(2)支挡结构属于岩土工程和结构工程范畴,其极限状态包括结构整体稳定极限状态和结构构件极限状态,结构整体稳定极限状态包括:承载能力极限状态、正常使用极限状态和介于两者之间的极限状态。介于两者之间的极限状态,需进一步研究。

(3)一般地区明挖基础压应力极限状态和岩质地基锚固桩基础侧向受压极限状态宜归为正常使用极限状态。

2.5.3 确定功能函数及关键变量

极限状态方程中的变量不止抗力 R 和作用 S 两个,这两个变量可分解为其他变量的组合,若极限状态方程采用功能函数的方式描述为 $R-S=g(X_1,X_2,\cdots,X_i,\cdots,X_n)$,其中 X_i 是影响功能函数的随机变量。如果在计算可靠指标时,对每个随机变量都进行抽样,理论上是最理想的,而实际上由于不是每一个变量都能收集到统计特征,所以是很难做到的。另外,功能函数中的随机变量对功能函数的影响程度显然是不一样的,对于那些对功能函数影响很小或者几乎不影响的变量进行抽样,则是一种不必要的浪费。如果将对影响功能函数很小的变量作为定值,将大大简化计算。

支挡结构的变量组成是比较复杂的。外力计算中的变量涉及岩土性能、计算边界条件、计算工况;内力计算除了引入外力计算变量外,还增加了结构尺寸和材料性能;抗力计算除了结构构件的材料性能和尺寸变量外,岩土体作为抗力时,计算公式中的变量有些是抗力计算所独有,有些变量的类型与外力类似。由此可见,影响挡土墙功能函数的随机变量很多,把所有的变量都作为随机变量处理,工作量太大,有些变量目前阶段还无法得到统计规律,因此,有必要分析这些变量对功能函数的影响程度,以确定关键的随机变量。变量对目标函数的影响分析有多种方法,敏感性分析法是其中的一种。一般将功能检算项目作为目标值,或把影响功能函数的土压力作为目标值,观察基本随机变量变化幅度对目标值的影响,排列出各因素对目标值影响程度的顺序,确定目标值对哪个单项因素的变化最敏感,以此推断随机变量对支挡结构可靠性的影响。在可靠指标没有计算之前,这种分析方法对可靠指标来说,是一种间接的分析方法。当建立了可靠指标的具体计算公式或方法后,可以用敏感性分析法直接分析基本变量对可靠指标的影响程度,作为进一步分析或验证。敏感性分析法分为单因素敏感分析和多因素敏感分析。一般采用单因素敏感分析即可初步发现变量的影响规律。

对基本变量的敏感性分析的目的是确定哪些变量作为随机变量,要达到这个目的仅仅依靠变量的敏感性排序是不够的。除了变量的敏感性排序外,还应该考虑变量可能的变化范围、测试手段、施工精度等。如果目标虽然对变量敏感,但变量本身变化的范围有限,那么变量对目标的影响在超出其变化范围后,该影响就不能视为真实的。有些变量的统计指标很难得到,如果施工精度较高或变量只会发生对结构功能有利的变化的情况下,可以考虑把变量视为定值。

2.5.4 确定变量统计特征

当确定了功能函数中哪些变量作为随机变量后,应该把这些变量进行归类,首先是通过大量搜集国内外相关行业和相关专业的资料确定大部分随机变量的统计特征,然后根据需要进行补充试验、实测、计算、模拟等多种方式,来确定计算所采用的随机变量统计规律。基本变量的统计规律一般为实测和试验,综合变量的统计规律可以是实测、试验、计算和模拟。确定变量统计特征的原则如下:

1) 材料和岩土性能的统计特征

(1) 材料性能的各种统计参数和概率分布类型,通过试验,运用参数估计和概率分布的假设检验方法确定,其概率分布类型,宜采用正态分布或对数正态分布。

(2) 材料物理力学性能的标准值,应按规定的测试方法选取材料性能总体分布中的某一分位值确定,并符合表2-19的规定。

材料物理力学性能的标准值取值规定举例 表2-19

名 称	取 值 规 定
材料强度	宜取概率分布的0.05分位值
材料弹性模量、泊松比等物理性能参数	宜取概率分布的0.5分位值

注:试验数据不足时,材料性能标准值可采用有关标准的规定值,也可根据工程经验经分析判断确定。

(3) 利用标准试件试验结果确定材料性能时,应考虑实际结构与标准试件、实际工作条件与标准试验条件的差别;实际结构与标准试件材料性能的关系,应考虑尺寸、时效、温度、湿度等影响因素,根据相应的对比试验结果通过换算系数或函数反映;结构中材料性能的不确定性,应考虑标准试件材料性能的不确定性、换算系数或函数的不确定性。

(4) 岩土性能宜根据试验结果,用随机变量概率模型来描述。岩土性能标准值应根据概率分布的某一分位值确定;试验数据不足、从有关标准或研究成果中可得到参数的上、下限时,可用简化概率分布方法或3σ法(σ为标准差)近似确定参数的均值和标准差。

(5) 岩土性能指标和地基、桩基承载力等,应通过原位测试、室内试验等直接或间接的方法确定,并应考虑由于钻探取样的扰动、室内外试验条件与实际工程结构条件的差别以及所采用公式误差等因素的影响。

2) 几何参数的统计特征

(1) 概率分布类型,可运用参数估计和概率分布的假设检验方法确定。

(2) 测试数据不足时,统计参数可根据有关标准中规定的公差,经分析判断确定。

(3) 当变异性对结构抗力及其他性能的影响很小时,几何参数可作为确定性变量。

3) 土压力等综合变量的统计特征

土压力可通过原位测试、室内试验、计算、模拟等方式,直接或间接地确定其统计特征。

2.5.5 计算可靠指标并确定目标可靠指标

1) 计算可靠指标

建立了支挡结构的极限状态方程,并给出了主要随机变量的统计特征后,就可以根据2.2节中提出的可靠指标计算方法,对根据现行《铁路路基支挡结构设计规范》(TB 10025—2006)设计的支挡结构进行批量计算,以考察现行规范设计的支挡结构的可靠指标分布在什么范围,平均水平达到什么标准、是否可靠、存在哪些风险、哪些需要优化设计,按基于概率论的方式进行设计时,目标可靠指标的建议值是什么。

由于支挡结构功能函数中随机变量不完全是正态分布、功能函数不一定对每一个随机变量都能求偏导数、土压力计算公式需要比选等原因,故选择"M-C"法计算可靠指标的情况居多。

将支挡结构设计的常用参数归纳总结,用这些参数设计支挡结构,保证最大限度地覆盖结构尺寸可能出现的正常范围。采用图2-17中的计算流程对支挡结构进行计算,可得到结构隐含的可靠指标。

2) 确定目标可靠指标

支挡结构的可靠指标计算出来之后,需要对结果进行分析,制定出判定结构是否可靠的目标可靠指标,该指标为将来设计的依据,即结构的某项功能以及结构整体的可靠指标,不能低于相应的目标可靠指标。

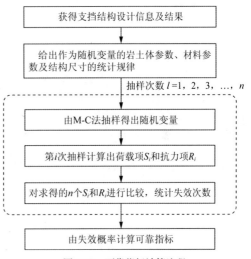

图 2-17 可靠指标计算流程

国内外可靠指标采用值举例,见表2-20~表2-27。

北欧五国结构承载力目标可靠指标　　　　表2-20

安全等级	低	一般	高
目标可靠指标	3.71	4.26	4.75

英国 CIRIA 结构承载能力目标可靠指标　　　　表2-21

安全等级	很重要	重要	一般
目标可靠指标	>4.26	3.71	3.09

注:英国建筑工业研究及信息协会在《结构规范中安全及正常使用状态系数合理化》报告中提出了结构的目标失效概率与之对应的目标可靠指标值。

欧洲 EN 1990 结构可靠度指标　　　　表2-22

可靠度分类	可靠指标(50年)	可靠指标(1年)
RC3	4.8	5.2
RC2	3.8	4.7
RC1	3.3	4.2

注:欧洲 EN 1990 根据结构破坏后果的严重程度来定义可靠度指标(EN 1990: Definition of Consequences Classes)。

支挡结构设计的可靠性

中国建筑结构构件承载能力极限状态可靠指标 表 2-23

破 坏 类 型	安 全 等 级		
	一级	二级	三级
延性破坏	3.7	3.2	2.7
脆性破坏	4.2	3.7	3.2

注:来源于《建筑结构可靠度设计统一标准》(GB 50068—2001)。

中国水工钢筋混凝土结构加权平均可靠指标 表 2-24

结构安全级别	一级		二级		三级	
破坏类型	一类破坏	二类破坏	一类破坏	二类破坏	一类破坏	二类破坏
加权平均可靠指标 β	3.99	3.93	3.33	3.63	2.85	3.33

注:来源于《水利水电工程结构可靠性设计统一标准》(GB 50199—2013)。

中国混凝土重力坝抗滑稳定和混凝土抗压强度设计可靠指标 表 2-25

结构安全级别	Ⅰ	Ⅱ	Ⅲ
可靠指标 β	>3.9	>4.0	>4.0

中国公路结构及构件的目标可靠指标 表 2-26

项 目	安 全 等 级		
	一级	二级	三级
构件延性破坏	4.7	4.2	3.7
构件脆性破坏	5.2	4.7	4.2
路面结构结构	1.64	1.28	1.04

注:来源于《公路工程结构可靠度设计统一标准》(GB/T 50283—1999)。

中国公路路基目标可靠指标 表 2-27

公路等级	高速公路	一级公路	二级公路
路基(路堤稳定)	3.00~2.54	2.86~2.42	2.60~2.20
路堤沉降	2.46~1.65	1.65~1.28	1.28~0.84

从表 2-20～表 2-27 可知,国内外在制定目标可靠指标时,均体现了以下原则:

(1)可靠指标按安全等级分级:安全等级越高,可靠指标越高。安全等级越高,说明破坏所造成的危害和影响越大,维修的费用也越高,故需要较大的可靠指标来保证足够的安全储备。

(2)根据破坏性质不同,取值不同:对于结构构件来说,脆性结构的目标可靠指标应高于延性结构的目标可靠指标。这样的取值方式,同样体现了安全第一。

(3)目标可靠指标应达到公众的心理预期值:对于结构构件而言,一般在 2.5 之上。只有表 2-27 的公路路面采用了比较低的可靠指标,这与公路路面容易损坏、也容易修复,且破坏之后较其他结构的危害小有关。

(4)承载能力极限状态可靠指标高于正常使用极限状态可靠指标。这个不难理解,达到正常使用极限状态时，一般不会影响安全性。

应该注意以上各表虽然对可靠指标的取值有大致的划分，但并不详细。以上各表中的目标可靠指标均为结构处于一般状态。当结构处于地震、洪水等偶然状态时，可靠指标应该低于上述标准。

从以上各表还可以看出，岩土工程结构的目标可靠指标，低于结构工程的目标可靠指标。这不能简单理解为岩土工程从目标规定上就比结构工程低，或者是岩土工程现实中的可靠性不足。应该看到，岩土工程所涉及的基本变量的离散性或变异性大，使得可靠指标的计算结果偏低，但在计算过程中，对有些不能准确纳入计算公式中的内容，都进行了偏于安全的简化或忽略。比如，挡土墙的稳定性检算的公式中有被动土压力，但一般的个别设计和标准图的设计中，均将被动土压力忽略了，如果挖掘出此类安全储备，可靠指标将会提高。

目标可靠指标的确定涉及安全和经济两个方面。为了使支挡结构有适当的可靠度来满足各项预定的功能要求，失效概率值应尽量小，即可靠指标应尽可能大，但目标可靠指标值定得过大，经济效果就差。安全与经济是工程结构设计需要兼顾的两个最基本的方面。另外，由于功能函数中的随机变量的规律不是都能通过统计得到，作用效应和抗力的计算模式与实际情况存在偏差，即计算模型存在不确定性，因此，目标可靠指标只是一个相对的概念。在规范过渡时期，以代表大多数支挡结构可靠性的可靠指标作为目标可靠指标，即承认现行规范设计水准是合理的、可靠的。当目标可靠度指标确定后，我们可以依此来设计新的结构、评判既有结构。

随着变量统计特征数据库的建立和完善、设计计算模型不断接近真实情况，可靠指标的计算会更加准确。另外，随着人们生活水平的不断提高、设计和施工质量的不断完善，目标可靠指标应做相应的调整。

在遵循确定目标可靠指标的普遍原则的基础上，确定支挡结构的目标可靠指标时，应注意以下几点：

(1)首先应对计算结果进行分析。特别是计算出的可靠指标如果偏低，应分析原因：如果是以往设计欠考虑，存在安全风险，就应该提出改进方法；如果是安全储备无法在设计表达式中量化，就应该说明还有哪些储备在里面，提出将来如何解决的设想；如果是计算公式存在不能完全覆盖的范围，应在计算公式上提出改进。

(2)当遇到计算出来的可靠指标偏低，而实际工程并不容易破坏的情况，应分析具体原因。

(3)要区分实际可靠指标和控制设计的可靠指标的区别。对于一个特定的支挡结构，设计时并不是每一个功能项都刚好满足目标可靠指标的要求，常见的情况是：互相独立的检算项目，有可能同时刚好满足各自目标可靠指标的要求，而其他的功能项目的检算，可能大大超过目标可靠指标的要求。因此，如果将批量计算出的所有可靠指标定义为实际可靠指标集合，那么从中选择出的控制设计时对应的可靠指标，则是实际可靠指标的子集，该子集可用于计算目标可靠指标。也就是说，实际可靠指标集合的上限大于目标可靠指标集合的上限。

(4)当某个功能项总是不控制设计时，应改变其他设计条件或控制值，创造出某个功能检算项目控制设计的结果，否则采用目标可靠指标的方式确定分项系数就难以实施。

2.5.6 建立评判标准

目标可靠指标是支挡结构设计的依据、制定分项系数的标准,可用于判别既有结构是否可靠,甚至可以用来估计支挡结构存在的风险。

计算并提出目标可靠指标不是我们的最终目的,我们的最终目的是建立评判标准。如果是直接利用可靠指标进行设计,就应该给出不同的安全等级、不同的设计状况、不同的破坏性质下的目标可靠指标;如果是采用分项系数的方式进行设计,就应该给出上述情况下目标可靠指标对应的分项系数;如果是用来判定既有结构是否可靠,可根据目标可靠指标及其对应的限定值对结构的安全性、适用性和耐久性进行评价;如果用于风险评估,可利用目标可靠指标对应的失效概率对结构的风险进行评价。总之,目标可靠指标的确定,为建立设计体系和评判标准打下了基础。

2.6 支挡结构基于可靠度理论的设计方法

2.6.1 根据目标可靠指标计算分项系数

当目标可靠度指标确定后,我们可以以此来设计新结构、评判既有结构。图 2-18a)为以目标可靠指标作为判断标准的设计方法。

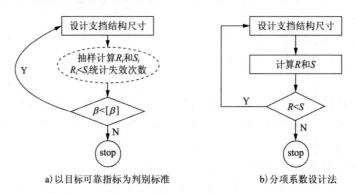

a) 以目标可靠指标为判别标准　　　　b) 分项系数设计法

图 2-18　基于可靠度理论的设计方法

R_i-每次抽样计算所得实际抗力;R-抗力设计值;S_i-每次抽样计算所得实际作用;S-作用设计值;β、$[\beta]$-可靠指标和目标可靠指标

从图 2-18 中 a)和 b)的对比清晰可见,以目标可靠指标为判别标准的设计方式的繁琐程度远超分项系数设计法。单个变量抽样次数最低不得小于 2 万次,随着需要抽样变量的增加计算次数成倍增大。

直接采用目标可靠度指标 β 进行设计,需要进行大量的数据统计,这种设计方式更适合特殊的工点中的支挡结构或特殊的支挡结构,并且各随机变量的统计资料均比较完善的情况。为了照顾传统习惯和设计的方便,设计时可根据功能函数的要求,采用以荷载设计值、岩土抗力设计值、材料设计强度、几何参数标准值的极限状态设计表达式进行设计,而各种设计值中,含有保证功能函数满足其目标可靠指标的分项系数。因此,采用分项系数设计方法进行支挡结构设计,是通过概率统计方法,将影响结构可靠性的各种因素考虑进去,以多个分项系数进行显性表达的设计方法。

要以分项系数的方式进行设计,在规范初期,首先要根据代表现行规范可靠度水准的目标可靠指标计算出设计表达式中的分项系数。根据支挡结构的特点和设计现状,在分项系数计算中,应注意以下几点:

(1)支挡结构分项系数的确定宜采用一般分离法进行计算。该方法以单项功能检算的目标可靠指标为依据,把总安全系数分解在极限状态方程中的抗力和作用变量上,以保证极限状态设计式的功能检算能够达到目标可靠指标的要求。

(2)由于支挡结构所受外力与建筑结构的上部建筑有很大的区别,在确定分项系数时,不能照搬荷载组合的标准形式。建筑结构有自身的荷载规范,上部结构所受荷载的分类很清晰,永久荷载和可变荷载完全分开,有相应的计算公式。支挡结构的土压力存在水土合算、路基面以上荷载与填土合算、地震力与土压力合算的情况,因此,在不同的设计状况下,抗力分项系数和作用分项系数是综合分项系数,这些系数是否需要继续分项,应具体分析。如果改变传统计算方法是合理的,且改变后设计表达式不会变得过于复杂,那么可考虑抗力再次分项或作用再次分项。

(3)无论是建筑结构还是支挡结构,分项系数除了荷载分项系数,还有抗力分项系数。建筑行业相关规范中,针对结构构件的极限状态设计的规定更明确。结构构件的检算主要有抗弯、抗剪、抗拉、抗压、抗扭等,这些检算的抗力来源于结构的材料和尺寸,抗力的形式通过长期的研究积累,已经非常明确,故规范之中直接给出了抗力计算,且分项系数已经包含在计算抗力的各项指标之中。而外力由于计算形式的多样化,不可能在规范中列出所有作用或作用效应的计算公式,故只是简单地以设计弯矩M、设计剪力V等符号表示,这些设计值中,已经含有荷载分项系数,对于计算这些作用效应的外荷载,有专门的荷载规范对荷载的分项系数、组合系数及组合形式进行规定。支挡结构在结构构件的计算中,有些是极限状态设计,抗力设计值直接遵循建筑规范,只是作用设计值的分项系数采用了《铁路路基支挡结构设计规范》(TB 10025—2006)中的综合荷载分项系数。

(4)对于支挡结构设计规范中已经采用极限状态设计的结构,重点是分析目标可靠指标是否合适,以目标可靠指标求得的分项系数与以前采用的分项系数偏差有多大,综合分项系数是否需要再次分项,还有哪些设计状况下的分项系数需要确定。

(5)支挡结构设计在外部稳定和与岩土相互作用上,主要是采用总安全系数法。因此,分项系数的计算主要针对外部稳定性。要注意明挖基础结构的抗力(平衡力系)存在分项,路肩桩板墙结构的外力有分项的条件。

(6)在确定分项系数之前,极限状态方程中基本变量的取值:作用中的土压力是计算值,某些规范把土压力计算值定义为标准值,自重采用标准值;抗力为极限值或标准值(土压力时)。当分项系数确定之后,设计表达式中的各种值的名称更为复杂,有设计值、标准值、组合值等。下面通过这些名称的定义,来进一步理解各种值的含义,见表2-28。

为了更好地说明各项取值的关系,以作用的取值为例,给出各种取值的相互关系如图2-19所示。

设计表达式中基本变量各种取值的定义　　　　　　表 2-28

名　称		定　义
特征值		用统计方法确定的一定保证率下的值
名义值		用非统计方法确定的值
作用	代表值	结构或构件设计时,由于不同目的、作用所取的不同值均称为作用代表值,包括标准值、组合值、准永久值和频遇值
	标准值	特征值或名义值,可根据对观测数据的统计、作用的自然界限或工程经验确定
	可变作用的组合值	在设计基准期内,组合后使结构具有规定可靠指标的作用值
	可变作用的频遇值	在设计基准期内,被超越的频率限制在规定频率内的作用值
	可变作用的准永久值	在设计基准期内被超越的总时间占设计基准期的比率较大的作用值
	作用的设计值	作用代表值与作用分项系数的乘积
抗力	材料性能的标准值	符合规定质量的材料性能概率分布的某一分位值或材料性能的名义值
	材料性能的设计值	材料性能的标准值除以材料性能分项系数所得的值
	几何参数的标准值	设计规定的几何参数公称值或几何参数概率分布的某一分位值
	几何参数的设计值	几何参数的标准值增加或减少一个几何参数的附加量所得的值
	限值	结构或构件设计时,作为极限状态标志的应力、变形等的约束值

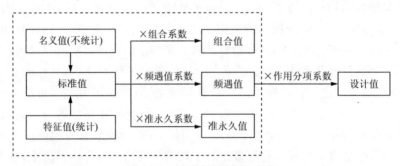

图 2-19　不同作用值之间的关系

从图 2-19 可知,图中的作用分项系数和前面 2.4 节中目标可靠指标对应的作用分项系数有一定的区别,图中的作用分项系数是前面的目标可靠指标对应的分项系数分解出来的系数。

另外,土压力的计算值属于由名义值确定的标准值,但在现阶段的科研项目中,只考虑了土压力计算参变量的变异性,没有考虑这些变量在取值过程中是存在安全系数的,所以这部分安全储备有待挖掘。

2.6.2　建立分项系数体系

当采用一般分离法计算出不同设计状况下,支挡结构的各项检算中的分项系数后,应对这些系数进行归纳、整理,建立系统的分项系数体系,以供设计者选用。分项系数体系既要全面,又要便于理解和使用。下面介绍一下国内外的分项系数体系,以供参考。

1) 日本规范中分项系数介绍

日本铁道结构物的技术基准《铁道结构物等设计标准及解释(基础构造物·抗土压构造

物)》规定,基础构造物以及抗土压结构物采用极限状态设计方法进行设计。该标准中基础构造物设计采用的分项系数分类及取值见表2-29、表2-30。

日本挡土构造物设计采用分项系数分类　　　表2-29

名称及符号	分项系数的作用
荷载系数 γ_f	为考虑荷载的特征值向不利方向变化、荷载计算方法的不确定性、荷载特性对极限状态的影响、环境作用的变动等因素而设定的
结构分析系数 γ_a	为考虑断面力及变位量计算时结构分析的不确定性等因素而设定的
材料系数 γ_m	为考虑材料强度的特征值向不利方向变化、材料的特性对极限状态的影响、材料特性随时间发生变化等因素而设定的
构件系数 γ_b	为考虑构件抗力计算不确定性,构件尺寸偏差影响,构件重要程度等因素而设定的
结构物系数 γ_i	为考虑结构物的重要性、经济性以及到达极限状态时对社会的影响等因素而设定的
地基调查系数 f_g	为考虑求得参数特征值时对所使用地基的调查精度与信赖性的程度而设定的
地基抗力系数 f_r	为考虑地基参数的特征值向不利方向变化、地基的承载力计算公式的不确定性、作用力超过抗力时的破坏模式等因素而设定的
地基特性系数 f_p	确定基础承载力时,为考虑施工误差、加载试验的实施等因素而设定的

基础构造物中规定的安全系数　　　表2-30

极限状态	γ_f	γ_a	关于构造体的系数		γ_b	γ_i	关于地基的系数		
			γ_m				f_g	f_r	f_p
			混凝土	钢材					
长期使用	1.0	1.0	1.0	1.0	1.0	1.0~1.2	0.8~1.0	0.0~0.85	1.0~1.2
使用	1.0	1.0	1.0	1.0	1.0	1.0~1.2	0.8~1.2	0.15~1.0	1.0~1.2
最终	1.0~1.2	1.0	1.3	1.0③~1.1	1.15~1.3	1.0~1.2	0.8~1.0	0.30~1.0	1.0~1.2
地震使用	1.0	1.0	—	—	—	1.0~1.2	0.8~1.0	0.35~1.0	1.0~1.2
地震最终	1.0	1.0	1.0~1.3②	1.0③~1.1	1.0~1.15④	1.0~1.2	0.8~1.0	1.0	1.0~1.2

上表所列系数与国内规范体系中的系数对应关系:荷载系数 γ_f 和结构分项系数 γ_a 对应于荷载计算不确定性系数。材料系数 γ_m 和构件系数 γ_b 对应于结构构件的抗力系数;这些系数与结构构件的设计有关。关于地基的系数对应于地基的抗力分项系数,与外部稳定性检算有关。结构物系数 γ_i 对应于结构重要性系数。

对于计算土压所用荷载系数,见表2-31。

土压的荷载系数　　　表2-31

极 限 状 态	荷 载 系 数	
	永久荷载	可变荷载
长期使用极限状态及使用极限状态	0.7~1.0	1.0
最终极限状态	0.6~1.1	1.0~1.1
地震使用极限状态及地震最终极限状态	1.0	1.0

2)欧洲规范中分项系数简介

欧洲规范"Eurocode7:Geotechnical design"(2004版)关于挡土墙的验算选用的分项系数组合为$A_1+M_1+R_2$,其中,A_1为作用或作用效应分项系数,M_1为岩土参数分项系数,R_2为抗力分项系数。对永久作用的不利情况,A_1为1.35;对可变作用的不利情况,A_1为1.35;抗倾覆分项系数,R_2为1.4;抗滑分项系数,R_2为1.1;基础承载能力分项系数,R_2为1.4;岩土参数分项系数,M_1为1.0。

3)《建筑结构可靠度设计统一标准》(GB 50068—2001)及其指导下的相关标准

该标准在结构构件的极限状态设计表达式中的各项系数有:作用分项系数γ_F(荷载分项系数γ_G、γ_Q)、结构构件抗力分项系数γ_R、材料性能分项系数γ_f、结构重要性系数γ_0、荷载组合系数ψ。该标准将荷载分项系数按永久荷载与可变荷载分为两大类,以便按荷载性质区别对待。这与目前许多国家规范所采用的设计表达式基本相同。考虑到各类材料结构的通用性,通过对各种结构构件的可靠度分析,对常用荷载分项系数给出了统一的规定。对结构构件抗力分项系数结构构件的特点分别确定,对于不同的材料采用不同的材料性能分项系数。在各类材料的结构设计规范中,按在各种情况下具有较佳一致性的原则考虑工程经验。

4)《水利水电工程结构可靠性设计统一标准》(GB 50199—2013)

该标准的分项系数分类见表2-32。

中国水利水电工程结构分项系数分类 表2-32

名称及符号	分项系数的作用
结构重要性系数 γ_0	考虑结构安全级别,分别为1.1、1.0、0.9
作用分项系数 γ_f	考虑作用的不利变异,未考虑计算作用效应时的结算模型不确定性
材料性能分项系数 γ_m	考虑试件材料或岩、土试件性能对其标准值的不利变异,它是从材料试件的试验统计资料出发,考虑试件材料性能本身的变异性,反映试件材料性能变异的系数。没有考虑试件材料换算成结构中材料性能的不定性,也没有考虑计算结构抗力时的计算不定性
设计状况系数 ψ	考虑在不同设计状况下可以有不同的可靠度水平
结构系数 γ_d	在分项系数极限状态设计式中,用来考虑作用效应计算和抗力计算不定性以及作用、材料性能分项系数不能完全考虑的其他各种变异性。不同的水工结构或同一结构在不同受力状态下,它们的抗力计算不定性和作用效应计算不定性是不同的,有时差别较大。因此,为了保证各种水工结构在相同的设计状况下有相同的可靠度,需要对不同结构采用不同的结构系数,这个系数应由各专门规范在校准该规范的可靠度后,通过分析计算而确定

上表中作用分项系数、材料性能分项系数及其标准值共同承担了一部分安全储备,对应于规定可靠指标的其余安全储备,由结构系数承担。通过结构系数将分项系数极限状态设计与概率极限状态设计联系在一起。现行几种水工建筑物设计规范安全系数归纳见表2-33~表2-38。

第 2 章 基于概率论的极限状态设计思想

中国混凝土重力坝设计规范(SDJ21—78)安全系数　　表 2-33

功能	安全级别及荷载组合						安全级别及荷载组合					
	1(I)		2.3(II)		4.5(III)		1(I)		2.3(II)		4.5(III)	
	基本	特殊	基本	特殊	基本	特殊	基本	特殊	基本	特殊	基本	特殊
	安全系数						安全系数比值(以2.3级为1)					
抗滑	1.10	1.05 / 1.00	1.05	1.00 / 1.00			1.05	1.05	1.0	1.0		

中国混凝土拱坝设计规范(SD145—85)安全系数　　表 2-34

功能	安全级别及荷载组合						安全级别及荷载组合					
	1(I)		2.3(II)		4.5(III)		1(I)		2.3(II)		4.5(III)	
	基本组合	特殊组合	基本组合	特殊组合	基本组合	特殊组合	基本组合	特殊组合	基本组合	特殊组合	基本组合	特殊组合
	安全系数						安全系数比值(以2.3级为1)					
抗滑	3.50	3.00 / 2.50	3.25	2.75 / 2.25	3.00	2.50 / 2.00	1.08	1.09 / 1.11	1.00	1.00 / 1.00	0.92	0.91 / 0.89

中国水闸设计规范(SD133—84)安全系数　　表 2-35

功能	安全级别及荷载组合						安全级别及荷载组合					
	1(I)		2.3(II)		4.5(III)		1(I)		2.3(II)		4.5(III)	
	基本组合	特殊组合	基本组合	特殊组合	基本组合	特殊组合	基本组合	特殊组合	基本组合	特殊组合	基本组合	特殊组合
	安全系数						安全系数比值(以2.3级为1)					
抗滑	1.35	1.20 / 1.10	1.30	1.15 / 1.05	1.25	1.10 / 1.05	1.04	1.04 / 1.05	1.00	1.00 / 1.00	0.96	0.96 / 1.00

注：上表地基为土质。

中国水工钢筋混凝土结构设计规范安全系数　　表 2-36

功　能	安全级别及荷载组合						安全级别及荷载组合					
	1(I)		2.3(II)		4.5(III)		1(I)		2.3(II)		4.5(III)	
	基本组合	特殊组合	基本组合	特殊组合	基本组合	特殊组合	基本组合	特殊组合	基本组合	特殊组合	基本组合	特殊组合
	安全系数						安全系数比值(以2.3级为1)					
局部承压	1.8	1.65	1.7	1.55	1.6	1.45	1.06	1.06	1.0	1.0	0.94	0.94
压、弯、拉	2.8	2.3	2.65	2.2	2.5	2.1	1.06	1.05	1.00	1.00	0.94	0.95
承载能力	1.7	1.55	1.8	1.45	1.5	1.4	1.06	1.07	1.00	1.00	0.94	0.97

注：表中的局部承压和压、弯、拉指混凝土构件；承载能力指钢筋混凝土构件的承载能力。

中国水工隧洞设计规范(SDJ34—84)安全系数　　　　　表 2-37

功能	安全级别及荷载组合						安全级别及荷载组合					
	1(I)		2.3(II)		4.5(III)		1(I)		2.3(II)		4.5(III)	
	基本组合	特殊组合	基本组合	特殊组合	基本组合	特殊组合	基本组合	特殊组合	基本组合	特殊组合	基本组合	特殊组合
	安全系数						安全系数比值(以 2.3 级为1)					
受拉	2.1	1.8	1.8	1.6	1.7	1.5	1.17	1.13	1.00	1.00	0.94	0.94

注:上表为有压圆形隧洞混凝土。

中国水工建筑物抗震设计规范(SDJ10—78)安全系数　　　　　表 2-38

功能	安全级别及荷载组合						安全级别及荷载组合					
	1(I)		2.3(II)		4.5(III)		1(I)		2.3(II)		4.5(III)	
	基本组合	特殊组合	基本组合	特殊组合	基本组合	特殊组合	基本组合	特殊组合	基本组合	特殊组合	基本组合	特殊组合
	安全系数						安全系数比值(以 2.3 级为1)					
抗震		1.1		1.05		1.0		1.05		1.0		0.95

注:上表为土坝、堆石坝。

5)《公路工程结构可靠度设计统一标准》(GB/T 50283—1999)及相关规范

该标准的分项系数包括:作用分项系数 γ_m,材料、岩土性能分项系数 γ_f,结构重要性系数 γ_0,作用效应计算模式不定性系数 γ_s,除汽车荷载以外其他可变作用效应组合系数 ψ_c,结构或构件抗力计算模式不定性系数 γ_R。

《公路路基设计规范》(JTG D30—2015)中,作用(或荷载)组合见表 2-39。

常用作用(荷载)组合　　　　　表 2-39

组合	作用(或荷载)名称
I	挡土墙结构重力、墙顶上的有效永久荷载、填土重力、填土侧压力及其他永久荷载组合
II	组合 I 与基本可变荷载相组合
III	组合 II 与其他可变荷载、偶然荷载相组合

常用作用(或荷载)分项系数采用值见表 2-40。

承载能力极限状态作用(或荷载)分项系数　　　　　表 2-40

情况	荷载增大对结构有利		荷载增大对结构不利	
组合	I、II	III	I、II	III
垂直恒载 γ_G	0.9		1.20	
路基面以上荷载产生的土压力 γ_{Q1}	1.00	0.95	1.40	1.30
被动土压力 γ_{Q2}	0.30		0.50	
水浮力 γ_{Q3}	0.95		1.10	
静水压力 γ_{Q4}	0.95		1.05	
动水压力 γ_{Q5}	0.95		1.20	

6)《铁路工程结构可靠性设计统一标准》(Q/CR 9007—2014)

该标准规定:分项系数可分为作用分项系数和抗力(材料)分项系数。永久作用分项系数和各种组合系数可根据数据统计或经验确定。结构抗力分项系数应在数据统计基础上,通过极限状态方程和目标可靠指标调整确定。

结构构件的极限状态设计表达式中的各项系数有:作用分项系数 γ_F、材料或产品性能的分项系数 γ_M、结构重要性系数 γ_0、永久作用分项系数 γ_G、可变作用的分项系数 γ_Q、可变作用的组合系数 ψ。铁路列车活载分项系数 γ_Q 目前建议 1.5,该数据还应进一步研究。当永久作用效应或预应力作用效应对结构构件承载力起有利作用时,永久作用分项系数 γ_G 和预应力作用分项系数 γ_P 的取值不应大于 1.0。正常使用极限状态设计中材料性能设计值采用标准值。除非有专门规定,正常使用极限状态所有分项系数为 1.0。

综上所述,国外的分项系数在命名上虽然与我国有区别,但从定义上看,有类似的地方。由于我国《工程结构可靠性设计统一标准》(GB 50153—2008)给出了分项系数设计的总原则,所以各行业结合本行业的实际情况,分别制定出的分项系数设计原则及分项系数的类型大同小异。

2.6.3 建立极限状态设计表达式

极限状态设计表达式与极限状态方程的最大不同之处在于,极限状态设计表达式中的设计值都带有分项系数,这些与功能函数的目标可靠指标相对应的分项系数,为支挡结构有针对性地提供了必要的安全储备。对于不同的支挡结构,分不同的设计状况,不同的功能要求,极限状态设计应有不同的设计表达式,表达式中的分项系数应有不同的分类和取值。根据表 2-41~表 2-44 中,支挡结构的极限状态方程,结合设计人员的设计习惯,可以初步给出支挡结构极限状态设计表达式的简单形式。

重力式、L 形、加筋土及槽形挡土墙外部稳定检算的极限状态设计表达式　　表 2-41

检算内容		设计表达式形式及含义
承载能力	抗滑动	$R_S - S_S \geq 0$,平行于基底的抗力设计值-平行于基底的作用设计值≥0
	抗倾覆	$R_S - S_S \geq 0$,抗倾覆力矩设计值-倾覆力矩设计值≥0
	抗浮(槽形挡土墙)	$R_S - S_S \geq 0$,抗浮力设计值-浮力设计值≥0
正常使用	基底承载力	$S_K \leq R_a$ 墙趾应或基底平均应力标准值≤地基抗力特征值
		墙踵应力标准值≤地基墙踵抗力特征值

支挡结构钢筋混凝土构件极限状态设计表达式　　表 2-42

检算内容		设计表达式形式及含义
承载能力极限状态	抗弯	$S_S \leq R_S$,弯矩设计值≤抗弯力矩设计值
	抗剪	$S_S \leq R_S$,剪应力设计值≤抗剪应力设计值
	抗拉	$S_S \leq R_S$,拉力设计值≤抗拉力设计值
正常使用极限状态	裂缝宽度	$S_K \leq R_C$,最大裂缝宽度标准值≤裂缝限制值
	挠度或位移	$S_K \leq R_C$,最大挠度或位移的标准组合或准永久组合≤挠度或位移限定值

桩结构锚固段检算极限状态设计表达式（正常使用）　　　表 2-43

检算内容	设计表达式形式及含义
土层	$S_K \leqslant R_a$，锚固点下锚固段 1/3 处和桩底土层压应力标准值≤对应点抗力特征值
岩层	$S_K \leqslant R_a$，锚固点处岩层压应力设计值≤锚固点抗力特征值

锚杆（索）及加筋带的拉拔检算极限状态设计表达式（承载能力）　　　表 2-44

检算内容	设计表达式形式及含义	
抗拉	$S_S \leqslant R_S$	最大拉力设计值≤抗拉力设计值
抗拔	$S_S \leqslant R_S$	最大拉力设计值≤孔壁抗拔力设计值
		最大拉力设计值≤构件与注浆体之间的抗拔力设计值

上表各项检算中，抗力分项系数和荷载分项系数在不同的设计状况下取值不同。上表中的设计状况为一般地区、浸水地区、地震地区、客货共线荷载、高速铁路荷载、施工荷载等情况的组合。抗滑、抗倾和抗浮的设计表达式形式与传统的形式不一样。基底承载力的检算形式与传统形式一样，标准值实际上就是以前的计算值，特征值类似于以前的容许值，但取值过程含有概率的理念。由于基底承载力的检算归在了正常使用极限状态范围，故形式参照了相关行业的做法，作用效应上不含分项系数，分项系数全部放在了抗力中，至于抗力称作特征值还是设计值，各行业的叫法不一样，这里采用的是《建筑地基基础设计规范》(GB 50007—2011)中的名称。

由于在钢筋混凝土构件的设计上，采用极限状态设计的规范已经比较成熟，上表设计表达式的形式全部采用极限状态设计统一的形式，抗力部分可以借鉴现成的建筑行业的规定，支挡结构设计规范只需要解决作用的设计值中分项系数如何取值的问题。

上表中锚固段压应力的检算形式与传统方法是一样的，只是在变量的说法上与以前不一样，采用这种形式的理由与表 2-41 中地基基础压应力检算的理由一样。

2.6.4　与现行工程结构计算结果进行对比

极限状态设计表达式和与之对应的分项系数取值给出之后，应将支挡结构极限状态计算结果与原规范设计方法的设计结果进行对比。对比方式有 3 种：第一种是将现行规范设计的结构，采用极限状态设计表达式进行验算，观察计算结果是否接近极限状态；第二种方式为将分项系数转化成综合系数与现行规范中的总安全系数进行比较，看是否接近；第三种方式是按极限状态设计表达式的设计形式直接进行设计，观察设计的尺寸是否接近按现行规范设计的尺寸，输出的计算结果的规律是否与以前的设计有相似的规律。

2.6.5　调整分项系数

当对比结果有较大的偏差时，应该分析产生偏差的原因，并对分项系数进行调整。分项系数调整的原则是使计算结果尽量与原来的设计接近，但又不能出现不合理的分项系数取值情况，并且要保证目标可靠指标的取值在合理的范围内，不能因为分项系数的调整使得目标可靠指标不合理,故应对分项系数调整后的目标可靠指标进行反算。总之,在经验校准阶段,调整分项系数是一个复杂的过程,既要保证继承现行规范的可靠度水准,又要对现行规范中确实不合理的部分提出改进,特别是发现存在风险的地方分项系数应该增大。

2.7 支挡结构基于可靠度理论的极限状态设计流程

当建立了基于可靠度理论的极限状态设计体系后,就可以运用这个体系对支挡结构进行设计了,其设计流程如图 2-20 所示。

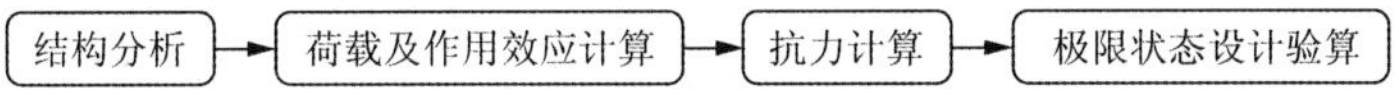

结构分析 → 荷载及作用效应计算 → 抗力计算 → 极限状态设计验算

图 2-20 支挡结构极限状态设计流程图

2.7.1 结构分析

1)支挡结构的结构分析

需要对结构上的作用、作用效应和结构或构件抗力等,以及它们之间的相互关系进行了解和认识。有时不能明显地将作用效应和抗力分别进行分析时(如结构的倾覆稳定性),则对整体结构进行分析。

2)支挡结构分析的基本方法

有理论计算、模型试验和原型试验等,其中理论计算最为普遍,对某些重要支挡结构或构件,由于影响因素复杂,用理论计算难以得到满意的分析结果,常采用模型试验方法进行分析。如果采用模型试验方法的尺寸效应不能取得满意的分析结果,则采用原型试验方法。在具体分析中,可将这些方法结合起来使用。

结构分析时,要选用合适的分析理论:弹性理论、弹塑性理论、塑性理论,这要根据结构类型、材料性能和受力特点等综合考虑。当结构的材料性能处于弹性状态时,一般假定力与变形之间的相互关系是线性的,可以采用弹性理论进行结构分析,在这种情况下,分析比较简单;当结构的材料性能处于弹塑性状态或完全塑性状态时,力与变形之间的相互关系比较复杂,一般情况下都是非线性的,要采用弹塑性理论或塑性理论进行结构分析。为保证结构安全,当结构破坏前能够产生足够的塑性变形时,即发生延性破坏时,一般采用塑性理论进行结构分析;当结构的承载力由脆性破坏或稳定控制时,应采用适宜的方法进行分析。

结构动力分析主要涉及结构的刚度、惯性力和阻尼。动力分析刚度与静力分析所采用的原则一致。尽管重复作用可能产生刚度的退化,但由于动力影响,亦可能引起刚度增大。惯性力是由结构质量、非结构质量和周围流体、空气和土壤等附加质量的加速度引起的。

3)支挡结构的整体结构分析和构件分析

整体结构分析是确定支挡结构作为整体达到平衡时所受的外力和抗力;构件分析是确定结构构件不同截面上的纵向力、弯矩、剪力、扭矩等内力,并对构件的抗力进行分析,它是校核局部设计的基础。计算分析需要采用适当的计算模型,计算模型的简化、等效及假定等要反映结构或构件的实际行为状态,并满足设计的精度要求。针对新结构或新材料,还可以借助试验进行验证。

4) 建立支挡结构分析模型

一般都要对结构原型进行适当简化,考虑决定性因素,忽略次要因素,并合理考虑构件及其连接。

一维结构分析模型适用于结构的某一维尺寸比其他两维大得多的情况,或结构在其他两维方向上的变化对结构分析结果影响很小的情况;二维结构分析模型适用于结构的某一维尺寸比其他两维小得多的情况,或结构在某一维方向上的变化对分析结果影响很小的情况;三维结构分析模型适用于结构中没有一维尺寸显著大于或小于其他两维的情况。

5) 结构分析的目的

通过结构分析,能进一步掌握作用效应及结构抗力的不确定性,即作用效应及结构构件抗力计算模式的不精确性。分析计算结果与实际情况不相吻合的程度,其中,包括确定作用效应时采用的计算简图和分析方法的误差,截面抗力计算公式的误差,以及关于作用、材料性能、几何参数统计分析中的误差等。这类误差不是定值而是随机变量,因此在极限状态方程中,要引进附加的基本变量——计算模型不定性系数。

计算模型不定性系数一般通过试验结果与公式计算值之比描述,或通过不同精度计算模型的计算结果相比较,经统计分析并结合工程经验判断确定。在有条件的情况下,可以通过校准法分析确定。计算模型的不定性也可在分项系数中反映。

6) 关于结构分析中作用的取值问题

(1) 当作用不能通过统计分析确定时,可以通过已有经验给出该作用的范围,计算作用效应,选取最不利情况下的取值作为作用值。

(2) 当动应力对结构设计有影响且结构的动力计算容许进行简化分析时,可计算"准静态作用"响应,并乘以动力系数作为动态作用的响应。

当结构或结构的一部分难以用一般力学计算方法确定其作用效应或抗力时,往往用模型试验或原型试验的方法加以补充。当设计以模型试验或原型试验为基础时,要保证试件能够反映实际结构或构件性能,并考虑试验模型与实际构件的差异,试验误差和试验结果的统计不定性(小子样统计方法)。

7) 支挡结构分析的重点

由于支挡结构属于岩土工程和结构工程,主要抵抗土压力,所以支挡结构分析的重点是土压力的计算和应力分布、与土压力相关的内力计算,以及与岩土相关的抗力计算。至于结构构件的抗力计算,建筑行业已经有比较成熟的分析,很多内容可以借鉴,可不作为分析的重点。

对于常用支挡结构,现行规范对内力的计算已经有比较固定的模式,相比之下,土压力和某些岩土的抗力计算方式的规定比较灵活,有很大的研究空间,故对土压力和岩土抗力的分析,是结构分析的重点。

2.7.2 荷载及作用效应计算

1) 国内外相关标准中荷载及效应的分类介绍

(1) 分类比较

国内外荷载及作用效应分类比较见表2-45。

国内外荷载及作用效应分类比较 表2-45

标　　准		荷载或作用的分类
欧洲标准		永久作用、可变作用、偶然作用，可变作用代表值：特征值、组合值、频遇值、准永久值、伴随值，作用代表值，作用设计值
日本标准		永久荷载、可变荷载、偶然荷载，特征值
中国标准	《工程结构可靠性设计统一标准》(GB 50153—2008)	永久作用、可变作用、偶然作用、地震作用，作用的代表值：标准值、组合值、频遇值、准永久值、伴随值、代表值、设计值
	《建筑结构可靠度设计统一标准》(GB 50068—2001)	分位值，作用代表值：标准值、组合值、频遇值、准永久值，作用设计值
	《铁路工程结构可靠性设计统一标准》(Q/CR 9007—2014)	特征值，名义值，作用的标准值，作用的代表值：标准值、组合值、准永久值和频遇值，可变作用的组合值、频遇值、准永久值，作用的设计值
	《铁路路基支挡结构设计规范》(TB 10025—2006)	主力、附加力、特殊力

从上表可见，作用的分类很多。作用的含义与设计状况、设计的目的、是否由统计产生、出现的时间或频率等有关。某些作用包含了其他作用，而且作用有相互交叉和重叠的现象。

铁路路基支挡结构的极限状态设计中，不一定会用到以上所有的作用值，现行《铁路路基支挡结构设计规范》(TB 10025—2006)的分类明显与其他的不同，可按《铁路工程结构可靠性设计统一标准》(Q/CR 9007—2014)中的荷载分类进行归纳。

永久作用的标准值和概率分布、可变作用的代表值和概率分布、铁路列车荷载效应概率分布可按该标准中附录B的规定确定。

(2) 国外荷载组合举例

日本《基础构造物与抗土压构造物》中的荷载组合见表2-46。

日本挡土墙结构荷载组合基本划分 表2-46

极　限　状　态	荷　载　组　合
长期使用极限状态	永久荷载
使用极限状态	永久荷载＋可变荷载
最终极限状态	永久荷载＋主可变荷载＋次可变荷载
	永久荷载＋偶然荷载＋次可变荷载
地震使用极限状态	永久荷载＋偶然荷载＋次可变荷载
地震最终极限状态	永久荷载＋偶然荷载＋次可变荷载

上表中的"＋"代表组合的意思。日本基础构造物设计的荷载组合特点是按荷载出现的频率递减规律来排列组合。日本是一个地震多发的国家，其荷载组合也突出了这一特点。

(3) 铁路工程结构荷载组合原则

中国铁路工程结构荷载组合原则见表 2-47。

中国铁路工程结构荷载组合原则　　　　　　　　　表 2-47

极限状态	组合类型	
承载能力极限状态设计	基本组合	用于持久设计状况或短暂设计状况
	偶然组合	用于偶然设计状况
	地震组合	用于地震设计状况
正常使用极限状态设计	标准组合	宜用于不可逆正常使用极限状态设计
	频遇组合	宜用于可逆正常使用极限状态设计
	准永久组合	宜用于长期效应是决定性因素的正常使用极限状态

2) 主要支挡结构的荷载及作用效应

主要支挡结构的主要荷载及作用效应见表 2-48。

主要荷载及作用效应　　　　　　　　　表 2-48

挡墙类型	主要荷载	作用效应
重力式及衡重式挡土墙	墙背岩土主动土压力、墙身重力及位于挡土墙顶面的恒载、常水位时静水压力和浮力、轨道及列车荷载产生的侧压力、洪水位的静水压力和浮力、水位退落时的动水压力、波浪压力、冻胀力和冰压力、地震力、施工及临时荷载、其他特殊力	基底压应力和摩擦力、墙身承受的弯矩、剪应力、拉应力和压应力等
悬臂式和扶壁式挡土墙	墙背岩土主动土压力、墙身重力及位于挡土墙顶面的恒载、轨道及列车荷载产生的侧压力、地震力、施工及临时荷载、其他特殊力	基底压应力和摩擦力、墙身承受的弯矩、剪应力、拉应力、挠度、裂缝宽度等
锚固桩类支挡结构	墙背岩土土压力、墙顶面的恒载、轨道及列车荷载产生的侧压力、地震力、施工及临时荷载、滑坡推力、其他特殊力	锚固段压应力、桩身弯矩、剪力、变形、裂缝等
锚杆(索)支挡结构	墙背岩土土压力、墙顶面的恒载、地震力、施工及临时荷载、滑坡推力、其他特殊力	支点反力(锚杆、锚索拉应力)、锚孔和岩层间的摩擦应力、钢筋或锚索与水泥砂浆之间的摩擦力、墙面系的弯矩、剪力、挠度和裂缝宽度

3) 支挡结构的荷载组合

现行支挡结构设计规范中的荷载分类见表 2-49。

支挡结构荷载分类　　　　　　　　　表 2-49

主力	永久荷载	土压力
		结构重力
		结构顶面上的恒载
		常水位时静水压力和浮力
		预应力
		轨道荷载
	可变荷载	列车荷载
		人行道荷载

续上表

附加力	可变荷载	达到设计水位的静水压力和浮力
		水位退落时的动水压力
		波浪压力
		膨胀力、冻胀力和冰压力
特殊力	偶然荷载	地震力、滑坡推力
	可变荷载	施工及临时荷载

(1)重力式和衡重式挡土墙荷载组合

由于刚性挡土墙的设计主要由外部稳定检算控制,重力式和衡重式挡土墙外部稳定性的可靠性为分析重点。在外部稳定性检算中,荷载作用是水平推力、倾覆弯矩和基底压应力,抗力是基底抗滑力、稳定弯矩、基底承载力。在抗滑和抗倾覆检算中,土压力既是作用力,又是抗力,墙身自重是抗力。在基底承载力检算中,土压力、墙身自重均为作用力。荷载组合主要体现在土压力、自重、水压力、地震力上。根据现行支挡结构设计规范设计挡土墙时,按极限状态设计的荷载组合见表2-50。

重力式挡土墙设计荷载组合 表2-50

位置	环境	荷载类型	荷载组合情况
路堤地段	一般地区	永久荷载:土压力、结构自重及结构顶面上的恒载	永久荷载; 永久荷载+可变荷载
		可变荷载:轨道荷载及列车荷载产生的土压力、施工及临时荷载	
	浸水地区	永久荷载:土压力、结构自重及结构顶面上的恒载、常水位时静水压力和浮力	永久荷载; 永久荷载+可变荷载; 永久荷载+偶然荷载; 永久荷载+可变荷载+偶然荷载
		可变荷载:轨道荷载及列车荷载产生的土压力、设计水位的静水压力和浮力、施工及临时荷载	
		偶然荷载:设计洪水位的静水压力和浮力	
	地震地区	永久荷载:土压力、结构自重及结构顶面上的恒载、常水位时静水压力和浮力	永久荷载; 永久荷载+可变荷载; 永久荷载+偶然荷载; 永久荷载+可变荷载+偶然荷载
		可变荷载:轨道荷载及列车荷载产生的土压力、施工及临时荷载	
		偶然荷载:地震力	
路堑地段	一般地区	永久荷载:土压力、结构自重及结构顶面上的恒载	永久荷载
	地震地区	永久荷载:土压力、结构自重及结构顶面上的恒载	永久荷载; 永久荷载+偶然荷载
		偶然荷载:地震力	

上表荷载组合中的"+"号表示组合的意思。将上表中的荷载组合情况,具体反映在不同设计状况下的功能验算中,其荷载组合情况见表2-51。

重力式挡土墙功能验算中的荷载组合 表 2-51

位置	环境	检算项目	荷载组合情况		
			荷载组合	路基面荷载	
路堤地段	一般地区	抗滑动 抗倾覆 基底承载 墙身截面	永久荷载	路基面无荷载	
			永久荷载+可变荷载(持久)	路基面有荷载	列车
			永久荷载+可变荷载(短暂)		施工临时荷载
	浸水地区	抗滑动 抗倾覆 基底承载 墙身截面	无水	与一般地区相同	与一般地区相同
			常水位	与一般地区相同	与一般地区相同
			洪水位	永久荷载+偶然荷载	路基面无荷载
				永久荷载+可变荷载(持久)+偶然荷载	路基面有列车荷载
	地震地区	抗滑动 抗倾覆 基底承载 墙身截面	无震	与一般地区相同	与一般地区相同
			有震	永久荷载+偶然荷载	路基面无荷载
				永久荷载+可变荷(持久)载+偶然荷载	路基面有列车荷载
路堑地段	一般地区	抗滑动 抗倾覆 基底承载 墙身截面	无震	永久荷载	路基面有、无荷载与挡土墙结构无关
	地震地区	抗滑动 抗倾覆 基底承载 墙身截面	有震	永久荷载+偶然荷载	

目前,地震和浸水的土压力计算一般是合算在一起的。所以,上表中这类荷载并不是分算好了再相加,而是计算中就已经组合了,所以挡土墙的极限状态设计表达式中目前没有组合系数,只提供综合的分项系数。今后,是否有必要把一些变量分离出来,有待研究。

(2) L 形挡土墙荷载组合

现行支挡结构设计规范中的 L 形挡土墙在一般地区应用的机会更多。挡土墙上所受的力系与重力式挡土墙类似。当墙顶填方小于 1.0m 时,路基面上的轨道和列车荷载与填料是分开计算的,这与重力式挡土墙不同;反之,填料和路基面以上荷载均按库仑理论计算,这与重力式挡土墙是相同的。如果将荷载分项,比重力式挡土墙更具备条件,但从目前的研究情况来看,抗力分项后,计算结果已经出现不易校准的现象,而路基面以上荷载如果与土压力分开算,不仅水平土压力要分项,竖向土压力也要分项。稳定力系中,墙身自重与土压力本来就分作两项,如果再将路基面以上的荷载分成一项,则抗力将分为 3 项。由此可见,悬臂式挡土墙的荷载和抗力的分项情况会比较复杂。初期转轨为了校准顺利,可暂时不分项太多。

(3) 锚固桩支挡结构的荷载组合

桩上的外荷载主要是土压力荷载,当桩的设计荷载采用库仑主动土压力计算时,考虑到主动状态不易出现,桩上实际所受的土压力大于库仑主动土压力,在结构设计时,土压力存在附加安全系数。如果桩前有土体,有资料显示,有时是将被动土压力系数进行了折减,有时是将主动土压力乘以一定的扩大系数,这些系数的取值和目前规范中规定的附加安全系数,均可归为计算模型不确定性系数,有待进一步研究。

桩结构中,外荷载产生的作用效应主要是弯矩和剪力。荷载效应的计算模型不确定性系数,同样是需要持续研究的问题。锚固桩结构不同设计状况的荷载组合见表2-52。

不同工况下的荷载组合 表2-52

结构类型	环境	荷载类型	荷载组合情况
桩板墙	一般地区	永久荷载:土压力	永久荷载; 永久荷载+可变荷载
		可变荷载:轨道荷载及列车荷载产生的土压力、施工及临时荷载	
	地震地区	永久荷载:土压力	永久荷载; 永久荷载+可变荷载; 永久荷载+偶然荷载; 永久荷载+偶然荷载+可变荷载
		可变荷载:轨道荷载及列车荷载产生的土压力、施工及临时荷载	
		偶然荷载:地震力	
预加固桩	一般地区	永久荷载:土压力	永久荷载
	地震地区	永久荷载:土压力	永久荷载; 永久荷载+偶然荷载
		偶然荷载:地震力	

(4)路堑地段锚杆(索)支挡结构的荷载组合

一般地区路堑地段锚杆(索)支挡结构,荷载只考虑永久组合;地震地区土压力计算为永久荷载与偶然荷载的组合。

(5)加筋土挡土墙荷载组合

一般地区,作用在挡土墙上的荷载及效应,可只计算永久作用和基本可变作用,地震动峰值加速度值为0.2g及以上的地区,尚应计算地震作用。加筋土挡土墙上荷载及作用分类可参考重力式挡土墙。

(6)槽形挡土墙荷载组合

槽形挡土墙的边墙用于支挡侧向压力,底板用于支撑竖向压力,作用在槽形挡土墙上的荷载与其他支挡结构差别较大,传统的分类见表2-53。

槽形挡土墙荷载分类表 表2-53

荷载分类		荷载名称
主力	恒载	结构重力
		结构抗浮配重重力
		边墙墙背土压力
		常水位的静水压力和浮力
		设备重力(包括钢轨、道床、电缆槽、侧沟等)
		边墙破裂面范围内的设施及建筑物压力
	活载	列车竖向静活载及动力作用
		列车活载产生的离心力和横向摇摆力
		边墙外侧人或车辆对边墙产生的压力
		设计水位的静水压力和浮力

续上表

荷 载 分 类	荷 载 名 称
附加力	温度变化的影响
	地下水的冻胀力
特殊力	地震力
	施工及临时荷载
	边墙外侧汽车等撞击力

从上表可知,槽形挡土墙的荷载分类比较复杂,由于槽形挡土墙所处工况较多,因此其组合情况也比较复杂。设置槽形挡土墙的地段,一般存在地下水,槽形挡土墙应根据不同的设计水位及荷载组合,按最不利者进行结构设计。对于多线地段尚应考虑不同列车荷载的组合。

施工阶段配重已施工,地下水位尚未恢复,边墙土压力尚未施加。此时,设计中只考虑配重及结构重力,不考虑列车及轨道荷载、土压力在边墙底部产生的竖向分力及水平分力产生的弯矩、施工阶段槽内的汽车及其他大型机具设备重力等。其荷载示意如图 2-21 所示。

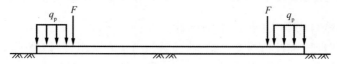

图 2-21 施工阶段底板所受除底板自重外的荷载

图 2-21 中,q_p 为边墙外侧配重重力荷载强度,F 为边墙重力,当边墙与配重材料重度相差不大时可合并。

设计水位分别采用设计低水位、设计常水位、设计高水位,底板底面荷载以水浮力为主,设计中考虑列车其轨道荷载,并计其配重及边墙重力、土压力在边墙底部产生的竖向分力及水平分力产生的弯矩等。其荷载示意如图 2-22 所示。

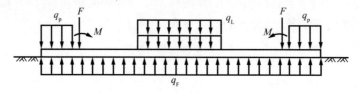

图 2-22 运营阶段底板所受除底板自重外的荷载

图 2-22 中,q_p 为边墙外侧配重重力荷载强度;F 为边墙重力及土压力在边墙底部产生的竖向分力合力;M 为土压力水平分力在边墙底部产生的弯矩;q_G 为轨道荷载强度;q_L 为列车荷载强度,同时应考虑其动力影响;q_F 为设计水位浮力强度。

2.7.3 抗力分析

除了荷载和作用效应外,抗力是极限状态设计中的另一个不可缺少的变量。结构构件的抗力与材料的性能和尺寸相关,例如:钢筋混凝土构件的抗力与钢筋的物理力学性能、钢筋尺寸有关,混凝土的物理力学性能和混凝土尺寸有关。岩土工程结构中的抗力与岩土工程的材料有关。岩土工程的材料可分为天然材料和人造材料两类。支挡结构的抗力,有一个很大的特点,即土压力既是作用,又是抗力。例如:重力式挡土墙设计中的水平分力为作用,竖向分力为抗力。此外,岩土材料所提供的抗力比结构材料提供的抗力更为复杂。

1)重力式和衡重式挡土墙及L形挡土墙的抗力

(1)在外部稳定性检算中,抗力为抗滑力、稳定性力矩、地基承载力。

(2)抗滑力主要由4部分构成:挡土墙自重、墙背与第二破裂面(或假想墙背)之间的土的自重、主动土压力竖向分量以及荷载作用效用的竖向分量。

(3)稳定性力矩主要有4部分构成:挡土墙自重、墙背与第二破裂面(或假想墙背)之间的土的自重、主动土压力竖向分量以及荷载作用效用的竖向分量对墙趾的力矩。

(4)地基承载力检算抗力则是地基的承载力特征值。

(5)结构计算部分,抗力主要与材料的性能以及用量有关。墙身截面检算有材料抗弯力、抗剪力、抗拉力、抗压力以及裂缝宽度限定值、变形限定值。其抗力是混凝土或钢筋混凝土结构自身的结构抗力,与截面形状、混凝土的强度等级、钢筋的型号、钢筋直径、钢筋分布等有关。

2)锚固桩结构的抗力

桩结构的抗力包括岩土体锚固段侧压应力特征值,桩身抗弯力、抗剪力,桩顶位移和裂缝宽度限定值。在抗力设计中,锚固段土体侧压应力与极限承载力有大约2倍的关系,岩体侧压应力特征值与极限值有大约2.2~3.3倍的关系;钢筋混凝土结构构件设计中的抗力与L形挡土墙一样。

在腐蚀性环境作用下,桩身应进行最大裂缝宽度验算,其限定值(抗力)可适当放宽,并采用适当的防腐附加措施。

3)锚杆和锚索结构的抗力

(1)锚杆的抗力:钢筋(锚索)提供的抗拉力,与钢筋的直径(锚索直径、束数)、型号有关;岩层提供的孔壁抗拔应力,与岩层的类型、注浆体的强度和注浆压力等有关;钢筋或锚索与注浆体之间的摩擦提供的抗拔力,与注浆体的强度和压力、锚杆(索)的形状、根数等有关。

(2)锚杆(索)支挡结构墙面系设计中的抗力,与L形挡土墙一样。

4)加筋土挡土墙的抗力

(1)外部稳定性中的抗力可参考重力式挡土墙的抗力。

(2)内部稳定性检算中的抗力:抗拔时,为填料与筋带间的极限摩擦力;抗拉时,为筋带材料提供的极限抗拉力。

(3)钢筋混凝土结构构件设计中的抗力与L形挡土墙一样。

5)槽形挡土墙的抗力

(1)外部稳定性中的抗力:抗浮验算时,为墙身自重、底板悬出段回填土配重。

(2)钢筋混凝土结构构件设计中的抗力与L形挡土墙一样。

2.7.4 极限状态设计验算

极限状态设计验算是基于可靠度理论的极限状态设计流程中的最后一步。当按照基于可靠度理论的极限状态设计方法计算出荷载或作用效应的标准值、设计值等值,并计算出抗力的设计值、特征值或选定了限定值后,可将这些带有分项系数的各种值带入极限状态设计表达式中进行验算,看结构功能是否达到要求。如果不能满足要求,则需调整结构外部和内部尺寸重新按设计流程的第2、3、4步(图2-20)进行设计。如果结构的功能项满足设计要求,则进行其他功能项的检算,直到结构的每一个功能项目都达到设计表达式的要求。

在极限状态设计验算中,有些功能项的验算是相互独立的,有些具有相关性。比如,挡土墙外部稳定性的检算一般只受一个检算项目的控制,同时刚好达到设计表达式要求的现象只是巧合,这反映外部稳定性的检算有一定的相关性。结构构件的设计中,抗弯和抗剪,在构件外形尺寸不变的情况下,一般不相关;而裂缝宽度验算和抗弯设计,由于都是对主筋用量进行的计算,故有很大的相关性。当荷载分项系数较小时,主筋用量一般由裂缝宽度控制;反之,由抗弯控制。

2.8 支挡结构设计中引入概率论的目的

在支挡结构设计中引入概率论,其有益之处在于:第一,可用于基于概率论的分项系数设计方法,对支挡结构进行极限状态设计;第二,可根据与失效概率相对应的目标可靠指标,分析评价已经设计好的支挡结构的可靠性。在支挡结构设计中引入概率论,不仅仅是指导设计、评价设计,还可以进行科学研究,如研究支挡结构规范安全系数取值等的调整不再是盲目的、凭经验的,而是有一套规则和方法。

可靠指标和分项系数是矛盾的统一,可靠指标试图把工程结构的可靠性控制在同一个水平,而一旦采用了分项系数的形式,可靠指标就难以处在同一水平,因为可靠指标不仅仅取决于分项系数的大小,还受基本变量统计特征的影响。规范中给出目标可靠指标,应该是最低应达到的可靠指标,而校准法确定出的目标可靠指标,却对应着现行规范的平均可靠性。这些都体现出两者的矛盾之处。而根据目标可靠指标确定分项系数的过程,显示出这两个指标的统一性。规范的完善,实际上就是采取必要的措施,不断地维护这种统一性。

另外,需要强调的是,可靠指标虽然从失效概率中引出,赋予了安全度一个比较容易理解的概念,但可靠指标不应该机械地理解为是用来限定失效概率的。可靠指标具有相对性,并不是一个绝对的指标。在确定目标可靠指标的过程中,有很多因素无法考虑,考虑的因素又存在很多假定,计算的方法也多种多样,因此,可靠指标只是在一定的条件下,采用某种相对合理的方式,得到的指标。引入可靠指标是为了设计者以动态的观点把握风险,可靠指标是建立规范体系的一种工具,是科学分析支挡结构可靠性的一种手段。

第 3 章

支挡结构可靠性的难点和重点分析

支挡结构设计的可靠性

由于支挡结构属于岩土工程,相对于一般的结构工程,采用可靠度理论分析其可靠性难度增大,因此,在分析其可靠性的过程中,必须根据其特性抓住重点。为了清理出难点并抓住重点,首先应该了解支挡结构的设计状况。

3.1 支挡结构的设计状况

设计状况的定义为,设计对结构从施工到使用全过程所考虑的工作状态和环境条件。也可以理解为,在一定的时间内,结构处于某种工况的一组设计条件。

图 3-1 为支挡结构常见的设计状况。

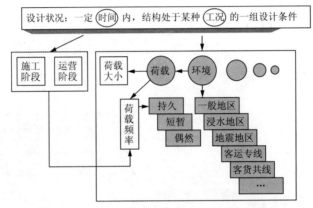

图 3-1 支挡结构的设计状况

由图 3-1 可知,支挡结构的设计状况反应两大内容:时间和工作状况(工作状态和环境条件)。对于铁路支挡结构在发挥作用的时间段的划分,一般是施工和运营阶段,还可在这两个阶段中继续细分,而时间特性主要体现在荷载上。工作状况中涉及的因素较多,图 3-1 中主要反映了荷载和环境的情况。设计状况的命名又具有时间特性,一般分为持久设计状况、短暂设计状况、偶然设计状况(含地震设计状况)。设计状况从定义来看,涵盖了很多设计条件,但从分类的命名来看,更多地体现了荷载的出现频率。

在极限状态设计体系中,应针对不同的设计状况进行设计。设计时,采用相应的结构设计体系、可靠度水平、基本变量和作用组合。表 3-1 列出了现行支挡结构设计规范中,主要支挡结构的设计状况。

主要支挡结构设计状况表　　　　　　　表 3-1

支挡结构	工况								时间段	
	荷载			环境					施工	运营
	持久	短暂	偶然	一般	浸水	地震	客专	客货		
路堑地段重力式挡土墙	●		●	●		●			●	
路堤地段重力式挡土墙	●	●	●	●	●	●	●	●	●	●
路堤地段衡重式挡土墙	●			●					●	
悬臂式挡土墙	●	●	●	●	●	●	●	●	●	●

续上表

支挡结构	工况								时间段	
	荷载			环境					施工	运营
	持久	短暂	偶然	一般	浸水	地震	客专	客货		
扶壁式挡土墙	●	●	●	●		●	●	●	●	●
槽形挡土墙	●	●	●	●	●	●	●	●	●	●
加筋土挡土墙	●	●	●	●		●		●	●	●
路堑地段锚固桩	●		●	●		●			●	●
路堤地段桩板墙	●	●	●	●	●	●	●	●	●	●
路堑地段锚杆(索)	●		●	●		●			●	●

从上表可知,支挡结构的荷载均存在持久和偶然的情况,路堤和路肩支挡结构存在短暂荷载的情况;一般环境是指无水、无震的普通环境,是支挡结构的主要环境,路堤和路肩支挡结构会出现浸水的情况,路堑支挡结构中,槽形挡土墙常出现浸水情况;支挡结构大多数会应用在地震地区,但扶壁式挡土墙的拼装结构不适合地震地区,锚杆、锚索结构没有在现行规范中写明地震区与非震区的设计有什么区别;衡重式挡土墙和加筋土挡土墙一般不用在高速铁路上;路堑墙与列车荷载无关;大部分支挡结构都存在施工临时荷载。

传统设计方法给出了功能检算所要达到的要求,但对于结构所达到的状态是模糊的。比如,一般地区地基承载力达到容许应力时,地基处于弹性状态,而地震地区的承载能力限定值提高,有可能导致地基进入塑性状态,这两个状态下结构的安全度是不同的。传统设计中各项功能检算采用了不同的安全系数,安全系数随着设计状况出现的可能性减小而减小,安全系数代表的安全储备到底多大并不明确。以概率论为基础的可靠性分析,对应不同的支挡结构设计状况应分别计算确定相应的目标可靠指标。一般来说,持久设计状况对应的可靠指标大,短暂和偶然设计状况次之。相应的分项系数取值也与设计状况有关。

从图 3-1 和表 3-1 可知,支挡结构设计状况的时间特性和环境特性最终都要反映在荷载上,因此,对荷载和抗力的研究是重点。

3.2 支挡结构的荷载和抗力

3.2.1 支挡结构的荷载体系

在第 2 章 2.7 节中,"2.7.2 荷载及作用效应计算"对支挡结构的荷载体系进行了归纳总结。支挡结构的每一种荷载,都有其特殊性:

(1)土压力:该力的计算复杂。应根据路基工程结构的具体情况分别采用主动土压力、静止土压力或被动土压力,并结合工程经验乘以相应的增大或折减系数。难点是计算模式的选用、增大系数和折减系数的取值。

(2)结构的重力:该力计算简单,但作用却分为有利和不利的情况。抵抗土压力时,是有利的,比如抗倾覆和抗滑动。基底压应力检算时,是作用力,是不利的。轻型支挡结构,如锚固桩等,一般不计自重。

(3)结构顶面上的恒载:竖向力与结构自重有类似的特性。横向力和弯矩,根据其方向,分有利和不利的情况。

(4)常水位时的静水压力和浮力:浸水支挡结构常水位时的静水压力是指对结构的侧向浸水压力,根据墙背岩土的性质,选择水土合算或分算,计算该力的难点在于计算模式的选择,以及什么情况下需要计算。墙体和破裂棱体中的岩土都受到浮力的作用,浮力的存在会减轻墙身自重,对结构不利;会减小侧向土压力,对结构有利。这两个力的存在,增大了土压力的计算难度。

(5)预应力:为了改善支挡结构的受力或岩土内部应力,可对支挡结构或岩土预先施加压应力。预应力会改变支挡结构计算模式和土压力分布及土压力增大系数。

(6)轨道和列车荷载:长期以来,这两个荷载是合在一起以换算土柱的方式计算的。严格来说,轨道荷载属于静荷载(永久荷载),列车荷载属于动荷载(可变荷载)。由于支挡结构距离路基面以上荷载在2.0m之外,侧向动应力已经消散,动荷载计算中,没有动应力附加值,一般把动荷载产生的应力按静荷载处理。从极限状态设计分项系数与荷载类型的匹配来看,轨道荷载应该与列车荷载分开,但轨道荷载相比列车荷载很小,将此分离出来增加计算的复杂性,是否有必要分离,值得分析。另外,这两个荷载常和土压力合在一起按库仑理论一起计算,要想从土压力中分离出来,也比较复杂。只有L形挡土墙、桩板挡土墙、加筋土挡土墙,在路基面以上荷载采用弹性理论计算时,这部分荷载是分算的。

(7)达到设计水位时的静水压力和浮力:这两个力与"(4)常水位时的静水压力和浮力"在计算上完全一样,但由于出现的频率不一样,被分在不同性质的两个类型之中。常水位时,为永久荷载;设计水位时,为可变荷载。如果再细分,洪水水位时,应该是偶然荷载。应该注意,虽然计算方法一样,但荷载分项系数的取值不应该一样,常水位时的荷载分项系数应该大于洪水位时的荷载分项系数。

(8)动水压力:当墙前水位骤降,墙后出现渗流时,挡土墙应计入动水压力的作用;当浸水挡土墙背填料为渗水土时,可不计墙背动水压力。支挡结构计算动水压力的情况很少。

(9)波浪压力:水体波动时波浪作用于水工建筑物上的动水压力。支挡结构作为滨河或滨海结构时,根据支挡结构形式以及结构前水深情况和波浪状态,分别计算波峰作用时和波谷作用时的波浪压力。

(10)膨胀力:具有膨胀性的黏土遇水后,其实测土压力值增大,因为岩土膨胀产生了膨胀力。很显然,这是一个随着岩土干湿交替变化的力。设计支挡结构时,需要考虑多大的膨胀力及膨胀力的应力分布等问题,至今仍未得到科学统一的认识。

(11)冻涨力:多年冻土地区支挡结构设计荷载除计算土压力外,还应考虑作用在基础上的冻胀力。如果墙背没有足够的保温层,还应考虑墙背上的水平冻胀力。土压力、水平冻胀力应按暖季和寒季分别计算,土压力和水平冻胀力不应叠加。支挡结构计算冻涨力的情况很少。

(12)地震力:地震时,支挡结构重心处会产生惯性力,地基位移会对结构产生影响、浸水地区会产生地震时的动水压力等。设计中墙背土压力应计入地震力。刚性结构和土体破裂棱体上的地震力计算方法主要采用静力法,即动峰值加速度与质量之积。很显然,地震力和土压力的出现频率是不一样的,但墙背土压力中的地震力,并不是单独计算的,而是和土压力合算在一起的。

(13)滑坡推力:滑坡产生的推力是一个特殊力,也是一个偶然力,出现的概率小,但只要出现,将永久作用于支挡结构上,这是与其他偶然力不同的地方,这种特点给滑坡分项系数的取值出了一个难题。滑坡推力的计算一般采用传递系数法:将滑动主轴断面分为铅直条块,由后向前计算各条分界面上的剩余下滑力,即为该部位的滑坡推力。实际上计算滑坡推力的模式非常多,很复杂。这里不说滑坡的形态、性质、所处环境(一般、浸水、地震)等对计算模式的影响,单说安全储备处理的方式,就有扩大下滑力法和折减滑面抗剪强度法,而且这两种方法的计算结果差异较大。滑面强度指标又有反算法和实测指标采用法。总之,库仑土压力能遇到的情况滑坡推力都有,但滑坡推力的计算不确定性比库仑土压力大得多。

(14)施工临时荷载:路基面以上施工临时荷载可参考列车荷载的计算模式。设计检算的荷载分项系数与列车荷载分项系数的取值不同。

3.2.2 支挡结构与岩土相关的荷载

支挡结构的荷载体系中,土压力荷载无疑是与岩土相关的荷载。其他荷载:浸水地区的静水压力和浮力与土压力计算有关;预应力,与土压力的计算模式及不确定性系数有关;路基面以上的荷载,如果采用按照破裂面方向传递于支挡结构的概念,与土压力计算有关;膨胀力实际上就是考虑了膨胀性的土压力计算;地震力是地震情况下的土压力计算;滑坡推力是破裂面为曲线、折线或直线的土压力。以上诸力,都是与岩土相关的荷载。这些力使土压力计算变得更为复杂和困难,使土压力计算的不确定性增加。由此可见,对土压力的研究是分析支挡结构可靠性的重点之一。

3.2.3 支挡结构与岩土相关的抗力

1)明挖基础的抗力

明挖基础的抗力是指地基的承载能力,应保证满足地基稳定性的要求与地基变形不超过允许值。在荷载作用下,地基要产生变形。随着荷载的增大,地基变形逐渐增大,初始阶段地基土中应力处在弹性平衡状态,具有安全承载能力,此时,地基的变形能满足允许要求。当荷载增大到地基中开始出现某点或小区域内各点在其某一方向平面上的剪应力达到土的抗剪强度时,该点或小区域内各点就发生剪切破坏而处在极限平衡状态,土中应力将发生重分布。这种小范围的剪切破坏区,称为塑性区。此时,地基变形稍大,必须验算变形的计算值不超过允许值。当荷载继续增大,地基出现较大范围的塑性区时,将显示地基承载力不足而失去稳定。此时,地基达到极限承载力。支挡结构明挖基础的抗力,在一般地区,地基处于弹性状态。浸水和地震检算时,由于容许承载力的提高,地基小范围会进入塑性状态。现行支挡结构设计规范,没有对地基变形做检算。国内各行业在检算地基承载力时,对地基抗力的取值有不同的称呼:

(1)地基承载力基本值:按标准方法试验,未经数理统计处理的数据。可由土的物理性质指标查规范得出的承载力。该力应保证地基稳定条件下,建筑物不产生超过允许的沉降。

(2)容许承载力:地基承载力基本值经过深宽(铁路工程结构基础)修正后的值。

(3)地基承载力标准值:在正常情况下,可能出现承载力最小值,是按标准方法试验,并经数理统计处理后得出的数据。可由野外鉴别结果和动力触探试验的锤击数直接查规范承载力表确定,也可根据承载力基本值乘以回归修正系数求得。

(4)地基承载力设计值:地基在保证稳定性的条件下,满足建筑物基础沉降要求的所能承受荷载的能力。可由塑性荷载直接得到,也可由极限荷载除以安全系数得到,或由地基承载力标准值经过基础宽度和埋深修正后确定。

(5)地基承载力的特征值:正常使用极限状态计算时的地基承载力。即在发挥正常使用功能时地基所允许采用的抗力的设计值。它是以概率理论为基础,也是在保证地基稳定的条件下,使建筑物基础沉降计算值不超过允许值的地基承载力。

从上面的各种解释可知,在设计工程结构物的基础时,各行业使用的规范不同,对地基抗力设计值的叫法不同,地基容许承载力、地基承载力设计值与特征值在概念上有所不同,但在使用含义上相当。

与钢、混凝土、砌体等材料相比,土属于大变形材料,当荷载增加时,随着地基变形的相应增加,地基承载力也在逐渐加大,很难界定出下一个真正的"极限值",而根据现有的理论及经验的承载力计算公式,可以得出不同的值。因此,地基极限承载力的确定,实际上没有一个通用的界定标准,也没有一个适用于一切岩土类的计算公式,主要依赖根据工程经验所定下的界限和相应的安全系数加以调整,考虑一个满足工程要求的地基承载力值。它不仅与土质、土层埋藏顺序有关,而且与基础底面的形状、大小、埋深、上部结构对变形的适应程度、地下水位的升降、地区经验的差别等有关。

另外,工程结构的正常使用满足其功能要求时,承载力还有潜力可挖,也就是变形控制了承载力。因此,根据传统习惯,地基设计所用的承载力通常是在保证地基稳定的前提下,使建筑物的变形不超过其允许值的地基承载力,即允许承载力,其安全系数已包括在内。无论是对于天然地基还是桩基础的设计,原则均是如此。

《建筑结构设计统一标准》(GBJ 68—1984)要求抗力计算按承载能力极限状态,采用相应于极限值的"标准值",并将过去的总安全系数一分为二,由荷载分项系数和抗力分项系数分担,这给传统上根据经验积累、采用允许值的地基设计带来了困扰。《建筑地基基础设计规范》(GBJ 7—1989)以承载力的允许值作为标准值,以深宽修正后的承载力值作为设计值,引起的问题是,抗力的设计值大于标准值,这引起了一些概念上的混乱。《建筑结可靠度设计统一标准》(GB 50068—2001)版进行了修订:鉴于地基设计的特殊性,将上一版"应遵守本标准的规定"修改为"宜遵守本标准规定的原则",并加强了正常使用极限状态的研究,完善了正常使用极限状态的表达式,认可了地基设计中承载力计算可采用正常使用极限状态荷载效应标准组合。"特征值"一词,用以表示按正常使用极限状态计算时采用的地基承载力和单桩承载力的值。《建筑地基基础设计规范》(GB 50007—2011)沿用了这一概念。

2)桩基础的抗力

建筑结构中的桩基抗力,大多数指竖向抗力,对水平抗力的研究较少。竖向抗力在概念上的发展与明挖基础的特征值类似,这里不做赘述。支挡结构的锚固桩,一般是支挡侧向压力的大型挖孔桩,计算中不计桩身自重,也不检算竖向承载力,这是因为锚固段很长,竖向承载大大满足要求。锚固段主要检算侧压应力是否满足要求,按弹性地基"M"法或"K"法计算锚固段弯矩、剪力、侧压应力、水平位移及转角。土层地基的抗力为桩前被动土压力减桩后主动土压力;岩层地基的抗力为岩质侧向容许承载力。岩层地基的算法,地基处于弹性状态;土层地基的算法,地基局部进入塑性状态,满足抗力要求的部分处于弹性状态。土层地基抗力计算的缺陷是,被动土压力和主动土压力同时达到极限状态的情况很少。地基参数的统计特征值缺乏,是两种方法共同存在的问题。

3)锚杆(索)及筋带的锚固力

锚固力即锚杆(索)的抗力,其取值各个规范叫法不一样,有些是设计值,有些是标准值,有些是特征值。主要的难点在于抗力统计特征难于收集,以及计算模式的不确定性,因为试验表明,锚固段的抗力并非均匀分布。

4)小结

用作抗力指标的代表值有标准值和特征值。当确定岩土抗剪强度和岩石单轴抗压强度指标时,用标准值;由荷载试验确定承载力时,取特征值,荷载试验包括深层、浅层、岩基、单桩、锚杆等。

地基承载力特征值是由荷载试验直接测定或由其与原位试验相关关系间接确定和由此而累积的经验值。它相当于荷载试验时,地基"土压力—变形曲线"上线性变形段内某一规定变形所对应的压力值,其最大值不应超过该"土压力—变形曲线"上的比例界限值。这一定义与基本承载力是一样的。

修正后的地基承载力特征值是考虑了影响承载力的各项因素后,最终采用的相应于正常使用极限状态下设计值的地基允许承载力。这一定义与容许应力是一样的。

单桩承载力特征值是由荷载试验直接测定或由其与原位试验的相关关系间接推定和由此而累积的经验值。它相应于正常使用极限状态下允许采用单桩承载力设计值。阅读地质报告时,若为"特征值",则为容许值,安全系数已包括在内;若为"标准值",则为极限值的某个分位值,应考虑相应的抗力分项系数。

从建筑行业对地基承载力的处理方式可以看出,由于地基承载力是一个逐渐逼近极限状态的过程,在此过程中,工程结构的变形可能会超限,如果一定要研究破坏极限状态,那将是十分困难的。因此,把地基承载力控制在变形不超限的正常使用范围进行研究,相对容易。本书将直接采用建筑行业这一做法,对支挡结构的可靠性进行分析。不再对岩土的抗力进行深入分析,把分析的重点放在土压力的计算上。

3.3 支挡结构的计算分析模型

支挡结构计算分析模型包括外力计算分析模型、内力计算分析模型和抗力计算分析模型。下面主要对外力计算分析模型中,土压力计算分析模型的难点和重点做简要的概述。

3.3.1 岩土性能对土压力计算模型的影响

支挡结构的土压力有主动土压力、静止土压力和被动土压力之分。其中主动土压力最小,被动土压力最大,静止土压力介于两者之间。实际中的土压力分布一般是曲线,为了简化计算,土压力的分布被归纳为三角形分布、梯形分布和矩形分布。岩土不同的性能对土压力的大小和分布是有影响的。一般而言,岩土的抗剪强度越小,土压力越大;重度越大,土压力越大。松散的粒状结构,其土压应力的分布为三角形,岩石和硬土由于竖向成拱效应明显,土压力减小,应力图形偏向矩形,介于其间的土类,土压应力分布为梯形。

3.3.2 支挡结构的约束条件对土压力计算模型的影响

当支挡结构直接承受土压力的部分为静定结构时,最简单的主动土压力的应力分布为三角形,随着支挡结构上的约束增多,三角形的分布形式逐渐变化为梯形,并向矩形发展,土压力合力的作用点逐渐上移,支挡结构变形减小,土压力增大。如果在支挡结构上的约束点施加预应力,也将改变土压力大小和应力分配,总的趋势是,预应力越大,土压力越大。

3.3.3 支挡结构的施工方法对土压力计算的影响

支挡结构的施工方法对土压力的影响也很大。以逆作法施工为例,由于一边开挖,一边对锚杆(索)进行施工,并封闭开挖边坡,边坡的内部应力没有释放出来,自稳性提高,土压应力减小,应力分布接近矩形。

3.3.4 支挡结构的位移和变形对土压力的影响

如果岩土内部的应力不改变,单纯从外部限制墙面系的位移,那么墙面系的位移或变形越小(限制了静止土压力向主动土压力发展),土压力越大,这种情况相当于基坑支护中增加外部横撑,或者是L形墙的悬臂段加厚。支挡结构中锚杆(索)也会限制结构的变形,使土压力增加。随着预应力变化,结构的初始受力状态和最终受力状态还会改变,由此可见,受力机理导致计算模型变得非常复杂。

综上所述,土压力的大小受上述因素的综合影响。这些因素并不是独立的,具有相关性,这使得土压力计算模型的数学表达式的建立更加困难。弄清楚土压力分布的实际情况,细化土压力不确定性系数的取值,是精确计算可靠指标的关键。

第 4 章

基于概率论的
土压力计算

对于支挡结构,最主要的功能就是支撑侧向土压力。土压力是作用和抗力中的重要参变量,是支挡结构可靠度设计分析的重要因素。土压力计算在支挡结构中非常复杂,因此,无论是总安全系数法,还是极限状态法,都应对土压力进行研究。影响土压力计算的因素很多,本章将基于概率理论的观点,分析土压力计算中主要随机变量不确定性对土压力计算结果与支挡结构功能检算的影响,提出支挡结构设计应注意的问题。

4.1 土压力分类

4.1.1 库仑土压力和朗肯土压力

1)土压力的计算原理和适用条件

库仑土压力理论是假定挡土墙发生移动、转动或悬臂段有足够的变形,使墙后岩土达到极限平衡状态时,根据墙背破裂棱体诸力的平衡条件来推求土压力计算公式的。

朗肯土压力理论是以半无限弹性体内的应力状态,结合极限平衡条件,来推导土压力计算公式的。为此,假定墙背垂直而且光滑,墙后土体表面平直并延伸至无穷远。

两个理论相比,库仑理论对墙顶以上地面的形状不限制,适用范围广并且考虑了墙背的摩擦作用,故主动土压力的计算值比朗肯更接近于实际,但由于朗肯公式计算简单,所以在工程中仍被广泛应用。

2)主动土压力、被动土压力和静止土压力

挡土墙上的土压力按照墙的位移情况可分为静止、主动和被动土压力3种。静止土压力是指挡土墙不发生任何方向的位移,墙后土体施于墙背上的土压力;主动土压力是指挡土墙在墙后土体主动作用下向前发生移动,致使墙后岩土的应力达到极限平衡状态时,墙后土体施于墙背上的土压力;被动土压力是指挡土墙在某种外力作用下向后发生移动而推挤岩土,致使墙后岩土体的应力达到极限平衡状态时,墙背上的土压力。图 4-1 中 a)、b)、c)分别是土压力被动状态、主动状态和静止状态时,最简单的分布形式。

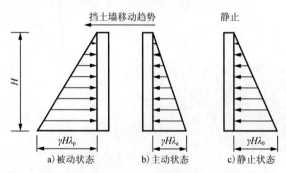

图 4-1 土压力应力分布图

γ- 墙背岩土重度(kN/m^3);H-墙高(m);λ_p、λ_a、λ_0-分别为被动土压力系数、主动土压力系数和静止土压力系数

支挡结构的受力状况,大部分是处于主动和被动之间的情况,此时,土压力是大于主动土压力的。比如,衡重式挡土墙和短卸荷板式挡土墙的上墙、悬臂式挡土墙的悬臂板、桩板

墙的悬臂段等,均承受比主动土压力更大的力,设计时主动土压力都乘上了一个大于1的土压力计算不确定性系数。

挡土墙处于被动状态时产生的位移远较主动状态时大。一般墙后土压力有向主动土压力发展的趋势,墙前土压力有向被动土压力发展的趋势。由于挡土墙前后土体既互相作用又互为一体,因此,墙后土体处于主动状态时所产生的位移难以使墙前土体达到被动状态,显然墙前土体的抗力较被动土压力小。设计时,被动土压力一般都乘以一个小于1的土压力计算不确定性系数。

4.1.2 不同环境下的土压力

1) 一般情况下的土压力

一般情况下,按库仑理论计算土压力的方式是浸水、地震等特殊情况下土压力计算的基础。墙背和墙顶坡面均为直线,墙后岩土为均质且仅有一层,是最简单的边界条件,此时,土压力状态及力系构成的力多边形如图4-2所示。

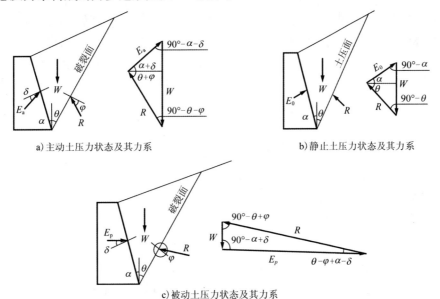

a) 主动土压力状态及其力系

b) 静止土压力状态及其力系

c) 被动土压力状态及其力系

图4-2 一般情况下的土压力状态及其力系

E_a、E_0、E_p-分别为主动土压力、静止土压力和被动土压力;W-墙身自重力;R-破裂面或土压面上的反力;α-墙背倾角;θ-墙背岩土破裂面或土压面与竖直面的夹角;φ-墙背岩土内摩擦角;δ-墙背内摩擦角

设计中常用到的是主动土压力公式。下面以主动土压力为例,说明土压力公式推导思路。图4-2中a),根据力多边形,墙背主动土压力的计算公式如下:

$$E_a = W \frac{\sin(90°-\theta-\varphi)}{\sin(\theta+\varphi+\delta-\alpha)} \tag{4-1}$$

对公式(4-1)求导,可得最大土压力对应的破裂角。对公式进行变化,可得水平土压力、竖直土压力、土压力系数、土压力的应力分布形式及作用点等关键数据。由于墙背不全为直线、坡面形状很多、岩土不止一层、环境条件特殊,使得破裂棱体的自重计算复杂,土压力公

式形式千变万化。

2)浸水情况下的土压力

浸水支挡结构墙后填料一般采用砂性土,砂性土内摩擦角受水的影响不大,可以近似认为不变,按无水条件先计算破裂角,然后计算出浸水前的土压力,再扣除破裂棱体由于受浮力作用而减小的土压力。当墙背填料为黏性土时,则应考虑抗剪强度降低。当墙背填料为渗水土、墙身设有泄水孔时,可不计墙身两侧静水压力;反之,则应考虑静水压力。

浸水情况下墙背土压力计算有水土合算与水土分算之分:

(1)对砂土和粉土按水土分算原则计算。

(2)对黏性土宜根据工程经验按水土分算或水土合算原则计算。

(3)按水土分算原则计算时,水位以下的土压力采用浮重度和有效应力抗剪强度计算。

(4)按水土合算原则计算时,水位以下的土压力采用饱和重度和总应力抗剪强度计算。

3)地震情况下的土压力

地震时的土压力计算采用静力法。所谓静力法是将结构物视为刚体,各点的水平地震加速度与地面相同,不考虑支挡结构的自振特性和地震竖向分量及转动分量的影响。采用静力法计算破裂棱体上的水平地震力,即水平地震系数与破裂棱体重量的乘积。

如图 4-3 所示,假定在地震时,土体所产生的水平惯性力,附加在破裂棱体的质心上,将破裂棱体自重、墙背土压力反力、破裂面上土压力反力和破裂棱体的水平惯性力构成封闭的力多边形,可求得地震状态下墙背所受的土压力。

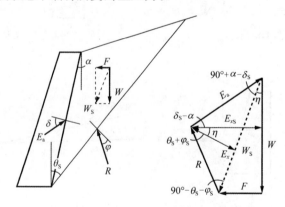

图 4-3 地震情况下的土压力状态及其力系

E_{xS}-地震情况下,墙背水平土压力;E_x-与一般地区土压力计算公式中,对应的水平土压力;F-地震情况下,破裂棱体上,质心处所受水平地震力;W_S-水平地震力 F 与破裂棱体自重力 W 的合力;η-地震角(破裂棱体自重力 W 与 W_S 的夹角);φ_S-地震情况下,修正后的内摩擦角;δ_S-地震情况下,修正后的墙背摩擦角;θ_S-地震情况下,墙背岩土破裂面与竖直面的夹角

从图 4-3 可见,墙背土压力 E_a、破裂面上的反力 R 和水平地震力与破裂棱体自重的合力 W_S 构成了一个三角形,此三角形类似于图 4-2a)中的三角形。从力系图中可清楚地看出:将 $\varphi_S = \varphi - \eta$,$\delta_S = \delta + \eta$,$\gamma_S = \dfrac{\gamma}{\cos\eta}$ 直接代入非震情况下库仑主动土压力计算公式中的 φ、δ 和中 γ,就可求得图 4-3 中的破裂角 θ_S 和 E_x,$\dfrac{E_x}{\cos(\delta_S - \alpha)}$ 求得 E_a,用 $E_a \times \cos(\delta - \alpha)$ 计算得到 E_{xS}。

4)浸水加地震时的土压力

从前面浸水地区土压力的计算和地震地区土压力的计算不难看出,要推导出浸水地区在地震时的土压力,从计算原理上是可行的,但目前很少看到有浸水条件下地震土压力的计算公式。往往是考虑地震时就不考虑浸水,考虑浸水时就不考虑地震。如果说洪水位和地震的情况是两个小概率事件,工程设计时不考虑两个偶然事件同时出现的可能性,那么,常水位时出现地震的情况是很有可能的,应该考虑地震和浸水同时存在的情况。铁路路基支挡结构土压力计算公式在这点上还是空白。另外,浸水地区发生地震时,会产生地震时的动水压力。关于水的作用,更详细的计算方法参见水工、港工相关规范。

5)膨胀土地段土压力

根据部分实测资料,垂直于水平方向的膨胀力随深度大致按抛物线分布至 2m,达到最大膨胀力,以后随着深度的增加,水分渗入的减小,而膨胀力减小,呈直线变化降低,当达到湿度波动影响深度 $h_w=2.5\sim3.0\mathrm{m}$ 时,由于含水率不再波动而使膨胀力为零。为安全起见,膨胀土应力分布深度可取 $h_0=3.5\mathrm{m}$。膨胀压力分布示意如图 4-4 中深色阴影所示,可根据积分求得膨胀力(阴影部分面积)、土压力及对应的力矩。

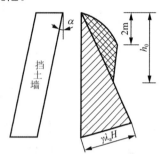

图 4-4 膨胀土应力分布示意图

6)其他土压力

除了库仑土压力外,经常应用于一些偶然的、灾害性外力作用的支挡结构,例如:锚固桩结构和锚索结构,常用于治理滑坡,所承受的是滑坡推力。滑坡推力也是土压力的一种,在计算上是采用滑面达到极限状态的模式。滑坡推力无论是在计算模型的准确性上,还是在外力的定性上(按偶然作用还是持久作用),都是比较困难的。除滑坡推力外,还有泥石流冲击力、斜坡软基侧向土压力等。

4.2 土压力分布与支挡结构的类型

墙背土压应力的分布将影响平衡检算中的弯矩的计算以及构件设计时的内力计算。这些作用效应的计算结果,对功能检算的结果有直接影响。应力分布的形状在横向上反映了力的大小,在竖向反映了作用点的高低。如图 4-5 所示,土压力的分布无论是横向还是竖向,都将反映出墙高 H 对作用效应的影响。

4.2.1 重力式挡土墙墙背土压应力分布

从图 4-5 可知,重力式挡土墙主动土压力计算分布形式一般为三角形,如果路基面以上有超载,根据假设超载应力按破裂角方向传递于墙背,则土压应力 σ_0 在墙背上的投影为平行四边形。图 4-5 中的墙背水平土压应力分布情况如下:

(1)虚线三角形代表的应力图形对应着左侧破裂角为虚线的情况,该情况下的破裂面由于没有交在荷载以内,故墙背上只有填料产生的土压应力,其应力分布为三角形,水平土压力合力作用点在墙高的 1/3 处。

(2)图中第二个细实线的应力图形对应于破裂面交于荷载之内的情况,该情况下破裂面以内,路基面以上荷载在墙背上产生的应力为平行四边形,靠近填料产生的三角形应力的下方,水平土压力合力作用点应低于墙高的 1/3 处。

(3)图中第三个粗实线的应力图形对应于破裂面交于荷载之外的情况,该情况下路基面以上荷载全部作用在破裂棱体上,路基面以上荷载在墙背上产生的应力为平行四边形,其在三角形斜边上的位置与荷载靠近路肩和破裂面的距离有关,当荷载更靠近路肩时,平行四边形分布范围靠上,土压力合力作用点在墙高的 1/3 偏上处;反之,平行四边形分布范围靠下,土压力合力作用点在墙高的 1/3 偏下处。

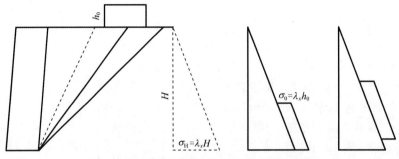

图 4-5　重力式挡土墙背水平土压应力分布示意图

图 4-5 中土压应力的分布形式完全是遵循库仑主动土压应力的计算假定的,是从理论推导而得的,没有经过任何修正。三角形的斜率为水平土压力系数 λ_x,当墙顶有填方时,三角形的斜边不是直线段,是由折线段组成。挡墙背为折线时,每一个折线墙背上土压应力的斜率都是不一样的。折线形的下墙的土压应力形式为梯形(填料产生的)叠加平行四边形(如果荷载落入下墙破裂面内)。从本章 4.1.2 节不同环境下的土压力计算可知,浸水情况应从非浸水情况下的应力图中扣除浮力。地震情况下应修正重度、内摩擦角、墙背摩擦角,以求得破裂角和土压力系数,应力图形形式与非地震情况下的应力图形形式一样。

挡土墙的主动土压力计算模式,由于计算边界条件的不同,应力的分布图形可归纳为三角形、梯形与平行四边形的组合。最终,组合图形沿墙背的形心投影点,即是力水平合力的作用点。

4.2.2　土压力计算不确定性系数和弹性土压力

在进行重力式挡土墙外部稳定性检算时,是按主动极限状态考虑的,而且大家公认这种状态在挡土墙平移或转动到一定程度时会出现,故不对外力及其应力分布进行修正。而在计算挡土墙的某一构件的土压力时,往往很难出现土压力的主动状态。例如,L 形挡土墙的悬臂板设计、衡重式挡土墙上墙截面检算、锚固桩设计时悬臂段的土压力计算、加筋土挡土墙内部检算的土压力计算。在这些情况下,结构构件都承受了大于主动土压力的实际土压力。从第 13 章中 L 形挡土墙的试验可知,由于悬臂板的变形达不到产生主动土压力的条件,实际土压力是库仑主动土压力乘以增大系数的结果。衡重式挡土墙上墙截面检算,目前是按库仑主动土压力计算的,从短卸荷板式挡土墙的试验可知,上墙设计承受了大于库仑主动土压力,设计时采用了 1.4 的增大系数。锚固桩的实测土压力增大系数为 1.1~1.2,如果桩上有锚索,实际土压力可以增大到 1.4 倍库仑主动土压力。加筋土挡土墙在内部稳定性检算时,计算填料产生的土压力时,直接采用了大于主动土压力系数的静止土压力系数。

以上这几种结构有些采用了土压力增大系数,有些仍采用主动土压力进行设计,不难看出,采用了增大系数的土压力更接近实际情况,设计更安全。一般在采用极限状态进行设计的体系中,把实际作用与理论计算作用的比值称为计算模型不确定性系数,传统设计中的增大系数应属于计算模型不确定性系数。除了土压力增大外,在这些计算情况下土压力的分布也不是按照库仑土压力推导的模型分布的,但现阶段的设计还没有将分布形式的不确定性考虑进去。

悬臂式挡土墙、桩板墙和加筋土挡土墙在计算路基面以上的荷载时,都采用了弹性理论的方式,其土压力在墙背上的作用和应力图形的分布形式如图 4-6 中的虚线所示。填料在墙背上产生的土压力按库仑主动土压力计算(图 4-6)。

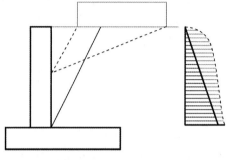

图 4-6 路肩墙墙背为直线时土压力计算示意图

4.2.3 锚杆墙上的土压应力

锚杆挡土墙的外力计算采用库仑主动土压力,但在设计时考虑了应力图形的修正,没有考虑土压力不确定性系数到底该取什么值。常用的简化应力图形如图 4-7 所示。

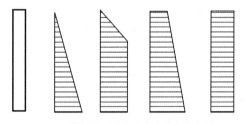

图 4-7 锚杆挡土墙土压应力分布示意图

图 4-7 中,当墙背为松散岩土时,最上面一级锚杆挡墙的土压力采用三角形分布;如果采用逆作法施工多层锚杆时,采用上面三角形、下面矩形的分布形式;如果采用传统库仑理论计算的向下第二级和第三级锚杆挡土墙的应力图形,应该是梯形分布的;国内外工程实测资料显示,采用逆作法对多层锚杆施工,且岩石或坚硬土层竖向共效应明显时,锚杆层数越多,越接近于矩形分布。

4.2.4 小结

土压应力的不同分布形式以及路基面以上的荷载不同的计算方式,都强化了挡土墙墙高这个变量在土压力计算中的作用。土压力增大系数的存在,从取值范围来看,土压力计算不确定系数如果作为随机变量,其变异性是很大的。要不断向结构功能检算真实的可靠指标靠拢,就必须针对不同结构、不同设计状态下的计算模型进行长期研究。由此可见,相对于结构构件材料的抗力不确定性系数,岩土工程结构中,岩土所产生的作用和抗力计算的不确定性系数的变异性更大,研究的难度更大。

4.3 土压力计算对结构功能函数可靠指标的影响

如前所述,铁路支挡结构设计中的土压力计算大多数采用传统的库仑土压力方法。本节将以概率论的观点,通过土压力计算中随机变量对土压力的影响,说明土压力计算对功能函数可靠指标的影响。

4.3.1 重力式挡土墙墙背土压力

以图4-8墙背主动土压力为例,当挡土墙离开土体向前移动、转动或变形时,墙后土体进入主动状态,墙后土体将产生破裂棱体,当土中抗剪强度达到最大时,墙背产生的土压力为主动土压力,其力系由破裂棱体的自重W、墙背反力E_a(与主动土压力相等)和破裂面的反力R的作用下维持静力平衡,其土压力状态及力系如图4-8所示。

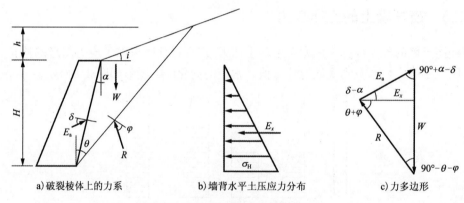

a) 破裂棱体上的力系　　b) 墙背水平土压应力分布　　c) 力多边形

图4-8　主动土压力及与之平衡的力系

α-墙背倾角;θ-第一破裂面的竖向夹角;δ-墙背摩擦角;φ-墙背岩土综合内摩擦角

$$\tan(\theta+i) = -\tan\varphi_2 \pm \sqrt{(\tan\varphi_2+\cot\varphi_1)[\tan\varphi_2+\tan(\alpha+i)]} \tag{4-2}$$

$$E_x = \frac{W}{\tan(\theta+\varphi)+\tan(\delta-\alpha)} \tag{4-3}$$

由式(4-2)可求得破裂角θ,带入公式(4-3)可得库仑主动土压力的水平分力。

所有的支挡结构,都可能承受主动土压力,但并非只承受主动土压力。当不能形成主动状态时,土压力界于主动和被动之间。支挡结构外部稳定性检算一般采用主动极限状态,但构件一般难以达到主动状态,设计中有些采用的是主动土压力,例如衡重式挡土墙的上墙、悬臂式挡土墙的悬臂板;有些采用的是静止土压力,例如加筋土挡土墙的内部稳定性检算;有些是对主动土压力进行修正,例如桩板墙、锚索桩、逆作法施工的锚杆挡墙等。无论是按静止土压力设计,还是实际上是承受静止土压力而现阶段仍采用主动土压力的结构构件,其土压力的计算,应通过实测和试验不断深入分析,以期逐渐接近真实的受力情况。

总之,土压力计算是很复杂的,传统的土压力计算把变量均看成确定的、不变的。即使是那些明显是动态的变量,也是通过采用其极值为设计参数的形式被确定下来。而基于概率论的观点,无论是静态变量还是动态变量,都具有不确定性,其值都不是恒定不变的,只是不确定性存在大小之分。每个变量的不确定性对土压力的影响是不同的。

4.3.2 土压力的影响因素

挡土墙各项功能检算的功能函数中,不同变量的出现主要体现在土压力的计算中,土压力的计算与墙身截面形状、挡墙所处边界条件、工作环境等有关。下面以图4-8中重力式挡土墙的土压力及其功能检算目标值作为分析对象,考察自变量对目标函数的影响程度以及土压力和功能函数变化规律的对比。

1）基本数据

线路类别：Ⅰ级重型铁路；路基面宽度 $W=12.2\text{m}$,双线荷载宽度 $L_0=3.7\text{m}$、高度 $h_0=3.2\text{m}$,间距 $D=4.2\text{m}$。

墙体参数：墙高 $H=8\text{m}$,墙顶宽 $b=2\text{m}$,墙胸坡 $1:N_1=1:0.25$,墙背坡 $1:N_2=1:0.25$。

斜底控制 $1:x=1:0.2$。

墙后土体：综合内摩擦角 $\varphi=35°$,重度 $\gamma=19\text{kN/m}^3$。

基底情况：基底容许承载力 $[\sigma]=400\text{kPa}$,摩擦系数 $f=0.4$。

边界条件：墙顶填土坡率 $1:m=1:1.5$,边坡高度 $h=5\text{m}$。

2）敏感性分析

分析目标值：$\sum E_x, K_0, K_c, e, \sigma_1, \sigma_2$；影响变量：$W, l_0, h_0, \varphi, \gamma, h, M, H, b, x$。

目标值分别为土压力水平分力、抗倾覆安全系数、抗滑动安全系数、基底竖向合力的偏心距、墙趾应力和墙踵应力。

土压力计算结果分析如图4-9所示。其他各项目标受变量影响的敏感性分析图从略。

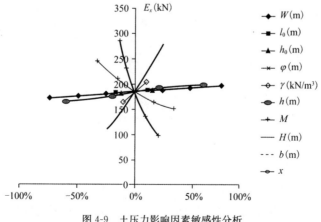

图4-9 土压力影响因素敏感性分析

根据图4-9和其他各项目标的敏感性分析,敏感因素的排列顺序见表4-1。

敏感因素排序 表4-1

目标函数	变量根据敏感性的排列顺序	规　律
土压力水平分力	$\varphi>H>\gamma>M>h>l_0\approx h_0>x>b\approx W$	$\varphi>H>\gamma>M>h$
抗倾覆安全系数	$\varphi>H\approx\gamma>b>M>h>x\approx l_0\approx h_0\approx W$	去掉b,前5个变量同上
抗滑动安全系数	$\varphi>H\approx\gamma>f\approx b>M>x>h\approx l_0\approx h_0\approx W$	去掉f,b,x前5个变量同上
偏心距	$\varphi>b>M>H\approx\gamma>h>x\approx l_0\approx h_0\approx W$	去掉b,前5个变量同土压力,但顺序有变
墙趾应力	$\varphi>b>M>H\approx\gamma>h>x\approx l_0\approx h_0\approx W$	去掉b,前5个变量同上
墙踵应力	$\varphi>b>\gamma>H\approx M>h>x\approx l_0\approx h_0\approx W$	去掉b,前5个变量同上,但顺序有变

从图4-9可知,土压力受墙背岩土内摩擦角、墙高、墙背岩土重度及边坡坡率影响变化的幅度很大,说明这几个因素是敏感因素。后面几个因素对土压力的影响,从图形上看,较平缓。从表4-1可知:影响抗倾覆安全系数的因素中,墙身宽度提前,是因为稳定力系中墙宽是主要因素;影响抗滑动安全系数的因素中,基底摩擦系数、墙身宽度和基底斜率提前,是因为稳定力系中,这几个因素是主要因素;影响偏心距和基底压应力的因素变化类似抗倾覆安全系数。以上所有功能的检算,如果除去与之特性相关的变量,敏感性处于前4位的变量是和土压力的影响变量一样的,由此说明,影响功能检算的关键变量,来自土压力计算。

3)土压力计算不确定性分析

从表4-1可知,影响土压力大小的前4个变量是$\varphi>H>\gamma>M$。综合内摩擦角和重度反映了岩土的物理力学性能,统计指标相对容易得到,墙顶刷方坡率的统计特征不易得到。墙高是墙身尺寸,敏感性虽然排在第二,但由于施工有严格的规定,其值的不确定性范围(变化幅度)不可能大于岩土指标。由此可见,综合内摩擦角和重度对土压力的影响更关键,如果已知这两个变量为正态分布,根据这两个变量的统计规律,通过蒙特卡罗抽样,可得到某挡土墙上土压力的分布规律,如图4-10所示。

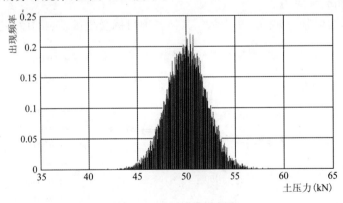

图4-10　土压力分布示意图

当土压力中的计算变量不再被当成固定值而是随机变量时,土压力也不再是恒定的。从图4-10可知,土压力服从正态分布,其值在50kN左右摆动,我们称50kN为均值。土压力出现在均值附近的概率大,远离均值的概率小。如果土压力的分布范围越宽,说明其变异性越大;反之,则越小。

第4章 基于概率论的土压力计算

土压力的大小除了受自变量的不确定性影响外,在很大程度上受计算模型的不确定性影响。L形挡土墙的悬臂段和衡重式挡土墙的上墙在结构设计时,采用了主动土压力,根据《铁路路基支挡结构设计规范》(TB 10025—2006)可知,短卸荷板式挡土墙在墙身截面强度检算中,上墙墙背的水平土压力按实际墙背,用库仑主动土压力的计算值乘以1.4的系数计算。同理,L形挡土墙的悬臂段和衡重式挡土墙的上墙结构设计,也应有一个增大系数。桩板墙的土压力增大系数为1.1~1.2,当加设锚索时为1.4。锚杆挡土墙设计时,根据岩土性质和施工方式,土压力的分布可能是三角形,也可能是梯形。这些情况说明,支挡结构土压力的系数取值、分布类型都存在差异,这些差异带来了土压力计算的不确定性。细化这些不确定性,可使库仑土压力的理论计算值与实际土压力值不断靠近。

4)土压力计算对可靠指标的影响

下面通过土压力计算方式的变化对可靠指标的影响,来说明对土压力计算的不确定性进行研究的重要性。由库仑主动土压力计算公式(4-3)和敏感性分析可知,影响土压力计算的变量除了内摩擦角和重度外,紧随其后的变量是墙顶刷方坡率。以锚杆挡土墙为例,刷方边坡的取值,对锚杆挡土墙各功能项的可靠指标的影响很大。

图4-11中三角形AOC是边坡不高时,墙顶以上按配套边坡计算土压力时的计算破裂棱体;三角形AOH是边坡为长大边坡时,墙顶以上及边坡上加设平台后,以AH表示对边坡ABDEFGH的综合,土压力计算时的破裂棱体。按照定值法计算的观点,墙后破裂棱体固定不变;以概率的观点,由于自变量的不确定性,比如综合内摩擦角变小,破裂角会增大,与坡面的交点将延长到较远的地方,则土压力会增大。传统设计方法中,对长大边坡加设平台,将破裂面与坡面交点拉近,正是对不确定性带来危害的一种防治,只不过没有引入概率论的思想,对这种不确定性进行量化。通过功能函数可靠指标的变化,可以反映出坡率对可靠指标的影响,表4-2~表4-5为不同刷方坡率下,锚杆挡土墙的各项功能的可靠指标。

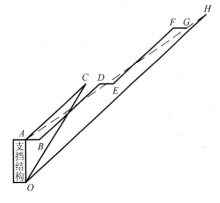

图4-11 边坡设平台时土压力的简化计算示意图

锚杆挡土墙可靠指标计算值(配套刷方)　　　表4-2

项目	抗拉	抗 拔		立 柱		挡 土 板	
		钢筋与注浆体	锚杆与锚孔	抗弯	抗剪	抗弯	抗剪
范围	1.2~2.6	0.8~3.1	0.9~1.2	1.2~3.7	1.2~2.9	0.7~3.2	1.2~3.1
均值	2.5	1.8	1.1	2.5	2.5	1.8	2.2

锚杆挡土墙可靠指标计算值(刷方边坡放缓)　　　表4-3

项目	抗拉	抗 拔		立 柱		挡 土 板	
		钢筋与注浆体	锚杆与锚孔	抗弯	抗剪	抗弯	抗剪
范围	1.7~6.3	1.7~3.9	1.3~2.4	1.7~3.9	1.7~3.9	1.5~3.9	1.7~3.9
均值	1.8	2.0	2.0	2.8	2.8	2.2	2.6

岩质桩板墙可靠指标（放缓前）　　　　　　　　　表4-4

土体受压		结构受弯		结构受剪		桩顶位移	
均值	分布范围	均值	分布范围	均值	分布范围	均值	分布范围
1.20	0.9～1.4	1.2	0.9～1.5	1.1	0.7～1.4	1.3	1.0～1.5

岩质桩板墙可靠指标（放缓后）　　　　　　　　　表4-5

岩体受压		结构受弯		结构受剪		桩顶位移	
均值	分布范围	均值	分布范围	均值	分布范围	均值	分布范围
2.2	2.0～2.3	1.8	1.4～2.1	1.8	1.5～2.1	2.2	1.9～2.4

从表中的计算结果可知，边坡放缓后可靠指标的提高均较大，可有效减少结构的失效概率。假设综合内摩擦角离散性较大，小于设计采用值较多，图4-11中的破裂面 OC 与坡面 AC 平行或缓于坡面，理论上土压力为无穷（实际土压力只是会很大：破裂面不会以直线的形式无限延伸，应该以折线或曲线的形式在坡面上形成交汇点）；而采用现行的土压力计算公式，计算时只能判定结构是否失效，此时，无论如何提高分项系数，将结构设计得再强大，其失效概率都不可能小于内摩擦角小于破裂角的概率，这显然是不合理的。因此，有待于对长大边坡的计算方式进行研究，提出改进的解决办法。

当墙顶以上边坡较矮时，按照日本《基础构造物与抗土压构造物》中的观点，如图4-12所示，可以认为三角形 ABC 阴影面积代表的土体不能自稳，可任其自由地坍滑、滚落，不会使支挡结构破坏，此时土压力的理论计算值是有限值，程序不会判定结构失效。墙顶以上填方边坡较矮，接近于路肩的支挡结构，在计算可靠指标时，可采用这种计算模式。

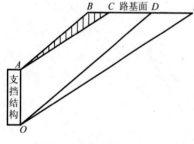

图4-12 边坡较矮时破裂角小于坡面刷方的土压力计算模型

图4-12中，AB 为设计采用的稳定边坡，OD 为对应于 AB 的破裂面。当墙背岩土的综合内摩擦角比设计值小到一定程度时，边坡 AB 应放缓到 AC，所对应的破裂面为 OE。

4.3.3 得到的启示

以概率论的观点来分析土压力，对支挡结构的极限状态设计研究非常重要。从以上分析可知，综合内摩擦角的不确定性和计算模式的不确定性，是土压力计算不确定性的主要来源；土压力是支挡结构最重要的外力来源，其计算方式对可靠指标的影响很大，正确地选择计算模型，是支挡结构各项功能可靠指标计算的关键。随着概率论的引入，土压力计算值得进一步的研究。另外，从概率的观点来看，稳定边坡并不是绝对稳定的，同类岩土、同样的稳定刷方坡率，边坡越高，抗剪指标落入不利概率范围时，边坡失稳带来的风险越大。

第 5 章

重力式和衡重式挡土墙可靠性分析

重力式挡土墙是依靠墙身自重抵抗土体侧压力的支挡结构,适用于一般地区、浸水地区和地震地区。墙身一般用混凝土灌注,其形式简单、取材容易、施工简便,因此在过去很长一段时间内,重力式挡土墙是我国岩土工程中广泛采用的支挡结构。

在 20 世纪 50 年代,为了适应我国西南山区地形陡峻的特点,我国又独创并发展了衡重式挡土墙。衡重式挡土墙属于重力式挡土墙的一种,中间设有衡重台,利用衡重台上的填土重量及墙身自重共同抵抗土压力。由于其墙胸坡陡、下墙背仰斜,在陡坡地区可降低墙高,减少基坑开挖面积。衡重式挡土墙适用于地面横坡较陡的路肩墙和路堤墙,也可用于拦挡落石的路堑地段。此墙型广泛应用于我国山区铁路,并在公路及其他行业中得到了推广运用。

重力式挡土墙是常用支挡结构,其极限状态设计的研究是以墙身自重支撑侧向土压力的明挖基础支挡结构极限状态设计研究的基础。

5.1 设计状况

重力式挡土墙按墙背形式分为直线形墙背和折线形墙背。直线形墙背可做成俯斜、仰斜、垂直三种,折线形墙背可做成凸形折线墙背和衡重式墙背两种。重力式挡土墙断面形式如图 5-1 所示。

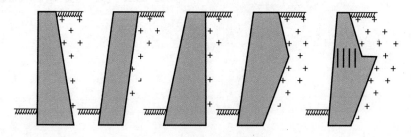

图 5-1 挡土墙横断面形式

重力式挡土墙结构土压力的计算与结构的设计状况有关。设计状况是设计对结构从施工到使用全过程所考虑的工作状态和环境状态。工作状态可按时间段和荷载出现的频率来划分。工作的时间段可分为施工阶段和运营阶段;荷载出现的频率可分为持久、短暂、偶然等;环境状态可分为一般地区、浸水地区、地震地区以及其他特殊路基。除此之外,随着可靠性研究的发展,不同的设计行车速度,对线下基础结构要求的标准应该有区别,因此,行车速度也是环境状况之一。所有这些条件的组合构成重力式挡土墙的设计状况。在现行的支挡设计规范中,不同的设计状况下,重力式挡土墙检算所需的安全系数有所不同,见表 5-1。

上表的安全系数反映出持久和普遍的设计状况对应着较高的安全系数,短暂和偶然的设计状况对应于较低的安全系数;说明过去的设计中,安全系数的取值也体现了概率的意识。但如果不把设计计算中主要变量的随机性弄清楚,就不知道结构的可靠指标;不能得出安全系数越大,工程就越可靠的结论。

第5章 重力式和衡重式挡土墙可靠性分析

重力式挡土墙稳定性检算安全系数表　　　　表 5-1

项 目 名 称			地震状况	洪水位状况	一般或常水位状况
全墙	抗滑动稳定系数		≥1.1	≥1.2	≥1.3
	抗倾覆稳定系数		≥1.3	≥1.4	≥1.6
	基底偏心距 e	$[\sigma]$>600kPa	≤B/3	≤B/4	≤B/4
		$[\sigma]$=500～600kPa	≤B/4	≤B/6	≤B/6
		$[\sigma]$=200～500kPa	≤B/5	≤B/6	≤B/6
		$[\sigma]$<200kPa	≤B/6	≤B/6	≤B/6
	墙趾和基底平均压应力	未风化至弱风化的硬质岩	≤1.5$[\sigma]$	≤1.2$[\sigma]$	≤$[\sigma]$
		未风化至微风化的软质岩	≤1.5$[\sigma]$		
		基本承载力 σ_0>500kPa 的岩石和土	≤1.4$[\sigma]$		
		基本承载力 150kPa<σ_0≤500kPa 的岩石和土	≤1.3$[\sigma]$		
		基本承载力 100kPa<σ_0≤150kPa 的土	≤1.2$[\sigma]$		

设计状况除了反映在安全系数取值上,主要反映在荷载的计算中,而挡土墙上的许多荷载的计算,与土压力计算有千丝万缕的联系。因此,在结构设计分析时应首先了解挡土墙所承受的荷载。挡土墙上的荷载分类见表 5-2。

荷 载 分 类　　　　表 5-2

荷载或作用分类		荷 载 名 称
永久荷载		土压力
		结构自重及结构顶面上的恒载
		常水位时静水压力和浮力
可变荷载	主要	轨道荷载及列车荷载产生的土压力
	其他	设计水位的静水压力和浮力
		水位退落时的动水压力
		波浪压力
		冻胀力和冰压力
	施工	施工及临时荷载
偶然荷载或作用		设计洪水位的静水压力和浮力
		地震力
		滑坡、泥石流作用力

表 5-2 中很多荷载的类型并不能单独计算,而是体现在土压力计算中。挡土墙不同设计状况下的各项功能检算,土压力的计算是关键。下面以库仑理论中的主动土压力计算为例,分析不同设计状况下土压力计算的特点。

5.1.1 一般地区

一般地区重力式挡土墙土压力计算如图 5-2 所示。

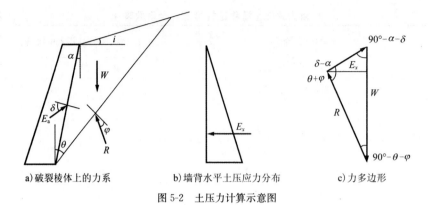

a) 破裂棱体上的力系　　b) 墙背水平土压应力分布　　c) 力多边形

图 5-2　土压力计算示意图

由三角形正弦定理得：

$$E_a = W \frac{\sin(90° - \theta - \varphi)}{\sin(\theta + \varphi + \delta - \alpha)} \tag{5-1}$$

破裂棱体自重：

$$W = 0.5H^2 \frac{\sin(\theta - \alpha)\cos(\alpha + i)}{\cos^2\alpha \cos(\theta + i)} \tag{5-2}$$

故：

$$E_a = 0.5\gamma H^2 \frac{\cos(\alpha + i)}{\cos^2\alpha} \times \frac{\sin(\theta - \alpha)\cos(\theta + \varphi)}{\cos(\theta + i)\sin(\theta + \varphi + \delta - \alpha)} \tag{5-3}$$

令 $\psi_1 = \theta + i$, $\psi_2 = \varphi + \delta - \alpha - i$, $x = \theta + i$, $A = 0.5\gamma H^2 \dfrac{\cos(\alpha + i)}{\cos^2\alpha}$

代入式(5-3)得：

$$E_a = A \frac{\cos(x + \psi_1)\sin[x - (\alpha + i)]}{\sin(x + \psi_2)\cos x} \tag{5-4}$$

$\dfrac{dE_a}{dx} = 0$，并将 x 和 A 代入后可得：

$$\tan(\theta + i) = -\tan\psi_2 \pm \sqrt{(\tan\psi_2 + \cot\psi_1)[\tan\psi_2 + \tan(\alpha + i)]} \tag{5-5}$$

从图 5-2 可知，土压力水平推力 E_x 式为：

$$E_x = \frac{W}{\tan(\theta + \varphi) + \tan(\delta - \alpha)} \tag{5-6}$$

将 $W = 0.5\gamma H(H + h)(\tan\theta - \tan\alpha)$ 代入式(5-6)可得：

$$E_x = \frac{1}{2}\gamma \times H(H + h)\frac{\tan\theta - \tan\alpha}{\tan(\theta + \varphi) + \tan(\delta - \alpha)} \tag{5-7}$$

令 $\lambda_x = \dfrac{\tan\theta - \tan\alpha}{\tan(\theta + \varphi) + \tan(\delta - \alpha)}$，则 $\sigma_H = (H + h)\gamma \times \lambda_x$，可得：

$$E_x = \frac{1}{2}\sigma_H H \tag{5-8}$$

土压力的垂直分力：

$$E_y = E_x \tan(\delta - \alpha) \tag{5-9}$$

式中:λ_x——水平主动土压力系数;
　　γ、φ——墙背岩土重度和内摩擦角;
　　　δ——墙背与填土间的摩擦角。

以上是最简单的墙背主动土压力计算公式,墙背岩土的抗剪强度与内摩擦角或综合内摩擦角有关,不考虑黏聚力。由于常用的计算公式中一般不考虑黏聚力,故本书中土压力计算不对黏聚力的情况进行具体分析。

以上土压力计算公式中,墙高和墙背倾角是与墙型相关的变量,墙背摩擦角是与墙身物理性能和墙背岩土物理力学性能相关的变量,岩土重度和内摩擦角是物理或物理力学参数,填土表面与水平面之间的夹角是反映边界条件的变量。从式(5-5)和式(5-6)中可初步得出,综合内摩擦角、墙高、重度和边坡坡率对土压力的计算结果影响较大,这个结论和第4章4.3.2节中对土压力影响因素的分析是一致的。在后面分析变量对目标函数的影响时,应该注意:就一般情况而言,物理性能指标的变异性比力学性能指标的变异性要小。

如果在路堤地段,路基面以上有列车荷载,传统的计算中,认为路基面以上荷载传递到挡土墙墙背的力,是沿着墙背岩土破裂面的方向传递的,如图5-3所示。由此可知,可将列车和轨道荷载全部作为静荷载计算,将其换算成相应的具有一定高度和分布宽度的土柱,即换算土柱。计算时,将进入填料破裂棱体之内的土柱自重计入墙背填料破裂棱体的自重中。此时,墙背水平土压应力如图5-4所示。

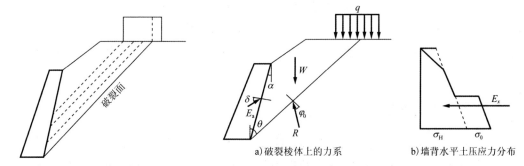

图5-3 路基面以上荷载在墙背上产生的土压力

a)破裂棱体上的力系　　b)墙背水平土压应力分布

图5-4 路基面以上有荷载时墙背土压应力分布

5.1.2 浸水地区

墙后填土土体浸水时,填土一般采用渗水土,填土受到水的浮力作用,使土的自重减小;砂性土的内摩擦角受水的影响不大,可认为不变,但黏性土浸水后抗剪强度会发生显著降低。

1)浸水挡土墙土压力计算

(1)墙背岩土为透水层

若浸水后填土内摩擦角φ值不变,则主动土压力系数不变,破裂角θ虽因浸水而略有变化,但对土压力计算影响不大,简化计算,可假设θ也不变。此时,求浸水时的土压力,可采用不浸水时的土压力E_a扣除计算水位以下因浮力影响而减小的土压力ΔE_b,即

$$E_b = E_a - \Delta E_b \tag{5-10}$$

若浸水后填土内摩擦角 φ 值降低,可从计算水位分界,将填土上下部视为不同性质的土层,分层计算土压力。先求出计算水位以上的填土压力 E_1,然后将上层填土重力及以上的荷载按浮重度 γ' 换算为均布土层,换算厚度为 $h_b = \frac{\gamma}{\gamma'}(h_0 + H - H_b)$,作为浸水部分超载,计算浸水部分土压力 E_2。

(2)当墙背为不透水层时,水位以下的土压力采用饱和重度和总应力抗剪强度计算,土压力公式和一般地区一样。

2)墙身所受浮力

墙身所受浮力与墙身所排开水的体积和地基透水性有关,基底节理发育时按浮力的100%计,反之按50%计。从这个规定可以看出,墙身浮力的计算是比较粗糙的,计算的假定是偏于安全的。如果严格引入浮力计算模型不确定性系数,这个系数肯定不仅仅为1.0和0.5这两种,但由于没有足够的研究资料,设计中常常采用100%的计入方式,即计算模型不确定性系数为1.0的情况。

3)浸水情况

浸水情况下,常水位时,与水相关的力系属于永久作用;洪水位时,为偶然作用;其他情况为短暂作用。常水位时,与水相关的力系无论是否能从永久力系中分离出来,都无关紧要,因为这部分力系可与土压力采用相同的分项系数。洪水位和短暂作用则不然,设计时,应该选取比永久作用分项系数更低的数值。在不能将这些力系分离的情况下,由于土压力中既包含永久作用,又包含偶然作用或短暂作用,因此,只能将综合作用分项系数降低。

5.1.3 地震地区

地震时,墙背岩土连同挡土墙一起以地震加速度产生震动,墙身和墙背岩土都承受了与地震加速度相反的惯性力作用,这个惯性力就是地震力。地震加速度可以分解为水平和竖直两个向量,由于挡土墙体系在竖向有较大的安全储备,因此,不考虑竖向地震加速度的影响,只考虑水平地震加速度的作用。

由图 5-5 可知,地震情况下,墙背岩土破裂棱体中主要增加了水平地震力 P。墙背土压力 E,是根据力多边形 $abcd$ 将 W 和 P 合成为 G,通过三角形 abc 所对应的一般土压力的计算方法,计算而得的。计算公式中的所有变量中,只增加了地震峰值加速度这个变量,从变量的增加来看并不复杂。比较困难的是,土压力计算中包含有地震力的影响,即土压力计算既存在岩土自重产生的永久侧向压力和竖向压力,也包含偶然荷载水平地震力。按极限状态设计的规定,偶然状态下的力持续的时间短,其荷载分项系数为 1.0 或偶然荷载采用标准值(不要分项系数)。但传统的计算方式没有分项的概念,而是将总安全系数降低。采用了极限状态设计方法后,土压力计算是将地震作用分离出来,永久荷载和偶然荷载分别采用不同的分项系数,还是继续合在一起计算,给出地震状况下土压力计算作用效应的综合分项系数,是值得研究的。

第5章 重力式和衡重式挡土墙可靠性分析

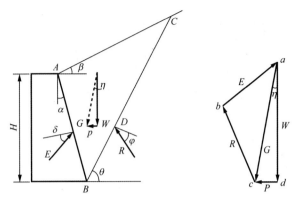

图 5-5 地震条件下的墙后破裂棱体

5.1.4 路基面以上荷载

路基以上的荷载有和库仑主动土压力一起计算的情况,也有按弹性理论单独计算的情况。路基面以上的列车荷载,属于永久荷载里面的动荷载,施工临时荷载属于短暂荷载。按极限状态设计的规定,这些荷载与填料产生的永久恒载所采用的分项系数显然是应该有所区别的。按弹性力学计算路基面以上的荷载,自然已经是分离出来了;与填料合在一起按库仑理论计算的荷载要分离出来就比较复杂,需要分别计算填料产生的应力分布和荷载产生的应力分布的面积。除此之外,和地震情况类似,应考虑力系分离出来的必要性,特别是在平衡设计时(抗滑动和抗倾覆)。如果不同性质的荷载分开计算,功能函数中的平衡力和不平衡力将多出来很多项,给设计者带来麻烦,应考虑其必要性。在结构构件设计时,由于抗力是构件材料提供的,外荷载只反映在作用效应里,因此,不同性质的荷载分开计算是合理的。

5.1.5 不同设计状况下的荷载对应的极限状态设计组合

现行支挡结构设计规范中,荷载的主要组合形式为:主力荷载、主力+附加力、主力+特殊力。这3种组合形式主要表现在土压力计算中。如果将现行规范中的荷载组合转换为极限状态设计的荷载组合的分类,则不同设计状况下的荷载组合见表5-3。

不同设计状况下的荷载组合　　　表5-3

地段情况	地区情况	荷 载 类 型	荷载组合情况
路堤地段	一般地区	永久荷载:土压力、结构自重及结构顶面上的恒载	永久荷载; 永久荷载+可变荷载
		可变荷载:轨道荷载及列车荷载产生的土压力、施工及临时荷载	
	浸水地区	永久荷载:土压力、结构自重及结构顶面上的恒载、常水位时静水压力和浮力	永久荷载; 永久荷载+可变荷载; 永久荷载+偶然荷载; 永久荷载+可变荷载+偶然荷载
		可变荷载:轨道荷载及列车荷载产生的土压力、设计水位的静水压力和浮力、施工及临时荷载	
		偶然荷载:设计洪水位的静水压力和浮力	

支挡结构设计的可靠性

续上表

地段情况	地区情况	荷 载 类 型	荷载组合情况
路堤地段	地震地区	永久荷载:土压力、结构自重及结构顶面上的恒载、常水位时静水压力和浮力	永久荷载; 永久荷载+可变荷载; 永久荷载+偶然荷载; 永久荷载+可变荷载+偶然荷载
		可变荷载:轨道荷载及列车荷载产生的土压力、施工及临时荷载	
		偶然荷载:地震力	
路堑地段	一般地区	永久荷载:土压力、结构自重及结构顶面上的恒载	永久荷载
	地震地区	永久荷载:土压力、结构自重及结构顶面上的恒载	永久荷载; 永久荷载+偶然荷载
		偶然荷载:地震力	

5.2 极限状态方程

重力式挡土墙的各项功能检算,根据现有规范《铁路路基支挡结构设计规范》(TB 10025—2006)的规定,包括抗滑动稳定性检算、抗倾覆稳定性检算、基底压应力检算(基地偏心验算)和墙身截面检算四大项,故转换成的极限状态方程相应地也包含这几个方面。

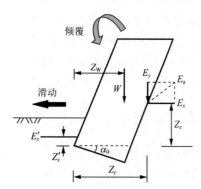

图 5-6 挡土墙受力及滑动和倾覆趋势示意图

如果结构的抗力 R 和荷载效应 S 为两个独立的随机变量,服从某种概率分布,且 R 和 S 为连续型随机变量,那么,结构的极限状态方程可以表示为 $R-S=0$、$R=S$ 和 $R/S=1$ 三种等价形式。结构的失效概率可按下列任何一种方式阐述:

$$P_f = P(R \leqslant S) = P(R-S \leqslant 0) = P(R/S \leqslant 1) \quad (5-11)$$

在通常情况下,作用在挡土墙上的力有墙身自重 W、墙后岩土产生的土压力 E_a (其水平分力和垂直分力分别为 E_x 和 E_y)、墙前被动水平土压力 E'_x,如图 5-6 所示。

5.2.1 抗滑动稳定性检算

《铁路路基支挡结构设计规范》(TB 10025—2006)规定:一般地区,挡土墙沿基底的抗滑动稳定安全系数 K_C 按下式计算:

非浸水

$$K_C = \frac{[\sum N + (\sum E_x - E'_x)\tan\alpha_0] \times f + E'_x}{\sum E_x - \sum N \tan\alpha_0} \quad (5-12)$$

浸水

$$K_C = \frac{(\sum N - \sum N_W + \sum E_x \times \tan\alpha_0) \times f}{\sum E_x - (\sum N - \sum N_W) \times \tan\alpha_0} \quad (5-13)$$

挡土墙抗滑动稳定验算属于承载能力极限状态验算，其极限状态方程可以写成：

$$R-S=0 \Leftrightarrow \{[W+(E_y+E_x\tan\alpha_0)]f+(W+E_y)\tan\alpha_0+E_p\}-(E_x+F_{hE})=0 \quad (5-14)$$

或

$$R=S \Leftrightarrow \{[W+(E_y+E_x\tan\alpha_0)]f+(W+E_y)\tan\alpha_0+E_p\}=(E_x+F_{hE}) \quad (5-15)$$

或

$$\frac{R}{S}=1 \Leftrightarrow \frac{\{[W+(E_y+E_x\tan\alpha_0)]f+(W+E_y)\tan\alpha_0+E_p\}}{E_x+F_{hE}}=1 \quad (5-16)$$

式中：W——作用于基底上的重力，挡墙浸水时，应扣除浸水部分墙身的浮力；

E_y——墙后土压力的总竖向分力，挡土墙浸水时，应扣除浸水部分岩土体的浮力，出现第二破裂面时，含主动土压力及实际墙背与第二破裂面之间岩土体的重力；

E_x——墙后主动土压力的水平分力，地震时，含实际墙背与第一破裂面之间岩土体的水平地震力；

E'_x——墙前被动土压力的水平分力，一般不计，浸水时 $E'_x=0$；

F_{hE}——地震时，作用于墙体质心处的水平地震力；

α_0——基底倾斜角度；

f——基底与底层岩土体间的摩擦系数。

5.2.2 抗倾覆稳定性检算

一般地区挡土墙沿基底墙趾的抗倾覆稳定性安全系数 K_0 按下式计算：

$$K_0=\frac{\sum M_y}{\sum M_0}=\frac{\sum W \times Z_W+\sum E_y \times Z_y+\sum E_P \times Z_P}{\sum M_x \times Z_x} \quad (5-17)$$

挡土墙抗倾覆稳定验算属于承载能力极限状态验算，其极限状态方程如下：

$$\begin{aligned} &Z=R-S \Leftrightarrow \sum M_y-\sum M_0=0 \\ &Z=R=S \Leftrightarrow \sum M_y=\sum M_0 \\ &Z=\frac{R}{S}=1 \Leftrightarrow \frac{\sum M_y}{\sum M_0}=1 \end{aligned} \quad (5-18)$$

式中：$\sum M_y$——作用在挡土墙上的稳定力对墙趾的力矩之和；

$\sum M_0$——作用在挡土墙上的倾覆力对墙趾的力矩之和；

Z_W——墙身自重及墙顶以上恒载自重合力的重心到墙趾的距离(m)；

Z_y——墙后土压力的总竖向分力到墙趾的距离(m)；

Z_x——墙后土压力的水平分力到墙趾的距离(m)；

Z_P——墙前被动土压力的水平分力到墙趾的距离(m)。

5.2.3 基底压应力检算

挡土墙基底压应力验算要求挡土墙的基底应力不超过地基承载力，同时，基底合力偏心距也应满足要求，从而避免墙底不均匀沉陷。

为了保证重力式挡土墙的基底应力不超过地基的容许承载力，应进行基底应力验算。基底应力计算方法如下：

(1) 计算挡土墙基底合力的偏心距

$$e = \frac{B}{2} - C = \frac{B}{2} - \frac{\sum M_y - \sum M_0}{\sum N} \tag{5-19}$$

式中：e——基底合力的偏心距（如图 5-7 所示），当为倾斜基底时，为倾斜基底合力的偏心距；

B——基底水平宽度，倾斜基为底基底斜长；

C——作用于基底上的垂直分力对墙趾的力臂；

$\sum N$——作用于基底上的总竖向力。

当挡土墙基底为倾斜基底时，作用于其上的总垂直力与总竖向力的关系：

$$\sum N = \sum N \cdot \cos\alpha_0 + \sum E_x \cdot \sin\alpha_0 \tag{5-20}$$

基底合力的偏心距 e，当为土质地基时，不应大于 $B/6$；当为岩石地基时，不应大于 $B/4$。

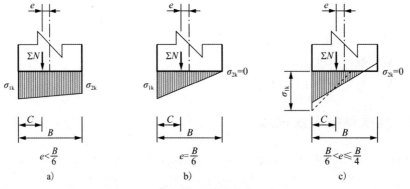

图 5-7 竖向合力偏心距及基底压应力

(2) 计算基底压应力 σ

$$|e| \leq \frac{B}{6} \text{ 时}, \sigma_{1,2} = \frac{\sum N}{B}\left(1 \pm \frac{6e}{B}\right) \tag{5-21}$$

$$e > \frac{B}{6} \text{ 时}, \sigma_1 = \frac{2\sum N}{3C}, \sigma_2 = 0 \tag{5-22}$$

$$e < -\frac{B}{6} \text{ 时}, \sigma_1 = 0, \sigma_2 = \frac{2\sum N}{3(B-C)} \tag{5-23}$$

$$\text{平均应力}: \sigma_m = \frac{\sigma_1 + \sigma_2}{2} \tag{5-24}$$

式中：σ_1——挡土墙趾部的应力；

σ_2——挡土墙踵部的应力。

以上是地基压应力计算。在设计中，根据不同的工况，基底不同部位的压应力应满足地基承载力的要求，即地基抗力的要求。地基承载力是指地基所能承受荷载的能力。在荷载作用下，地基产生变形，随着荷载的增大，地基变形逐渐增大，初始阶段地基土中应力处在弹性平衡状态，具有安全承载能力。当荷载增大到地基中开始出现某点或小区域内各点在某一方向平面上的剪应力达到土的抗剪强度时，该点或小区域内各点就发生剪切破坏而处在极限平衡状态，土中应力将发生重分布。这种小范围的剪切破坏区，称为塑性区。地基小范围的极限平衡状态大都可以恢复到弹性平衡状态，地基尚能趋于稳定，仍具有安全的承载能力。但此时地基变形稍大，必须验算变形的计算值是否超过允许值。当荷载继续增大，地基出现较大范围的塑性区时,将显示地基承载力不足而失去稳定。此时,地基达到极限承载力。挡土墙随地基基础整体失稳不是本书研究的内容,非软土或太陡的斜坡上一般也不会出现这种情况。《铁路路基支挡结构设计规范》(TB 10025—2006)中,在正偏心情况下,墙趾部基底应力 σ_1 不应大于基底容许承载力,在负偏心情况下,墙踵部基底应力 σ_2 不应大于基底容许承载力的 1.3 倍,平均应力 σ_m 不应大于基底容许承载力。一般来说,容许承载力系指在保证地基稳定条件下,建筑物不产生超允许的沉降的地基承载力。由此可见,如果沿用现行规范的控制要求,地基承载力验算可归为正常使用极限状态验算。

基底极限承载力可以通过容许承载力乘以一个转换系数 λ [根据《铁路工程地质勘察规范》(TB 10012—2001)中的有关规定,λ 一般取值 2.0 左右],在极限状态方程中表示为 σ_j 的形式,故基底承载力稳定性的极限状态方程如下:

$$S=R \Leftrightarrow \max\{\sigma_1, \sigma_2, \sigma_p\}=\sigma_j \tag{5-25}$$

式中:σ_1——挡土墙趾部的压应力(kPa);

σ_2——挡土墙踵部的压应力(kPa);

σ_p——挡土墙基底平均压应力(kPa);

σ_j——地基承载能力极限值(kPa)。

考虑到基底平均应力不是控制因素,本书不对平均压应力检算进行分析。

5.2.4 墙身截面检算

由设计经验可知,当稳定性验算满足要求时,重力式挡土墙即使按容许应力法验算,也能远远满足要求,故不将墙身验算的极限状态研究作为重点。工程中也会出现墙身斜截面开裂的情况,但大部分原因是施工质量有问题、没有按照设计要求施工,或者是挡土墙实际工作状况与设计状况相比发生了改变。例如大雨、暴雨、排水不畅等。因此,需要加强施工质量的管理。

总之,墙身截面强度验算可以直接转化为极限状态设计。正截面抗压和抗弯检算按《混凝土结构设计规范》(GB 50010—2010)附录 D 设计,斜截面抗剪计算按该规范的 6.3.1 设计。

衡重式挡土墙上墙和下墙之间截面有突变,会产生应力集中现象,现阶段这种情况还没有考虑到计算中。设计时,通过在上、下墙之间增加构造连接钢筋,来增大斜截面抗剪的安全储备。另外,值得注意的是衡重式挡土墙不宜用在路堤坡脚,一是边坡太高,土压力变异性大;二是设计中一般是根据土压力的增大而增加衡重台的宽度,即下墙截面在增大,上墙是固定不变的。如果不通过重新检算增加上墙截面宽度,冒然将这种挡土墙置于路堤坡脚,是非常危险的。

5.2.5 重力式挡土墙极限状态方程汇总

将现行规范中的检算内容转变为极限状态方程的形式,为接下来进行功能函数、随机变量、可靠指标的分析提供了条件,为最终确定目标可靠指标做了准备。结合后期荷载分项系数和抗力分项系数的分析研究确定,最终形成重力式挡土墙极限状态设计表达式(表 5-4)。

挡土墙各检算内容极限状态方程表达式　　　　表 5-4

检算内容		极限状态方程形式
抗滑动	$R-S=0$	$\{[W+(E_y+E_x\tan\alpha_0)]f+(W+E_y)\tan\alpha_0+E_p\}-[E_x+F_{hE}]=0$
	$R=S$	$\{[W+(E_y+E_x\tan\alpha_0)]f+(W+E_y)\tan\alpha_0+E_p\}=[E_x+F_{hE}]$
	$R/S=1$	$\dfrac{\{[W+(E_y+E_x\tan\alpha_0)]f+(W+E_y)\tan\alpha_0+E_p\}}{[E_x+F_{hE}]}=1$
抗倾覆	$R-S=0$	$\sum M_y-\sum M_0=0$
	$R=S$	$\sum M_y=\sum M_0$
	$R/S=1$	$\sum M_y/\sum M_0=1$
基底承载力	$R=S$	$\max\{\sigma_1,\sigma_2,\sigma_p\}=\sigma_j$

5.3 极限状态方程中的基本随机变量

5.3.1 土压力计算中的基本变量

1) 一般地区

若土压力为目标值,则一般地区土压力目标函数形式如下:
$$E=f(\gamma,\varphi,c,h,m,\delta,H,k,D,h_0,l_0) \tag{5-26}$$

设计中,常使用综合内摩擦角作为设计计算参数,土压力目标函数可以表示为:
$$E=f(\gamma,\varphi_0,h,m,\delta,H,k,D,h_0,l_0) \tag{5-27}$$

式中: E ——土压力;

$f(\cdot)$ ——土压力函数;

γ ——墙背岩土综合重度;

φ ——墙背岩土内摩擦角;

φ_0 ——墙背岩土综合内摩擦角;

c ——墙背岩土黏聚力;

h ——墙顶填方或刷方边坡高度;

m ——墙顶填方或刷方坡率;

δ ——墙背摩擦角;

H ——墙高;

k ——路基面以上荷载外边缘到路肩的距离(路堤和路肩挡土墙);

D ——路基面以上荷载间距(路堤和路肩挡土墙);

h_0 ——路基面以上荷载高度(路堤和路肩挡土墙);

l_0 ——路基面以上荷载分布宽度(路堤和路肩挡土墙)。

2)浸水地区

路堤地段浸水地区挡土墙墙背一般填渗水土,土压力计算中,增加变量主要为浸水高度 h_w 和水下填料浮重度 γ_w,则浸水地区土压力目标函数形式如下:

$$E = f(\gamma, \varphi_0, \gamma_w, h_w, h, m, \delta, H, k, D, h_0, l_0) \tag{5-28}$$

3)地震地区

地震地区挡土墙的土压力计算中,主要增加了地震动峰值加速度变量,土压力计算中习惯采用地震角变量 η,地震角是地震动峰值加速度的函数。地震地区土压力目标函数形式如下:

$$E = f(\gamma, \varphi_0, h, m, \delta, H, k, D, h_0, l_0, \eta) \tag{5-29}$$

式(5-29)为路肩墙或路堤墙土压力计算的目标函数,路堑墙土压力目标函数中,没有与路基面以上的荷载相关的变量。

另外,洪水位和地震属于偶然情况,这两种状况按规定不考虑同时出现的可能性,但常水位下遇到地震的情况肯定存在,工程设计中需要注意。

5.3.2 稳定性检算中的基本变量

1)抗倾覆

影响挡土墙的倾覆稳定性,主要是土压力、墙身自重及形状,故基本变量除了土压力中的随机变量外,增加墙身自重 W 和基底宽度 B,所以,挡土墙抗倾覆稳定性的功能函数可表达如下:

一般地区

$$Z = R - S = g(\gamma, \varphi_0, h, m, \delta, W, H, B, k, D, h_0, l_0) \tag{5-30}$$

浸水地区

$$Z = g(\gamma, \varphi_0, \gamma_w, h_w, h, m, \delta, W, H, B, k, D, h_0, l_0) \tag{5-31}$$

地震地区

$$Z = g(\gamma, \varphi_0, h, m, \delta, W, H, B, k, D, h_0, l_0, \eta) \tag{5-32}$$

2)抗滑动

影响挡土墙的滑动稳定性的,主要是土压力、墙身自重及形状、基底状况,故随机变量除了土压力中的随机变量外,增加墙身自重 W、基底宽度 B、基底摩擦系数 f 和基底的倾斜程度变量 α_0。挡土墙抗滑动稳定性的功能函数可表达如下:

一般地区

$$Z = R - S = g(\gamma, \varphi_0, h, m, \delta, W, H, B, a_0, f, k, D, h_0, l_0) \tag{5-33}$$

浸水地区

$$Z = g(\gamma, \varphi_0, \gamma_w, h_w, h, m, \delta, W, H, B, a_0, f, k, D, h_0, l_0) \tag{5-34}$$

地震地区

$$Z = g(\gamma, \varphi_0, h, m, \delta, W, H, B, a_0, f, k, D, h_0, l_0, \eta) \tag{5-35}$$

3)基底承载力检算

影响挡土墙基底承载力检算的,主要是土压力、墙身自重及形状,墙身尺寸主要是墙身宽度、墙趾台阶 Δb、斜底,抗力主要是基底极限承载力。所以,一般地区挡土墙基底承载力检算的功能函数表达式为：
$$Z=R-S=g(\gamma,\varphi_0,h,m,\delta,W,H,B,\alpha_0,\Delta b,h_0,l_0,\sigma_j) \quad (5\text{-}36)$$
浸水地区和地震地区变量的增加，同抗滑动和抗倾覆。

5.3.3 基本变量分析

从式(5-30)～式(5-36)可知，影响挡土墙功能函数的基本变量很多，把所有的变量都作为随机变量处理，工作量太大，有些变量目前阶段还无法得到统计规律，因此，有必要分析这些变量对功能函数的影响程度，以确定关键的随机变量。

变量对目标函数的影响分析有多种方法，敏感性分析法是其中的一种，这里采用第 4 章 4.3.2 节中对土压力的影响因素的分析方法——单因素敏感性分析法。分析步骤如下：

(1)列出挡土墙需要分析的主要目标变量：土压力、抗倾覆稳定性系数、抗滑动稳定性系数、基底压应力检算结果。

(2)尽可能全面地列出目标函数中的随机变量。

(3)采用单因素分析法计算每个变量在一定变化幅度的取值下，目标函数的变化值。

(4)根据变量对目标函数的影响程度，排列出各因素的顺序。

通过对土压力和各极限状态方程对应的功能函数进行单因素敏感性分析，得到影响挡土墙结构功能的主要变量，见表 5-5。

统计变量敏感性分析后的关键变量　　　　　表 5-5

设计工况	项目名称	敏感性考察后的关键变量			
		土压力	抗倾覆稳定系数	抗滑动稳定系数	基底压应力
一般地区	重力式路堤墙	填料综合内摩擦角、墙高、填料重度、墙顶填土坡率	填料综合内摩擦角、墙高、填料重度、墙顶宽度、墙顶填土坡率	填料综合内摩擦角、墙高、填料重度、基底摩擦系数	填料综合内摩擦角、墙顶宽度、墙顶填土坡率、墙高、填料重度
	重力式路堑墙	填料综合内摩擦角、墙高、岩重度、墙顶宽度	填料综合内摩擦角、墙高、岩土重度、墙顶宽度	填料综合内摩擦角、墙高、填料重度、基底摩擦系数	填料综合内摩擦角、墙高、墙身重度、平台宽度
	衡重式路肩墙	填料综合内摩擦角、墙高、填料重度、下墙坡率、荷载高度	填料综合内摩擦角、衡重台宽度、路基面宽度、上墙与全墙高度比、上墙背坡率、墙高	填料综合内摩擦角、路基面宽度、填料重度、衡重台宽度、上墙背坡率	填料综合内摩擦角、墙高、衡重台宽度、上墙与全墙高度比、上、下墙背坡率、路基面宽度
浸水地区	重力式路堤墙	填料综合内摩擦角、墙高、填料重度、墙顶填土坡率、路基面宽度	填料综合内摩擦角、墙高、填料重度、墙顶宽度、墙顶填土坡	填料综合内摩擦角、墙高、填料重度、基底摩擦系数	填料综合内摩擦角、墙顶宽度、墙顶填土坡率、墙高、填料重度
地震地区	重力式路堑墙	填料综合内摩擦角、墙高、填料重度、刷方坡率、动峰值加速度	填料综合内摩擦角、墙高、填料重度、刷方坡率、动峰值加速度	填料综合内摩擦角、墙高、填料重度、动峰值加速度、基底摩擦系数	—

从表 5-5 可知，填料综合内摩擦角、墙高、填料重度、墙顶填土坡率对土压力计算和各项检算的影响较大，墙身宽度对各项检算较大，基底摩擦系数对抗滑稳定影响较大，动峰值加速度对地震地区的稳定性检算影响较大。

5.4 可靠指标计算

根据变量的敏感性排序、变量的离散型、变量资料搜集的难易程度,来确定可靠指标计算时,哪些变量可作为随机变量考虑。变量墙高的排位虽然很靠前,但由于施工有质量控制措施,墙身尺寸的变异性相对于土性参数要小得多,且施工中一般不会增大墙高。边坡坡率和地震动峰值加速度排序比较靠前,但目前这方面的统计规律很少,资料难以搜集。综上所述,挡土墙在计算可靠指标时,随机变量主要选择与土性相关的参数:墙背岩土内摩擦角、岩土重度、墙背内摩擦角、基底摩擦系数、基底承载力等。

5.4.1 影响各项检算的随机变量统计特征

1)土压力计算中土性参数 γ、c、φ 的统计特征

现将收集到的相关文献中的土性参数的统计值列表,详见表 5-6～表 5-16。

土性参数统计值(一)　　　　表 5-6

参　　数	平均值 μ	标准差 σ	变异系数 δ	分布类型
γ	19.0kN/m³	0.95kN/m³	0.05	正态
φ	35°～50°	3.01°～4.30°	0.086	正态

土性参数统计值(二)　　　　表 5-7

参　　数	平均值 μ	标准差 σ	变异系数 δ	分布类型
c	5～20kPa	0.5～7.0kPa	0.1～0.35	正态
φ	35°～50°	3.5°～17.5°	0.1～0.35	正态

土性参数统计值(三)　　　　表 5-8

参　　数	平均值 μ	标准差 σ	变异系数 δ	分布类型
γ	18.0kN/m³	1.8kN/m³	0.1	正态
c	8.65kPa	1.9kPa	0.22	正态
φ	11.33°	1.5°	0.13	正态

土性参数统计值(四)　　　　表 5-9

参　　数	平均值 μ	标准差 σ	变异系数 δ	分布类型
γ	17.0kN/m³	0.68kN/m³	0.04	正态
c	2.0kN/m²	0.20kN/m²	0.10	正态
φ	30°	3.6°	0.12	正态

土性参数统计值(五)　　　　　　　　　　　　表5-10

参　数	平均值 μ	标准差 σ	变异系数 δ	分布类型
γ	19.8kN/m³	2.97kN/m³	0.15	正态
c	0.54kPa	0.054kPa	0.10	正态
φ	36.5°	3.65°	0.10	正态

土性参数统计值(六)　　　　　　　　　　　　表5-11

参　数	平均值 μ	标准差 σ	变异系数 δ	分布类型
γ	17.0kN/m³	0.85kN/m³	0.05	正态
φ	30°	4.5°	0.15	正态

土性参数统计值(七)　　　　　　　　　　　　表5-12

参　数	平均值 μ	标准差 σ	变异系数 δ	分布类型
γ	17.6kN/m³	0.002kN/m³	0.001	正态
c	10.219kPa	0.91kPa	0.089	正态
φ	9.18°	0.55°	0.06	正态

土性参数统计值(八)　　　　　　　　　　　　表5-13

参　数	平均值 μ	标准差 σ	变异系数 δ	分布类型
φ	34°	3.4°	0.10	正态

土性参数统计值(九)　　　　　　　　　　　　表5-14

参　数	平均值 μ	标准差 σ	变异系数 δ	分布类型
c	25.0kPa	10.0kPa	0.40	正态
φ	30.71°	4.3°	0.14	正态

土性参数统计值(十)　　　　　　　　　　　　表5-15

参　数	平均值 μ	标准差 σ	变异系数 δ	分布类型
γ	19.0kN/m³	1.14kN/m³	0.06	正态
c	10kPa	5.0kPa	0.50	正态
φ	20°	3.0°	0.15	正态

土性参数统计值(十一)　　　　　　　　　　　表5-16

参　数	平均值 μ	标准差 σ	变异系数 δ	分布类型
γ	18.0kN/m³	0.9kN/m³	0.05	正态
φ_0	35°～50°	3.01°～4.30°	0.086	正态

对以上收集的土性参数统计数据分析如下：

从收集的文献成果中可见,重度 γ 的变异性介于 0.042～0.084 之间,黏聚力 c 的变异性介于 0.15～0.24 之间,内摩擦角 φ 的变异性介于 0.10～0.15 之间。由于收集的文献成果是原状土的参数特性,故作为路堑挡土墙计算可靠指标时参考比较合适。

2)综合内摩擦角 φ_0 的变异性

土压力计算的公式中,一般采用综合内摩擦角的情况居多,搜集的资料中一般少有综合内摩擦角的数据。综合内摩擦角 φ_0 可按土的抗剪强度相等的原则将 c 综合到 φ 中得到，即：

$$\varphi_0 = \arctan\left(\tan\varphi + \frac{c}{\gamma h}\right) \tag{5-37}$$

式中：c——黏聚力（kPa）；
φ——内摩擦角（°）；
γ——重度（kN/m³）；
h——土层高度（m）；
φ_0——综合内摩擦角（°）。

由式(5-37)可见，通过 γ、c 和 φ 的变异性，可推求出综合内摩擦角 φ_0 的变异性，即将式(5-37)中的 γ、c 和 φ 视为随机变量，用 M-C 法对随机变量抽样，将每次抽样得到的 γ、c 和 φ 随机数代入(5-37)式，便可求得一个综合内摩擦角 φ_0，通过 N 次抽样后，便可得到 N 个不同的 φ_0，然后对 φ_0 进行统计最终得到综合内摩擦角 φ_0 的变异性。见表 5-17。

土性参数计算资料　　　　　　　　　　　　　　　　　表 5-17

土样	土层厚度 h(m)	γ 均值(kN/m³)	γ 变异系数	c 均值(kPa)	c 变异系数	φ 均值(°)	φ 变异系数
第一组土	6	16.359	0.062	10.23	0.10	35.57	0.08
	8	16.359	0.062	10.23	0.10	35.57	0.08
	10	16.359	0.062	10.23	0.10	35.57	0.08
	12	16.359	0.062	10.23	0.10	35.57	0.08
	14	16.359	0.062	10.23	0.10	35.57	0.08
	16	16.359	0.062	10.23	0.10	35.57	0.08
第二组土	6	16.191	0.036	20.01	0.09	33.21	0.08
	8	16.191	0.036	20.01	0.09	33.21	0.08
	10	16.191	0.036	20.01	0.09	33.21	0.08
	12	16.191	0.036	20.01	0.09	33.21	0.08
	14	16.191	0.036	20.01	0.09	33.21	0.08
	16	16.191	0.036	20.01	0.09	33.21	0.08
第三组土	6	16.049	0.053	50.60	0.08	30.38	0.08
	8	16.049	0.053	50.60	0.08	30.38	0.08
	10	16.049	0.053	50.60	0.08	30.38	0.08
	12	16.049	0.053	50.60	0.08	30.38	0.08
	14	16.049	0.053	50.60	0.08	30.38	0.08
	16	16.049	0.053	50.60	0.08	30.38	0.08

现在以第一组土样在土层厚度为 6m 时计算为例，计算结果见表 5-18、表 5-19。

考虑 γ、c 变异性计算　　　　　　　　　　　　　　表 5-18

参　数	均　值 μ	标准差 σ	变异系数 δ
γ	16.359	1.01	0.062
c	10.23	1.02	0.104
φ	35.57	2.85	0.080
φ_0	39.32	2.60	0.066

不考虑 γ、c 变异性计算 表 5-19

参　数	均值 μ	标准差 σ	变异系数 δ
γ	16.359	0	0
c	10.23	0	0
φ	35.58	2.85	0.080
φ_0	39.34	2.57	0.065

计算结果表明，综合后的变异系数会减小且主要与内摩擦角 φ 相关。对表 5-17 中各组数据计算后，综合内摩擦角的最大变异系数为 0.074。

3）基底摩擦系数参数 f 的统计特征搜集资料

某试验角砾土共 13 组，摩擦系数 f 为 0.22～0.28，黏聚力 c 为 0；砂黏土共 14 组，摩擦系数 f 为 0.31～0.58，黏聚力 σ_S 为 0.14～0.81kPa；混合土共 12 组，摩擦系数 f 为 0.34～0.46，黏聚力 c 为 0.42～0.62kPa。如果把这 3 种土合起来分析得摩擦系数 f 的范围值为 0.22～0.58，黏聚力 c 的范围值为 0～0.81kPa。由试验结果得各种土摩擦系数 f 的频率直方图如图 5-8 所示。

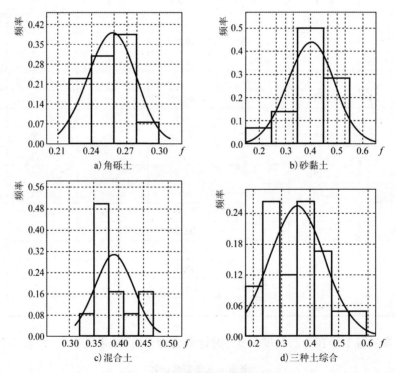

图 5-8　几种土摩擦系数的频率直方图

从上面的直方图可以看出：摩擦系数 f 的分布基本上为正态分布，这里初始时分别假设的分布为结构可靠度中常用的几种分布，即：正态、对数正态和极值Ⅰ型分布，并分别用 K-S 检验法和 A-D 检验法（适合于小样本分析）进行检验，最后得到摩擦系数的最优概率分布为正态分布，其统计特征见表 5-20。

第5章 重力式和衡重式挡土墙可靠性分析

地基土摩擦系数 f 的统计特征 表5-20

地基土名	角砾土	砂黏土	混合土	三种土综合
样本容量	13	14	12	39
均值	0.26	0.43	0.39	0.36
变异系数	0.09	0.20	0.11	0.25
最优分布	正态	正态	正态	正态

4)墙背摩擦角 δ 的统计特征搜集资料

(1)根据数据收集成果,墙背摩擦角的研究都是在20世纪60~70年代所作,下面介绍一下《挡土墙墙背摩擦角的探讨——模型试验阶段报告》(铁道部第三设计院标准处编·铁路标准设计通讯·1975)中的试验成果。墙背摩擦角 δ 值由以下公式计算:

$$\delta = \arctan \frac{E_y}{E_x} - \alpha \tag{5-38}$$

式中:α——墙背倾斜角,俯斜为正、仰斜为负。

通过试验测得数据统计见表5-21、表5-22。

墙背摩擦角试验数据 表5-21

墙背为铝板,填料为石英砂	E_x	72.2	63.9	60.7	57.3	54.7	52.8
	E_y	15.9	17.4	17.8	17.8	17.7	17.7
	δ	26°28′	29°14′	30°21′	30°16′	31°57′	32°33′

墙背摩擦角试验数据 表5-22

填料	φ(°)	墙背材料	墙背倾斜	坡度	墙背摩擦角 δ
石英砂	36	铝板	仰斜	1:0.25	30°21′
			垂直	1:0	28°30′
			俯斜	1:0.25	27°12′
石英砂	36	2号砂纸	仰斜	1:0.25	32°23′
			垂直	1:0	32°18′
			俯斜	1:0.25	32°16′
中砂	38	铝板	仰斜	1:0.25	30°20′
			垂直	1:0	28°35′
			俯斜	1:0.25	28°03′

(2)试验数据统计

墙背摩擦角 δ 的统计特征见表5-23。

墙背摩擦角 δ 的统计特征 表5-23

δ 样本	26.47	31.31	30.35	32.38	30.40
	29.28	31.98	28.50	32.30	30.33
	32.59	27.20	32.27	28.05	28.58
变异系数	0.07		均值	30.13	
最优分布	正态		标准差	2.03	

5)地基承载力的统计特征搜集资料

(1)地质勘察规范成果介绍

在关于《铁路工程地质勘察规范》(TB 10012—2001)附录D的条文说明中,说明了砂类土地基承载力安全系数k为2.0,土性变异系数为0.248;Q4冲积—洪积黏性土地基承载力安全系数k为1.86,土性变异系数为0.291;Q3及以前冲积—洪积黏性土(老黏土)地基的基本承载力安全系数k为1.92,土性变异系数为0.218;残积黏性土地基的基本承载力和极限承载力之间存在2.0的系数,土性变异系数为0.36。

其他特殊土的安全系数和变异系数见表5-24。

其他特殊土类安全系数及变异性　　　　　表5-24

土类	软土	新黄土	老黄土	多年冻土
安全系数k	1.79	2.0	2.0	2.0
变异系数	0.29	0.333	0.433	0.274

岩石地基承载力的安全系数和变异系数见表5-25。

岩石安全系数及变异性　　　　　表5-25

岩石类别	硬质岩	软质岩	软岩	极软岩
安全系数k	3.0	3.0	2.5~3.0	2.5~3.0
变异系数	0.198	0.152	0.333	0.334

(2)地质勘察规范成果总结

各种土类安全系数及变异性见表5-26。

各种土类安全系数及变异性　　　　　表5-26

土类	砂性土	黏性土			软土	新黄土	老黄土	多年冻土	岩石
		Q4冲积—洪积	Q3及以前冲积—洪积	残积					
安全系数	2.0	1.86	1.92	2.0	1.79	2.0	2.0	2.0	2.5~3.0
变异系数	0.248	0.291	0.218	0.36	0.29	0.333	0.433	0.274	0.152~0.334

(3)地基极限承载力中的安全系数选取

综合以上《铁路工程地质勘察规范》(TB 10012—2001)容许承载力与极限承载力之间的转换关系,建议容许承载力和极限承载力之间的转换系数取为2.0,其原因为:

①在挡土墙设计中,往往基底承载力作为控制条件是在高墙设计中出现,而此时的基底宽度$b>2.0$m,基底承载力可以进行相应的修正,从而其基底承载力有所提高;

②在以上安全系数k中,只有Q4冲积—洪积黏性土、Q3及以前冲积—洪积黏性土和软土小于2.0,而软土作为挡土墙地基情况较少,其他两种黏性土的安全系数分别是1.86和1.92,考虑其承载力经过宽度修正和以上提到的极限承载力的安全性挖掘后,亦可以满足转换系数2.0的要求。

(4)地基承载力的统计特征

下面是选用了 24 个工点的地质勘察报告,对以下地质勘察报告的地基承载力特征值统计,找出各种土性地基承载力的统计参数值,以便作为"M-C"法抽样的参考指标。见表 5-27～表 5-29。

黏性土地基承载力统计规律 表 5-27

地基承载力(kPa)	220	170	注:样本容量为 7
	180	200	
	150	210	
	225	—	
均值(kPa)	193.57		
标准差(kPa)	27.80		
变异系数	0.14		

中砂地基承载力统计规律 表 5-28

地基承载力(kPa)	100	120	120	120	注:样本容量 15
	100	110	120	100	
	130	150	100	120	
	120	130	120	—	
均值(kPa)	117.33				
标准差(kPa)	13.87				
变异系数	0.12				

细砂地基承载力统计规律 表 5-29

地基承载力(kPa)	80	110	50	注:样本容量 11
	70	85	90	
	90	50	100	
	100	90		
均值(kPa)	117.33			
标准差(kPa)	13.87			
变异系数	0.12			

从以上统计表中可以看到,黏性土变异性比《铁路工程地质勘察规范》(TB 10012—2001)所给出的黏性土变异性小,主要是由于所取土样范围较《铁路工程地质勘察规范》(TB 10012—2001)中所取土样范围偏小的缘故。而细砂的变异性与《铁路工程地质勘察规范》(TB 10012—2001)所给出的砂性土变异性相差甚微。按照以上地质勘察报告中的地基承载力统计规律,可以作为"M-C"法抽样时参数选取的参考值。

5.4.2 重力式和衡重式挡土墙设计中隐含的可靠指标

1)一般地区和地震地区衡重式路肩墙可靠指标计算

(1)一般地区计算条件:双线列车荷载及轨道静载换算成土柱距路基边缘距离 $k_0=2.1$m,列车荷载分布宽度 $l_0=3.5$m,换算土柱净距 $D=0.5$m。主要随机变量 φ_0、δ、γ、f、σ 和 h_0 的概率分布类型和统计参数取值见表 5-30。

挡土墙可靠指标计算随机变量参数　　　　　　　　表 5-30

变量名称	填土内摩擦角 φ_0 (°)		墙背摩擦角 δ (°)		填土重度 γ (kN/m³)		基底摩擦系数 f		地基承载力 σ (kPa)		换算土柱高度 h_0 (m)	
分布类型	正态		正态		正态		正态		正态		极值I型	
均值 μ	35°	40°	$\varphi/2$		18	19	0.3	0.4	200	300	2.6	2.8
	45°	50°			22	24	0.5	0.6	400	500	3.0	3.2
标准差 σ	3.01	3.44	2.1	2.4	0.9	0.95	0.05	0.07	49.6	74.4	0.151	0.162
	3.87	4.30	2.7	3.0	1.1	1.2	0.08	0.10	99.2	124	0.174	0.186
变异系数	8.6%		12.0%		5.0%		16.6%		24.8%		5.8%	

(2)一般地区计算结果及分析:下面应用"M-C"法编制的挡土墙可靠指标计算程序对铁路设计部门的标准图集进行外部稳定性检算的可靠指标计算,结果见表 5-31。

衡重式路肩挡土墙的计算可靠指标　　　　　　　　表 5-31

$\varphi=35°$		$\delta=17.5°$		$\gamma=19$kN/m³		$f=1.5\times0.30$		$\sigma=2.0\times300$kPa			
墙高(m)	墙底宽 (m)	台阶数	安全系数		基底应力(kPa)		可靠指标				
			K_c	K_0	σ_1	σ_2	β_{K_c}	β_{K_0}	β_{σ_1}	β_{σ_2}	
3	0.83	0	1.325	1.514	272.688	0	2.085	2.455	3.216	3.32	
4	1.31	1	1.44	1.667	281.607	0	2.385	3.175	3.09	3.076	
5	1.99	1	1.936	1.924	298.827	19.348	3.011	6.361	2.706	2.814	
6	2.48	1	2.775	2.232	298.992	84.33	2.147	6.361	2.27	2.319	
7	2.88	1	1.765	2.429	298.013	134.397	3.105	6.361	2.179	2.349	
8	3.33	1	1.958	2.702	299.9	195.583	3.353	6.361	1.929	2.132	

(3)地震地区计算条件:双线列车荷载宽度 $l_0=3.5$m,轨道静载换算土柱高度 $h_0=3.2$m ($\gamma=19$kN/m³),换算土柱距路基边缘距离 $k_0=2.1$m,换算土柱净距 $D=0.5$m。鉴于目前缺乏有关动峰值加速度和地震角的统计参数,故不将其作为随机变量,计算中按定值处理。地震地区路堤挡土墙可靠度计算所涉及的主要随机变量有 φ_0、δ、γ、f、σ 和 h_0,以上随机变量的概率分布类型和统计参数的取值见表 5-30。

(4)地震地区计算结果:地震地区衡重式路肩挡土墙的计算可靠指标见表 5-32。

地震地区衡重式路肩挡土墙的计算可靠指标　　　　表 5-32

墙高(m)	墙底宽(m)	台阶数	安全系数		基底应力(kPa)		可靠指标			
			K_c	K_0	σ_1	σ_2	β_{K_c}	β_{K_0}	β_{σ_1}	β_{σ_2}
3	0.95	1	1.135	1.5	257.382	0	1.759	2.549	2.978	3.09
4	1.81	1	1.478	1.843	258.38	0	2.576	6.361	2.53	2.628
5	2.48	1	2.1	2.298	259.095	58.703	1.999	6.361	1.903	1.995
6	2.97	1	3.215	2.669	259.319	125.124	2.576	3.615	1.661	1.805
7	3.56	1	1.852	2.978	259.198	173.822	3.32	3.719	1.39	1.589
8	4.58	1	2.162	3.644	259.582	226.575	1.92	6.361	1.125	1.327
9	5.46	1	2.838	4.302	256.978	285.995	1.464	6.361	0.996	1.237
10	12.28	1	30.405	15.937	226.067	335.902	1.038	6.361	0.882	1.13

2)一般地区和地震重力式路肩墙可靠指标计算

(1)一般地区计算条件:双列车荷载宽度 $l_0=3.6$m,轨道静载换算土柱高度 $h_0=3.6$m,换算土柱距路基边缘距离 $k_0=1.95$m,换算土柱净距 $D=0.5$m。挡土墙可靠度计算所涉及的主要随机变量有 φ_0、δ、γ、f、σ 和 h_0,其概率分布类型和统计参数的取值见表 5-30。

(2)一般地区计算结果见表 5-33。

路肩式重力挡土墙的计算可靠指标　　　　表 5-33

$\varphi=35°$　$\delta=17.5°$　$\gamma=17$kN/m³　$f=1.5\times0.30$　$\sigma=2.0\times600$kPa

墙高(m)	墙底宽(m)	安全系数		基底应力(kPa)		可靠指标			
		K_c	K_0	σ_1	σ_2	β_{K_c}	β_{K_0}	β_{σ_1}	β_{σ_2}
3	0.73	1.305	2.292	56.139	103.624	1.608	3.105	3.121	3.39
4	1.17	1.306	2.028	136.835	77.147	1.875	3.353	2.759	2.82
5	1.7	1.302	2.106	137.512	95.67	1.986	6.361	2.583	2.782
6	1.98	1.303	1.925	192.311	85.889	2.032	3.891	2.336	2.47
7	2.51	1.303	2.082	163.163	122.918	2.079	6.361	2.264	2.418
8	2.75	1.305	1.994	194.144	127.907	2.171	6.361	2.103	2.206
9	2.92	1.341	1.991	198.453	158.42	2.153	6.361	1.858	2.028
10	3.24	1.499	2.155	166.557	235.72	2.416	6.361	1.627	1.797

(3)地震地区计算条件

双线列车荷载宽度 $l_0=3.6$m,轨道静载换算土柱高度 $h_0=3.6$m,换算土柱距路基边缘距离 $k_0=1.95$m,换算土柱净距 $D=0.5$m。鉴于目前缺乏有关动峰值加速度和地震角的统计参数,故不将其作为随机变量,计算中按定值处理。地震地区路堤挡土墙可靠度计算所涉及的主要随机变量有 φ_0、δ、γ、f、σ 和 h_0,以上随机变量的概率分布类型和统计参数的取值见表 5-30。

(4) 地震地区计算结果见表 5-34。

地震地区重力式路肩挡土墙的计算可靠指标　　　　表 5-34

墙高(m)	墙底宽(m)	安全系数		基底应力(kPa)		可靠指标			
		K_c	K_0	σ_1	σ_2	β_{K_c}	β_{K_0}	β_{σ_1}	β_{σ_2}

$\varphi=35°$　$\delta=17.5°$　$\gamma=19.00\ \text{N/m}^3$　$f=1.5\times0.3$　$A_g=0.3g$　$\sigma=2.0\times200\text{kPa}$

墙高(m)	墙底宽(m)	K_c	K_0	σ_1	σ_2	β_{K_c}	β_{K_0}	β_{σ_1}	β_{σ_2}
3	1.03	1.106	2.143	108.945	48.007	1.492	3.481	3.175	3.195
4	1.61	1.107	1.833	201.218	9.178	1.659	3.39	2.841	2.863
5	2.17	1.104	1.86	214.194	22.522	1.693	3.891	2.579	2.742
6	2.34	1.105	1.769	257.832	27.05	1.707	3.719	2.326	2.423
7	2.81	1.099	1.929	219.701	78.278	1.746	6.361	2.243	2.351
8	2.98	1.099	1.866	246.823	87.603	1.814	6.361	2.011	2.173
9	3.16	1.135	1.859	259.767	109.916	1.95	6.361	1.806	1.963
10	3.45	1.313	1.953	245.236	165.521	2.355	6.361	1.597	1.764

3) 地震地区和一般地区重力式路堤挡土墙可靠指标计算

(1) 计算条件: $h_0=2.8\text{m}(\gamma=19\text{kN/m}^3)$, $k_0=2.6\text{m}$; $l_0=3.4\text{m}$, $D=1.6\text{m}$。主要随机变量有 φ_0、δ、γ、f、σ 和 h_0, 以上随机变量的概率分布类型和统计参数的取值见表 5-30。

(2) 计算结果及分析见表 5-35。

地震地区重力式路堤挡土墙的计算可靠指标　　　　表 5-35

$\varphi=35°$　$\delta=17.5°$　$\gamma=19\ \text{N/m}^3$　$f=1.5\times0.30$　$A_g=0.2g$　$\sigma=2.0\times200\text{kPa}$

墙高(m)	墙底宽(m)	台阶数	安全系数		基底应力(kPa)		可靠指标			
			K_c	K_0	σ_1	σ_2	β_{K_c}	β_{K_0}	β_{σ_1}	β_{σ_2}
3	0.88	0	1.111	1.579	167.082	0.255	1.371	2.092	3.105	3.216
4	1.17	0	1.108	1.574	223.854	0	1.415	2.178	2.706	2.814
5	1.69	1	1.101	1.841	182.704	59.703	1.494	2.834	2.576	2.632
6	1.99	1	1.1	1.806	223.452	66.046	1.537	2.834	2.259	2.468
7	2.3	1	1.125	1.803	258.458	78.031	1.567	2.87	2.014	2.181
8	2.87	2	1.103	1.996	208.478	129.571	1.439	3.076	1.988	2.171
9	3.25	2	1.101	2.026	228.843	152.518	1.496	3.105	1.765	1.949
10	3.61	2	1.101	2.035	251.609	172.016	1.546	3.105	1.544	1.716
11	4.06	2	1.148	2.113	259.563	209.583	1.692	3.105	1.353	1.53
12	4.57	2	1.223	2.227	259.035	257.545	1.932	3.105	1.131	1.356

为了与非震情况进行对比,在其他条件相同的情况下,列出非震计算结果,见表 5-36。

一般地区重力式路堤挡土墙的计算可靠指标   表 5-36

墙高(m)	墙底宽(m)	台阶数	安全系数		基底应力(kPa)		可靠指标			
			K_c	K_0	σ_1	σ_2	β_{K_c}	β_{K_0}	β_{σ_1}	β_{σ_2}
3	0.84	0	1.302	1.797	125.774	43.584	2.395	6.361	3.39	3.54
4	1.12	0	1.302	1.797	167.699	58.111	2.404	6.361	3.239	3.216
5	1.4	0	1.306	1.799	209.264	72.948	2.46	6.361	2.903	3.105
6	1.64	0	1.298	1.754	259.895	78.263	2.492	6.361	2.669	2.814
7	1.9	0	1.337	1.758	298.81	94.749	2.562	6.361	2.418	2.559
8	2.45	1	1.304	1.986	216.005	167.924	2.435	6.361	2.462	2.597
9	2.77	1	1.301	2.035	229.884	202.64	2.457	6.361	2.243	2.435
10	3.08	1	1.302	2.048	251.322	229.302	2.492	6.361	2.074	2.235
11	3.37	1	1.303	2.042	276.085	251.833	2.501	6.361	1.898	2.068
12	3.66	1	1.312	2.041	299.4	275.556	2.527	6.361	1.733	1.879

表头条件：$\varphi=35°$ $\delta=17.5°$ $\gamma=19$ N/m³ $f=1.5\times0.30$ $\sigma=2.0\times300$ kPa

4)地震地区和一般地区重力式路堑墙可靠指标计算

计算条件同前，计算结果及分析如下：

(1)地震情况下,重力式路堑挡土墙的计算可靠指标见表 5-37。

地震地区重力式路堑挡土墙的计算可靠指标   表 5-37

表头条件：$\varphi=35°$ $\delta=17.5°$ $\gamma=19$ N/m³ $m=1:1.75$ $f=1.5\times0.40$ $A_g=0.2g$ $\sigma=2.0\times300$ kPa

墙高(m)	墙底宽(m)	台阶数	安全系数		基底应力(kPa)		可靠指标			
			K_c	K_0	σ_1	σ_2	β_{K_c}	β_{K_0}	β_{σ_1}	β_{σ_2}
3	0.84	0	1.169	1.311	261.185	0	2.081	2.071	3.432	3.54
4	1.12	0	1.169	1.31	348.255	0	2.081	2.071	3.216	3.291
5	1.56	1	1.106	1.453	281.267	0	1.919	2.624	3.156	3.175
6	1.87	1	1.105	1.45	338.357	0	1.914	2.62	2.92	3.011
7	2.2	1	1.115	1.467	387.116	0	1.943	2.661	2.711	2.82
8	3	2	1.185	1.797	283.475	68.436	2.127	3.432	2.656	2.748
9	3.38	2	1.187	1.801	317.977	78.068	2.13	3.432	2.45	2.608
10	3.75	2	1.185	1.797	354.212	85.585	2.126	3.432	2.301	2.414
11	4.13	2	1.186	1.8	388.724	95.206	2.128	3.432	2.108	2.249
12	4.72	2	1.257	1.921	389.887	145.996	2.303	3.432	1.898	2.049

(2)非地震情况下,重力式路堑挡土墙的计算可靠指标见表 5-38。

一般地区重力式路堑挡土墙的计算可靠指标 表5-38

$\varphi=35°$ $\delta=17.5°$ $\gamma=19$ N/m³ $m=1:1.75$ $f=1.5\times0.40$ $\sigma=2.0\times300$kPa

墙高(m)	墙底宽(m)	台阶数	安全系数 K_c	安全系数 K_0	基底应力(kPa) σ_1	基底应力(kPa) σ_2	可靠指标 β_{K_c}	可靠指标 β_{K_0}	可靠指标 β_{σ_1}	可靠指标 β_{σ_2}
3	0.82	0	1.356	1.508	181.138	0	2.465	2.669	3.432	3.32
4	1.09	0	1.352	1.502	243.122	0	2.46	2.661	3.121	3.195
5	1.38	0	1.371	1.527	295.874	0	2.484	2.732	2.903	3.062
6	1.87	1	1.305	1.71	244.033	53.598	2.359	3.291	2.834	2.989
7	2.18	1	1.304	1.709	285.153	62.028	2.355	3.291	2.648	2.706
8	3.23	2	1.574	2.377	163.128	202.292	2.77	3.432	2.54	2.678
9	3.63	2	1.571	2.374	183.913	227.017	2.77	3.432	2.407	2.489
10	4.03	2	1.569	2.371	204.705	251.735	2.765	3.432	2.19	2.334
11	4.44	2	1.573	2.376	224.288	277.997	2.77	3.432	2.014	2.143

5)浸水地区重力式路肩挡土墙可靠指标计算

(1)计算条件:挡土墙墙身全部浸入水中,其他计算参数同前面一般地区。

(2)计算结果:浸水地区重力式路肩挡土墙的计算可靠指标见表5-39。

浸水地区重力式路肩挡土墙的计算可靠指标(常水位) 表5-39

$\varphi=35°$ $\delta=17.5°$ $\gamma=19$ N/m³ $f=1.5\times0.40$ $\sigma=2.0\times300$kPa

墙高(m)	墙底宽(m)	台阶数	安全系数 K_c	安全系数 K_0	基底应力(kPa) σ_1	基底应力(kPa) σ_2	可靠指标 β_{K_c}	可靠指标 β_{K_0}	可靠指标 β_{σ_1}	可靠指标 β_{σ_2}
3	0.5	0	1.759	1.928	12.196	69.258	3.121	6.361	3.891	3.891
4	0.56	0	1.405	1.519	58.509	50.365	2.579	2.579	3.615	3.891
5	0.7	0	1.405	1.519	73.137	62.956	2.579	2.579	3.54	3.891
6	0.84	0	1.405	1.519	87.764	75.547	2.579	2.579	3.39	3.54
7	0.98	0	1.405	1.519	102.392	88.138	2.579	2.579	3.239	3.32
8	1.11	0	1.39	1.501	123.063	94.901	2.549	2.503	3.121	3.239
9	1.25	0	1.392	1.503	137.638	107.524	2.552	2.515	2.989	3.138
10	1.39	0	1.393	1.504	152.224	120.14	2.556	2.515	2.911	3.036
11	1.53	0	1.394	1.506	166.817	132.752	2.556	2.515	2.742	2.958
12	1.67	0	1.395	1.507	181.416	145.36	2.556	2.521	2.59	2.801

5.4.3 重力式和衡重式挡土墙目标可靠指标建议值

当计算出挡土墙各项功能的实际可靠指标后,在选择挡土墙目标可靠指标时,应考虑到挡土墙安全性和经济性,要尽量选取挡土墙的抗滑动和抗倾覆安全系数以及基底承载力接近其容许值时的可靠指标,即 $K_c\approx[K_c]$、$K_0\approx[K_0]$ 和 $\sigma\approx[\sigma]$ 时的可靠指标。

1)一般地区和地震地区衡重式路肩挡土墙目标可靠指标建议值

按现行设计方法设计的衡重式挡土墙隐含的可靠指标范围见表5-40。

衡重式挡土墙可靠指标计算值范围　　　　　　　　　　　　表5-40

地区	指标名称	抗滑动	抗倾覆	基底承载力检算	
				墙趾处	墙踵处
一般地区	实际值范围	2.085～3.891	2.228～3.891	1.741～3.719	1.929～3.891
	目标值范围	2.33～2.586	2.228～3.195	1.741～3.011	—
	目标值均值	2.479	2.678	2.245	—
地震地区	实际值范围	1.464～3.32	1.688～6.361	0.996～3.891	1.13～6.361
	目标值范围	1.464～2.066	1.688～2.287	0.996～3.32	—
	目标值均值	1.968	1.963	1.939	—

一般地区和地震地区衡重式路肩挡土墙目标可靠指标的建议值可参考表5-41。

衡重式路肩挡土墙目标可靠指标均值　　　　　　　　　　　表5-41

地区	指标名称	抗滑动	抗倾覆	基底承载力检算	
				墙趾处	墙踵处
一般地区	可靠指标	2.479	2.678	2.245	—
	失效概率 $P_f(\%)$	0.68	0.39	1.28	—
地震地区	可靠指标	1.968	1.963	1.939	—
	失效概率 $P_f(\%)$	2.453	2.483	2.623	—

2)一般地区和地震地区重力式路肩墙目标可靠指标建议值

按现行设计方法设计的重力式路肩挡土墙隐含的可靠指标范围见表5-42。

重力式路肩挡土墙可靠指标计算值范围　　　　　　　　　　表5-42

地区	指标名称	抗滑动	抗倾覆	基底承载力检算	
				墙趾处	墙踵处
一般地区	实际值范围	1.532～3.891	1.492～6.361	1.627～6.361	1.744～6.361
	目标值范围	1.532～2.174	1.492～2.968	1.627～2.814	—
	目标值均值	1.975	2.367	2.396	—
地震地区	实际值范围	1.455～3.156	1.041～6.361	1.173～6.361	1.384～6.361
	目标值范围	1.455～1.887	1.041～2.492	1.798～3.138	—
	目标值均值	1.699	1.667	2.709	—

一般地区和地震地区重力式路肩挡土墙目标可靠指标的建议值可参考表5-43。

支挡结构设计的可靠性

重力式路肩挡土墙目标可靠指标均值 表 5-43

地区	指标名称	抗滑动	抗倾覆	基底承载力检算	
				墙趾处	墙踵处
一般地区	可靠指标	1.975	2.367	2.396	—
	失效概率 $P_f(\%)$	2.413	0.897	0.830	—
地震地区	可靠指标	1.699	1.667	2.257	—
	失效概率 $P_f(\%)$	4.47	4.78	1.200	—

3) 一般地区和地震地区重力式路堤墙目标可靠指标建议值

按现行设计方法设计的重力式路堤挡土墙隐含的可靠指标范围见表 5-44。

重力式路堤挡土墙可靠指标计算值范围 表 5-44

地区	指标名称	抗滑动	抗倾覆	基底承载力检算	
				墙趾处	墙踵处
一般地区	实际值范围	2.395~3.121	3.138~6.361	1.733~6.361	—
	目标值范围	2.395~2.742	3.138~3.615	1.733~2.697	—
	目标值均值	2.553	3.44	2.39	—
地震地区	实际值范围	1.371~2.661	1.214~3.105	1.031~3.719	2.82~3.891
	目标值范围	1.371~1.9	1.214~1.543	1.031~2.241	—
	目标值均值	1.585	1.326	1.490	—

4) 一般地区和地震地区重力式路堤挡土墙目标可靠指标的建议值可参考表 5-45。

重力式路堤挡土墙目标可靠指标均值 表 5-45

地区	指标名称	抗滑动	抗倾覆	基底承载力检算	
				墙趾处	墙踵处
一般地区	可靠指标	2.553	3.44	2.39	—
	失效概率 $P_f(\%)$	0.53	0.3	0.84	—
地震地区	可靠指标	1.585	1.326	1.490	—
	失效概率 $P_f(\%)$	5.65	9.3	6.81	—

5) 一般地区和地震地区重力式路堑挡土墙目标可靠指标建议值

按现行设计方法设计的重力式路堑挡土墙隐含的可靠指标范围见表 5-46。

重力式路堑挡土墙可靠指标计算值范围 表 5-46

地区	指标名称	抗滑动	抗倾覆	基底承载力检算	
				墙趾处	墙踵处
一般地区	实际值范围	2.105~2.77	2.495~3.481	2.256~3.481	1.925~3.481
	目标值范围	2.105~2.509	2.495~2.669	2.256~2.515	—
	目标值均值	2.323	2.598	2.39	—
地震地区	实际值范围	1.269~2.863	1.137~3.481	1.137~3.891	1.328~3.719
	目标值范围	1.497~2.207	1.389~2.223	1.137~2.28	—
	目标值均值	1.890	1.871	1.802	—

一般地区和地震地区重力式路堑挡土墙目标可靠指标的建议值可参考表 5-47。

重力式路堑挡土墙目标可靠指标均值　　　　表 5-47

地区	指标名称	抗滑动	抗倾覆	基底承载力检算	
				墙趾处	墙踵处
一般地区	可靠指标	2.323	2.598	2.39	—
	失效概率 P_f(%)	1.02	0.47	0.84	—
地震地区	可靠指标	1.890	1.871	1.802	—
	失效概率 P_f(%)	2.94	3.07	3.59	—

6) 浸水地区重力式路肩挡土墙目标可靠指标建议值

按现行设计方法设计的浸水地区重力式路肩挡土墙隐含的可靠指标范围见表 5-48。

浸水地区重力式路肩挡土墙可靠指标计算值范围　　　　表 5-48

指标名称	抗滑动	抗倾覆	基底承载力检算	
			墙趾处	墙踵处
实际可靠指标计算值	2.501~3.121	2.503~3.353	2.59~3.891	2.801~3.891
目标可靠指标值	2.501~2.552	2.503~2.521	—	—
目标可靠值均值(常水位)	2.518	2.514	—	—
目标可靠值均值(洪水位)	2.264	2.105	—	—

浸水地区重力式路肩挡土墙目标可靠指标的建议值可参考表 5-49。

浸水地区重力式路肩挡土墙目标可靠指标均值　　　　表 5-49

指标名称	抗滑动目标可靠指标	抗倾覆目标可靠指标
可靠指标(常水位)	2.518	2.514
可靠指标(洪水位)	2.264	2.105
失效概率 P_f(%)(常水位)	0.63	0.65
失效概率 P_f(%)(洪水位)	1.18	1.77

根据校准法的含义,应保证对应于目标可靠指标的分项系数设计的结构,与现行规范设计的结构大致相当,为了达到这个要求,在后面外部稳定性检算的分项系数研究中,目标可靠指标采用控制设计时的各功能项可靠指标的均值,表 5-49 中的可靠指标仅作为规范推荐参考值。重力式挡土墙可靠指标计算算例详见本书第 2 章 2.2.5。

5.5　荷载分项系数和抗力分项系数

如前所述,直接采用可靠指标进行结构设计比较复杂,因此,重力式和衡重式挡土墙采用分项系数法进行设计。挡土墙极限状态设计中的分项系数,使挡土墙的设计较全面地综合考虑了挡土墙抗滑、抗倾覆及基地承载力各项指标的变量的影响,代替了单一安全系数设计方法。分项系数能保证重力式和衡重式挡土墙功能的可靠指标最佳地逼近目标可靠指标,其误差绝对值的加权平均值也为最小。这些分项系数概念明确,在设计式中作用清楚,且使用简便。要采用分项系数法进行设计,应确定重力式和衡重式挡土墙各项功能检算的极限状态方程中,作用效应(荷载)和抗力项的分项系数的取值能保证功能函数的可靠指标不低于目标可靠指标。

5.5.1 分项系数计算方法选取

重力式和衡重式挡土墙极限状态方程比较复杂,抗力和作用不止一项,抗力和作用的标准差比值也比较复杂,采用林德法不一定能满足要求且精度较低,其他方法计算比较麻烦,故选用一般分离法。

5.5.2 衡重式挡土墙分项系数确定实例

设计条件:$\varphi=35°, \delta=17.5°, \gamma=19\text{kN/m}^3, f=0.5, \sigma=400\text{kPa}, H=4\text{m}$,其他的设计参数同前。此墙为抗滑动控制,滑动可靠指标为 2.549,应用一般分离法进行分项系数的分离。进行第一次分离时,衡重式挡土墙的抗滑动稳定性检算方程可写成:

$$\gamma_R \cdot [(W+E_y+E_x\tan\alpha_0)f' + (W+E_y)\tan\alpha_0] - \gamma_S \cdot E_x \geqslant 0$$

经计算统计得,抗力$[(W+E_y+E_x\tan\alpha_0)f' + (W+E_y)\tan\alpha_0]$部分的均值为 122.83kN,均方差为 20.45kN,变异系数为 0.1665;荷载 E_x 部分的均值为 63.19kN,均方差为 11.21kN,变异系数为 0.1773。应用一般分离法首先求得各自的分离函数,分别得到分离函数值为 0.8769 和 0.4806,则分项系数计算如下:

$$\gamma_R = 1 - 0.1665 \times 2.549 \times 0.8769 = 0.6279$$

$$\gamma_S = 1 + 0.1773 \times 2.549 \times 0.4806 = 1.2172$$

经验算校核,$\gamma_S/\gamma_R = 1.2172/0.6279 = 1.94$,与之前总安全系数法所取的安全系数 $1.3 \times 1.5 = 1.95$ 接近(f 采用极限值 0.5×1.5)。

进行第二次分离时,衡重式挡土墙的抗滑动稳定性检算方程可写成:

$$\gamma_{RW} \cdot [W(f'+\tan\alpha_0)] + \gamma_{RE} \cdot [(E_y+E_x\tan\alpha_0)f' + E_y\tan\alpha_0] - \gamma_S \cdot E_x \geqslant 0$$

式中:γ_{RW}——墙身重力分项系数(抗力分项系数);

γ_{RE}——对墙身稳定有利时的主动土压力分项系数(抗力分项系数)。

与上面计算过程类似,可以求得 $\gamma_{RW}=0.7282, \gamma_{RE}=0.8868, \gamma_S=1.2172$。

该计算过程中总抗力为 $[(W+E_y+E_x\tan\alpha_0)f' + (W+E_y)\tan\alpha_0]$;

总荷载为 E_x;墙身自重产生的抗力为 $[W(f'+\tan\alpha_0)]$;

土压抗力为 $[(E_y+E_x\tan\alpha_0)f' + E_y\tan\alpha_0]$。

以上各变量的统计特征分布如图 5-9 所示。

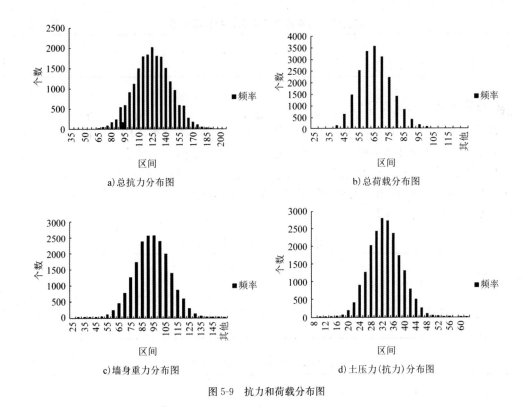

图 5-9 抗力和荷载分布图

5.5.3 分项系数计算结果举例

1) 一般地区衡重式挡土墙

计算方法采用一般分离法,分项系数提取及计算过程从略。下面给出一般地区衡重式挡土墙抗滑动、抗倾覆和墙趾压应力检算,为达到 5.4 节中控制计算的可靠指标的均值,极限状态设计方程中引入的分项系数见表 5-50～表 5-52。

抗滑动稳定性方程中引入的分项系数　　　　表 5-50

一次分项	$\gamma_R[(W+E_y+E_x\tan\alpha_0)f'+(W+E_y)\tan\alpha_0]-\gamma_S E_x \geqslant 0$ $\gamma_R=0.68, \gamma_S=1.26$
二次分项	$\gamma_G[W(f'+\tan\alpha_0)]+\gamma_{E1}[(E_y+E_x\tan\alpha_0)f'+E_y\tan\alpha_0]-\gamma_{E2}E_x \geqslant 0$ $\gamma_G=0.77, \gamma_{E1}=0.89, \gamma_{E2}=1.26$

抗倾覆稳定性方程中引入的分项系数　　　　表 5-51

一次分项	$\gamma_R\sum M_y-\gamma_S\sum M_0 \geqslant 0$, $\gamma_R=0.98, \gamma_S=1.46$
二次分项	$\gamma_G W Z_w+\gamma_{E1}E_y Z_y-\gamma_{E2}E_x Z_x \geqslant 0$, $\gamma_G=1.0, \gamma_{E1}=0.94, \gamma_{E2}=1.46$

墙趾压应力检算方程中引入的分项系数　　　　　　　　表 5-52

$\gamma_R \sigma_j - \gamma_S \sigma_{1k} \geq 0$, $\gamma_R = 0.5$, $\gamma_S = 1.0$
σ_j——基底的极限承载力；σ_{1k}——挡土墙趾部的压应力

2) 地震地区重力式路堤墙

　　地震地区重力式路堤墙的分项系数计算方式与一般地区衡重式挡土墙一样，不同的是其土压力计算中含有地震力的影响。土压力无论是对挡土墙的功能有利还是不利，其作用和抗力中的分项系数都是综合系数。作用第二次分项后，墙身上的水平地震力能够从抗力中分离出来，根据偶然作用可以采用标准值的原则，墙身地震力可以不采用分项系数。极限状态方程中引入的分项系数见表 5-53～表 5-55。

抗滑动稳定性方程中引入的分项系数　　　　　　　　表 5-53

一次分项	$\gamma_R[(W+E_y+E_x\tan\alpha_0)f'+(W+E_y)\tan\alpha_0]-\gamma_S(E_x+E_{hE})\geq 0$ $\gamma_R=0.87, \gamma_S=1.2$
二次分项	$\gamma_G W(f'+\tan\alpha_0)+\gamma_{E1}[(E_y+E_x\tan\alpha_0)f'+E_y\tan\alpha_0]-(\gamma_{E2}E'_x+E_{hE})\geq 0$ $\gamma_G=0.89, \gamma_{E1}=0.95, \gamma_{E2}=1.25$

抗倾覆稳定性方程中引入的分项系数　　　　　　　　表 5-54

一次分项	$\gamma_R \sum M_y - \gamma_S \sum M_0 \geq 0$, $\gamma_R=1.0, \gamma_S=1.25$
二次分项	$\gamma_G W Z_w + \gamma_{E1} E_y Z_y - (\gamma_{E2} E_x Z_x + E_{hE} Z_{hE}) \geq 0$, $\gamma_G=1.0, \gamma_{E1}=0.92, \gamma_{E2}=1.3$ Z_{hE}——墙身自重产生的水平地震力到墙趾的距离

墙趾压应力检算方程中引入的分项系数　　　　　　　　表 5-55

$\gamma_R \sigma_j - \gamma_S \sigma_{1k} \geq 0$, $\gamma_R=0.659, \gamma_S=1.005$

3) 地震地区重力式路堑墙

　　极限状态设方程中引入的分项系数见表 5-56～表 5-58。

抗滑动稳定性方程中引入的分项系数　　　　　　　　表 5-56

一次分项	$\gamma_R[(W+E_y+E_x\tan\alpha_0)f'+(W+E_y)\tan\alpha_0]-\gamma_S(E_x+E_{hE})\geq 0$ $\gamma_R=0.80, \gamma_S=1.14$
二次分项	$\gamma_G W(f'+\tan\alpha_0)+\gamma_{E1}[(E_y+E_x\tan\alpha_0)f'+E_y\tan\alpha_0]-(\gamma_{E2}E'_x+E_{hE})\geq 0$ $\gamma_G=0.85, \gamma_{E1}=0.92, \gamma_{E2}=1.16$

抗倾覆稳定性方程中引入的分项系数　　　　　　　　表 5-57

一次分项	$\gamma_R \sum M_y - \gamma_S \sum M_0 \geq 0$, $\gamma_R=0.98, \gamma_S=1.24$
二次分项	$\gamma_G W Z_w + \gamma_{E1} E_y Z_y - (\gamma_{E2} E_x Z_x + E_{hE} Z_{hE}) \geq 0$ $\gamma_G=1.0, \gamma_{E1}=0.84, \gamma_{E2}=1.28$

墙趾压应力检算方程中引入的分项系数 表 5-58

$\gamma_R \sigma_j - \gamma_S \sigma_{1k} \geq 0, \gamma_R = 0.685, \gamma_S = 1.006$

4) 浸水地区重力式路肩墙

浸水地区重力式路肩墙的分项系数计算方式与一般地区衡重式挡土墙一样，不同的是其土压力计算中水下部分岩土体采用浮重度，土压力无论是对挡土墙的功能有利还是不利，其作用和抗力中的分项系数都是综合系数。由于常水位是持久状态，洪水位是偶然状态，所以两种状态下的分项系数不同。下面给出常水位时，各极限状态方程中引入的分项系数。见表 5-59、表 5-60。

抗滑动稳定性方程中引入的分项系数 表 5-59

一次分项	$\gamma_R[(W+E_y+E_x\tan\alpha_0)f'+(W+E_y)\tan\alpha_0] - \gamma_S E_x \geq 0$ $\gamma_R = 0.632, \gamma_S = 1.209$
二次分项	$\gamma_G[W(f'+\tan\alpha_0)] + \gamma_{E1}[(E_y+E_x\tan\alpha_0)f'+E_y\tan\alpha_0] - \gamma_{E2}E_x \geq 0$ $\gamma_G = 0.643, \gamma_{E1} = 0.892, \gamma_{E2} = 1.209$

抗倾覆稳定性方程中引入的分项系数 表 5-60

一次分项	$\gamma_R \sum M_y - \gamma_S \sum M_0 \geq 0, \gamma_R = 0.995, \gamma_S = 1.435$
二次分项	$\gamma_G W Z_w + \gamma_{E1} E_y Z_y - \gamma_{E2} E_x Z_x \geq 0$ $\gamma_G = 0.998, \gamma_{E1} = 0.819, \gamma_{E2} = 1.435$

5.6 极限状态设计表达式

5.6.1 挡土墙稳定性检算设计表达式分析

挡土墙采用极限状态设计的通式可归纳如下：

抗滑动　　$\{[\gamma_G W + \gamma_{E1}(E_y + E_x tg\alpha_0)]f + (\gamma_G W + \gamma_{E1} E_y)tg\alpha_0\} - (\gamma_{E2} E_x + \gamma_{hE} F_{hE}) \geq 0$

抗倾覆　　$(\gamma_G W Z_w + \gamma_{E1} E_y Z_y) - (\gamma_{E2} E_x Z_x + \gamma_{hE} F_{hE} Z_w) \geq 0$

基底承载力验算　　$\gamma_S \max\{\sigma_{1k}, \sigma_{2k}, \sigma_{pk}\} \leq \gamma_R \sigma_j$

以上极限状态设计表达式包含了持久设计状况、短暂设计状况、偶然设计状况和标准设计状况。不同的设计状况，分项系数的取值不同。

《建筑地基基础设计规范》(GB 5007—2002)中第 3.0.4 条规定，按地基承载力确定基础设计时，荷载效应应按正常使用极限状态下荷载效应的标准组合，相应的抗力应采用地基承载力特征值。故在设计时，基底承载力验算也可采用 $\sigma_1 \leq \sigma_a$ 的形式，σ_a 为基底承载力特征值，即现行规范中的允许值。

采用一般分离法进行分项系数的分离，按照校准法的含义，应对数据参照之前的安全系数法设计进行验证。最准确的验证应该是采用分项系数法和总安全系数法分别对挡土墙进行设计。对比设计出的挡土墙尺寸是否接近,输出结果的计算规律是否相似。要达到这一点是比较困难的。从 5.5 节中的分项系数可以看出,当功能函数的方程式中只考虑抗力和设计作用两个综合变量时,分项系数与总安全系数的校准度很高。变量二次分项后,分项系数校准误差增大,特别是抗滑动分项系数。下面可以根据分项系数与总安全系数和可靠指标的关系,对校准可能出现的偏差进行粗略的分析。

由传统设计可知,总安全系数与抗力均值和作用均值有如下关系:

$$K = \frac{\mu_R}{\mu_S} \tag{5-39}$$

当把安全系数分配在抗力和作用上时,极限状态设计表达式如下:

$$\gamma_R \mu_R - \gamma_S \mu_S = 0 \tag{5-40}$$

将式(5-39)带入式(5-40)可得:

$$\frac{\mu_R}{\mu_S} = \frac{\gamma_S}{\gamma_R} = K \tag{5-41}$$

式(5-41)中的抗力分项系数和荷载分项系数有无穷多组解。由第 2 章 2.4 节可知,安全系数与可靠指标有如下关系:

$$K = \frac{1 + \beta \sqrt{\delta_R^2 + \delta_S^2 - \beta^2 \delta_R^2 \delta_S^2}}{1 - \beta^2 \delta_R^2} = \frac{\gamma_S}{\gamma_R} \tag{5-42}$$

只要同时满足式(5-40)和式(5-42),则可得抗力分项系数和荷载分项系数唯一解。这两个系数与总安全系数、功能函数目标可靠指标、抗力和作用的变异系数有关。这样得出的结果容易满足经验校准的要求。

如果再次分项,继续保证经验校准则比较困难。重力式挡土墙主要在抗力部分进行了分项,即把抗力分成墙身自重产生的抗力和土压力的竖向分力产生的抗力。下面以抗力二次分项为例,说明分项越多,校准越困难。

$$\gamma_{R_1} \mu_{R_1} + \gamma_{R_2} \mu_{R_2} - \gamma_S \mu_S = 0 \tag{5-43}$$

$$\left. \begin{array}{l} \mu_{R_1} + \mu_{R_2} = \mu_R \\ \gamma_{R_1} \mu_{R_1} + \gamma_{R_2} \mu_{R_2} = \gamma_R \mu_R \end{array} \right\} \tag{5-44}$$

$$\gamma_{R_1} = \gamma_R \left(1 + \frac{\mu_{R_2}}{\mu_{R_1}}\right) - \gamma_{R_2} \times \frac{\mu_{R_2}}{\mu_{R_1}} \tag{5-45}$$

由第 2 章 2.4 节可知,抗力二次分项的计算公式如下:

$$\left. \begin{array}{l} \gamma_{R_1} = 1 - \Phi_{R_1} \delta_{R_1} \beta \\ \gamma_{R_2} = 1 - \Phi_{R_2} \delta_{R_2} \beta \end{array} \right\} \tag{5-46}$$

由于一般分离法在非线性多变量的情况下,所得结果为近似值,要让分项系数同时满足式(5-43)、式(5-44)和式(5-45)比较困难,会出现偏差。如果分解的变量不是独立变量,误差会更大。这就使我们得到启示:在经验校准阶段,实际上是不适合过多分项的。

下面将通过对分项系数的全面校准,验证以上的分析。

5.6.2 设计计算结果比较

以一般地区非埋式路堤墙为例,对按总安全系数法和极限状态法设计的挡土墙结果进行比较。计算图如图5-10所示。

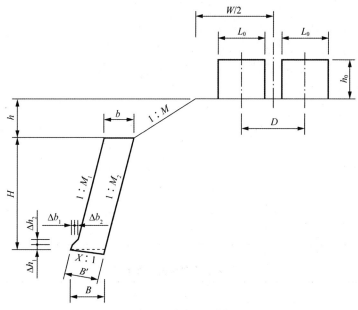

图5-10 非埋式路堤墙横断面图

1)已知条件

砂类土:$\varphi=35°$,$\gamma=20kN/m^3$,$f=0.6$,$[\sigma]=800kPa$;

墙顶边坡:$h=4.0m$,$1:m=1:1.50$;

路基面宽度:$W=13.6m$;

荷载:宽度$L_0=3.4m$,高度$h_0=2.7m$,线间距$D=5m$;

墙型:胸坡1:0.25,墙背坡1:0.25;

墙身材料:混凝土重度$\gamma=23.00kN/m^3$,墙背摩擦角$\delta=17.5°$。

2)设计计算结果比较计算结果(表5-61～表5-64)。

采用总安全系数法的计算尺寸结果 表5-61

墙高H (m)	计算尺寸									面积A (m^2)
	b(m)	B(m)	B'(m)	x	h_1(m)	Δb_1(m)	Δh_1(m)	Δb_2(m)	Δh_2(m)	
2	0.62	0.62	0.62	0	0	0.00	0.00	0.00	0.00	1.24
3	0.9	0.9	0.9	0	0	0.00	0.00	0.00	0.00	2.70
4	1.14	1.14	1.14	0	0	0.00	0.00	0.00	0.00	4.56
5	1.37	1.37	1.37	0	0	0.00	0.00	0.00	0.00	6.85
6	1.58	1.58	1.58	0	0	0.00	0.00	0.00	0.00	9.48
7	1.79	1.79	1.79	0	0	0.00	0.00	0.00	0.00	12.53
8	2.01	2.01	2.01	0	0	0.00	0.00	0.00	0.00	16.08
9	2.25	2.25	2.25	0	0	0.00	0.00	0.00	0.00	20.25
10	2.47	2.47	2.47	0	0	0.00	0.00	0.00	0.00	24.70

采用总安全系数法的检算结果 表 5-62

墙高 H (m)	检 算 结 果							
	ΣE_x(kN)	ΣM_x (kN·m)	ΣM_y (kN·m)	$\Sigma N'$(kN)	k_0	k_c	e(m)	σ_1(kPa)	σ_2(kPa)
2	13.4	9	16.6	29.3	1.85a	1.31a	0.049a	70a	25a
3	29.2	29.4	53.3	63.9	1.81a	1.31a	0.077a	107a	35a
4	49.7	67.4	116.7	107.9	1.73a	1.30a	0.114a	151a	38a
5	74.4	127.4	214.5	162.1	1.68a	1.31a	0.148a	195a	42a
6	103	213.4	348.9	224.3	1.63a	1.31a	0.186a	242a	42a
7	135.2	329.5	529.7	296.4	1.61a	1.31a	0.219a	287a	44a
8	171	479.3	769.6	380.2	1.61a	1.33a	0.242a	326a	53a
9	215.3	676.8	1087.5	478.8	1.61a	1.33a	0.267a	364a	73b
10	263.5	915.3	1465	584	1.60a	1.33a	0.294a	405a	87b

采用极限状态法的检算结果 表 5-63

墙高 H (m)	检 算 结 果										
	ΣE_x (kN)	ΣM_x (kN·m)	ΣM_y (kN·m)	$\Sigma N'$ (kN)	抗滑动			抗倾覆			墙趾压应力	
					R(kN)	S(kN)	R/S	R (kN·m)	S (kN·m)	R/S	σ_1(kPa)	σ_a(kPa)
2	13.4	9	16.6	29.3	23.6	18.1	1.3	13.4	11.5	1.17	70	800
3	29.2	29.4	53.3	63.9	51.5	39.5	1.3	42.9	37.6	1.14	107	800
4	49.7	67.4	116.7	107.9	86.3	67.1	1.29	93.9	86.3	1.09	151	800
5	74.4	127.4	214.5	162.1	130.5	100.5	1.3	172.6	163.1	1.06	195	800
6	103	213.4	348.9	224.3	180.7	139.	1.3	280.7	273.2	1.03	242	800
7	135.2	329.5	529.7	296.4	278.7	182.6	1.31	426.1	421.8	1.01	287	800
8	171	479.3	769.6	380.2	306.3	230.9	1.33	619.0	613.8	1.01	326	800
9	215.3	676.8	1087.5	478.8	385.7	290.6	1.33	874.7	866.30	1.01	364	800
10	263.5	915.3	1465	584	470.5	355.7	1.32	1178.4	1171.6	1.01	405	800

注：σ_a 为基底承载力特征值。上表计算过程中采用的分项系数为表 5-61 中组合 I 的永久荷载＋主可变荷载。

抗滑动和抗倾覆稳定性极限状态设计表达式分项系数 表 5-64

分 项 系 数	荷 载 组 合			
	永久荷载		永久荷载＋主可变荷载	
	抗滑动	抗倾覆	抗滑动	抗倾覆
竖向恒载：γ_G	0.9	0.8	0.9	0.8
土压抗力：γ_{E_1}	0.72	0.92	0.72	0.92
土压作用力：γ_{E_2}	1.35	1.28	1.35	1.28

注：表中抗滑动验算的分项系数对应的摩擦系数采用的是设计值。

表 5-61～表 5-64 显示，两种方法的计算结果及规律都非常接近。

5.7 重力式挡土墙基于可靠度理论的极限状态设计算例

将 5.6 节中表 5-63 和表 5-64 中的 10m 墙高制作成算例。计算步骤如下：

5.7.1 荷载及作用效应

1) 计算条件
(1) 岩土参数
综合内摩擦角 $\varphi=35°$，填料重度 $\gamma=20\text{kN/m}^3$；
基底摩擦系数设计值 $f=0.6$，基底极限承载力特征值 $\sigma_a=800\text{kPa}$。
(2) 土压力计算边界条件
路基面宽度 $W=13.6\text{m}$，荷载宽度 $L_0=3.4\text{m}$，荷载高度 $h_0=2.7\text{m}$；
墙顶边坡高度 $h=4.0\text{m}$，坡率 $m=1.5$。
(3) 墙体结构参数
墙高 $H=10\text{m}$，墙胸坡坡率 $N_1=0.25$，墙背坡坡率 $N_2=0.25$，墙底斜率 $X=0$；
墙体圬工重度 $\gamma_{圬}=23\text{kN/m}^3$，墙背摩擦角 $\delta=17.5°$。

2) 墙身所受力系计算
(1) 墙背土压力及相对于墙趾的作用
水平土压力：$E_x=\sum E_x=263.5\text{kN}$
水平土压力对墙趾力臂：$Z_x=3.47\text{m}$
水平土压力对墙趾力矩：$M_x=915.3\text{kN·m}$
竖直土压力：$E_y=E_x\tan(\delta-\alpha)=263.5\times\tan3.463756532°=15.9\text{kN·m}$
竖直土压力对墙趾力臂：$Z_y=Z_x\times N_2+B=3.47\times0.25+2.47=3.34\text{m}$
竖直土压力对墙趾力矩：$M_y=E_y\times Z_y=15.9\times3.34=53.1\text{kN·m}$
(2) 自重力系及相对于墙趾的作用
自重力：$N_W=A\times\gamma_{圬}=24.7\times23=568.1\text{kN}$

自重对墙趾的力臂：$Z_W=\dfrac{HN2+B}{2}=\dfrac{10\times0.25+2.47}{2}=2.485\text{m}$

自重对墙趾的力矩：$M_W=N_W\times Z_W=568.1\times2.485=1411.7\text{kN·m}$

5.7.2 作用组合及功能检算

挡土墙位于为一般地区时，设计状况存在路基面有列车荷载、有施工临时荷载和路基面无荷载三种情况。本算例仅给出路基面以上有列车荷载的计算过程，该状况的荷载组合为永久荷载＋主可变荷载。其他设计状况的计算从略。

1) 结构作为刚体静力平衡（倾覆、滑动）的承载能力极限状态设计，应满足下式要求：

$$\gamma_0 S_{d,dst}\leqslant R_{d,dst} \tag{5-47}$$

式中：$S_{d,dst}$——不平衡作用效应设计值；

$R_{d,dst}$——平衡作用效应设计值；

γ_0——结构重要性系数，本算例取 1.0。

(1)抗滑动稳定性检算(分项系数按表 5-64 采用)

不平衡作用效应设计值：
$$S_{d,dst} = \gamma_{E_2} E_x = 1.35 \times 263.5 = 355.7 \text{kN}$$

平衡作用效应设计值：
$$R_{d,dst} = (\gamma_G N_W + \gamma_{E_1} E_y)f = (0.9 \times 568.1 + 0.72 \times 15.9) \times 0.6 \times 1.5 = 470.5 \text{kN}$$

抗滑动稳定性检算：
$$\gamma_0 S_{d,dst} = 1.0 \times 355.7 = 355.7 \leqslant R_{d,dst} = 470.5 (可)$$

评价：平衡作用和不平衡作用之比为 1.0626，两值比较接近。

(2)挡土墙的抗倾覆稳定性(分项系数按表 5-64 采用)

不平衡作用效应设计值：
$$S_{d,dst} = \gamma_{E_2} M_x = 1.28 \times 915.3 = 1171.6 \text{kN·m}$$

平衡作用效应设计值：
$$R_{d,dst} = \gamma_G M_W + \gamma_{E_1} M_y = 0.8 \times 1411.7 + 0.92 \times 53.1 = 1178.2 \text{kN·m}$$

抗倾覆稳定性检算：
$$\gamma_0 S_{d,dst} = 1.0 \times 1171.6 = 1171.6 \leqslant R_{d,dst} = 1178.2 (可)$$

评价：平衡作用和不平衡作用之比为 1.0056，两值非常接近。抗倾覆与抗滑动相比，不平衡作用和平衡作用更接近。说明设计受抗倾覆稳定性控制。从表 5-62 总安全系数法的检算结果可知，抗倾覆稳定性安全系数为 1.60，抗滑动为 1.33，总安全系数法也显示为抗倾覆控制设计，抗滑动安全系数富余较多，但总安全系数法的 $k_c = 1.33$，显示抗滑动的安全系数只是稍有富余，显然与极限状态设计法计算结果是矛盾的。分析其原因，本对比分析算例中，极限状态设计的分项系数是考虑挡土墙设置斜底情况下得到的，对于未设斜底情况，其抗滑动安全系数富余较多。

2)基底承载力按正常使用极限状态设计时，可采用下列公式
$$S_d \leqslant C_d \tag{5-48}$$

式中：S_d——基底压应力的标准值；

C_d——基底压应力特征值，本算例为 $\sigma_a = 800 \text{kPa}$。

(1)基底压应力计算

偏心距：
$$e = \frac{B}{2} - \frac{\sum M_y - \sum M_x}{\sum N} = \frac{2.47}{2} - \frac{1465 - 915.3}{584} = 0.2937 \text{m}$$

$$e < \frac{B}{6} = \frac{2.47}{6} = 0.41 \text{m}, e < \frac{B}{6} = \frac{2.47}{6} = 0.41 \text{m}$$

当 $|e| \leqslant \frac{B}{6}$ 时，$\sigma_{1k,2k} = \frac{\sum N}{B}\left(1 \pm \frac{6e}{B}\right)$。

墙趾压应力 $\sigma_{1k} = 405 \text{kPa}$，墙踵压应力 $\sigma_{2k} = 87 \text{kPa}$。

(2)基底压应力检算(以墙趾压应力为例)

墙趾压应力标准值:
$$S_d = \sigma_{1k} = 405 \text{kPa}$$

基底承载力特征值:
$$C_d = \sigma_a = 800 \text{kPa}$$

$S_d \leqslant C_d$,满足要求。

3)墙身截面检算(略)

第 6 章

L 形挡土墙可靠性分析

支挡结构设计的可靠性

悬臂式和扶壁式挡土墙是一种轻型钢筋混凝土支挡结构,它依靠墙身自重和墙底板以上填筑土体(包括荷载)的重力维持挡土墙的稳定,其主要特点是厚度小、自重轻,适用于石料缺乏和地基承载力较低的填方地段。一般用于填方路段作路肩或路堤墙。

悬臂式挡土墙(图 6-1):由立壁、墙趾板、墙踵板三部分组成。一般挡土墙高度不宜大于 6m,当墙高大于 4m 时,宜在墙面板和墙踵板相交处加纵向肋。

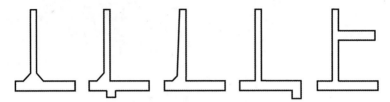

图 6-1 悬臂式挡土墙横断面示意图

扶壁式挡土墙(图 6-2):当悬臂式挡墙的立壁较高时,沿墙长方向每隔一定距离加一道扶壁把墙面板和墙踵板连接起来,以减小立壁下部的弯矩,扶肋把立壁同墙面板连接起来,扶肋起加劲的作用,以改善立壁和墙面板的受力条件,提高结构的刚度和整体性,减少立壁的变形。铁路上扶壁式挡土墙的高度不宜大于 10m。还有一种新型的 L 形挡土墙通过增加卸荷板,减少悬臂段变形,以此突破高度限制(图 6-2)。

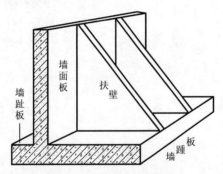

图 6-2 扶壁式挡土墙示意图

铁路上这种支挡结构在钢筋混凝土结构设计上直接采用了极限状态法,但可靠指标未知。外部稳定性检算为总安全系数法。本章主要对该结构的各项主要功能检算的可靠指标进行分析,提出外部稳定性检算的设计表达式。另外,对土压力计算不确定性进行分析。

6.1 设计状况

从第 5 章可知,总安全系数法的设计状况主要反映在荷载计算与总安全系数的取值上。极限状态设计时,设计状况主要反映在荷载的计算、荷载分项系数的取值、荷载组合与抗力分项系数的取值上。本章主要阐述 L 形挡土墙各种荷载中的土压力荷载及路基面以上荷载与重力式挡土墙在计算上的区别。

6.1.1　L形挡土墙上的主要荷载

由于设计状况的不同,检算组合不同。表 6-1 中,许多力的计算与土压力有关。不同的设计状况下,土压力的计算是关键,本章将分析 L 形挡土墙的土压力计算的特点。

荷 载 分 类 表　　　表 6-1

荷载或作用分类		荷 载 名 称
永久荷载		土压力
		结构自重及结构顶面上的恒载
可变荷载	主要	轨道荷载及列车荷载产生的土压力
	施工	施工及临时荷载
偶然荷载		地震力

6.1.2　一般地区置于路堤坡脚时的土压力计算

土压力计算简图如图 6-3 所示。

L 形挡墙墙后填土一般会出现第二破裂面,土压力计算方法与重力式挡土墙类似。不同之处是检算外部稳定时,土压力作用在第二破裂面之上,墙背与第二破裂面之间的土体作为自重与墙身自重一起抵抗土压力。地震地区土压力计算考虑方式与重力式挡土墙一样。浸水地区使用 L 形挡土墙的情况很少,如果有,计算方法与重力式挡土墙一样。

6.1.3　一般地区置于路肩时的土压力计算

当铁路路肩墙墙顶以上填土不足 1.0m 时,轨道及列车荷载在立壁上产生的侧向压应力和踵板上产生的竖向压应力,可近似按弹性理论计算,填料土压力仍按库仑土压力计算。路基面以上荷载计算如图 6-4 所示。

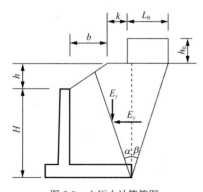

图 6-3　土压力计算简图　　　　　　图 6-4　按弹性理论计算路基面以上荷载简图

E_x-水平土压力;E_y-竖向土压力;α-第二破裂面与竖直方向夹角;β-第一破裂面与竖直方向夹角

(1)路基面以上荷载在悬臂板产生的侧向土压应力计算

$$\sigma_{h_i} = \frac{\gamma_{h_0}}{\pi} \left[\frac{bh_i}{b^2+h_i^2} - \frac{(b+L_0)h_i}{h_i^2+(b+L_0)^2} + \tan^{-1}\left(\frac{b+L_0}{h_i}\right) - \tan^{-1}\frac{b}{h_i} \right] \quad (6-1)$$

式中：b——荷载内边缘至面板的距离；

h_i——墙背距路肩的垂直距离。

(2)路基面以上荷载在踵板上产生的竖向土压应力计算

$$\sigma_{vj} = \frac{\gamma_{h_0}}{\pi} \left(\tan^{-1}X_1 - \tan^{-1}X_2 + \frac{X_1}{1+X_1^2} - \frac{X_2}{1+X_2^2} \right) \quad (6-2)$$

$$X_1 = \frac{2x+L_0}{2h_i}, X_2 = \frac{2x-L_0}{2h_i} \quad (6-3)$$

式中：h_i——踵板顶面至路基面的垂直距离；

x——踵板顶面各计算点至荷载中心的距离。

6.1.4 不同设计状况的荷载组合

如果将现行规范中的荷载组合对应于极限状态设计的荷载组合来分类，则不同设计状况下的荷载组合见表 6-2。

L 形挡土墙设计状况　　　　　　　　　表 6-2

地区情况	荷 载 类 型	荷载组合情况
一般地区	永久荷载：土压力、结构自重及结构顶面上的恒载	永久荷载； 永久荷载＋可变荷载
	可变荷载：轨道荷载及列车荷载产生的土压力、施工及临时荷载	
地震地区	永久荷载：土压力、结构自重及结构顶面上的恒载	永久荷载； 永久荷载＋可变荷载； 永久荷载＋偶然荷载； 永久荷载＋可变荷载＋偶然荷载
	可变荷载：轨道荷载及列车荷载产生的土压力、施工及临时荷载	

6.2　极限状态方程

根据现有规范《铁路路基支挡结构设计规范》(TB 10025—2006)的规定，L 形挡土墙所要求的检算项目包括抗滑动稳定性检算、抗倾覆稳定性检算、基底压应力检算以及 L 形挡土墙截面设计。

6.2.1　外部稳定性检算

1)抗滑动稳定性极限状态方程

在通常情况下，作用在挡土墙上的力，如图 6-5 所示，有墙身自重 W_1，墙后填土产生的土压力 E_a（其水平分力和垂直分力分别为 E_x 和 E_y），挡土墙立壁、踵板与第二破裂面（如未出现第二破裂面,则为假想墙背)之间的土体重 W_2,一般不计入墙前土的作用。

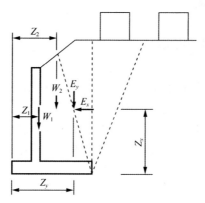

图 6-5　L 形挡土墙受力简图

L 形挡土墙沿基底的抗滑动稳定安全系数 K_C 按下式计算:

$$K_C = \frac{\sum N \cdot f}{E_x} = \frac{(W+E_y) \cdot f}{E_x} = \frac{(W_1+W_2+E_y) \cdot f}{E_x} \tag{6-4}$$

式中:$\sum N$——作用基底上的总竖向力;

E_x——墙后土压力的水平分力;

E_y——墙后土压力的竖向分力;

W——挡土墙自重 W_1 和第二破裂面(如未出现第二破裂面,则为假想墙背)与挡土墙墙体之间土体自重 W_2 之和;

f——基底与地层土间的摩擦系数。

式(6-4)对应的极限状态方程可以写成:

$$R-S=0 \Leftrightarrow (W+E_y) \cdot f - E_x = (W_1+W_2+E_y) \cdot f - E_x = 0 \tag{6-5}$$

2)抗倾覆稳定性极限状态方程

L 形挡土墙沿基底的抗滑动稳定安全系数 K_0 应按下式计算:

$$K_0 = \frac{\sum M_y}{\sum M_0} = \frac{W_1 \cdot Z_1 + W_2 \cdot Z_2 + E_y \cdot Z_y}{E_x \cdot Z_x} \tag{6-6}$$

对应的极限状态方程如下:

$$Z=R-S \Leftrightarrow \sum M_Y - \sum M_0 = W_1 \cdot Z_1 + W_2 \cdot Z_2 + E_y \cdot Z_y - E_x \cdot Z_x = 0 \tag{6-7}$$

式中:$\sum M_Y$——作用在挡土墙上的稳定力对墙趾的力矩之和(kN·m);

$\sum M_0$——作用在挡土墙上的倾覆力对墙趾的力矩之和(kN·m)。

3)基底压应力强度验算

挡土墙基底压应力验算要求挡土墙的基底应力不超过地基承载力,同时,基底合力偏心距也应满足要求,从而避免墙底不均匀沉陷。为了保证挡土墙的基底应力不超过地基的容许承载力,应进行基底应力验算,基底压应力检算的极限状态方程形式,可参见重力式挡土墙。

6.2.2 墙身截面检算

1)墙面板的承载能力极限状态

(1)外力和内力计算

悬臂式和扶壁式挡土墙除了外部稳定性检算外,还应对结构构件的承载能力进行设计,下面以墙面板为例,说明极限状态方程的建立过程。

悬臂式挡土墙立壁的内力计算按(纵向单位取 m)沿高度方向的悬臂梁来考虑,可直接根据悬臂板上土压应力的分布形式通过积分求得悬臂板底部的弯矩和剪力,也可通过简化的方式计算。受力简图如图 6-6 所示。

悬臂板底部的剪力和弯矩:

$$Q_{max} = (\sigma_0 + \sigma_0 + \sigma_H) \times \frac{H_1}{2} \tag{6-8}$$

$$M_{max} = \frac{\sigma_0 H_1^2}{2} + \frac{0.5\sigma_H \times H_1^2}{3} \tag{6-9}$$

式中:M_{max}——悬臂板底部最大弯矩;

Q_{max}——悬臂板底部最大剪力;

σ_0——墙顶土压应力;

σ_H——悬臂板底部土压应力;

H——挡土墙墙高;

H_1——挡土墙墙面板高。

扶壁式挡土墙墙面板按三边固定的板考虑,作用于墙面板的荷载可按梯形分布来考虑,如图 6-7 所示。

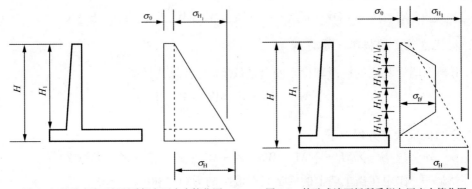

图 6-6 悬臂式墙面板所受侧向压应力简化图　　图 6-7 扶壁式墙面板所受侧向压应力简化图

计算内力时,假定每一水平板条为支撑在扶壁上的连续梁,图 6-7 中水平板条中心所在深度对应的压应力沿板条均匀分布,各板条的弯矩和剪力按连续梁计算。墙面板中部应力按以下公式计算:

$$\sigma_{P_j} = \frac{2\sigma_0 + \sigma_{H_1}}{2} \tag{6-10}$$

扶壁式挡土墙立壁板中部最大水平弯矩和立壁板与肋板结合处的剪力:

跨中正弯矩

$$M_{\max}=\frac{\sigma_{p_j}L_2^2}{20} \tag{6-11}$$

扶壁两端负弯矩和剪力

$$M_{支\max}=-\frac{\sigma_{p_j}L_2^2}{12} \tag{6-12}$$

$$Q_{支\max}=\frac{1}{2}\sigma_{p_j}+L_2 \tag{6-13}$$

扶壁式挡土墙立壁板竖直面内最大竖直弯矩：

$$M_{b\text{底部竖向负弯矩max}}=0.03(\sigma_{H_1}+\sigma_0)L_2H_1 \tag{6-14}$$

$$M_{d\text{正弯矩}}=\frac{M_b}{4} \tag{6-15}$$

式中：L_2——扶壁式挡土墙每节的计算长度和净距。

(2) 承载能力极限状态方程

悬臂式挡土墙和扶壁式挡土墙的各构件已经按极限状态进行设计，其荷载分项系数的取值按《铁路路基支挡结构设计规范》(TB 10025—2006)的要求为 1.65，极限状态设计表达式、材料的性能指标和构造要求均按《混凝土结构设计规范》(GB 50010—2010)的规定。由于现行设计并不知道 L 形挡土墙构件设计的各项功能包含的可靠指标究竟是多少，故为了计算可靠指标，应给出极限状态设计方程。L 形挡土墙抗弯承载力极限状态方程可表示为：

$$Z=M_u-M_{\max}=0 \tag{6-16}$$

式中：M_u——L 形挡土墙构件材料所能承受的极限弯矩；

$M_{\max}$——L 形挡土墙对应各构件实际承受的最大弯矩。

对于矩形截面的 L 形挡土墙构件，极限状态方程中抗力项 M_u 的解析式如下：

$$M_u=\alpha_1 f_{cu}bx\left(h_0-\frac{x}{2}\right) \tag{6-17}$$

$$\alpha_1 f_{cu}bx=f_{yu}A_s \tag{6-18}$$

$$M_u=f_{yu}A_s\left(h_0-\frac{f_{yu}A_s}{2\alpha_1 f_{cu}b}\right) \tag{6-19}$$

式中：f_{yu}——普通钢筋抗拉强度极限值；

A_s——纵向受拉钢筋截面面积；

f_{cu}——混凝土轴心抗压强度极限值；

b、h_0——截面宽度、有效高度；

α_1——系数，可取 1.0。

L 形挡土墙抗剪承载力极限状态方程可表示为：

$$Z=V_u-V_{\max}=0 \tag{6-20}$$

式中：V_u——L 形挡土墙构件材料所能承受的极限剪力；

$V_{\max}$——L 形挡土墙对应各构件实际承受的最大剪力。

极限状态方程中，抗力项 V_u 的计算公式如下：

$$V_u = 0.7 f_{tu} b h_0 + 1.25 f_{yuv} \frac{A_{sv}}{s} h_0 \qquad (6\text{-}21)$$

式中：A_{sv}——配置在同一截面内箍筋各肢的全部截面面积；

s——沿构件长度方向的箍筋间距；

f_{yuv}——箍筋抗拉强度极限值；

f_{tu}——混凝土轴心抗拉强度极限值。

2）墙面板的正常使用极限状态

（1）裂缝宽度验算

墙体中受弯构件最大裂缝宽度计算按《混凝土结构设计规范》(GB 50010—2010)相关规定进行计算。最大裂缝宽度计算如下：

$$\omega_{max} = \alpha_{cr} \psi \frac{\sigma_{max}}{E_s}\left(1.9c + 0.08\frac{d_{eq}}{\rho_{te}}\right) \qquad (6\text{-}22)$$

$$\psi = 1.1 - 0.65 \frac{f_{tu}}{\rho_{te}\sigma_u} \qquad (6\text{-}23)$$

$$\sigma_u = \frac{M_{max}}{0.87 h_0 A_s} \qquad (6\text{-}24)$$

$$d_{eq} = \frac{\sum n_i d_i^2}{\sum n_i v_i d_i} \qquad (6\text{-}25)$$

$$\rho_{te} = \frac{A_s}{A_{te}} \qquad (6\text{-}26)$$

式中：α_{cr}——构件受力特征系数，受弯构件为1.9；

ψ——裂缝间纵向受拉钢筋应变不均匀系数；

σ_{max}——纵向受拉钢筋的等效最大应力；

M_{max}——计算最大弯矩；

E_s——钢筋弹性模量；

ρ_{te}——按有效受拉混凝土截面面积计算的纵向受拉钢筋配筋率；

A_{te}——有效受拉混凝土截面面积；

A_s——受拉纵向非预应力钢筋面积；

h_0——截面有效高度；

d_{eq}——受拉区纵向钢筋的等效直径；

d_i——受拉区第i种纵向钢筋的公称直径；

n_i——受拉区第i种纵向钢筋的根数；

v_i——受拉区第i种纵向钢筋的黏结特性系数，受弯构件为2.1。

对于扶壁式挡土墙肋板的裂缝宽度控制验算，$\sigma_{max} = \frac{N_{max}}{A_s}$，其中，$N_{max}$为计算最大拉力，分为水平方向和竖直方向两种。

最大裂缝宽度验算的极限状态方程如下：

$$\omega_u - \omega_{max} = 0 \qquad (6\text{-}27)$$

式中：ω_u——最大裂缝宽度限定值，一般为0.2mm。

(2)悬臂段顶端挠度计算

根据《铁路路基支挡结构设计规范》(TB 10025—2006)的规定,悬臂式挡土墙的最大高度不宜超过 6.0m,此时悬臂式挡土墙顶端的位移一般没有变形控制的要求,这是因为墙高小于7m时,墙顶位移经检算一般均小于悬臂段高度的 1/100。如果对变形有特殊的要求,如在高速铁路上使用或周边有房屋等建筑,应对墙顶位移进行检算。计算时,可将立壁看成固于底板的悬臂梁,视底板为固定基础,不考虑底板变形对悬臂板的影响时,可按图 6-8 进行计算。悬臂段的外荷载按梯形分布,悬臂为变截面,变形采用分段积分的方式。第 i 点的位移都是相对位移,即假设 $i+1$ 点固定不动(没有位移,没有转角),计算墙顶最大位移时,将底部固定端外的各点放松,将每一点相对于前一点的位移和转角引起的位移叠加上去。

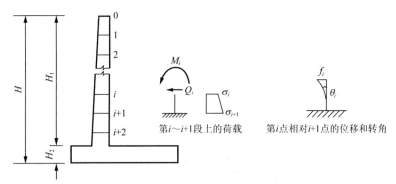

图 6-8 悬臂式挡土墙横断面图

M_i-i 点弯矩;Q_i-i 点剪力;σ_i、σ_{i+1}-i 点和 $i+1$ 点对应的应力;f_i-第 i 点相对于 $i+1$ 点的挠度;θ_i-第 i 点相对于 $i+1$ 点的转角

悬臂顶端横向位移计算过程如下:

$$f_{1i}=\frac{M_i \times \Delta h_i^2}{2B_{L_i}}, \theta_{1i}=\frac{M_i \times \Delta h_i}{B_{L_i}} \tag{6-28}$$

$$f_{2i}=\frac{Q_i \times \Delta h_i^3}{3B_{L_i}}, \theta_{2i}=\frac{Q_i \times \Delta h_i^2}{2B_{L_i}} \tag{6-29}$$

$$f_{3i}=\frac{(11\sigma_i+4\sigma_{i+1}) \times \Delta h_i^4}{120B_{L_i}}, \theta_{3i}=\frac{(3\sigma_i+\sigma_{i+1}) \times \Delta h_i^3}{24B_{L_i}} \tag{6-30}$$

$$f_i=f_{1i}+f_{2i}+f_{3i}, f_{\theta i}=(\theta_{1i}+\theta_{2i}+\theta_{3i}) \times \sum L_{i-1} \tag{6-31}$$

$$f_{\max}=\sum f_i + \sum f_{\theta i} \tag{6-32}$$

式中:f_{1i}——由 M_i 引起的第 i 点相对于 $i+1$ 点的挠度;

θ_{1i}——由 M_i 引起的第 i 点相对于 $i+1$ 点的转角;

f_{2i}——由 Q_i 引起的第 i 点相对于 $i+1$ 点的挠度;

θ_{2i}——由 Q_i 引起的第 i 点相对于 $i+1$ 点的转角;

f_{3i}——第 $i\sim i+1$ 段上侧压力引起 i 点相对于 $i+1$ 点的挠度;

θ_{3i}——第 $i\sim i+1$ 段上侧压力引起第 i 点相对于 $i+1$ 点的转角;

Δh_i——第 $i\sim i+1$ 段的分段长度;

B_{L_i}——第 $i\sim i+1$ 段的长期刚度;

$f_{\max}$——悬臂顶端总位移。

墙顶最大挠度验算的极限状态方程：
$$f_u - f_{max} = 0 \tag{6-33}$$
式中：f_u——墙顶最大位移限定值。

6.2.3 L形挡土墙各项功能要求对应的极限状态方程汇总

L形挡土墙的极限状态方程见表6-3。

L形挡土墙的极限状态方程 表6-3

功能要求		极限状态方程形式
外部稳定性检算	抗滑动	$Z = R - S = (W_1 + W_2 + E_y) \cdot f - E_x = 0$
	抗倾覆	$Z = R - S = W_1 \cdot Z_1 + W_2 \cdot Z_2 + E_y \cdot Z_y - E_x \cdot Z_x = 0$
	基底压应力	参见重力式挡墙
桩身验算	抗弯	$Z = M_u - M_{max} = 0$。M_u为抗弯力，M_{max}为构件最大计算弯矩
	抗剪	$Z = Q_u - Q_{max} = 0$。Q_u为抗剪力，Q_{max}为构件最大计算剪力
	墙顶位移	$Z = x_A - x_{max} = 0$。x_A为位移限值，x_{max}为墙顶位移
	裂缝宽度	$Z = \omega_u - p_w \cdot \omega_{max} = 0$。$\omega_u$为裂缝限值，$\omega_{max}$最大裂缝宽度

将上表中的各项功能检算的极限状态方程采用功能函数的形式表示，引入计算中需要的各种参变量，对这些变量的敏感性进行分析，选择合适的变量作为随机变量，给出随机变量的统计特征。

6.3 极限状态方程中的基本随机变量

6.3.1 一般地区外部稳定性检算中的基本变量

1）抗滑动稳定性计算中的基本变量

影响土压力的主要因素有墙高H、墙后填土的重度γ、填土综合内摩擦角φ_0、荷载换算土柱高度h_0、分布宽度l_0及墙顶以上填土高度h和坡率m，路基面宽度W，线间距D。

影响墙身自重的主要因素有墙面板高度H_1、墙趾板厚度H_2、墙踵板厚度H_3、墙面板宽度T_0，底板宽度B(墙趾板宽度B_1、墙踵板宽度B_3、底部墙面板宽度B_2)、墙身重度γ_W。

影响基底抗滑的主要因素是基底摩擦系数f。

挡土墙抗滑动稳定性的极限状态方程对应的功能函数可写成：
$$Z = g(\gamma, \varphi_0, h, m, \gamma_W, D, H_1, H_2, H_3, T_0, B_1, B_2, B_3, f, h_0, l_0, W) \tag{6-34}$$

2）抗倾覆稳定性计算中的基本变量

影响挡土墙的倾覆稳定性的，主要是土压力和墙身自重，与基底摩擦无关，所以，除基底摩擦系数外，其余随机变量同上，挡土墙抗倾覆稳定性的功能函数表达式为：
$$Z = g(\gamma, \varphi_0, h, m, \gamma_W, D, H_1, H_2, H_3, T_0, B_1, B_2, B_3, h_0, l_0, W) \tag{6-35}$$

3)基底承载力检算中的基本变量

影响挡土墙基底承载力检算,外力主要是土压力、墙身自重,随机变量同抗倾覆检算,抗力是基底极限承载力,增加了变量 σ_j,所以,挡土墙基底承载力检算的功能函数表达式为:

$$Z=g(\gamma,\varphi_0,h,m,\gamma_W,D,H_1,H_2,H_3,T_0,B_1,B_2,B_3,h_0,l_0,W,\sigma_j) \qquad (6-36)$$

6.3.2 地震地区外部稳定性检算中的基本变量

路堤地段地震地区挡土墙的土压力计算中,主要增加了地震动峰值加速度变量 A_g,抗滑动稳定性极限状态方程对应的功能函数可写成:

$$Z=g(\gamma,\varphi_0,h,m,\gamma_W,D,H_1,H_2,H_3,T_0,B_1,B_2,B_3,f,h_0,l_0,W,A_g) \qquad (6-37)$$

同理,抗倾覆稳定性的功能函数可写成:

$$Z=g(\gamma,\varphi_0,h,m,\gamma_W,D,H_1,H_2,H_3,T_0,B_1,B_2,B_3,h_0,l_0,W,A_g) \qquad (6-38)$$

基底承载力验算的功能函数可写成:

$$Z=g(\gamma,\varphi_0,h,m,\gamma_W,D,H_1,H_2,H_3,T_0,B_1,B_2,B_3,h_0,l_0,W,\sigma_j,A_g) \qquad (6-39)$$

6.3.3 墙身截面检算中的基本变量

墙身截面强度检算中的基本随机变量与基底压应力检算的随机变量类似,不同的是抗力的随机变量为墙身材料的抗压、抗拉或抗剪指标。

(1)抗弯检算中的变量

抗弯检算中新增加了以下几个变量:纵向受力钢筋的混凝土保护层厚度、受拉钢筋强度、钢筋直径、混凝土抗压强度。

(2)抗剪检算中的变量

抗剪检算中新增加的变量:箍筋强度、箍筋直径、箍筋间距、混凝土抗压强度、纵向受力钢筋的混凝土保护层厚度、受拉钢筋直径。

(3)墙面板的裂缝宽度检算中的变量

墙面板的裂缝宽度检算中新增加的变量:纵向受力钢筋的混凝土保护层厚度、受拉钢筋强度、钢筋直径、混凝土抗压强度。

(4)悬臂式挡土墙墙面板的变形检算变量

墙面板的变形检算新增随机变量:纵向受力钢筋的混凝土保护层厚度、受力钢筋强度、钢筋直径、混凝土抗压强度。

6.3.4 基本变量分析结果

从上面各功能函数可见,影响挡土墙功能的变量很多,把所有的变量都作为随机变量处理,工作量太大,有些变量目前阶段还无法得到统计规律,因此,有必要分析这些变量对功能函数的影响程度,以确定关键的变量作为随机变量。变量对目标函数的影响分析有多种方法,敏感性分析法是其中的一种。本节采用单因素敏感性分析法对 L 形挡土墙土压力计算和各项功能检算的功能函数进行敏感性分析后,得到变量对目标值影响由大到小的排序,见表 6-4。

外部稳定性检算中统计变量敏感性分析后的关键变量　　　　表 6-4

目标函数	一般地区	地震地区
土压力	挡土墙高度、填料综合内摩擦角、填料重度、路基面宽度	挡土墙高度、填料综合内摩擦角、填料重度、路基面宽度
倾覆稳定系数	墙踵板宽度、挡土墙高度、填料综合内摩擦角、换算土柱高度	墙踵板宽度、挡土墙高度、填料综合内摩擦角、换算土柱高度
滑动稳定系数	填料综合内摩擦角、基底摩擦系数、墙踵板宽度、挡土墙高度	填料综合内摩擦角、基底摩擦系数、墙踵板宽度、挡土墙高度
偏心距	挡土墙高度、填料综合内摩擦角、墙踵板宽度、填料重度	挡土墙高度、填料综合内摩擦角、墙踵板宽度、填料重度
基底压应力	挡土墙高度、墙踵板宽度、填料综合内摩擦角、填料重度	挡土墙高度、墙踵板宽度、填料综合内摩擦角、填料重度

从表 6-4 可知,填料综合内摩擦角、墙高、填料重度与重力式挡墙的变量类似,排序都靠前。作为 L 形挡土墙的特点,踵板宽度代替重力式挡土墙的墙身宽度排在了前面,特别是抗滑动时排在最前面。L 形挡土墙一般不设置在坡脚处,故填方坡率和坡高影响未出现在前面。地震因素的排序未进入前四。从以上结果来看,除了土性参数外,有必要将外部尺寸作为随机变量搜集其统计特征。

6.4 可靠指标

6.4.1 影响 L 形挡土墙各项检算的随机变量统计特征

1)土性参数

与土性参数有关的随机变量的统计规律及参数见表 6-5。

与土性参数相关的随机变量的统计规律及参数　　　　表 6-5

抽样参数	均值	变异系数(%)	分布规律
填料重度	19/20/21kN/m³	5	正态分布
内摩擦角	35°	8.6	正态分布
基底摩擦系数	0.3/0.4	16.6	正态分布
地基承载力	150/180/200/250/300/350/400kPa	24.8	正态分布

注:1~3 取值与重力式路肩墙说明和重力式挡土墙可靠度分析。

表 6-5 中基底摩擦系数均值与极限值的关系:参考《铁一院基底摩擦系数试验报告》(1973 年)、《黄土地区挡土墙基底摩擦系数试验研究》(铁一院 1975 年标准设计通讯)、《挡土墙基底抗滑试验的初步分析》(原载 1975-7 挡土墙设计通讯)、《舟山西堠门跨海大桥基

岩工程地质研究》《关于重力式建筑物在波浪作用下滑移稳定性试验的相似性问题讨论》得出：表中基底摩擦系数是极限值除以大约 1.5 的系数而得到的。在抽样检算滑动稳定性极限状态方程是否失效时，摩擦系数可以通过表 6-5 所给出数值的基础上乘以 1.5 的修正系数作为基底摩擦系数的极限值。

同理，根据《铁路工程地质勘察规范》（TB 10012—2001）中的有关规定，基底极限承载力可以通过容许承载力乘以一个转换系数 λ 得到，（λ 一般取值 2.0 左右）。抽样验算基底压应力某一点是否超过极限承载力时，可采用表 6-5 中承载力乘以 2.0 的修正系数作为基底承载力的极限值。

2）结构计算参数

在进行挡土墙结构的计算过程中，挡土墙材料的变异性需要考虑的随机变量，主要有混凝土的抗拉应力随机变量、混凝土的抗压应力随机变量、钢筋的抗拉应力随机变量、钢筋面积、截面有效高度、剪力计算模式、弯矩计算模式以及混凝土重度。不用敏感性分析也可知道，作为抗力计算中的变量对抗力计算直接产生影响。由于结构可靠性性能的研究早于岩土性能可靠性的研究，这方面能搜集到的资料较多。目前，L 形挡土墙结构构件是按建筑行业《混凝土结构设计规范》（GB 50068—2010）的相关规定进行设计的，考虑到铁路混凝土结构和公路混凝土结构工作环境相同，选择《公路工程结构可靠度设计统一标准》（GB/T 50283—1999）中混凝土结构材料性能统计参数值，以供可靠指标的计算。

(1) 结构材料性能随机变量统计参数

C20、C30 混凝土的统计规律及参数见表 6-6、表 6-7。

C20 混凝土的统计规律及参数 表 6-6

材料种类	均值	变异系数	分布规律
C20 混凝土抗压强度	23200kPa	0.236	正态分布
C20 混凝土抗拉强度	2320kPa	0.214	正态分布
I 级钢筋抗拉强度	259700kPa	0.121	正态分布
II 级钢筋抗拉强度	368900kPa	0.072	正态分布

C30 混凝土的统计规律及参数 表 6-7

材料种类	均值	变异系数	分布规律
C30 混凝土重度	25kN/m^3	未找到	
C30 混凝土抗压强度	30200kPa	0.177	正态分布
C30 混凝土抗拉强度	2620kPa	0.146	正态分布
HRB335 钢筋抗拉强度	363400kPa	0.072	正态分布
HRB400 钢筋抗拉强度	434900kPa	0.065	正态分布

(2) 结构几何尺寸及计算模式随机变量统计参数

几何参数及计算模式随机变量统计参数参考《公路工程结构可靠度设计统一标准》

(GB/T 50283—1999),见表 6-8。

几何参数及计算模式的统计规律及参数　　　　表 6-8

抽样参数	均　值	变异系数	分布规律
截面高度	设计值	0.026	正态分布
截面宽度	设计值	0.008	正态分布
弯矩计算模式	1.00	0.010	正态分布
剪力计算模式	1.00	0.150	正态分布
截面有效高度	设计值	0.023	正态分布
钢筋面积	设计值	0.023	正态分布

上述各表中混凝土方面的统计参数,是根据在全国范围内几乎所有省、市、自治区的重点工地和预制厂(场)的调查,同时收集了已建桥梁的存档试验数据,取得可用数据 3 万多组,从而统计得出统计值;有关钢筋方面,从各个钢厂、桥梁工地试验室、大学和研究单位的试验报告中,收集了有用钢筋强度数据 29 万个,从而得到统计值。

6.4.2 设计中隐含的可靠指标

1)一般地区路堤地段 L 形挡土墙设计条件

计算简图如图 6-9 所示:墙顶以上填土高度为 1.0m,填方边坡率为 1∶1.5,路基面宽度取 13.6m,线间距 5m,墙高 2~6m。

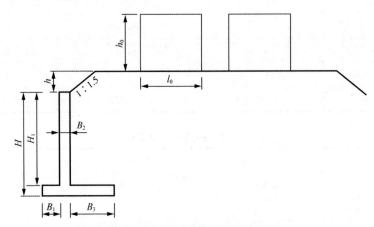

图 6-9　L 形挡土墙可靠度计算简图

填料内摩擦角:填料按砂性填料考虑,取值为 35°;
填料重度 γ:19kN/m³、20kN/m³、21kN/m³;
基底摩擦系数 f:0.3、0.4,极限值乘以 1.5 的系数;
地基承载力 $[\sigma]$:150、180、200、250、300、350、400(kPa),极限值乘以 2.0 的系数;
列车荷载为 ZK 荷载,换算土柱参数见表 6-9。

换算土柱参数　　　　　　　　　　　　　　　　　　　　　　　表 6-9

填料重度(kN/m³)	换算土柱	
	宽度 l_0(m)	高度 h_0(m)
19	3.4	2.8
20	3.4	2.7
21	3.4	2.6

2) L形挡土墙外部稳定性检算的可靠指标计算结果

依据不同的填土重度、基底摩擦系数、基底承载力进行按现行规范要求进行悬臂式挡土墙结构设计,对设计所得尺寸进行土压力抽样计算下的外部稳定性极限状态验算,土压力计算中随机变量参数的选取按照表 6-5。部分外部稳定性检算的总安全系数和对应的可靠指标见表 6-10。

L形挡土墙可靠度计算结果 1($\varphi=35°$, $\gamma=19\text{kN/m}^3$, $f=0.3\times1.5$)　　表 6-10

地基承载力(kPa)	墙高(m)	安全系数		基底应力		可靠指标		
		K_C	K_0	σ_1	σ_2	β_{K_C}	β_{K_0}	$\beta_{\sigma_{MAX}}$
150×2	2	1.3	8.19	56	53	2.83	6.36	3.35
	3	1.34	7.31	83	69	2.88	6.36	3.04
	4	1.36	6.66	112	81	2.95	6.36	2.56
	5	1.34	5.99	141	90	2.88	6.36	2.16
	6	1.34	6.05	150	110	2.88	6.36	2.04
180×2	2	1.3	8.19	56	53	2.83	6.36	3.35
	3	1.34	7.31	83	69	2.88	6.36	3.19
	4	1.36	6.66	112	81	2.95	6.36	2.82
	5	1.34	5.99	141	90	2.88	6.36	2.42
	6	1.34	5.64	170	99	2.88	6.36	2.13
200×2	2	1.3	8.19	56	53	2.83	6.36	3.72
	3	1.34	7.31	83	69	2.88	6.36	3.12
	4	1.36	6.66	112	81	2.95	6.36	3.09
	5	1.34	5.99	141	90	2.88	6.36	2.67
	6	1.34	5.64	170	99	2.88	6.36	2.40
250×2	2	1.3	8.19	56	53	2.83	6.36	3.54
	3	1.34	7.31	83	69	2.88	6.36	3.35
	4	1.36	6.66	112	81	2.95	6.36	3.24
	5	1.34	5.99	141	90	2.88	6.36	2.93
	6	1.34	5.64	170	99	2.88	6.36	2.75

以上计算所得数据显示,L形挡土墙抗滑动稳定性可靠指标的计算值规律性较强,当 $K_c \approx 1.30$ 时,可靠指标大致在 2.83~2.95 之间,相对应的失效概率在 0.17%~0.23% 之间。抗倾覆稳定性可靠指标的计算值为 6.36,相应的失效概率为 0,从对应的总安全系数来看,是合理的。地基承载力可靠指标的计算值在墙趾应力 σ_1 接近限定值时大致为 2.04,相对应的失效概率在 2.05%~2.08% 之间。L形挡墙外部稳定性检算的可靠指标较好地反映了 L形挡土墙的实际情况,即大部分情况下滑动稳定性控制了计算;低应力情况下,墙趾应力也有控制计算的情况;倾覆稳定完全不控制计算。

为了分析路基面以上荷载对可靠指标计算结果的影响,将荷载作为定值对表 6-10 计算条件下的悬臂式挡土墙的可靠指标重新进行计算,将计算结果与表 6-10 中的结果进行对比,见表 6-11。

路基面以上荷载为定值和为随机变量情况下可靠指标对比   表 6-11

地基承载力 (kPa)	墙高(m)	抗滑可靠指标		抗倾覆可靠指标		地基承载力可靠指标	
		0	5.80%	0	5.8%	0	5.8%
150×2	2	2.83	2.83	6.36	6.36	3.35	3.35
	3	2.88	2.89	6.36	6.36	3.04	3.06
	4	2.95	2.93	6.36	6.36	2.56	2.55
	5	2.88	2.86	6.36	6.36	2.16	2.16
	6	2.88	2.88	6.36	6.36	2.04	2.04
180×2	2	2.83	2.83	6.36	6.36	3.35	3.35
	3	2.88	2.89	6.36	6.36	3.19	3.19
	4	2.95	2.93	6.36	6.36	2.82	2.82
	5	2.88	2.86	6.36	6.36	2.42	2.42
	6	2.88	2.86	6.36	6.36	2.13	2.12
200×2	2	2.83	2.83	6.36	6.36	3.72	3.72
	3	2.88	2.89	6.36	6.36	3.12	3.12
	4	2.95	2.93	6.36	6.36	3.09	3.09
	5	2.88	2.86	6.36	6.36	2.67	2.66
	6	2.88	2.86	6.36	6.36	2.40	2.40
250×2	2	2.83	2.83	6.36	6.36	3.54	3.54
	3	2.88	2.89	6.36	6.36	3.35	3.35
	4	2.95	2.93	6.36	6.36	3.24	3.29
	5	2.88	2.86	6.36	6.36	2.93	2.93
	6	2.88	2.86	6.36	6.36	2.75	2.75
备注		可靠指标分别对应于荷载变异系数为 0 和 5.8% 的情况					

从表 6-11 可知,列车荷载的变异性对 L 形挡土墙的抗滑、抗倾覆、地基承载力的可靠指

3)结构构件可靠指标计算

L形挡土墙结构构件已经按照极限状态法进行抗弯、抗剪以及裂缝宽度的设计,但并不知道各项功能的可靠指标是多少。现以悬臂式挡土墙的悬臂板为例,进行结构构件功能检算所对应的可靠指标分析。

设计时采用C30钢筋混凝土,钢筋选用HRB400、HRB335。按照目前铁路路基的常规作法,标准弯矩和剪力按照《铁路路基支挡结构设计规范》(TB 10025—2006)的规定乘以1.65的分项系数,作为设计弯矩和设计剪力进行结构配筋,其可靠指标的计算结果均为6.36,即结构不失效。为了解释出现这种现象的原因,下面将荷载分项系数由1.65变为1.30时进行抗弯可靠指标对比,见表6-12。

L形挡土墙抗弯可靠度计算结果　　　　表6-12

地基承载力(kPa)	墙高(m)	分项系数取1.65		分项系数取1.30	
		失效概率	可靠指标	失效概率	可靠指标
150×2	2	0.00	6.36	0.0001	3.72
	3	0.00	6.36	0.0001	3.72
	4	0.00	6.36	0.0001	3.72
	5	0.00	6.36	0.0002	3.54
	6	0.00	6.36	0.0004	3.35
200×2	2	0.00	6.36	0	6.36
	3	0.00	6.36	0.0001	3.72
	4	0.00	6.36	0.0001	3.72
	5	0.00	6.36	0.0002	3.54
	6	0.00	6.36	0.0001	3.72

注:$\varphi=35°$,$\gamma=19kN/m^3$,$f=0.3×1.5$。

由计算结果可知,当假定分项系数取为1.30时,会出现弯矩失效的情况。

在抗弯计算中,《铁路路基支挡结构设计规范》(TB 10025—2006)规定的1.65的荷载分项系数是根据容许应力计算法校准而得的,正截面承载力计算时,钢筋的极限抗拉应力又比钢筋的设计抗拉应力至少大1.4倍,所以在可靠度的计算中,弯矩计算部分出现失效概率为0的情况。

如果不考虑土压力实际上是大于主动土压力的情况,1.65的荷载分项系数,为悬臂式挡土墙提供了较大的安全储备。由第12章中土压力试验可知,悬臂板上土压力大于主动土压力,则悬臂板在结构设计中的土压力算小了,可靠指标并没有那么大。

除了承载能力验算外,还应进行正常使用极限状态验算,即裂缝宽度和挠度验算。由于裂缝宽度验算和抗弯设计均会影响主筋配置,下面将抗弯和裂缝宽度的所需钢筋面积进行对比,计算结果见表6-13。

支挡结构设计的可靠性

抗弯和裂缝的所需主筋面积以及裂缝宽度验算相应可靠指标计算　　　　表 6-13

抗弯所需主筋面积(m^2)	满足最大裂缝宽度限制所需主筋面积(m^2)	可 靠 指 标
1.08×10^{-3}	1.18×10^{-3}	2.21
1.54×10^{-3}	1.64×10^{-3}	1.78
1.76×10^{-3}	1.86×10^{-3}	1.51
2.40×10^{-3}	2.60×10^{-3}	1.63
3.12×10^{-3}	3.32×10^{-3}	1.49
1.08×10^{-3}	1.18×10^{-3}	2.27
1.54×10^{-3}	1.64×10^{-3}	1.76
1.76×10^{-3}	1.86×10^{-3}	1.48
2.40×10^{-3}	2.60×10^{-3}	1.63
3.12×10^{-3}	3.32×10^{-3}	1.52
1.08×10^{-3}	1.18×10^{-3}	2.32
1.54×10^{-3}	1.64×10^{-3}	1.78
1.76×10^{-3}	1.86×10^{-3}	1.49
2.40×10^{-3}	2.60×10^{-3}	1.63
3.12×10^{-3}	3.32×10^{-3}	1.50
1.08×10^{-3}	1.18×10^{-3}	2.28
1.54×10^{-3}	1.64×10^{-3}	1.78
1.76×10^{-3}	1.86×10^{-3}	1.49
2.40×10^{-3}	2.60×10^{-3}	1.63
3.12×10^{-3}	3.32×10^{-3}	1.51

悬臂板的结构计算中,以设计弯矩计算出的钢筋面积虽然和裂缝宽度验算需要的钢筋面积很接近,但大部分情况下不能满足正常使用极限状态下的悬臂板裂缝宽度小于 0.2mm 的要求,即主筋配筋面积是由裂缝控制的。在抗弯面积的基础上继续增加钢筋面积达到裂缝满足小于 0.2mm 的要求时,相应的正常使用可靠指标在 1.27～2.64 之间变动,当裂缝的宽度非常接近 0.2mm 时,对应的可靠指标在 1.27～1.40 之间变动。

另外,必须注意到,悬臂板所受的土压力并不是主动土压力,从第 12 章中的试验可知,悬臂板的变形远远没有达到出现主动状态的要求,悬臂段实际上是承受了一个大于主动土压力的侧向推力,按照可靠度理论不确定性的说法,土压力计算的不确定性系数是一个大于 1.0 的系数,这个系数的存在,将会"吃掉" 1.65 荷载分项系数的一部分,也就是说,抗弯的可靠指标其实并没有现在所算的结果那么高。以前的容许应力法,碰巧把这种不利因素所带来的风险降低了。

4)可靠指标计算值的统计和分析

将 L 形挡土墙的可靠指标计算结果进行统计后,结果见表 6-14。

可靠指标计算值 表 6-14

指 标 名 称	变 化 范 围	指 标 名 称	变 化 范 围
抗滑可靠指标	2.83～2.95	抗弯可靠指标	6.36
抗倾覆可靠指标	6.36	抗剪可靠指标	6.36
地基承载力可靠指标	2.04～6.36	裂缝可靠指标	1.27～2.64

抗滑可靠指标在 2.83～2.95 之间变动,变化幅度较小,与之对应的 K_c 也在 1.30 附近变动,K_c 较大时,对应的可靠指标也相应增大;抗倾覆可靠指标为 6.36,即计算的失效概率为 0,与之对应的 K_0 远远大于规范要求的 1.60,二者是相互符合的;地基承载力的可靠指标在 2.04～6.36 之间变动,由地基承载力控制的相应的可靠指标较小,当地基承载力大于墙趾应力时,对应的可靠指标就比较大;抗弯的可靠指标和抗剪可靠指标均为 6.36,由于存在外力计算的不确定性系数,实际可靠指标应低于这个值;裂缝可靠指标也即裂缝宽度满足小于 0.2mm 的要求时对应的可靠指标,在 1.27～2.64 之间变动。

6.4.3 目标可靠指标建议值

目标可靠指标即设计时控制计算的可靠指标,应在功能项控制设计时的计算可靠指标中选取。见表 6-15。

抗滑可靠指标 表 6-15

指 标 名 称	抗滑可靠指标	指 标 名 称	抗滑可靠指标
变化范围	2.83～2.88	失效概率	0.2%
均值	2.86		

抗滑安全系数 $K_c=1.30$ 时,对应的可靠指标在 2.83～2.88 之间变动,与均值比,变化率为 1%,变化幅度小,可直接推荐为目标可靠指标。

由地基承载力控制时对应的地基承载力可靠指标见表 6-16。

地基承载力可靠指标 表 6-16

指 标 名 称	地基承载力可靠指标	指 标 名 称	地基承载力可靠指标
变化范围	2.04	失效概率	2.06%
均值	2.04		

在设计挡土墙时,地基的承载力分别取 150kPa、180kPa、200kPa、250kPa、300kPa、350kPa、400kPa 时,由地基承载力控制的设计的情况只有当承载力取 150kPa 时,墙高为 6m 才出现一次,这个可靠指标不具代表性,不宜推荐为目标可靠指标。

当裂缝宽度接近 0.2mm 时,对应可靠指标见表 6-17。

裂缝宽度接近 0.2mm 时的可靠指标 表 6-17

指 标 名 称	可靠指标	指 标 名 称	可靠指标
变化范围	1.27～1.40	失效概率	10.1%
均值	1.27		

由上表可知裂缝宽度接近0.2mm时,相应的可靠指标在1.27~1.40之间变动,低墙对应的可靠指标稍大,高墙较小。

根据校准法的含义,在规范从总安全系数法转为极限状态设计法的初期阶段,应保证对应于目标可靠指标的分项系数设计的结构与现行规范设计的结构大致相当,为了达到这个要求,建议在抗滑动稳定性检算的分项系数计算中,目标可靠指标取统计结果的均值,这个值也正好是目标可靠指标推荐值。抗弯、抗剪和裂缝宽度,从目前可靠指标的结果来看,安全储备是足够的,悬臂板的结构设计,可以把综合荷载分项系数分为作用计算模型不确定性系数、永久荷载分项系数和可变荷载分项系数。

6.5 荷载分项系数和抗力分项系数

6.5.1 作用效应和抗力的统计特征

本节以抗滑动为例,说明L形挡土墙外部稳定性检算分项系数的计算过程。当$\varphi=35°$、$\gamma=19kN/m^3$、$f=0.3\times1.5$、$[\sigma]=150kPa$时,L形挡土墙滑动稳定性检算的抗力和作用相应统计图,如图6-10、图6-11所示。

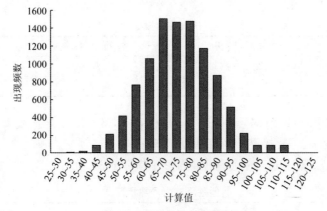

图6-10 抗滑总抗力统计图

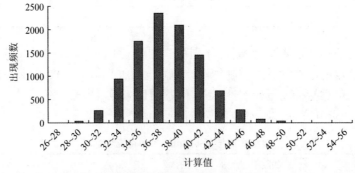

图6-11 滑动总荷载统计图

图6-10和图6-11显示抗力和作用均为正态分布。根据以上统计图,可得抗力和作用的

统计特征:标准差和变异系数。采用一般分离法,即可求得抗力和作用分离函数。只要知道目标可靠指标,即可求得抗力和荷载的分项系数。

6.5.2 分项系数计算

L形挡土墙抗滑动稳定性极限状态方程为:$W_1 \cdot f + (W_2 + E_y) \cdot f - E_x = 0$。令抗力 $R = W_1 \cdot f + (W_2 + E_y) \cdot f$,作用 $S = E_x$,故极限状态方程 $R - S = 0$,相应的分项系数表达式为 $\gamma_R \cdot \mu_R - \gamma_S \mu_S = 0$,其中 μ_R、μ_S 分别表示 $W_1 \cdot f + (W_2 + E_y) \cdot f$ 和 E_x 的均值。如果用 σ_R、σ_S 分别表示 R 和 S 的标准差,变异系数可用公式 $\delta = \sigma/\mu$ 进行计算。用程序统计出 R 和 S 的均值和标准差,采用一般分离法,可计算出相应的分项系数,见表 6-18。

抗滑分项系数　　　　　　　　　　　　　表 6-18

分项系数	γ_R	γ_S
变化范围	0.523～0.531	1.063～1.087
均值	0.527	1.072

然而将自重抗力和土压力平衡力表达为一个整体,以统一的分项系数来表示并不精确。由于二者之间的参数不同,统计规律不同,相同的分项系数达不到同样的保证率。同理,荷载效应也有动、静之分,按道理也应该分项计算,但必须注意一个问题,即在进行稳定性验算时,荷载分项不仅反映在不平衡力系中,而且会反映在平衡力系中,这样分项较多,不利于校准。下面仅给出抗力部分二次分项时,抗力分项系数的计算结果。

令 $R_1 = W_1 \cdot f$,$R_2 = (W_2 + E_y) \cdot f$,$S = E_x$,极限状态方程变为 $R_1 + R_2 - S = 0$,相应的分项系数表达式为 $\gamma_{R_1} \cdot R_1 + \gamma_{R_2} \cdot R_2 \geqslant \gamma_S \cdot S$。用 μ_{R_1}、μ_{R_2}、μ_S 分别表示 $W_1 \cdot f$、$(W_2 + E_y) \cdot f$ 和 E_x 的均值,用 σ_{R_1}、σ_{R_2}、σ_S 分别表示 $W_1 \cdot f$、$(W_2 + E_y) \cdot f$ 和 E_x 的标准差,变异系数可用公式 $\delta = \sigma/\mu$ 进行计算。计算出相应的分项系数见表 6-19。

抗滑分项系数　　　　　　　　　　　　　表 6-19

分项系数	γ_{R_1}	γ_{R_2}	γ_S
变化范围	0.854～0.899	0.534～0.558	1.076～1.105
均值	0.877	0.544	1.085

6.6 设计表达式

6.6.1 稳定性检算设计表达式

1) 抗滑动稳定性设计表达式

$$\gamma_{R_1} \times W_1 f + \gamma_{R_2} \times (W_2 + E_y) f - \gamma_S E_x \geqslant 0 \qquad (6\text{-}40)$$

式中：E_x——墙后土压力的水平分力；

E_y——墙后土压力的竖向分力；

W_1——挡土墙自重；

W_2——第二破裂面（如未出现第二破裂面则为假想墙背）与挡土墙墙体之间土体自重；

f——基底与地层间的摩擦系数。

将表 6-19 中的均值带入式(6-40)，则抗滑动稳定性设计表达式可以表示为：

$$0.877 \times W_1 \times f + 0.544 \times (W_2 + E_y) \times f - 1.085 E_x \geqslant 0 \tag{6-41}$$

2) 抗倾覆稳定性和基底承载力验算

按现有规范设计的 L 形挡土墙，抗倾覆可靠度计算失效概率为 0，抗倾覆不控制设计，基底承载力验算也几乎不控制设计，这两项功能检算的极限状态设计表达式均可参考重力式挡土墙。

6.6.2 钢筋混凝土构件结构设计

按现行的支挡结构设计规范中的综合分项系数和《混凝土结构设计规范》(GB 50010—2010)设计的 L 形挡土墙，承载能力极限状态设计的可靠指标较大，但荷载分项系数应细化，根据第 12 章的试验结果，土压力计算模型不确定性系数可取 1.25，则静荷载分项系数可取 1.35，$1.25 \times 1.35 = 1.687$，比综合分项系数 1.65 稍大，动荷载分项系数可取 1.4。这样取值后，可靠指标应减小，趋于合理。

在进行悬臂板的裂缝宽度检算中，发现大多数情况下裂缝宽度控制着配筋的面积，当裂缝宽度接近 0.2mm 时的配筋面积所对应的裂缝的可靠指标在 1.5 左右，高墙稍小。按《混凝土结构设计规范》(GB 50010—2010)进行正常承载能力极限状态验算是合理的。

6.7 L 形挡土墙极限状态设计验证及分项系数校准

为了验证按极限状态法设计与按总安全系数法设计的结果是否吻合，可采用系数校核验证和设计结果对比验证的方式。

6.7.1 系数校核验证

当只有抗力和作用两个变量时，只需看抗力除以作用对应的综合分项系数是否和总安全系数一样或接近。如果抗力或作用不止一个变量时，就不能直接得到综合分项系数。如果抗力和作用均为分项时，综合分项系数与总安全系数是比较吻合的，那么分项以后，可将未分项时设计抗力与设计作用之差和分项之后的设计抗力与设计作用之差进行对比。以 L 形挡土墙抗滑动稳定检算为例，抗力未分项时的设计抗力 $R_S = \gamma_R \mu_R$，设计作用 $S_S = \gamma_S \mu_S$，抗力分项时的设计抗力 $R_S = \gamma_{R_1} \mu_{R_1} + \gamma_{R_2} \mu_{R_2}$，校准结果见表 6-20。

L形挡土墙抗滑分项系数验算结果($\varphi=35°$,$\gamma=19kN/m^3$,$f=0.3\times1.5$)　　表 6-20

地基类型	墙高(m)	安全系数	μ_{R_1}	μ_{R_2}	μ_S	γ_{R_1}	γ_{R_2}	γ_S	R_S-S_S 分项后	R_S-S_S 未分项
150×2 kPa	2	1.3	42.3	33.4	38.9	0.877	0.544	1.085	13.1	−1.7
	3	1.34	68.6	63.3	65.5	0.877	0.544	1.085	23.5	−1.6
	4	1.36	95.5	102.1	96.9	0.877	0.544	1.085	34.2	−3.3
	5	1.34	122.9	143.7	132.8	0.877	0.544	1.085	41.9	−3.4
	6	1.34	154.4	194.4	173.1	0.877	0.544	1.085	53.4	−3.9
180×2 kPa	2	1.3	42.3	33.4	38.9	0.877	0.544	1.085	13.1	−1.6
	3	1.34	68.6	63.3	65.5	0.877	0.544	1.085	23.5	−1.6
	4	1.36	95.5	102.1	96.9	0.877	0.544	1.085	34.2	−3.3
	5	1.34	122.9	143.7	132.8	0.877	0.544	1.085	41.9	−3.4
	6	1.34	154.4	192.5	173.1	0.877	0.544	1.085	52.4	−5.0

由表 6-20 可知：R_S-S_S 的差值随墙高的增大而逐渐增大，而且总是偏向一边；当抗力部分分成两项时，R_S-S_S 的差值比未分项时更大。

分析产生偏差的原因：在只有抗力和作用两项的情况下，计算分项系数时，$\sigma_Z=\sqrt{\sigma_R^2+\sigma_S^2}$ 只有在 R 与 S 相互独立时，才能够成立（参考概率与数理统计中方差部分），而实际情况是 R 与 S 并不相互独立，因此两项计算中已经存在误差。当把抗力项再次划分成两项时，实际上已经在第一次误差的基础之上又一次积累了误差，而且抗力的两项中均含有摩擦系数，使得分项后的两个变量的相关性非常明显，因此，抗力再一次划分时，R 与 S 之间的差值在增大。理论上一般分离法比其他分离法更精确，可以将变量无限分解下去，而实际运用中，变量相互独立的条件难以满足，所以变量是否分解的越多、越细就越好，不能一概而论，应根据需要来分解。

从上面的系数校准可知，如果要使极限状态设计和总安全系数设计的结果相近，分项系数就需要调整。

6.7.2　设计验证

下面通过一个例子来说明怎样进行设计验证。

1) 挡土墙设计的基本数据

路基面宽度 $L_0=13.6m$，荷载分布宽度 $W=3.4m$、高度 $h_0=2.7m$、线间距 $D=5m$，墙顶填方高度 $h=0.5m$，最小墙高为 2m，最大墙高为 6m。设计状况为一般地区双线有荷。计算图示如图 6-12 所示。

填料和地基物理力学性能采用指标及设计系数见表 6-21。

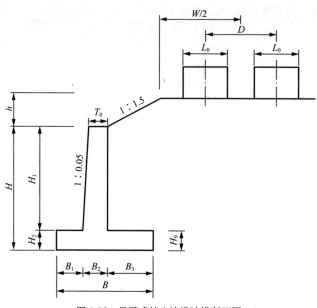

图 6-12 悬臂式挡土墙设计横断面图

设计采用的指标和系数 表 6-21

设计方法	指标名称		取值
总安全系数法	综合内摩擦角设计值 φ_0		35°
	重度设计值 γ		19kN/m³
	基底摩擦系数设计值 f		0.4
	基底承载力容许值 $[\sigma]$		400kPa
	抗滑动总安全系数 K_c		1.3
极限状态法	综合内摩擦角标准值		35°
	重度均值		19kN/m³
	基底摩擦系数极限值		0.4×1.5=0.6
	基底承载力特征值		400kPa
	抗滑动	由自重产生的平衡作用的分项系数	0.877
		由填料竖力产生的平衡作用的分项系数	0.544
		填料不平衡作用分项系数	1.085

注：表中分项系数是对应于极限摩擦系数的。

2）总安全系数法计算结果

总安全系数法的计算过程从略，此处仅列出计算结果见表 6-22、表 6-23。

由表 6-23 可知，悬臂式挡土墙全部由抗滑动安全系数控制设计，故下面主要针对抗滑动进行设计验证。由于基底压应力检算为正常使用极限状态设计，与总安全系数法的验算式中的符号不同，但取值相同，故无需验证。

总安全系数法设计尺寸 表 6-22

墙高 H (m)	墙体尺寸								$A(m^2)$
	H_1(m)	H_2(m)	H_3(m)	T_0(m)	B(m)	B_1(m)	B_2(m)	B_3(m)	
2	1.7	0.3	0.3	0.3	2.21	0.2	0.39	1.62	1.24
3	2.7	0.3	0.3	0.3	2.77	0.3	0.44	2.04	1.82
4	3.6	0.4	0.4	0.3	3.3	0.4	0.48	2.42	2.72
5	4.5	0.5	0.5	0.3	3.8	0.5	0.53	2.78	3.76
6	5.4	0.6	0.6	0.33	4.29	0.6	0.6	3.09	5.08

总安全系数法计算结果 表 6-23

墙高 H (m)	水平力 E_x (kN)	竖直力(kN)			K_c	K_0	墙趾应力 σ_1 (kPa)
		ΣN	W_1	W_2+E_y			
2	31	102	31	71	1.30	4.98	60
3	56	182	45.5	136.5	1.30	4.26	91
4	85	278	43	235	1.30	3.84	123
5	119	389	94	295	1.30	3.57	155
6	157	512	127	385	1.30	3.37	187

注:W_1 为悬臂式挡墙自重力,W_2 为踵板以上填土重力,E_y 为填料及路基面以上荷载产生的竖向土压力。

3) 对极限状态设计检算进行验证

由式(6-41)可知:
$$Z=R-S=[\gamma_G W_1 f+\gamma_{E_1}(W_2+E_y)f]-\gamma_{E_2} E_x \tag{6-42}$$

式中:R——平衡力,此处 $R=\gamma_{R_1} W_1 f+\gamma_{R_2}(W_2+E_y)f$;

S——不平衡力,此处 $S=\gamma_S E_x$;

γ_G——根据表 6-21 取 0.877;

γ_{E_1}——根据表 6-21 取 0.544;

γ_{E_2}——根据表 6-21 取 1.085;

f——摩擦系数,取值 $0.4\times 1.5=0.6$。

抗滑动稳定性按极限状态设计的验证结果见表 6-24。

极限状态设计结果 表 6-24

墙高 H(m)	水平力 E_x(kN)	R(kN)	S(kN)	$\Delta=R-S$(kN)	Δ/W_1	极限状态设计显示
2	31	39.4866	33.635	5.8516	0.19	结构横截面大了
3	56	68.4957	60.76	7.7357	0.17	结构横截面大了
4	85	99.3306	92.225	7.1056	0.17	结构横截面大了
5	119	145.7508	129.115	16.6358	0.18	结构横截面大了
6	157	192.4914	170.345	22.1464	0.17	结构横截面大了

表 6-24 显示,按照极限状态设计,抗力均大于作用,富余量占结构总重的 17%～19%,结构的横截面积似乎都大了,但按照经验校准的原则,我们是承认原规范总安全系数设计的结构所隐含的可靠指标是合理的,而且表 6-23 的计算结果也显示,本结构确实全部由抗滑动控制外部稳定性设计,那么抗滑动完全没有富余,极限状态设计理应得到相同的或十分接近的设计尺寸。按照总安全系数法设计的尺寸,通过抽样计算得出的可靠指标,求得分项系数后,再由极限状态法进行设计,会得到比原来更小的截面尺寸。如果坚持认为所得分项系数绝对正确,势必以此分项系数重新设计的结构会比总安全系数法设计的结构横截面小。如果以更小的横截面进行可靠指标计算,其结果必然是可靠指标减小了,这显然出现了矛盾。分析其原因,主要是第二章中所分析的抽样计算有近似、分项系数计算也有近似,以及本章中所分析的抗力二次分项的两个变量并不独立。这种系统的误差导致计算结果朝一个方向偏离。为了达到更为精确的校准,我们必须在以上理论方法所求得的分项系数的基础上,通过分析,对分项系数进行调整。

在调整之前,首先对衡重式挡土墙和悬臂式挡土墙抗滑动分项系数进行一个对比,见表 6-25。

悬臂式挡土墙抗滑动分项系数与衡重式挡土墙对比　　表 6-25

结构类型		γ_G	γ_{E_1}	γ_{E_2}
衡重式挡土墙		0.77	0.89	1.26
悬臂式挡土墙	调整前	0.877	0.544	1.085
	调整后	0.85	0.55	1.22

表 6-25 显示,在悬臂式挡土墙调整前的分项系数与衡重式挡土墙的差别很大。我们拿衡重式挡土墙与悬臂式挡土墙对比的理由是,悬臂式挡土墙的踵板相当于衡重式挡土墙的衡重台,这两种墙型的土压力计算在上墙部分是一样的。在抗滑动稳定性检算中,方程的形式和力系的归类也是完全一样的。从第 5 章和第 6 章的分析中又知,衡重式挡土墙分项系数与总安全系数的校准比悬臂式挡土墙更好,那么我们调整系数的原则之一就是悬臂式挡土墙向衡重式挡土墙靠拢。从表 6-5 可知,衡重式挡土墙的作用分项系数为 1.26,大于悬臂式挡土墙的作用分项系数 1.085,通过试算,将此系数调整为 1.22。两结构的抗力均被分为两项,抗力分项系数的分配比例差别很大,完全相反,但由于衡重式挡土墙自重的确在抗力中占了很大比例,悬臂式挡土墙较之于衡重式挡土墙轻得多,说明抗力分项系数的分配比例正好反映的这两种结构的特性,不应进行统一,那么我们调整系数的原则之二就是不改变分配比例,在原有系数的基础上进行微调,通过试算,γ_G 和 γ_{E_1} 调整后分别为 0.85 和 0.55。将表 6-25 中悬臂式挡土墙调整后的抗滑动稳定性分项系数代入极限状态设计方程,可得验算结果见表 6-26。

分项系数调整后的极限状态设计结果　　表 6-26

墙高 H(m)	水平力 E_x(kN)	R(kN)	S(kN)	$\Delta=R-S$(kN)	Δ/W_1	极限状态设计显示
2	31	39.24	37.82	1.42	0.046	结构横截面略大
3	56	68.25	68.32	−0.07	−0.002	结构横截面略小

续上表

墙高 H(m)	水平力 E_x(kN)	R(kN)	S(kN)	$\Delta = R - S$(kN)	Δ/W_1	极限状态设计显示
4	85	99.48	103.7	−4.22	−0.098	结构横截面略小
5	119	145.29	145.18	0.11	0.001	结构横截面略大
6	157	191.82	191.54	0.28	0.002	结构横截面略大

从表 6-26 可知，分项系数调整之后，极限状态设计显示结构横截面的差异有大有小，不再是系统性误差，而且差值非常小，说明该分项系数的调整是可行的。当然，这里仅仅是一个示例，要真正得到代表大多数情况的分项系数，应进行大量计算分析。

第 7 章

桩结构可靠性分析

7.1 设计状况

对于桩结构,和重力式挡土墙一样,不同的设计工状况下土压力的计算方式是不一样的,结构设计的安全系数也是不同的。桩结构按所处的工作环境,主要分为一般地区、浸水地区和地震地区三种;按工作的时间段,可分为施工阶段和运营阶段;按荷载出现的频率,可分为持久、短暂和偶然等;按所在线路的状况,可分为客货共线和高速铁路。所有这些条件的组合,构成了桩结构的设计状况。

7.1.1 铁路路基设计中根据使用情况对桩结构的三大分类

1) 抗滑桩

最早的侧向受力桩结构是抗滑桩,如图 7-1 所示。抗滑桩是穿过滑坡体深入于滑床的桩柱,用以支挡滑体的滑动力,起稳定滑坡的作用,适用于浅层和中厚层的滑坡,是一种抗滑处理的主要措施。

抗滑桩的结构形式可分为:单排抗滑桩、椅式桩墙、π 形钢架桩、排架抗滑桩、h 形排架抗滑桩、预应力锚索抗滑桩、微型桩群加锚索和底部加设锚杆的抗滑桩。

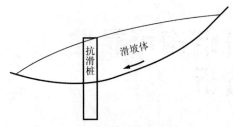

图 7-1 抗滑桩滑坡横断面示意图

2) 桩板式挡土墙

桩板式挡土墙是由抗滑桩发展而来的,当路基边坡采用悬臂式锚固桩支挡时,存在桩间支挡类型选择问题,桩间挂板或搭板就形成了桩板墙,如图 7-2 所示。

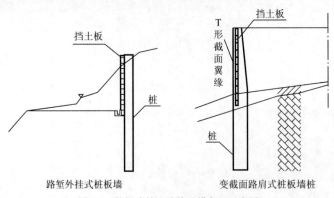

路堑外挂式桩板墙   变截面路肩式桩板墙桩

图 7-2 桩板式挡土墙路基横断面示意图

桩板式挡土墙可用于一般地区、地震地区和浸水地区。桩板挡土墙的形式:按工程设置位置不同,分为路堤式、路肩式、路堑式桩板墙;按结构形式不同,分为悬臂式、锚索桩板墙、锚拉式桩板墙;按桩的截面类型不同,可分为矩形截面、T 形截面、等截面和变截面;按挡土板设置的位置不同,可分为外挂式、内置式桩板墙;按挡土板类型的不同,可分为平板型、弧线型、折线型、矩形截面、槽形截面。

3）预加固桩

预加固桩是抗滑桩应用于路堑边坡加固形式的结果,如图 7-3 所示。由于西南地区地形起伏比较大,地质条件比较差,大量使用机械化开挖,边坡极易失稳,所以,要对路堑地段边坡在开挖前进行预加固处理。因此,产生了预加固桩这种边坡的预处理方式。

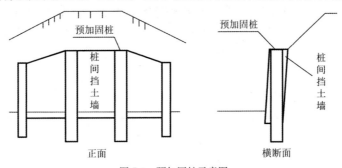

图 7-3 预加固桩示意图

预加固桩在铁路建设中用得较多,但有关预加固桩的理论研究,还远远落后于实践。预加固桩与桩板墙最大的区别是,桩间挡土墙独自承担了一部分土压力,而不是像挡土板那样,把土压力完全传递给桩来承受。预加固桩在桩土作用及破坏机理方面的研究较少,而针对基于可靠度理论的设计方法进行研究的情况更少。

7.1.2 土压力计算

桩板墙墙背上所受土压力如图 7-4 所示,一般为墙背岩土体产生的土压力,如果桩板墙置于露肩,则路基面以上荷载将传递至墙背。墙背岩土体和路基面以上荷载产生的侧压力一般按不同的方式分别计算。

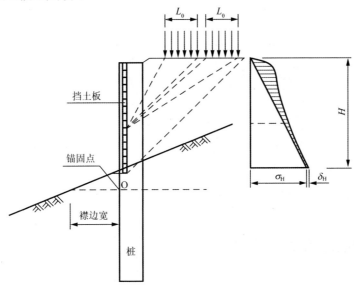

图 7-4 路肩式桩板墙墙背土压应力分布

1)墙背岩土产生的土压力

桩板墙悬臂段的土压力计算法与墙背为直立的重力式挡土墙一样,可按库仑主动土压力计算,理论上应力分布一般为三角形。如图 7-5 所示。

图 7-5 中,水平土压力为三角形的面积,σ 为墙背岩土体或填料产生的水平土压应力,按 $\sigma = \lambda_x \gamma h$ 计算,其中 γ 为填料重度,λ_x 为水平主动土压力系数,与重力式挡土墙一样,应根据边界条件及破裂面位置情况而定。图 7-5 中悬臂高度为 H,则锚固点处的侧向水平土压应力 $\sigma_H = \lambda_x \gamma H$,悬臂段所受水平推力 $E_x = 0.5 \times \sigma_H H = 0.5 \times \lambda_x \gamma H^2$。考虑到主动状态不易出现,桩上实际所受的土压力应大于库仑主动土压力,土压力应乘以 1.1~1.2 的计算模型不确定性系数。

2)路基面以上荷载在悬臂段上产生的侧向土压力

若桩板墙为路肩式,除填料产生的土压力外,还应叠加路基面以上荷载在悬臂段上产生的侧向土压力。土压应力分布如图 7-6 所示。

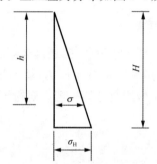
图 7-5 填料产生的侧向土压力分布

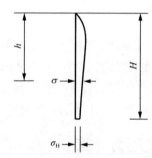
图 7-6 荷载产生的侧向土压力分布

列车荷载产生的水平压力按弹性理论计算,计算公式为:

$$\sigma_1 = \frac{\gamma h_0}{\pi}\left[\frac{bh}{b^2+h^2} - \frac{h(b+l_0)}{h^2+(b+l_0)^2} + \arctan\frac{b+l_0}{h} - \arctan\frac{b}{h}\right] \tag{7-1}$$

式中:σ_1——荷载产生的水平土压应力(kPa);

h——计算点至路基面的垂直距离(m);

b——荷载内边缘至墙背的距离(m);

h_0——荷载换算土柱高(m);

l_0——荷载换算宽度(m)。

3)地震地区和浸水地区的土压力计算

地震地区和浸水地区的土压力计算的概念与挡土墙一样,可参见第 5 章。

4)悬臂段作用效应按悬臂梁计算

根据侧向土压应力分布,计算悬臂段上各计算点的弯矩、剪力、水平位移和转角。

7.2 极限状态方程

锚固桩的功能要求为锚固段的稳定性、桩体及挡土板抗弯、抗剪,桩身位移、挡土板挠度及裂缝宽度应满足一定的要求。

7.2.1 锚固段侧压应力验算

锚固段承受悬臂段传来的弯矩和水平推力,其外力及地基土压力系数如图 7-7 所示。锚固段的极限状态是指,锚固段某点位的桩对岩土体的最大压应力与桩侧土体的极限应力达到平衡。如图 7-8 所示:对于锚固段为岩石的情况,此时锚固点处达到弹性极限;对于锚固段为土体的情况,锚固点以下锚固段 1/3 处的区域已经进入塑性状态。很显然,这两种情况并不会导致桩身倒伏。现行设计规范规定岩层地基锚固点及土层地基锚固段 1/3 处不能超过相应的限定值,是为了保证锚固点以上桩身不出现过大的变位。这种极限状态可归为正常使用极限状态的范畴。极限状态方程可考虑按锚固段某点位侧压应力不超过规定值来建立,极限状态方程的形式如式(7-2)所示。

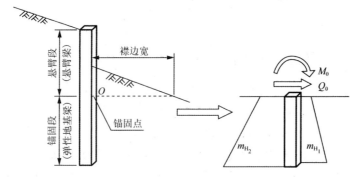

图 7-7 锚固段外力及地基系数示意图

图中 M_0、Q_0 分别为桩锚固段顶端 O 点处桩的弯矩及剪力;m_{H_1}、m_{H_2} 分别为锚固点以下,桩前、桩后地基系数。

$$Z = \sigma_u - \sigma_{max} = 0 \tag{7-2}$$

式中:σ_{max}——锚固段桩对地基的最大压应力;
  σ_u——锚固段桩侧岩土体抗力的极限应力。

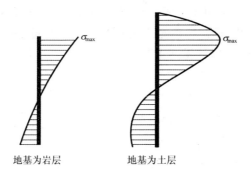

图 7-8 锚固段对地基产生的最大土压应力示意图

对于地基为土层和岩层的锚固桩,锚固段对地基的最大压应力(作用)及对应的岩土抗力的计算方法不同。抗力和作用的计算如下:

1) 锚固段为土层

(1) 抗力的计算

$$\sigma_u = \eta \cdot \frac{4}{\cos\varphi}[(\gamma_1 H_1 + \gamma_2 y)\tan\varphi + c] \tag{7-3}$$

式中：γ_1、γ_2——分别锚固点以上及以下土体的重度；

c、φ——锚固点以下土体黏聚力和内摩擦角；

H_1——设桩处滑动面至地面的距离；

y——滑动面至计算点的距离；

η——极限值与容许值间的关系系数，取 2.0。

(2) 最大压应力计算

按地基系数法，桩上任一点对地基土的作用力只在该点引起压缩，并与地基在该处的压缩量成正比，可表达为 $\sigma_y = K x_y$，其中 σ_y 为通过桩传递到地基土上 y 处的压应力，K 为 y 处地基系数，x_y 为 y 处地基土的横向压缩量，按下式计算：

$$x_y = x_0 A_1 + \frac{\varphi_0}{\alpha} B_1 + \frac{M_0}{\alpha^2 EI} C_1 + \frac{Q_0}{\alpha^3 EI} D_1 \tag{7-4}$$

将式(7-4)带入 $\sigma_y = K x_y$ 中可得：

$$\sigma_y = K\left(x_0 A_1 + \frac{\varphi_0}{\alpha} B_1 + \frac{M_0}{\alpha^2 EI} C_1 + \frac{Q_0}{\alpha^3 EI} D_1\right) \tag{7-5}$$

式中：x_0、φ_0、M_0、Q_0——初始位移、转角、弯矩和剪力；

A_1、B_1、C_1、D_1——初参数方程中的无量纲影响系数；

α、E、I——地基变形系数、桩身弹性模量、桩身截面惯性矩。

《铁路路基支挡结构设计规范》(TB 10025—2006)中规定，地层为土层或风化成土、砂砾状岩层时，一般对滑动面以下 $h_2/3$ 和 h_2（滑动面以下桩长）处进行横向容许承载力校核，所以极限状态方程(7-2)式可分为两个极限状态方程：

$$\begin{aligned} Z_1 &= \sigma_{u1} - \sigma_{max1} = 0 \\ Z_2 &= \sigma_{u2} - \sigma_{max2} = 0 \end{aligned} \tag{7-6}$$

式中，σ_{u1} 和 σ_{u2} 分别为 $h_2/3$ 和 h_2 处土层的抗力。σ_{max1} 和 σ_{max2} 对应的侧向压应力，因其解析式求解困难，可由数值方法求得（后面的弯矩、剪力、位移和转角类似），即按矩阵分析方法编程计算：抗滑桩内力计算时，可将桩身分成若干小段，在每小段内，假定地基系数为常量，对桩的每小段按"K"法计算，进而导出矩阵分析的公式，其方法是将桩的微分方程的解，即初参数方程写成矩阵形式，分段计算初参数方程中的 4 个无量纲影响系数，最后，结合边界条件求解内力。

2) 锚固段为岩层

极限状态方程的形式与式(7-2)相同，其中抗力 $\sigma_u = K_H R_c$，R_c 为岩石单轴抗压极限强度，K_H 为水平方向的换算系数，根据岩层构造可采用 0.5~1.0。对地基的压应力 σ_{max} 的计算与地基为土层式的计算同理，采用数值方法。

7.2.2 桩身抗弯

桩身抗弯属于钢筋混凝土构件自身的承载能力极限状态。极限状态方程如下：

$$Z = M_u - M_{max} = 0 \tag{7-7}$$

式中：M_u——抗滑桩桩身材料所能承受的极限弯矩；

M_{max}——抗滑桩实际承受的最大弯矩。

对于矩形截面的抗滑桩，极限状态方程中抗力项 M_u 解析式如下：

$$M_u = f_{yu} A_s \left(h_0 - \frac{f_{yu} A_s}{2\alpha_1 f_{cu} b} \right) \tag{7-8}$$

式中：f_{yu}——普通钢筋抗拉强度极限值；

A_s——纵向受拉钢筋截面面积；

f_{cu}——混凝土轴心抗压强度极限值；

b、h_0——截面宽度、有效高度。

作用效应 M_{max} 解析式的分析，根据"M"法有

$$M_y = \alpha^2 EI \left(x_0 A_3 + \frac{\varphi_0}{\alpha} B_3 + \frac{M_0}{\alpha^2 EI} C_3 + \frac{Q_0}{\alpha^3 EI} D_3 \right) \tag{7-9}$$

式中，M_y 为滑面下 y 深处桩身弯矩，A_3、B_3、C_3、D_3 为无量纲影响系数，其余符号意义同式(7-4)。由于 A_3、B_3、C_3、D_3 都是桩的换算深度 z 的函数，将式(7-9)按"M"法两边对 z 求一阶导数后并令其等于 0，有：

$$\frac{dM_z}{dz} = \alpha^2 EI x_0 \sum_{k=1}^{\infty} \left((-1)^k \frac{(5k-4)!!}{(5k-3)!} z^{5k-3} \right) + \alpha EI \varphi_0 \sum_{k=1}^{\infty} \left((-1)^k \frac{(5k-3)!!}{(5k-2)!} z^{5k-2} \right) +$$
$$M_0 \sum_{k=1}^{\infty} \left((-1)^k \frac{(5k-2)!!}{(5k-1)!} z^{5k-1} \right) + \frac{Q_0}{\alpha} \sum_{k=1}^{\infty} \left(1 + (-1)^k \frac{(5k-1)!!}{(5k)!} z^{5k} \right)$$
$$= 0 \tag{7-10}$$

将式(7-9)按"K"法两边对 z 求一阶导数后并令其等于 0，则有：

$$\frac{dM_z}{dz} = \frac{Q_0}{\beta} chz\cos z - (2\beta^2 EI x_0 + M_0) chz \sin z + (M_0 - 2\beta^2 EI x_0) shz \cos z - 2\beta EI shz \sin z$$
$$= 0 \tag{7-11}$$

不论"M"法还是"K"法，通过求解方程得出最大弯矩发生位置 z 在数学求解上是非常困难的，难以得出荷载项 M_{max} 的解析式，所以在计算桩身最大弯矩时，常采用数值方法。地基为岩层和土层时，锚固段弯矩如图7-9所示。

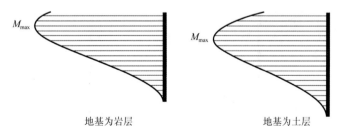

图 7-9　锚固段弯矩应力示意图

7.2.3　桩身抗剪

桩身抗剪属于钢筋混凝土构件的承载能力极限状态，极限状态方程如下：

$$Z = Q_u - Q_{max} = 0 \tag{7-12}$$

式中：Q_u——抗滑桩桩身材料所能承受的极限剪力；

Q_{max}——抗滑桩实际承受的最大剪力。

极限状态方程中抗力项 Q_u 解析式如下：

$$Q_u = 0.7 f_{tu} b h_0 + f_{yvu} \frac{A_{sv}}{S} h_0 \tag{7-13}$$

式中：f_{yvu}——箍筋受拉强度极限值；

A_{sv}——箍筋截面面积；

f_{tu}——混凝土抗拉强度极限值；

S——沿构件长度方向的箍筋间距；

b、h_0——截面宽度、有效高度。

对荷载项 Q_{max} 的分析，根据"M"法有：

$$Q_y = \alpha^3 EI \left(x_0 A_4 + \frac{\varphi_0}{\alpha} B_4 + \frac{M_0}{\alpha^2 EI} C_4 + \frac{Q_0}{\alpha^3 EI} D_4 \right) \tag{7-14}$$

式中，Q_y 为滑面下 y 深处桩身剪力，A_4、B_4、C_4、D_4 为无量纲影响系数，其余符号意义同前。由于 A_4、B_4、C_4、D_4 都是桩的换算深度 z 的函数，将式(7-14)按"M"法两边对 z 求一阶导数后并令其等于 0，有：

$$\frac{dQ_z}{dz} = \alpha^3 EI x_0 \sum_1^\infty (-1)^k \frac{(5k-4)!!}{(5k-4)!} z^{5k-4} + \alpha^2 EI \varphi_0 \sum_1^\infty (-1)^k \frac{(5k-3)!!}{(5k-3)!} z^{5k-3} +$$

$$\alpha M_0 \sum_1^\infty (-1)^k \frac{(5k-2)!!}{(5k-2)!} z^{5k-2} + Q_0 \sum_1^\infty (-1)^k \frac{(5k-1)!!}{(5k-1)!} z^{5k-1}$$

$$= 0 \tag{7-15}$$

将(7-14)式按"K"法两边对 z 求一阶导数后并令其等于 0，有：

$$\frac{dQ_z}{dz} = -4\beta^3 EI x_0 chz cosz - (2\beta^2 EI \varphi_0 + Q_0) chz sinz + (Q_0 - 2\beta^2 EI \varphi_0) shz cosz - 2\beta EI shz sinz$$

$$= 0 \tag{7-16}$$

与弯矩计算一样，在计算桩身最大剪力时，常用采用数值方法。地基为岩层和土层时，锚固段剪力如图 7-10 所示。

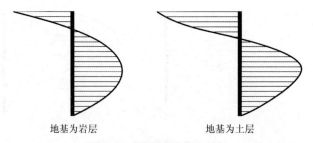

地基为岩层　　　　　地基为土层

图 7-10　锚固段剪应力示意图

7.2.4　桩顶位移

(1)对于桩板墙，要求对桩顶进行变位验算。桩顶位移计算简介如下：

由图7-11可见,桩顶A点的位移AA'可表示为x_A,计算如下:

$$x_A = x_O + x_{OA} + x_{Aq} \tag{7-17}$$

式中:x_O——锚固点O变位;

x_{OA}——锚固点转角引起A点的位移;

x_{Aq}——A点在悬臂段受荷后的挠度。

式中,x_O可由程序计算得到;$x_{OA}=\theta H_1$,其中θ为锚固点转角,也可由程序计算得到;x_{Aq}按式下式计算:

$$x_{Aq} = \frac{qH_1^4}{30EI} \tag{7-18}$$

式中:q——荷载集度;

H_1——悬臂段长度;

EI——桩抗弯刚度。

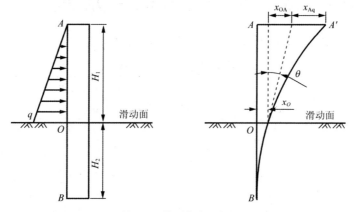

图7-11 桩顶位移示意图

(2)桩顶位移属于正常使用极限状态,极限状态方程如下:

$$Z = x_A - x_{max} = 0 \tag{7-19}$$

式中:x_A——抗滑桩的桩顶所能承受的极限位移;

x_{max}——抗滑桩的桩顶实际承受的最大位移。

7.2.5 桩身最大裂缝宽度

(1)由于桩的主筋保护层较厚,裂缝计算宽度较大,不容易满足要求,桩开挖所设护壁也有防止裂缝开展的作用,当无特殊要求时,锚固桩桩身可不做最大裂缝宽度验算,在腐蚀性环境作用下,应进行最大裂缝宽度验算。裂缝宽度的限制值建议放宽至0.3mm,并采用适当的防腐附加措施。

(2)桩身最大裂缝宽度验算属于正常使用极限状态,其验算的要求如下:

$$\omega_{max} \leqslant \omega_u \tag{7-20}$$

如果将验算式的左侧看作荷载作用下产生的效应,右侧看作构件满足适用性应备的抗力储备,则正常使用极限状态的方程如下:

$$Z = \omega_u - p_w \cdot \omega_{max} = 0 \tag{7-21}$$

式中：p_w——裂缝宽度计算式的不确定性系数,为最大裂缝宽度实测值和计算值之比；

ω_u——桩身承受裂缝宽度的极限值；

ω_{max}——桩身承受裂缝宽度的最大值,计算方法见第六章6.2.2节。

7.2.6 挡土板

挡土板从桩顶向下布置,顶上受力小,靠近锚固点受力大,挡土板一般应根据受力大小从上到下按一定的高度分级,板上作用的荷载取各级中最底层挡土板所对应的土压应力,按均布荷载分布。

挡土板按支撑于桩上的简支梁计算内力。其作用效应为弯矩、剪力、最大挠度和最大裂缝宽度,抗力为抗弯力、抗剪力、挠度限定值、裂缝限定值。作为锚固桩支挡结构的一个构件,其极限状态方程形式与桩身结构一样。

7.2.7 桩结构各项功能要求对应的极限状态方程汇总

桩结构各项功能要求对应的极限状态方程汇总,见表7-1。

桩结构的极限状态方程 表7-1

功能要求		极限状态方程形式
锚固段侧向压应力验算	土层	$Z=\sigma_u-\sigma_x=0$。σ_u 为土层抗力,σ_x 为1/3锚固段处压应力
	岩层	$Z=\sigma_u-\sigma_{max}=0$。$\sigma_u$ 为岩层抗力,σ_{max} 为锚固点处压应力
桩身验算	抗弯	$Z=M_u-M_{max}=0$。M_u 为抗弯力,M_{max} 为桩身最大计算弯矩
	抗剪	$Z=Q_u-Q_{max}=0$。Q_u 为抗剪力,Q_{max} 为桩身最大计算剪力
	桩顶位移	$Z=x_A-x_{max}=0$。x_A 为位移限值,x_{max} 为桩顶位移
	裂缝宽度	$Z=\omega_u-p_w \cdot \omega_{max}=0$。$\omega_u$ 为裂缝限值,ω_{max} 最大裂缝宽度
挡土板验算	抗弯	$Z=M_u-M_{max}=0$。参见桩身
	抗剪	$Z=V_u-V_{max}=0$。参见桩身
	裂缝宽度	$Z=\omega_u-p_w \cdot \omega_{max}=0$。参见桩身
	挠度	$Z=f_u-p_f \cdot f_{max}=0$。$f_u$ 为挠度限值,f_{max} 为最大挠度计算值

7.3 极限状态方程中的基本变量

7.3.1 外力和作用效应计算中的基本变量

1)桩板墙和预加固桩的土压力计算中的基本变量

路堤地段：计算列车荷载产生的侧向压力时,计算点至路基面的垂直距离 h,荷载内边缘至墙背的距离 b,荷载换算土柱高 h_0,荷载换算土柱分布宽度 l_0 为基本变量。计算墙后填料产生的土压力时,填料重度 γ,悬臂段长度 H_1,填料综合内摩擦角 φ_0,墙背与填土的摩擦角 δ,路堤边坡高度 h_b 和坡率 m 为基本变量。

目标函数和基本变量对应关系的通式：
$$E_x = f(h, b, h_0, l_0, \gamma, H_1, \varphi_0, \delta, h_b, m)$$

路堑地段：路堑地段没有列车荷载，计算土压力时，不存在关于列车荷载的变量。

目标函数和基本变量对应关系的通式：
$$E_x = f(\gamma, \varphi_0, H_1, \delta, m)$$

2) 抗滑桩的土压力计算中的基本变量

抗滑桩的主要外力是滑坡推力，对滑坡推力进行计算分析时，可将条分法中第 i 块滑体重量 W_i、对应的滑面上岩土体的黏聚力 c_i、滑面长度 l_i、岩土体的内摩擦角 φ_i、滑面的倾角 α_i、第 $i-1$ 块滑体滑面的倾角 α_{i-1} 和安全系数 K 作为随机变量。地震或浸水地区的滑坡推力计算中增加相应的地震或浸水变量。

目标函数和基本变量对应关系的通式：
$$E_i = f(W_i, c_i, l_i, \varphi_i, \alpha_i, \alpha_{i-1}, K)$$

3) 桩身最大弯矩和剪力计算中的基本标量

最大弯矩：除了锚固段内力计算中用到的桩截面宽 b、截面高 h 和弹性模量 E 作为基本变量外，初始剪力 Q_0、弯矩 M_0 是随土性参数变化的变量，与岩土体的特性 γ、c、φ 这些基本变量有关。

目标函数和基本变量对应关系的通式：
$$M_{\max} = f(b, h, E, \gamma, c, \varphi)$$

最大剪力：基本变量的确定，同桩身抗弯。

目标函数和基本变量对应关系的通式：
$$Q_{\max} = f(b, h, E, \gamma, c, \varphi)$$

4) 挡土板的最大弯矩和剪力计算中的基本标量

挡土板的最大弯矩和剪力的计算按均布荷载下的简支梁计算。

最大弯矩：挡土板的长度 l_d、列车荷载土压力计算时、计算点至路基面的垂直距离 h、荷载内边缘至墙背的距离 b、荷载换算土柱高 h_0、荷载换算土柱分布宽度 l_0 为基本变量。墙后填料产生的土压力计算时，填料重度 γ、悬臂段长度 H_1、填料综合内摩擦角 φ_0、墙背与填土的摩擦角 δ、路堤边坡高度 h_b 和坡率 m 均作为基本变量。

目标函数和基本变量对应关系的通式：
$$M_{d\max} = f(l_d, b, h, h_0, l_0, \gamma, H_1, \varphi_0, \delta, h_b, m)$$

最大剪力：基本变量的确定，同挡土板最大弯矩一样。

目标函数和基本变量对应关系的通式：
$$Q_{d\max} = f(l_d, b, h, h_0, l_0, \gamma, H_1, \varphi_0, \delta, h_b, m)$$

5) 锚固段地基的最大应力计算中的基本变量

锚固段为土层时，桩的截面宽 b、截面高 h 和弹性模量 E、土体重度 γ、土体黏聚力 c、土体内摩擦角 φ、地基系数 m 为基本变量。

目标函数和基本变量对应关系的通式：
$$\sigma_{\max} = f(b, h, E, \gamma, c, \varphi, m)$$

锚固段为岩质时,桩侧最大应力计算与土体不同之处在于岩质地区采用"K"法进行计算,所以基本变量仅将 m 变成 k。

6) 桩顶位移计算中的基本变量

影响桩顶位移的因素主要是桩后土压力的作用,所以影响土压力的基本变量也是影响桩顶位移的基本变量。另外,还有悬臂段长度 H_1 和桩的抗弯刚度 EI。

目标函数和基本变量对应关系的通式:

$$x_{Aq}=f(h,b,h_0,l_0,\gamma,\varphi,\delta,h_b,m,H_1,E)$$

7.3.2 抗力计算中的随机变量

1) 桩身稳定性检算中地基抗力计算时的基本变量

锚固段为岩层时,岩石单轴极限抗压强度是抗力计算的主要来源,岩石单轴极限抗压强度 R_c 为基本变量。

目标函数和基本变量对应关系的通式:

$$\sigma_u=f(R_c)$$

锚固段为土层时,土性参数是抗力计算的主要来源,滑动面上、下土体的重度 γ_1、γ_2,滑动面以下土体黏聚力 c 和滑动面以下土体内摩擦角 φ 这 4 个参数为基本变量。由于设计中通常将 c 综合到 φ 里,故计算中实际只考虑有 γ_1、γ_2 和综合内摩擦角 φ_0 这 3 个基本变量。

目标函数和基本变量对应关系的通式:

$$\sigma_u=f(\gamma_1,\gamma_2,\varphi_0)$$

2) 构件结构设计时抗力计算中的基本变量

(1) 抗弯力:纵向钢筋受拉强度 f_{yu}、纵向受拉钢筋直径 d、混凝土轴心抗压强度 f_{cu}、桩截面宽度 b 和截面有效高度 h_0 这 5 个参数为基本变量。矩形挡土板的抗力 M_u 的解析式和桩身一样,所以随机变量同桩身。槽形挡土板按 T 形梁来设计,它的基本变量增加了翼缘板宽度 b'_f 和翼缘板高度 h'_f 两个变量。

桩身和矩形挡土板的目标函数和基本变量通式:

$$M_u=f(f_{yu},d,f_{cu},b,h_0)$$

槽形挡土板目标函数和基本变量通式:

$$M_u=f(f_{yu},d,f_{cu},b,h_0,b'_f,h'_f)$$

(2) 抗剪力:箍筋受拉强度 f_{yvu}、混凝土抗拉强度 f_{tu}、箍筋直径 d、沿构件长度方向的箍筋间距 s、桩截面宽度 b 和截面有效高度 h_0 这 6 个参数为基本变量。挡土板的抗力 Q_u 的解析式同桩身。

目标函数和基本变量对应关系的通式:

$$Q_u=f(f_{yvu},f_{tu},d,b,h_0,s)$$

(3) 最大裂缝宽度验算中的裂缝宽度限定值,为抗力基本变量。

(4) 最大挠度或位移计算中的限定值,为抗力基本变量。

7.3.3 统计变量分析

根据锚固桩检算项目的抗力和作用效应的计算公式可知,影响锚固桩支挡结构功能的变量很多,把所有的变量都作为随机变量处理,工作量太大,有些变量目前阶段还无法得到统计规律,因此,有必要分析这些变量对功能函数的影响程度,以确定关键的随机变量。

通过对表 7-1 中部分极限状态方程所对应的功能函数进行单因素分析后,给出影响锚固桩目标值的主要变量,见表 7-2。

影响锚固桩支挡结构目标值的主要变量 表 7-2

	分析目标		主要变量
桩身	荷载作用	岩层(M_{max}、Q_{max}、σ_{max})	σ_{max}	桩嵌入深度 H_2、填料综合内摩擦角 φ_0、桩宽 b、桩间距 l、填料重度 γ、桩高 h、坡率 m
			M_{max}、Q_{max}	填料综合内摩擦角 φ_0、桩嵌入深度 H_2、桩间距 l、填料重度 γ、坡率 m
		土层(M_{max}、Q_{max}、$\sigma_{1/3max}$)	$\sigma_{1/3max}$	桩嵌入深度 H_2、墙后填土内摩擦角 φ_0、桩间距 l、墙后填土重度 γ、桩的宽度 b、坡率 m
			M_{max}、Q_{max}	桩嵌入深度 H_2、墙后填土内摩擦角 φ_0、桩间距 l、墙后填土重度 γ、坡率 m
	抗力	岩层(M_u、Q_u、σ_u)	σ_u	岩石单轴抗压极限强度 R
			M_u、Q_u	纵向钢筋受拉强度 f_{yu}、纵向受拉钢筋直径 d、混凝土轴心抗压强度 f_{cu}、筋受拉强度 f_{yvu}、混凝土抗拉强度
		土层(M_u、Q_u、σ_u)	σ_u	滑动面以下土体的内摩擦角 φ、桩的锚固段计算点深度 y、滑动面以下土体的重度 γ_2、桩板墙的悬臂高度 H_1
			M_u、Q_u	纵向钢筋受拉强度 f_{yu}、纵向受拉钢筋直径 d、混凝土轴心抗压强度 f_{cu}、筋受拉强度 f_{yvu}、混凝土抗拉强度
挡土板	荷载作用(M_{max}、Q_{max})			桩悬臂段长度 H_1、墙后填土综合内摩擦角 φ_0、挡土板长度 l_d、墙后填土重度 γ、坡率 m
	抗力(M_u、Q_u)			纵向钢筋受拉强度 f_{yu}、纵向受拉钢筋直径 d、混凝土轴心抗压强度 f_{cu}、筋受拉强度 f_{yvu}、混凝土抗拉强度 f_{tu}、箍筋直径 d、沿构件长度方向的箍筋间距 s、桩截面宽度 b 和截面有效高度 h_0

7.4 可靠指标

与 L 形挡土墙类似,锚固桩结构构件已经按照极限状态法进行抗弯、抗剪以及裂缝宽度的设计,但并不知道各项功能的可靠指标是多少。锚固段的设计则是按容许应力法,当然也不知道可靠指标。本节将对锚固桩主要功能的可靠指标计算结果进行介绍。

7.4.1 随机变量统计特征

1)结构抗力中的随机变量统计特征

(1)结构材料性能随机变量统计参数:公路混凝土结构工作环境与铁路部门大致相同,可参照《公路工程结构可靠度设计统一标准》(GB/T 50283—1999)中混凝土结构材料性能,见表7-3和表7-4。

C20桩身抗力统计参数　　　　　　　　　　　　　　　　　　表7-3

材料种类	平均值μ(N/mm²)	变异系数δ	分布类型
C20混凝土抗压强度	23.2	0.236	正态
C20混凝土抗拉强度	2.32	0.214	正态
C20混凝土弹性模量	27000	0.085	正态
Ⅰ级钢筋抗拉强度	259.7	0.121	正态
Ⅱ级钢筋抗拉强度	368.9	0.072	正态

C30桩身抗力的统计参数　　　　　　　　　　　　　　　　表7-4

材料种类	平均值μ(N/mm²)	变异系数δ	分布类型
C30混凝土抗压强度	30.2	0.177	正态
C30混凝土抗拉强度	2.65	0.146	正态
HRB335钢筋抗拉强度	363.4	0.072	正态
HRB400钢筋抗拉强度	434.9	0.065	正态

(2)同理,结构构件的几何参数及计算模式随机变量统计参数,建议参考《公路工程结构可靠度设计统一标准》(GB/T 50283—1999),见表7-5。

几何参数及计算模式随机变量统计参数　　　　　　　　　　表7-5

项目	均值μ	变异系数δ	分布类型
截面高度	设计值	0.026	正态
截面宽度	设计值	0.008	正态
截面有效高度	设计值	0.023	正态
纵筋截面面积	设计值	0.035	正态
箍筋截面面积	设计值	0.035	正态
弯矩计算模式随机变量	1.00	0.010	正态
剪力计算模式随机变量	1.00	0.150	正态

上表中混凝土的相关统计参数,根据在全国范围内几乎所有省、市、自治区的重点工地和预制厂(场)的调查,同时收集了已建桥梁的存档试验数据,取得可用数据3万多组,从而

得出统计值;有关钢筋方面,从各个钢厂、桥梁工地试验室、大学和研究单位的试验报告中,收集了有用钢筋强度数据 29 万个,从而得到统计值。

(3)锚固段岩性参数统计值的确定

侧向容许应力$[\sigma_H]=K_H\eta R_c$的计算中,折减系数可采用$\eta=0.3$,水平方向换算系数可采用$K_H=0.5$。该公式中主要应确定岩石单轴极限抗压强度值R_c的统计规律。查《隧道工程的理论与实践》之专题十三:地层物性离散性的评价方法,摘录见表7-6、表7-7。

石材分类(J15) 表7-6

种 类	单轴抗压强度(kg/cm²)	参 考 值	
		吸水率(%)	表观相对密度
硬石	7500	<5	2.7~2.5
准硬石	100~600	5~15	2.5~2.0
软石	<100	>15	<2.0

按岩类、岩级和变异系数的模式分类 表7-7

岩 种	岩 级	变异系数	小分类	大分类
泥岩(MS)		0.162~0.387	A、B	小
砂岩(SS)		0.332~0.463(125)	C、E	中~大
砾岩(CO)	B	0.231	B	小
	CH、CM	0.260~0.385	B	小
片岩(SO)		0.619	D	中
	CL	0.846	E	大
流纹岩(RH)	B	0.612	D	中
	CH	0.408~0.678	C、D	中
花岗绿石(GP)	B	0.448	C	中
	CH、CM	0.609~0.736	D	中
	CL	0.836	E	大
花岗岩(GB)	A	0.227	B	小
	B	0.403	C	中
	CH、CM	0.343~0.615	C、D	中
	CL	0.609~0.888	D、E	中~大
辉绿凝灰岩(SN)	CH	0.793	D	中
凝灰角页岩(TB)		0.384	B	小

(4)土压力计算中岩土参数统计值的确定

土压力计算和土锚的抗力中随机变量的特征详见第5章。

2)结构荷载和作用效应中的随机变量统计特征

土压力计算及锚固段内力计算中,岩土参数随机变量统计参数的确定详见第5章。锚固段内力计算时,需要用到桩截面宽度、截面高度和混凝土弹性模量这三个量,这三个量都可视为随机变量。而桩截面宽度和截面高度的统计规律在表 7-5 中已给出,混凝土弹性模量的统计规律见表 7-8。

锚固段内力计算中涉及的随机变量的参数统计　　　　表 7-8

随机变量	平均值 μ	变异系数 δ	分布类型
E	30000	0.085	正态

3) 可靠指标计算中随机变量采用值

根据"敏感性排序靠前、目前阶段能够收集到统计规律、离散性较大、可以借鉴其他统计规律"的原则,通过综合分析,将搜集的各种资料筛选后,列出随机变量特征采用值,见表 7-9。

参与计算的随机变量的统计规律　　　　表 7-9

项　目	均　值	变异系数	分布类型
岩土体重度	19～21kN/m³	0.07	正态分布
综合内摩擦角	30°～50°	0.11	正态分布
墙背与填土间的摩擦角	15°～25°	0.11	正态分布
单轴极限抗压强度	10000～15000kPa	0.3	正态分布
C30 混凝土抗压强度	30.2MPa	0.177	正态分布
C30 混凝土抗拉强度	2.65MPa	0.146	正态分布
HRB335 钢筋抗拉强度	363.4MPa	0.072	正态分布
HRB400 钢筋抗拉强度	434.9MPa	0.065	正态分布
桩截面高度	设计值	0.026	正态分布
桩截面宽度	设计值	0.008	正态分布
纵筋截面面积	设计值	0.035	正态分布
箍筋截面面积	设计值	0.035	正态分布
弯矩计算模式随机变量	1.0	0.01	正态分布
剪力计算模式随机变量	1.0	0.15	正态分布

7.4.2　路堤地段桩板墙设计中隐含的可靠指标

1) 岩质地基路肩桩板墙的可靠指标计算情况介绍

选取岩质路肩桩板墙 17 张工程图纸进行计算,可靠指标计算结果统计见表 7-10。

岩质地基路肩桩板墙可靠指标 β 计算结果统计表　　　　表 7-10

极限状态方程	均　值	标准差	变异系数	分布范围
岩体受压 β_σ	2.574	0.208	0.081	2.26～2.863
结构受弯 β_M	6.361	0	0	6.361～6.361
结构受剪 β_V	6.361	0	0	6.361～6.361
桩顶位移 β_{XY}	6.361	0	0	6.361～6.361

从表7-10可见,岩体受压、结构受弯、受剪、桩顶位移四项可靠指标中,桩顶位移、桩身抗弯和抗剪可靠指标均很大,不失效,锚固段岩体受压可靠指标均值为2.574。结构受弯、受剪不失效,是由于在抗弯抗剪计算中,采用1.5的荷载分项系数是《铁路路基支挡结构设计规范》(TB 10025—2006)中1.35～1.5的上限,正截面和斜截面抗力计算时,钢筋的极限抗拉应力又比钢筋的设计抗拉应力至少大1.4倍,所以抗弯和抗剪的失效概率几乎为零。得到表7-10中的可靠指标的过程中,土压力计算考虑采用了1.2的增大系数,1.5的荷载分项系数主要对应于岩土性能的变异性,可靠指标结果显示这几项功能的安全储备偏大。如果按1.35的荷载分项系数进行抗弯抗剪设计,结构受弯和受剪可靠指标均不会大到功能检算完全不失效的程度。

2) 土质地基路肩桩板墙可靠指标计算情况介绍

选取土质路肩桩板墙资料15张工程图纸进行计算,可靠指标计算结果统计见表7-11。

土质地基路肩桩板墙可靠指标 β 计算结果统计表 表7-11

极限状态方程	均值	标准差	变异系数	分布范围
土体受压 β_σ	2.690	0.163	0.061	2.382～2.968
结构受弯 β_M	6.361	0	0	6.361～6.361
结构受剪 β_V	6.361	0	0	6.361～6.361
桩顶位移 β_{XY}	6.361	0	0	6.361～6.361

从表7-11可见,土体受压、结构受弯、受剪和桩顶位移四项可靠指标中,结构受弯、受剪和桩顶位移的可靠指标均值最大,不失效,其原因分析同土质路堤桩板墙可靠指标计算结果分析。土体受压可靠指标均值为2.69。

3) 岩质地基路堤桩板墙可靠指标计算情况介绍

选取岩质路堤桩板墙资料17张工程图纸进行计算,可靠指标计算结果统计见表7-12。

岩质地基路堤桩板墙可靠指标计算结果统计表 表7-12

极限状态方程	均值	标准差	变异系数	分布范围
岩体受压 β_σ	2.595	0.270	0.104	2.261～2.968
结构受弯 β_M	6.361	0	0	6.361～6.361
结构受剪 β_V	6.361	0	0	6.361～6.361
桩顶位移 β_{XY}	6.361	0	0	6.361～6.361

从表7-12可见,岩体受压可靠指标最小,均值为2.595。岩体受弯、受剪和桩顶位移的可靠指标都达到最大值,都不失效,其原因分析同岩质路肩桩板墙中结构受弯和桩顶位移可靠指标的分析。

4) 土质地基路堤桩板墙可靠指标计算情况介绍

选取土质路堤桩板墙资料15张工程图纸进行计算,可靠指标计算结果统计见表7-13。

土质地基路堤桩板墙可靠指标计算结果统计表　　　　　　　　　　　表 7-13

极限状态方程	均值	标准差	变异系数	分布范围
土体受压 β_σ	2.585	0.103	0.040	2.447～2.807
结构受弯 β_M	6.361	0	0	6.361～6.361
结构受剪 β_V	6.361	0	0	6.361～6.361
桩顶位移 β_{XY}	6.361	0	0	6.361～6.361

从表 7-13 可见,结构受弯、受剪和桩顶位移的可靠指标均值最大,不失效,达到 6.36,可靠性最高,其原因分析同岩质路肩桩板墙中结构受弯和桩顶位移可靠指标的分析;土体受压可靠指标均值最小为 2.585。

相比于岩质路堤桩板墙和土质路堤桩板墙,土质路堤桩板墙的受压可靠指标更大,原因在于按照《铁路路基支挡结构设计规范》(TB 10025—2006)的要求,地层为土层时,要求在滑动面深度以下 $h_2/3$ 处的横向压应力小于或等于地基土横向容许承载力,允许 $h_2/3$ 以上出现塑性区。而锚固段为土层时,锚固点处还应满足横向位移不小于 10mm 的计算要求(地基系数的适用条件)。一般的情况下,锚固点处的位移满足计算条件的要求,设计时横向压应力也都满足要求并且较富余,故土体受压可靠指标均值偏大。

7.4.3 路堑地段桩板墙或预加固桩设计中隐含的可靠指标

锚固段分土层和岩层两种情况,桩身承载力设计的荷载分项系数取 1.35。

1)锚固段为土层时的可靠指标计算情况介绍

选取预加固桩设计资料 22 张工程图纸进行计算。当边坡按照设计采用时,可靠指标计算结果较小,显示锚固桩存在较大的风险,从 4.3 节土压力计算对结构功能函数可靠指标的影响可知,这是土压力的不确定性带来的风险。如果该锚固桩桩间采用挡土板,这种风险是实实在在存在的;如果桩间采用挡土墙,则功能失效的可能性实际上不会有计算结果显示的那么大,这是因为桩间挡土墙对土压力的抵抗作用没有反映到设计计算中,这一部分安全储备有待挖掘。实际设计中,对于墙顶边坡较高的情况,往往会在墙顶和坡面设置平台,这种设计边界条件相当于边坡坡度放缓。如果不考虑桩间采用何种方式进行挡土,认为土压力全部传递到锚固桩上,把桩顶边坡不放缓(表 7-14)与放缓(表 7-15)的情况下的可靠指标进行对比,可充分显示土压力的不确定性对锚固桩的可靠指标影响之大。

土质地基锚固桩可靠指标计算结果统计表(边坡未放缓)　　　表 7-14

极限状态方程	均值	标准差	变异系数	分布范围
岩体受压 β_σ	0.73	0.37	0.51	0.295～1.155
结构受弯 β_M	0.76	0.33	0.43	0.407～1.17
结构受剪 β_V	0.76	0.34	0.45	0.40～1.167
桩顶位移 β_{XY}	0.77	0.34	0.44	0.407～1.167

土质地基锚固桩可靠指标计算结果统计表（边坡放缓） 表 7-15

极限状态方程	均值	标准差	变异系数	分布范围
岩体受压 β_σ	1.590	0.311	0.196	0.681~1.852
结构受弯 β_M	1.860	0.130	0.070	1.676~2.066
结构受剪 β_V	2.001	0.195	0.097	1.790~2.257
桩顶位移 β_{XY}	2.030	0.213	0.105	1.815~2.257

从表 7-14 可见，土体受压和结构受弯、受剪、桩顶位移四项可靠指标均很小，其原因是综合内摩擦角 φ_0 与坡角 i 的差值较小，在 φ_0 变异系数相同的情况下，抽样时 $\varphi_0 < i$ 的次数增多，当 $\varphi_0 < i$ 时，破裂面与桩顶刷方边坡将不能相交，这样会产生很大的力作用在桩上。目前，由于没有该种情况下土压力的计算方法，程序只能直接把这种情况判为失效，从而失效概率增大、可靠指标变小。表 7-14 的计算结果和以上分析显示：

(1)长大边坡的桩板式挡土墙风险加大。

(2)应该对可靠指标的准确性进行进一步分析：当破裂面与边坡不能或难于直线相交时，可能出现折线相交或曲线相交的情况，目前计算公式无法计算，只能直接判断结构失效，认为结构可靠度很小。

(3)对于这种长大边坡，设计时一般可在中部加设 2~3m 的平台，必要时设框架梁等措施进行加固防护。

(4)在不考虑桩间结构的情况下，同样的可靠指标，预加固桩的可靠性大于桩板挡土墙。

在边坡设置平台的情况，我们可以近似的按边坡放缓进行计算，表 7-15 为边坡放缓后算出的可靠指标，与放缓前相比，可靠指标提高 2.3 倍左右。

各项可靠指标的横向对比：桩顶位移的可靠指标均值最大，可靠性最高，结构受弯和受剪的可靠指标相对小些。土体受压可靠指标均值最小，说明土质预加固桩必须重视锚固段桩周土体破坏引起的失效情况，但如果严格控制了锚固点变位，锚固段会加长，土体受压可靠指标会增大。

2)锚固段为岩层时的可靠指标计算情况介绍

选取《洛阳至湛江线施工图——岩质地基》18 张工程桩图纸进行了计算。当可靠指标的计算结果偏小时，同理，将设计的边坡坡度放缓后（1∶1.5 放缓到 1∶1.75，1∶1.25 放缓到 1∶1.5，1∶1.0 放缓到 1∶1.25）进行计算。可靠指标计算结果统计见表 7-16、表 7-17。

岩质地基预加固桩可靠指标计算结果统计表（放缓前） 表 7-16

极限状态方程	均值	标准差	变异系数	分布范围
岩体受压 β_σ	1.20	0.20	0.17	0.91~1.43
结构受弯 β_M	1.2	0.22	0.18	0.87~1.48
结构受剪 β_V	1.09	0.24	0.22	0.72~1.41
桩顶位移 β_{XY}	1.27	0.22	0.17	0.95~1.50

支挡结构设计的可靠性

岩质地基预加固桩可靠指标 β 计算结果统计表（放缓后）　　　表 7-17

极限状态方程	均值	标准差	变异系数	分布范围
岩体受压 β_σ	2.201	0.111	0.050	2.040～2.334
结构受弯 β_M	1.759	0.230	0.131	1.375～2.132
结构受剪 β_V	1.819	0.214	0.118	1.538～2.099
桩顶位移 β_{XY}	2.211	0.175	0.079	1.900～2.418

从表 7-16 可见，土体受压和结构受弯、受剪、桩顶位移四项可靠指标均较小，其原因分析同土体路堑桩板墙和预加固桩。放缓边坡后的可靠指标值（表 7-17），比放缓前的可靠指标值有所增大。

各项可靠指标中，桩顶位移的可靠指标均值最大，可靠性最高，岩体受压的可靠指标次之，结构受弯和受剪的可靠指标相对小些。

对比土质地基和岩质地基计算情况，岩质地基计算结果较土质地基更加稳定，尤其是岩体受压可靠指标比土体受压可靠指标计算结果收敛性好。

7.4.4 目标可靠指标建议值

当可靠指标收敛情况良好时，可在计算可靠指标均值的基础上，结合公众预期和锚固桩结构实际情况，选择将来设计时采用的目标可靠指标。表 7-18 给出了目标可靠指标建议值。

目标可靠指标选取建议值　　　表 7-18

桩型	地基类型	结构受压可靠指标	结构受弯可靠指标	结构受剪可靠指标	桩顶位移可靠指标
路肩桩板墙	土质地基	2.69	*2.71		不控制
	岩质地基	2.31	*2.63		不控制
路堤桩板墙	土质地基	2.59	*2.85		不控制
	岩质地基	2.26	*2.93		不控制
悬臂预加固桩	土质地基	1.59	1.86	2.00	设计无要求
	岩质地基	2.20	1.76	1.82	设计无要求

根据校准法的含义，应保证对应于目标可靠指标的分项系数设计的结构，与现行规范设计的结构大致相当。为了达到这个要求，在后面外部稳定性检算的分项系数的计算中，目标可靠指标采用控制设计时的各功能项可靠指标的均值。

7.5 荷载分项系数和抗力分项系数

7.5.1 分项系数计算示例

1）本算例中锚固桩的抗力和作用效应统计

岩质地段锚固桩极限状态方程抗力和作用效应统计如图 7-12 所示。

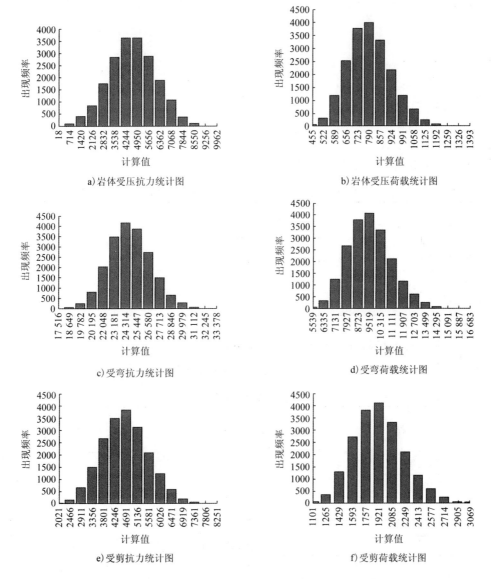

图 7-12 岩质地段锚固桩极限状态方程抗力和作用效应统计图

2)统计特征计算公式及计算结果

均值：

$$\mu = \frac{\sum_{i=1}^{N} x_i}{N} \tag{7-22}$$

标准差：

$$\sigma = \sqrt{\frac{\sum_{i=1}^{N}(x_i - \mu)^2}{N-1}} = \sqrt{\frac{\sum_{i=1}^{N} x_i^2 - N\mu^2}{N-1}} \tag{7-23}$$

变异系数：

$$\delta = \frac{\sigma}{\mu} \tag{7-24}$$

式中：μ——均值；
　　　σ——标准差；
　　　δ——变异系数；
　　　x_i——随机数；
　　　N——随机数个数。

抗力和作用效应特征值见表7-19。

各极限状态方程中抗力和作用效应特征值表　　　　表7-19

极限状态方程	抗　　力		作　用　效　应	
	标准差 σ_R	变异系数 δ_R	标准差 σ_S	变异系数 δ_S
岩体受压	2238.590kPa	0.298	364.847	0.350
结构受弯	1130.065kN·m	0.086	2144.642	0.350
结构受剪	672.399kN	0.186	617.064	0.350

3）各极限状态方程的分离函数和分项系数计算

分离函数计算结果见表7-20，分项系数计算结果见表7-21。

分离函数计算结果表　　　　表7-20

极限状态方程	$\varphi_R = \dfrac{\sigma_R}{\sqrt{\sigma_R^2 + \sigma_S^2}}$	$\varphi_S = \dfrac{\sigma_S}{\sqrt{\sigma_R^2 + \sigma_S^2}}$
岩体受压	0.987	0.161
结构受弯	0.466	0.885
结构受剪	0.737	0.676

分项系数计算结果表　　　　表7-21

极限状态方程	抗力：$\gamma_R = 1 - \varphi_R \delta_R \beta$				作用效应：$\gamma_S = 1 + \varphi_S \delta_S \beta$			
	φ_R	δ_R	β	γ_R	φ_S	δ_S	β	γ_S
岩体受压	0.987	0.298	2.264	2.99	0.161	0.350	2.264	1.13
结构受弯	0.466	0.086	2.032	1.088	0.885	0.350	2.032	1.63
结构受剪	0.737	0.186	1.754	1.317	0.676	0.350	1.754	1.41

注：表中 β 为本算例目标可靠指标采用值。

7.5.2　分项系数计算结果介绍

1）锚固段检算分项系数计算结果统计

锚固段检算分项系数计算结果统计见表7-22。

锚固段检算分项系数计算结果表　　　　表 7-22

类　型		分项系数	
		均值	范围
锚固段为岩层的路肩桩板墙	γ_R	3.071	2.927~3.126
	γ_S	1.024	1.022~1.025
锚固段为土层的路肩桩板墙	γ_R	1.975	1.758~2.307
	γ_S	1.130	1.123~1.140
锚固段为岩层的路堤桩板墙	γ_R	2.927	2.911~2.976
	γ_S	1.029	1.027~1.031
锚固段为土层的路堤桩板墙	γ_R	1.879	1.731~2.058
	γ_S	1.145	1.134~1.160
锚固段为岩层的路堑桩板墙或预加固桩	γ_R	2.849	2.443~3.242
	γ_S	1.142	1.079~1.207
锚固段为土层的路堑桩板墙或预加固桩	γ_R	1.371	1.114~1.444
	γ_S	1.183	1.115~1.207

2)结构构件检算分项系数计算结果统计

结构构件检算分项系数计算结果统计见表 7-23。

结构构件检算分项系数计算结果表　　　　表 7-23

类　型		结构受弯		结构受剪	
		均值	分布范围	均值	分布范围
岩锚结构构件	γ_R	1.067	1.037~1.110	1.380	1.246~1.503
	γ_S	1.558	1.496~1.654	1.408	1.330~1.480
土锚结构构件	γ_R	1.090	1.073~1.112	1.622	1.508~1.799
	γ_S	1.371	1.303~1.434	1.172	1.111~1.240

3)确定综合分项系数

当分项系数收敛情况良好时,可在 95% 保证率下的分项系数的置信区间内,推荐采用分项系数均值作为极限状态设计表达式中的分项系数。见表 7-24。

桩板墙和预加固桩综合分项系数建议值表　　　　表 7-24

桩　型	地基类型	岩土体受压		结构受弯		结构受剪	
		抗力综合分项系数 γ_R	荷载综合分项系数 γ_S	抗力综合分项系数 γ_R	荷载综合分项系数 γ_S	抗力综合分项系数 γ_R	荷载综合分项系数 γ_S
路肩桩板墙	土质地基	1.975	1.130				
	岩质地基	3.071	1.024	1.190	1.308	2.324	1.118

续上表

桩 型	地基类型	岩土体受压		结构受弯		结构受剪	
		抗力综合分项系数 γ_R	荷载综合分项系数 γ_S	抗力综合分项系数 γ_R	荷载综合分项系数 γ_S	抗力综合分项系数 γ_R	荷载综合分项系数 γ_S
路堤桩板墙	土质地基	1.879	1.145				
	岩质地基	2.927	1.029				
路堑式桩板墙和预加固桩	土质地基	1.371*	1.183*	1.090	1.371	1.622	1.172
	岩质地基	2.849	1.142	1.067	1.558	1.34	1.408

7.6 极限状态设计表达式

7.6.1 分项系数与极限状态设计表达式的关系

从 7.5 节分项系数的计算过程可知，计算出来的分项系数与目标可靠指标及变量的统计特征对应，统计特征中，无论是抗力还是作用效应，均采用极限值的均值。当极限状态方程中仅有抗力和作用两个变量时，若工程结构设计采用分项系数表达的概率极限状态设计方法，其设计表达式可表达为：

$$\gamma_S \mu_S \leqslant \frac{1}{\gamma_R} \mu_R \tag{7-25}$$

式中：μ_R、μ_S——极限抗力平均值和极限作用平均值；
γ_R、γ_S——抗力分项系数和作用分项系数。

然而，在现行的极限状态设计规范中，抗力和作用不一定采用极限值的均值。例如：《桩基工程手册》中，抗力和作用采用标准值。标准值是具有一定保证率的某个分位值。通过标准值和极限值均值之间的关系，可推导出设计表达式中抗力和作用采用标准时，对应的分项系数。设 R^b 和 S^b 分别为极限状态方程的抗力和作用标准值，则有：

$$\left. \begin{array}{l} R^b = \mu_R (1 - \alpha_R \delta_R) \\ S^b = \mu_S (1 + \alpha_S \delta_S) \end{array} \right\} \tag{7-26}$$

式中：μ_R、μ_S——抗力均值、作用极限值的均值；
δ_R、δ_S——抗力、作用变异系数；
α_R、α_S——抗力、作用标准值保证率系数。

通过变换，可得：

$$\gamma_S \frac{S^b}{1 + \alpha_S \delta_S} \leqslant \frac{1}{\gamma_R} \times \frac{R^b}{1 - \alpha_R \delta_R} \tag{7-27}$$

令 $\gamma'_S = \frac{\gamma_S}{1 + \alpha_S \delta_S}$、$\gamma'_R = \gamma_R (1 - \alpha_R \delta_R)$，则

$$\gamma'_S S^b = \frac{R^b}{\gamma'_R} \tag{7-28}$$

线性分离得出的极限值均值公式(7-25)是具有普遍性的,但如果抗力和作用不是采用极限值的均值,分项系数就应做相应的调整。一般而言,极限状态中的抗力和作用是许多基本变量的函数,这些基本变量所取的分位值是不一样的,抗力和作用到底处于什么分位,有赖于基本变量的取值。岩土工程比结构工程更复杂的地方就是,岩土参数不像结构构件材料的参数取值有明确的概率意义上的规定。岩土参数的取值有特征值、名义值、经验值等,有些参数的统计特征目前无法得到,这就导致了岩土产生的作用和抗力的值,在概念上是模糊的,目前现行的规范,把这些值笼统地称为标准值。但我们必须明白,只要选取的基本参数不是极限值的均值,而是具有一定保证率的某个分位值,那么,在基本参数的选取上,相对于极限值的均值已经具有初步的安全储备,线性分离而得的分项系数应该减小。

7.6.2 锚固段稳定性检算设计表达式

1)锚固段地基为土层时

将验算点的计算土压应力和土层侧向抗力极限值及相应分项系数,代入式(7-25)中,可得土层地基侧向压应力检算极限状态设计表达式如下:

$$\gamma_S \sigma_{\max_{h_{2/3}}} \leqslant \frac{1}{\gamma_R} \eta \frac{4.0}{\cos\varphi_0}(\gamma_1 H_1 + \gamma_2 H_2/3)\tan\varphi_0 \tag{7-29}$$

式中,γ_S 和 γ_R 的取值情况详见表 7-24。

2)锚固段地基为岩层时

将锚固点的计算土压应力和岩层侧向抗力极限值及相应分项系数代入式(7-24)中,可得岩层地基侧向压应力检算极限状态设计表达式如下:

$$\gamma_S \sigma_{\max} \leqslant \frac{1}{\gamma_R} K_H R_c \tag{7-30}$$

式中,作用和抗力分项系数取值情况详见表 7-24。

从第 2 章 2.5.2 节可知,锚固桩某点达到极限状态时,地基和结构均不会破坏,当地基局部进入塑形状态后,地基还没有破坏时,桩结构将产生很大的变形。传统规范中规定,计算侧向压应力不能大于地基侧向容许压应力,是为了保证桩身不产生过大的变形,不难看出这一概念在极限状态设计中,更符合正常使用的解释。目前,《建筑地基基础设计规范》(GB 50007—2011)已经明确规定,对单桩的承载力验算采用正常使用极限状态荷载效应标准组合,相应的地基抗力采用承载力特征值。无论是土层地基还是岩层地基,锚固段的极限状态设计表达式如下:

$$\sigma_k \leqslant \sigma_a \tag{7-31}$$

式中:σ_k——侧向压应力标准值,即《铁路路基支挡结构设计规范》(TB 10025—2006)中的计算值;

σ_a——地基侧向抗力特征值,即以上规范中的容许值,土层地基为主动土压应力和被动土压应力之差。

由此可知,锚固段的设计表达式只是将取值名称改变了,但表达式具有了概率意义。在前面的可靠指标计算中,对某点达到极限状态的可靠指标进行了计算,由此可知,采用这样的检算形式,某点超越极限值的概率。

7.6.3 桩身结构设计表达式

桩身结构设计中,承载能力极限状态设计主要是结构正截面抗弯设计和斜截面抗剪设计。将弯矩计算值、抗力极限值以及分项系数代入式(7-25)中,正截面极限状态设计表达式如下:

$$\gamma_S M_{max} \leqslant \frac{1}{\gamma_R} f_{yu} A_S \left(h_0 - \frac{f_{yu} A_S}{2\alpha_1 f_{cu} b} \right) \tag{7-32}$$

将剪力计算值、抗力极限值以及分项系数代入式(7-24)中,斜截面极限状态设计表达式如下:

$$\gamma_S V_{max} \leqslant \frac{1}{\gamma_R} 0.7 f_{tu} b h_0 + f_{yvu} \frac{A_{Su}}{S} h_0 \tag{7-33}$$

式(7-32)和式(7-33)中作用效应和抗力分项系数的取值情况详见表7-24。右侧抗力计算的强度指标均为极限值。

锚固桩结构已经采用极限状态设计,设计中使用的检算式如下:

$$M \leqslant f_y A_S \left(h_0 - \frac{f_y A_S}{2\alpha_1 f_c b} \right) \tag{7-34}$$

$$V \leqslant 0.7 f_t b h_0 + f_{yv} \frac{A_{Sv}}{S} h_0 \tag{7-35}$$

式(7-34)和式(7-35)中作用和抗力均为设计值。右侧抗力计算的强度指标均为设计值,左侧作用效应设计值中含有分项系数,但分项系数的取值不能采用表7-24中的值,而应采用《铁路路基支挡结构设计规范》(TB 10025—2006)中的规定值。这是因为现行规范设计中的抗力设计值,不是抗力极限值除以综合分项系数而得的,抗力设计值计算中的材料强度设计值是标准值除以分项系数而得的,因此,作用效应设计值中的分项系数应调整,调整的结果接近现行规范中的系数。

从7.4节可知,桩板墙在可靠指标计算时,荷载分项系数取1.5,桩身抗弯和抗剪均不失效,说明该系数设计下的桩结构安全储备有富余;荷载分项系数取1.35,桩身抗弯和抗剪都要起控制作用。按现行支挡结构设计规范中的分项系数设计的路肩式桩板墙中的锚固桩,当作用效应分项系数为1.35时,对应的可靠指标可以被接受,可以直接按照《混凝土结构设计规范》(GB 50010—2010)进行设计。当作用效应分项系数为1.5时,设计可能偏于保守;但路堑和高路堤桩板墙建议作用效应分项系数取大于1.35的系数,边坡较高时,应取1.5。

7.6.4 极限状态设计表达式汇总小结

锚固桩结构由于已经是极限状态设计,因此,本书的分析主要围绕可靠指标展开,极限状态设计表达式中分项系数的计算,只是展现运用这套理论如何得到分项系数。将来在局部分项系数根据新的目标可靠指标进行微调时,可认为其他分项系数为已知,通过调整局部分项系数,使计算可靠指标达到新的目标可靠指标,来确定需要调整的分项系数的取值。

从前面的分析可知,虽然设置于路肩的桩板墙,路基面以上的荷载是已经分开单独计算的,但作用效应的分项系数,只给出了综合分项系数。采用一般分离法,根据路基面以上荷载的统计特征,从综合分项系数中分离出恒荷载分项系数和动荷载分项系数是不难的。现行设计中,路基面以上荷载一般采用1.4的分项系数,土压力荷载采用大于1.35的分项系数,抗力计算按照《混凝土结构设计规范》(GB 50010—2010)进行。此处就不再对作用效应的分项进行探讨。表7-25、表7-26给出了抗力和作用均采用极限值的均值时,极限状态设计表达式的形式和对应的分项系数,以供参考。

极限状态设计表达式　　　　　　　　　　　　　　　　　表 7-25

桩型	受力形式	表达式	μ_R
桩板墙	土体受压	$\gamma_S \mu_S \leq \dfrac{1}{\gamma_R} \mu_R$	$\mu_R = \eta \dfrac{4.0}{\cos\varphi_0}(\gamma_1 H_1 + \gamma_1 H_2/3)\tan\varphi_0$
	岩体受压	$\gamma_S \mu_S \leq \dfrac{1}{\gamma_R} \mu_R$	$\mu_R = K_H R_c$
	桩身受弯	$\gamma_S M_{max} \leq \dfrac{1}{\gamma_R} \mu_R$	$\mu_R = f_{yu} A_S \left(h_0 - \dfrac{f_{yu} A_S}{2\alpha_1 f_{cu} b}\right)$
	桩身受剪	$\gamma_S V_{max} \leq \dfrac{1}{\gamma_R} \mu_R$	$\mu_R = 0.7 f_{tu} b h_0 + f_{yvu} \dfrac{A_{Sv}}{S} h_0$
预加固桩	土体受压	$\gamma_S \mu_S \leq \dfrac{1}{\gamma_R} \mu_R$	$\mu_R = \eta \dfrac{4.0}{\cos\varphi_0}(\gamma_1 H_1 + \gamma_1 H_2/3)\tan\varphi_0$
	岩体受压	$\gamma_S \mu_S \leq \dfrac{1}{\gamma_R} \mu_R$	$\mu_R = K_H R_c$
	桩身受弯	$\gamma_S M_{max} \leq \dfrac{1}{\gamma_R} \mu_R$	$\mu_R = f_{yu} A_S \left(h_0 - \dfrac{f_{yu} A_S}{2\alpha_1 f_{cu} b}\right)$
	桩身受剪	$\gamma_S M_{max} \leq \dfrac{1}{\gamma_R} \mu_R$	$\mu_R = 0.7 f_{tu} b h_0 + f_{yvu} \dfrac{A_{Sv}}{S} h_0$

极限状态表达式对应的分项系数　　　　　　　　　　　　　表 7-26

桩型	地基类型	岩土体受压		结构受弯		结构受剪	
		抗力综合分项系数 γ_R	荷载综合分项系数 γ_S	抗力综合分项系数 γ_R	荷载综合分项系数 γ_S	抗力综合分项系数 γ_R	荷载综合分项系数 γ_S
路肩桩板墙	土质地基	1.975	1.130				
	岩质地基	3.071	1.024	1.190	1.308	2.324	1.118
路堤桩板墙	土质地基	1.879	1.145				
	岩质地基	2.927	1.029				
预加固桩	土质地基	1.371	1.183	1.090	1.371	1.622	1.172
	岩质地基	2.849	1.142	1.067	1.558	1.34	1.408

注:表7-26中桩板墙受弯和受剪的分项系数是按荷载分项系数取1.35时计算所得。

7.7　桩板墙极限状态设计算例

7.7.1　设计参数

为了简化计算,本算例采用一般地区单线铁路的简单设计状况,外荷载计算如图7-13所示。

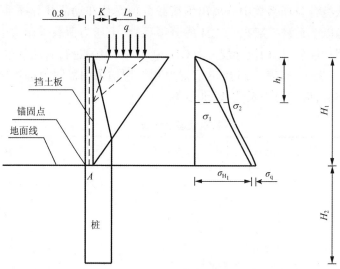

图 7-13 桩板墙悬臂段外荷载示意图

岩土参数:墙背填料综合内摩擦角 $\varphi_0=35°$,重度 $\gamma=19 \mathrm{kN/m^3}$,墙背摩擦角 $\delta=\varphi_0/2=17.5°$。锚固段地基系数 $k=200000 \mathrm{kN/m^4}$,地基横向承载力特征值 $\sigma_a=2000 \mathrm{kPa}$。

边界条件:荷载均布压应力 $q=54 \mathrm{kPa}$,在路基面上的分布宽度 $L_0=3.4 \mathrm{m}$,路基面宽度 $W=7.9 \mathrm{m}$,荷载外边缘到挡土板的距离 $K=7.9/2-3.4/2-0.8=1.45 \mathrm{m}$,桩间距 $L=6.0 \mathrm{m}$。

结构尺寸:悬臂长度 $H_1=10 \mathrm{m}$,桩截面宽度 $b=1.50 \mathrm{m}$,桩截面高度 $h=2.0 \mathrm{m}$。

结构材料:混凝土强度等级为 C30,$E_c=30000000 \mathrm{kPa}$。

7.7.2 外力和内力计算

1)填料所产生的土压力及其在锚固点 A 的剪力和弯矩

$$\psi=\varphi+\delta=35°+17.5°=52.5°$$

$$\tan\theta=-\tan\psi\pm\sqrt{\left(\tan\psi+\frac{1}{\tan\varphi}\right)\tan\psi}=-\tan52.5°+\sqrt{\left(\tan52.5°+\frac{1}{\tan35°}\right)\tan52.5°}=0.58346355$$

$$\theta=\arctan 0.58346355=30.262°$$

$$\lambda_x=\frac{\tan\theta}{\tan(\theta+\varphi)+\tan\delta}=\frac{0.58346355}{\tan(30.262°+35°)+\tan17.5°}=0.234731659$$

$$\sigma_{H_1}=\lambda_x\gamma H_1 L=0.2347\times 20\times 10\times 6=281.64 \mathrm{kPa}$$

$$E_{A_1}=\frac{1}{2}\sigma_{H_1}H_1=\frac{1}{2}\times 281.64\times 10=1408.2 \mathrm{kN}$$

桩身实际受力大于库仑主动土压力,根据《铁路路基支挡结构设计规范》(TB 10025—2006),应考虑 1.1~1.2 的附加安全系数。在极限状态设计体系中,该系数被称为计算模型不确定性系数。本算例计算填料产生的土压力时,土压力计算不确定性系数取 1.1,因此,填料所产生的土压力在 A 点的剪力及弯矩为:

$$Q_{A_1}=1.1 E_{A_1}=1.1\times 1408.2=1549.0 \mathrm{kN}$$

$$M_{A_1}=Q_{A_1}\times\frac{H_1}{3}=1549\times\frac{10}{3}=5163.3 \mathrm{kN\cdot m}$$

2)荷载产生的土压力及其在锚固点 A 的剪力和弯矩

在工程设计中,可采用分段累计的方法对压应力为曲线分布的情况进行土压力计算。对于图 7-13 中,路基面以上的荷载在桩板墙悬臂段各计算点产生的水平侧压应力及剪力和弯矩按弹性理论公式计算,计算如下:

$$\sigma_{2i}=\sum_{i=1}^{n}\frac{q}{\pi}\left[\frac{Kh_i}{K^2+h_i^2}-\frac{h_i(K+L_0)}{h_i^2+(K+L_0)^2}+\arctan\left(\frac{K+L_0}{h_i}\right)-\arctan\left(\frac{K}{h_i}\right)\right]$$

$$E_{2i}=\sum_{i=1}^{n}\frac{q}{\pi}\left[\frac{Kh_i}{K^2+h_i^2}-\frac{h_i(K+L_0)}{h_i^2+(K+L_0)^2}+\arctan\left(\frac{K+L_0}{h_i}\right)-\arctan\left(\frac{K}{h_i}\right)\right]\times\Delta h$$

$$M_{Ai}=\sum_{i=1}^{n}\frac{q}{\pi}\left[\frac{Kh_i}{K^2+h_i^2}-\frac{h_i(K+L_0)}{h_i^2+(K+L_0)^2}+\arctan\left(\frac{K+L_0}{h_i}\right)-\arctan\left(\frac{K}{h_i}\right)\right]\times\Delta h\times(H_1-h_i)$$

上式中,Δh 为分段积分的小微段,本算例中 $\Delta h=0.5$m。计算结果见表 7-27。

路基面以上荷载在悬臂段各点产生的水平侧压力和弯矩 表 7-27

计算点距桩顶距离 h_i(m)	水平侧压应力 σ_{2i}(kPa)	水平侧压力 E_{2i}(kN)	各微段水平侧压力对 A 点的弯矩 M_{Ai}(kN·m)
0.25	24.263042168	12.131521084	118.282330570
0.75	59.915944527	29.957972263	277.111243436
1.25	73.438660652	36.719330326	321.294140352
1.75	72.668944383	36.334472191	299.759395578
2.25	65.752220507	32.876110254	254.789854465
2.75	57.059643488	28.529821744	206.841207645
3.25	48.514428900	24.257214450	163.736197538
3.75	40.853484632	20.426742316	127.667139476
4.25	34.278786561	17.139393280	98.551511362
4.75	28.762227856	14.381113928	75.500848123
5.25	24.187002790	12.093501395	57.444131625
5.75	20.412575894	10.206287947	43.376723774
6.25	17.303221229	8.651610614	32.443539804
6.75	14.739075966	7.369537983	23.950998445
7.25	12.618967499	6.309483750	17.351080312
7.75	10.859597239	5.429798619	12.217046894
8.25	9.393328913	4.696664457	8.219162799
8.75	8.165646876	4.082823438	5.103529297
9.25	7.132753973	3.566376987	2.674782740
9.75	6.259484542	3.129742271	0.782435568
锚固点 A 处的剪力和弯矩Σ		$Q_{A_2}=318.289519298$	$M_{A_2}=2147.097299803$

3)填料及路基面以上荷载在 A 点产生的弯矩和剪力

$Q_A=Q_{A_1}+Q_{A_2}=1549.0+318.3=1867.3$kN

$M_A=M_{A_1}+M_{A_2}=5163.3+2147.1=7310.4$kN·m

7.7.3 锚固长度计算

1)按"K"法计算桩身的变位和内力

当锚固段为岩层时,锚固点处侧向压应力为最大,设计时,应检算锚固段顶点侧向压应力是否小于或等于岩层的侧向承载力特征值。当锚固点的侧向压应力超过岩层的侧向承载力特征值时,应增加锚固段的长度,直至满足小于或等于岩层的横向承载力特征值为止。

已知:截面尺寸宽度 $b=1.50$ m,高度 $h=2.0$ m,假设 $H_2=4.5$ m。

桩的截面惯性矩:

$$I=\frac{bh^3}{12}=\frac{1.5\times2.0^3}{12}=1.0\text{m}^4$$

桩的钢筋混凝土弹性模量:

$$E=0.8E_c=0.8\times30000000=24000000\text{kPa}$$

桩的变形系数:

$$\beta=\sqrt[4]{\frac{k(b+1)}{4EI}}=\sqrt[4]{\frac{200000\times(1.5+1)}{4\times24000000\times1.0}}=0.26864283\text{m}^{-1}$$

设桩底为自由端,将锚固段分为10等份,计算每分断的 βy,然后按下列公式计算锚固段各点的位移、转角弯矩、剪力和地基侧向应力。

"K"法的影响函数:

$$\varphi_1=\cos(\beta y)\text{ch}(\beta y)$$

$$\varphi_2=\frac{1}{2}[\sin(\beta y)\text{ch}(\beta y)+\cos(\beta y)\text{sh}(\beta y)]$$

$$\varphi_3=\frac{1}{2}\sin(\beta y)\text{sh}(\beta y)$$

$$\varphi_4=\frac{1}{4}[\sin(\beta y)\text{ch}(\beta y)-\cos(\beta y)\text{sh}(\beta y)]$$

锚固点的位移:

$$x_0=\frac{M_0}{\beta^2 EI}\times\frac{4\varphi_4^2+\varphi_1\varphi_3}{4\varphi_3^2-4\varphi_2\varphi_4}+\frac{Q_0}{\beta^3 EI}\times\frac{\varphi_2\varphi_3-\varphi_1\varphi_4}{4\varphi_3^2-4\varphi_2\varphi_4}$$

锚固点的转角:

$$\varphi_0=-\frac{M_0}{\beta EI}\times\frac{4\varphi_3\varphi_4+\varphi_1\varphi_2}{4\varphi_3^2-4\varphi_2\varphi_4}-\frac{Q_0}{\beta^2 EI}\times\frac{\varphi_2^2-\varphi_1\varphi_3}{4\varphi_3^2-4\varphi_2\varphi_4}$$

锚固段各点的位移:

$$x_y=x_0\varphi_1+\frac{\varphi_0}{\beta}\varphi_2+\frac{M_0}{\beta^2 EI}\varphi_3+\frac{Q_0}{\beta^3 EI}\varphi_4$$

锚固段各点的转角:

$$\varphi_y=\beta\left(-4x_0\varphi_4+\frac{\varphi_0}{\beta}\varphi_1+\frac{M_0}{\beta^2 EI}\varphi_2+\frac{Q_0}{\beta^3 EI}\varphi_3\right)$$

锚固段各点的弯矩:

$$M_y=-4x_0\beta^2 EI\varphi_3-4\varphi_0\beta EI\varphi_4+M_0\varphi_1+\frac{Q_0}{\beta}\varphi_2$$

锚固段各点的剪力：
$$Q_y = -4x_0\beta^3 EI\varphi_2 - 4\varphi_0\beta^2 EI\varphi_3 - 4M_0\beta\varphi_4 + Q_0\varphi_1$$

锚固段各点的侧向应力：
$$\sigma_y = kx_y$$

以上各式中，$M_0 = M_A$，$Q_0 = Q_A$，y 为锚固段计算点到锚固点的距离。

计算结果见表 7-28。

锚固段内力、位移、转角的计算结果表 表 7-28

桩深(m)	桩身位移(m)	桩身转角(°)	计算弯矩(kN·m)	计算剪力(kN)	横向压应力(kPa)
10.00	0.00612	−0.13292	7311.194	1867.518	1224.824
10.45	0.00511	−0.12473	7858.896	604.672	1022.386
10.90	0.00417	−0.11623	7888.456	−437.807	833.138
11.35	0.00329	−0.10793	7495.680	−1274.867	657.142
11.80	0.00247	−0.10024	6769.693	−1921.109	493.748
12.25	0.00171	−0.09347	5793.265	−2390.076	341.743
12.70	0.00100	−0.08786	4643.417	−2693.691	199.490
13.15	0.00033	−0.08353	3392.248	−2841.862	65.058
13.60	−0.00032	−0.08058	2107.902	−2842.217	−63.654
14.05	−0.00094	−0.07899	855.630	−2699.975	−188.805
14.50	−0.00156	−0.07871	0	0	−312.498

2）按正常使用极限状态检算锚固段侧向压应力

侧向压应力按正常使用极限状态进行验算，设计表达式如下：
$$S_d \leqslant C_d \tag{7-36}$$

式中：S_d——正常使用极限状态作用组合效应的设计值，此处采用标准组合；

C_d——地基横向承载力特征值。

从表 7-28 可知，锚固点的侧向土压应力为 1224.8kPa，其标准组合如下：
$$S_d = \sigma_{GA} + \sigma_{qA} = \sigma_A = 1224.8 \text{kPa}$$

地基承载力特征值如下：
$$C_d = \sigma_a = 2000 \text{kPa}$$

$S_d = 1224.8 \text{kPa} < C_d 2000 \text{kPa}$，满足式(7-35)的要求。

从上述计算可知，由于考虑了施工方便和埋深的最小构造要求，锚固段的设计尺寸大大满足侧向承载力的要求。

7.7.4 桩身结构设计

1）桩身的抗弯和抗剪按承载能力极限状态设计

（1）抗弯和抗剪承载能力极限状态设计表达式
$$\gamma_0 S_d \leqslant R_d \tag{7-37}$$

式中：γ_0——结构重要性系数，取 1.0；

R_d——抗力设计值，按现行《混凝土结构设计规范》(GB 50010—2010)计算；

S_d——作用组合的效应（弯矩、剪力等）设计值，按基本组合计算：

$$S_d = \gamma_G S_G + \gamma_q S_q \tag{7-38}$$

γ_G——永久作用分项系数，取 1.35；

γ_q——主可变作用的分项系数，取 1.4；

S_G——永久作用效应的标准值；

S_q——主可变作用效应的标准值。

(2) 作用效应设计值

弯矩标准值：

$$S_{GM} = \frac{M_{A_1}}{M_A} \times M_{max} = \frac{5163.3}{7310.4} \times 7888.5 = 5771.6 \text{kN·m}$$

$$S_{qM} = \frac{M_{A_2}}{M_A} \times M_{max} = \frac{2147.1}{7310.4} \times 7888.5 = 2316.9 \text{kN·m}$$

弯矩设计值：

$$S_{dM} = \gamma_G S_{GM} + \gamma_q S_{qM} = 1.35 \times 5771.6 + 1.4 \times 2316.9 = 11035.3 \text{kN·m}$$

剪力标准值：

$$S_{GQ} = \frac{Q_{A_1}}{Q_A} \times Q_{max} = \frac{1549}{1867.3} \times 2842.2 = 2357.7 \text{kN}$$

$$S_{qQ} = \frac{Q_{A_2}}{Q_A} \times Q_{max} = \frac{318.3}{1867.3} \times 2842.2 = 484.5 \text{kN}$$

剪力设计值：

$$S_{dQ} = \gamma_G S_{GQ} + \gamma_q S_{qQ} = 1.35 \times 2357.7 + 1.4 \times 484.5 = 3861.2 \text{kN}$$

(3) 抗力设计值

根据《混凝土结构设计规范》(GB 50010—2010)对桩身进行正截面和斜截面承载能力进行设计。材料性能及相关参数如下：

主筋采用 HRB400，设计抗拉强度 $f_y = 360 \text{MPa}$；箍筋采用 HRB335，设计抗拉强度 $f_{yv} = 300 \text{MPa}$；混凝土采用 C30，轴心抗压强度设计值 $f_c = 14.3 \text{MPa}$，轴心抗拉强度设计值 $f_t = 1.43 \text{MPa}$；系数，$\alpha_1 = 1.0$，$\alpha_{cv} = 0.7$。

设计中，通过循环增加主筋用钢量、调整箍筋间距和直径，实现抗力设计值大于作用设计值的目的。设计最终得到的尺寸结果如下：

截面宽度 $b = 1500 \text{mm}$ 和高度 $h = 2000 \text{mm}$ 及有效高度 $h_0 = 1900 \text{mm}$；主筋面积 $A_S = 19634 \text{mm}^2$；箍筋间距 $s = 300 \text{mm}$ 和面积 $A_{Sv} = 628 \text{mm}^2$。

将材料性能和设计所得材料尺寸，代入正截面和斜截面承载能力计算公式中，求得最终的抗力设计值。

正截面抗力设计值：

$$R_{dM} = f_y A_S \left(h_0 - \frac{f_y A_S}{2\alpha_1 f_c b} \right) = 360 \times 19634 \times \left(1900 - \frac{360 \times 19634}{2 \times 1.0 \times 14.3 \times 1500} \right)$$

$$= 12265086850 \text{N·mm} = 12265.1 \text{kN·m}$$

斜截面抗力设计值：

$$R_{dQ} = V_{cS} = \alpha_{cv} f_t b h_0 + f_{yv} \frac{A_{Sv}}{s} h_0 = 0.7 \times 1.43 \times 1500 \times 1900 + 300 \times \frac{628}{300} \times 1900$$
$$= 4046050 \text{N} = 4046.1 \text{kN}$$

(4)极限状态设计

抗弯设计：
$$\gamma_0 S_{dM} = 1.0 \times 11035.3 \text{kN} \cdot \text{m} < R_{dM} = 12265.1 \text{kN} \cdot \text{m}(可)$$

抗剪设计：
$$\gamma_0 S_{dQ} = 1.0 \times 3861.2 \text{kN} < R_{dQ} = 4046.1 \text{kN}(可)$$

2)裂缝宽度验算按正常使用极限状态设计

桩身最大裂缝宽度计算按《混凝土结构设计规范》(GB 50010—2010)相关规定进行计算。最大裂缝宽度计算如下：

(1)已知条件

构件受力特征系数 $\alpha_{cr} = 1.9$，计算最大弯矩 $M_{max} = 7888.5 \text{kN} \cdot \text{m}$，钢筋弹性模量 $E_S = 200000 \text{MPa}$，混凝土抗拉强度标准值 $f_{tk} = 2.01 \text{N/mm}^2$，截面有效高度 $h_0 = 1900 \text{mm}$，主筋面积 $A_S = 19634 \text{mm}^2$。

(2)最大裂缝宽度计算

纵向受拉钢筋的等效最大应力：
$$\sigma_{Sk} = \frac{M_{max}}{0.87 h_0 A_S} = \frac{7888500000}{0.87 \times 1900 \times 19634} = 243.0596 \text{N/mm}^2$$

有效受拉混凝土截面面积：$A_{te} = 0.5 bh = 0.5 \times 1500 \times 2000 = 1500000 \text{mm}^2$

按有效受拉混凝土截面面积计算的纵向受拉钢筋配筋率：
$$\rho_{te} = \frac{A_S}{A_{te}} = \frac{19634}{1500000} = 0.013091$$

裂缝间纵向受拉钢筋应变不均匀系数：
$$\psi = 1.1 - 0.65 \frac{f_{tk}}{\rho_{te} \sigma_{Sk}} = 1.1 - 0.65 \times \frac{2.01}{0.013091 \times 243.0596} = 0.631699$$

受拉区纵向钢筋的等效直径：
$$d_{eq} = \frac{d}{v} = \frac{25}{1.0} = 25 \text{mm}$$

最大裂缝宽度：
$$\omega_{max} = \alpha_{cr} \psi \frac{\sigma_{Sk}}{E_S} (1.9c + 0.08 \frac{d_{eq}}{\rho_{te}})$$
$$= 1.9 \times 0.631699 \times \frac{243.0596}{200000} \times \left(1.9 \times 65 + 0.08 \frac{25}{0.013091}\right)$$
$$= 0.403 \text{mm}$$

(3)最大裂缝宽度验算

作用效应标准值：
$$S_d = S_k = \omega_{max} = 0.403 \text{mm}$$

最大裂缝宽度限定值：
$$C_d = 0.2\text{mm}$$

$S_d > C_d$，不满足裂缝宽度验算，应增加主筋用量。以上裂缝宽度计算中，纵向受拉钢筋的等效最大应力是采用的标准值，这种取值方法符合《铁路工程结构可靠性设计统一标准》（试行）（Q/CR 9007—2014）的规定，但现行的《混凝土结构设计规范》（GB 50010—2010）修改了最大裂缝宽度计算的荷载作用效应的组合方式，采用准永久组合。若准永久组合系数取 0.6，则等效最大应力准永久组合计算如下：

$$\sigma_{Sq} = \frac{S_{GM} + 0.6 S_{qM}}{0.87 h_0 A_S} = \frac{5771600000 + 0.6 \times 2316900000}{0.87 \times 1900 \times 19634} = 221\text{MPa}$$

裂缝间纵向受拉钢筋应变不均匀系数：

$$\psi = 1.1 - 0.65 \frac{f_{tk}}{\rho_{te}\sigma_{Sq}} = 1.1 - 0.65 \times \frac{2.01}{0.013091 \times 221} = 0.64841$$

最大裂缝宽度：

$$\omega_{\max} = \alpha_{cr} \psi \frac{\sigma_{Sq}}{E_S} \left(1.9c + 0.08 \frac{d_{eq}}{\rho_{te}}\right)$$
$$= 1.9 \times 0.64841 \times \frac{221}{200000} \times \left(1.9 \times 65 + 0.08 \times \frac{25}{0.013091}\right)$$
$$= 0.376\text{mm}$$

最大裂缝宽度虽然有所减小，但仍然大于 0.2mm，不能满足要求。这说明虽然现行《混凝土结构设计规范》（GB 50010—2010）意识到很多情况下裂缝宽度控制了设计，根据作用效应可逆，把以前裂缝宽度计算标准组合改成了准永久组合，能减小裂缝控制设计的效应，但就本算例来看，永久荷载比例较大，正截面抗弯设计的荷载效应分项系数又取了下限值 1.35，所以设计结果反映出受裂缝宽度控制的普遍规律。这也导致《铁路路基支挡结构设计规范》（TB 10025—2006）对于大构件没有强行规定检算裂缝宽度，只是强调腐蚀性环境应进行裂缝验算。到底是裂缝宽度要求太严，还是设计规范应修改，这有待进一步研究。

3）桩顶位移验算按正常使用极限状态设计

其荷载采用准永久组合。锚固段为岩质地基时，桩顶位移一般满足规范要求，锚固点位移表 7-28 已经由计算机程序给出结果，悬臂段位移为自身位移和锚固点位移及锚固点旋转引起的位移叠加。极限状态设计验算与裂缝宽度验算类似，此处不再赘述。

第 8 章

锚杆挡土墙可靠性分析

锚杆挡土墙是由钢筋混凝土墙面系和锚杆组成的轻型支挡结构。它不同于一般重力式挡土墙依靠自重来抵抗土压力,而是依靠锚固在稳定岩土中的锚杆提供的拉力来抵抗传递至墙面系的土压力,它适用于挖方边坡的加固防护,是一种有效的挡土结构。当边坡开挖较高时,可做成多级。

锚杆挡土墙的墙面系可预制拼装,也可现场浇筑。墙面系为钢筋混凝土结构,锚杆根据受力大小,通常采用热轧钢筋,如果需要施加预应力,可采用高强精轧螺纹钢筋。当拉力较大,长度较长时,宜采用高强度的钢丝束。

8.1 土压力分布和内力计算

由于铁路锚杆挡土墙一般设置在路堑地段,不受列车荷载作用,所以其设计状况主要分为一般地区和地震地区两种。锚杆挡土墙的类型很多,本节主要对《铁路路基支挡结构设计规范》(TB 10025—2006)中的立柱式锚杆挡土墙的土压力计算进行介绍,其路基横断面示意如图 8-1 所示。

对于锚杆的拉拔设计和结构构件的设计,相关的现行设计规范中,一般只给出了非震情况下的安全系数或分项系数。这是规范有待于改进的地方。本章对锚杆挡土墙可靠性的分析,主要针对非震情况。

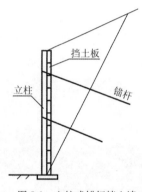

图 8-1 立柱式锚杆挡土墙横断面示意图

8.1.1 土压力计算

《铁路路基支挡结构设计规范》(TB 10025—2006)中规定,作用于锚杆挡土墙的土压力的理论值,可按库仑主动土压力计算。对于多级锚杆挡土墙,如果不考虑上级墙对下级墙的影响,可按延长墙背进行简化计算。考虑上级墙对下级墙影响时,分级锚杆墙的库仑土压力计算方法如图 8-2 所示。

$$\left.\begin{aligned} E_{x_1} &= \frac{1}{2}\sigma_{H_1} H_1 \\ E_{x_2} &= \frac{1}{2}\sigma_{H_2} H_2 + \sigma_2 h_2 + \frac{1}{2}\sigma_{h_2} h_2 \\ E_{x_3} &= \frac{1}{2}\sigma_{H_3} H_3 + \sigma_3 h_3 + \frac{1}{2}\sigma_{h_3} h_3 \end{aligned}\right\} \quad (8\text{-}1)$$

式中:E_{x_1}、E_{x_2}、E_{x_3}——分别为第一级、第二级和第三级锚杆挡土墙上所受库仑土压力;

σ_{H_1}——第一级锚杆挡土墙底处的库仑土压应力;

σ_{H_2}、σ_2、σ_{h_2}——第二级锚杆挡土墙底处的库仑土压应力;

σ_{H_3}、σ_3、σ_{h_3}——第三级锚杆挡土墙底处的库仑土压应力;

θ_1、θ_2、θ_3——第一级、第二级和第三级墙背土压力破裂角(°)。

第 8 章 锚杆挡土墙可靠性分析

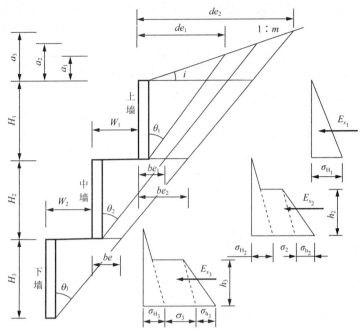

图 8-2 分级锚杆挡土墙土压力

第一级挡土墙土压应力计算：

$$\left.\begin{aligned}
&\psi_1 = \varphi - i \\
&\psi_2 = \varphi + \delta - i \\
&\tan(\theta_1 + i) = -\tan\psi_2 \pm \sqrt{(\tan\psi_2 + \cot\psi_1)(\tan\psi_2 + \tan i)} \\
&\lambda_x = \frac{\tan\theta_1}{\tan(\theta_1 + \varphi) + \tan\delta} \\
&a_1 = \frac{H_1 \tan\theta_1}{\cot i - \tan\theta_1} \\
&\sigma_{H_1} = (a_1 + H_1) \times \gamma \times \lambda_x
\end{aligned}\right\} \quad (8-2)$$

式中：φ——墙背岩土综合内摩擦角(°)；

δ——墙背摩擦角(°)；

γ——墙背岩土重度(kN/m^3)；

λ_x——水平土压力系数。

第二级和第三级挡土墙土压力计算时，计算公式中的基本变量，在第一级挡土墙土压应力计算的基本变量上，相应增加第二级墙高、墙顶平台宽度和第三级墙高和墙顶平台宽度。

8.1.2 土压力的分布及计算值的修正

影响锚杆挡土墙侧向压力分布图形的因素很复杂，从理论分析和实测结果看，挡墙结构刚度、位移大小与方向、锚杆层数及弹性大小、是否采用逆作施工方法、墙后岩土类别和软硬等情况，都可能影响侧压力的分布图形。不同条件时，分布图形可能是三角形、梯形或矩形，

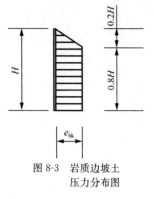

图8-3 岩质边坡土压力分布图

仅用侧向力随深度成线性增加的三角形应力图形已不能反映许多锚杆挡土墙侧向压力的实际情况。国内外工程实测资料显示：采用逆作法施工锚杆对边坡变形产生约束作用和支撑作用，而岩石和硬土的竖向拱效应明显，边坡的侧向压力向锚固点传递，应力图形的分布呈矩形，与有支撑时基坑土压力呈矩形、梯形分布图形类似。《铁路路基支挡结构设计规范》(TB 10025—2006)规定：对岩质边坡以及坚硬、硬塑状黏土和密实、中密砂土类边坡，采用逆作法施工的、柔性结构的多层锚杆挡土墙，土的侧压力分布可按图8-3进行修正。

$$e_{hk} = \frac{E_{hk}}{0.9H} \tag{8-3}$$

式中：e_{hk}——侧向岩土压力水平分力应力分布的标准值；

E_{hk}——侧向岩土压力合力的水平分力标准值；

H——挡土墙高度。

8.1.3 锚杆挡土墙内力计算

应根据土压应力分布进行内力计算。锚杆墙体系内力计算将在土压力计算基础上引入与内力计算相关的变量。

锚杆挡土墙与墙后岩土是相互作用、相互影响的一个整体，其结构内力除与支挡结构的刚度有关外，还与岩土体的变形有关，因此要准确计算较为困难，计算的方法也很多。在实际工程中，一般按支点为刚性支撑的简支梁或连续梁计算，《铁路路基支挡结构设计规范》(TB 10025—2006)中采用此方法，这也是铁路、公路、建筑边坡工程中常用的计算方法。这种方法的特点是，锚杆的布置按立柱支点弯矩和跨中弯矩相等的原则或支点反力相等的原则，其中引入的变量主要是锚杆肋柱的高度、间距、距肋柱底端和顶端的距离。挡土板内力计算时引入的变量，主要是挡土板的计算跨度。

立柱式锚杆挡土墙立柱上的弯矩、剪力和支点反力按下列规定计算：

(1)每根肋柱承受相邻两跨锚杆挡土墙中至中的土压力。假设肋柱与锚杆的连接处为一铰支点，立柱可按支承于刚性锚杆上的简支梁或连续梁计算内力：当肋柱仅为两层锚杆且底端为自由端时，按简支梁计算；当肋柱的锚杆为两层，但柱底的支承条件为铰支端和固定端，或者锚杆超过两层时，按连续梁计算。

(2)当锚杆变形较大时，宜按支承于弹性锚杆上的连续梁计算内力。

立柱间的挡土板按简支梁计算内力。

8.2 稳定性验算和内部结构检算的极限状态方程

现行规范中，锚杆挡土墙各项功能检算形式上均为极限状态，但可靠指标是未知的。锚杆挡土墙要求的检算项目包括抗拉和抗拔检算、墙面系钢筋混凝土构件检算。

8.2.1 锚杆墙极限状态方程

1)锚杆抗拉断和抗拔极限状态方程通式

$$Z=R-S=0 \tag{8-4}$$

式中：R——锚杆极限抗拉或抗拔力；
　　S——锚杆实际承受的最大拉力。

2)锚杆抗拉检算中的抗力

$$R=A_g f_{yu}=\frac{\pi}{4}d^2 n f_{yu} \tag{8-5}$$

式中：A_g——钢筋面积；
　　f_{yu}——钢筋极限强度；
　　d——锚杆直径；
　　n——锚杆根数。

3)杆体抗拔检算中的抗力

(1)锚固段注浆体沿钻孔壁滑移破坏时的抗力计算

$$R=L_a \pi D \tau_u \tag{8-6}$$

式中：L_a——锚固长度；
　　D——锚孔直径；
　　τ_u——锚孔壁与注浆体之间的黏结强度极限值。

(2)注浆体与钢筋结合面破坏时的抗力计算

$$R=L_a n \pi d \tau_{u0} \tag{8-7}$$

式中：n——钢筋根数或锚索束数；
　　d——单根钢筋或单根锚索直径；
　　τ_{u0}——钢筋或锚索与注浆体之间的黏结强度极限值。

4)锚杆墙墙面系功能检算极限状态方程与桩板墙和 L 形挡土墙相同。

8.2.2 锚杆挡土墙极限状态方程汇总

锚杆支挡结构极限设计方程归纳见表 8-1。

锚杆(索)支挡结构各项检算的极限状态方程 表 8-1

检算内容		极限状态方程形式
锚杆(索)	锚杆抗拉	$Z=A_g f_{yu}-N_t=0$
	锚杆抗拔	$Z=L_a \pi D \tau_u - N_t=0$
		$Z=L_a n \pi d \tau_{u0}-N_t=0$
钢筋混凝土构件	抗弯	$Z=M_u-M_{max}=0$
	抗剪	$Z=Q_u-Q_{max}=0$
	裂缝宽度	$Z=\omega_u-p_w \cdot \omega_{max}=0$
	挠度	$Z=f_u-p_f \cdot f_{max}=0$

8.3 锚杆挡土墙的可靠指标

8.3.1 功能函数中的关键变量

通过对表 8-1 中各极限状态方程所对应的功能函数进行单因素分析后,得到影响锚杆支挡结构目标值的主要变量,见表 8-2。

影响锚杆支挡结构目标值的主要变量　　表 8-2

分析目标			主要变量
挡土墙立柱	荷载作用	水平土压力 E_x	填料综合内摩擦角 φ_0、挡土墙高度 H、坡率 m、填料重度 γ
		锚杆拉力 N_1、N_2	综合内摩擦角 φ_0、挡土墙高度 H、边坡坡度 m、土的重度 γ、斜坡高度 h、锚杆间距 a_1、第二层锚杆到底的距离 a_2
		弯矩 M_{max} 和剪力 Q_{max}	综合内摩擦角 φ_0、锚杆间距 a_1、边坡坡度 m、土的重度 γ、桩间距 l、第二层锚杆到底的距离 a_2、挡土墙高度 H
	抗力	弯矩 M_u 和剪力 Q_u	纵向钢筋受拉强度 f_{yu}、纵向受拉钢筋直径 d、混凝土轴心抗压强度 f_{cu}、箍筋受拉强度 f_{yvu}、混凝土抗拉强度 f_{tu}、箍筋直径 d、沿构件长度方向箍筋间距 s、桩截面宽度 b 和截面有效高度 h_0
挡土板	荷载作用	弯矩 $M_{d\,max}$ 和剪力 $Q_{d\,max}$	综合内摩擦角 φ_0、挡土墙高度 H、边坡坡度 m、土的重度 γ、锚杆间距 a_1、土板深度 h_d、桩间距 l
	抗力	弯矩 M_u 和剪力 Q_u	纵向钢筋受拉强度 f_{yu}、纵向受拉钢筋直径 d、混凝土轴心抗压强度 f_{cu}、箍筋受拉强度 f_{yvu}、混凝土抗拉强度 f_{yvu}、箍筋直径 d、沿构件长度方向的箍筋间距 s、桩截面宽度 b 和截面有效高度 h_0

8.3.2 可靠指标计算中随机变量采用值

1) 墙背岩土参数统计规律

墙背岩土参数统计规律搜集与挡土墙类似。最终确定的随机变量的统计参数见表 8-3。

岩土参数统计规律表　　表 8-3

变量名称	填土综合内摩擦角 φ_0			墙背摩擦角 δ			填土重度 γ(kN/m³)		
分布类型	正态			正态			正态		
均值 μ	45°	50°	55°	$\varphi/2$			20	21	23
标准差 σ	1.26°	1.4°	1.54°	0.63°	0.7°	0.77°	1.4	1.47	1.61

2) 钢筋混凝土材料统计规律

参考《混凝土结构设计规范》(GB 50068—2001)和《公路工程结构可靠度设计统一标准》(GB/T 50283—1999),锚杆挡土墙中钢筋混凝土结构材料性能参数值见表 8-4。

C30 钢筋混凝土结构抗力统计参数表　　　　　表 8-4

材料种类	平均值 μ(N/mm²)	变异系数 δ	分布类型
C30 混凝土抗压强度	30.2	0.177	正态
C30 混凝土抗拉强度	2.65	0.146	正态
HRB335 钢筋抗拉强度	363.4	0.072	正态
HRB400 钢筋抗拉强度	434.9	0.065	正态

3）结构几何尺寸及计算模式随机变量统计特征

参数参考《公路工程结构可靠度设计统一标准》(GB/T 50283—1999)见表 8-5、表 8-6。

几何参数随机变量统计参数表　　　　　表 8-5

项　　目	均　值 μ	变异系数 δ	分布类型
截面高度	设计值	0.026	正态
截面宽度	设计值	0.008	正态
截面有效高度	设计值	0.023	正态
纵筋截面面积	设计值	0.035	正态

各种计算模式的不确定性统计参数表　　　　　表 8-6

结构构件种类	各种计算模式的不确定性统计参数	
	平均值 μ	变异系数 δ
轴心受拉	1.00	0.04
轴心受压	1.00	0.05
偏心受压	1.00	0.05
受弯	1.00	0.04
受剪	1.00	0.15

结构构件计算模式的不确定性，主要是指抗力计算中采用的基本假定和计算公式的不确定性等引起的变异性。例如：在建立计算公式的过程中，常采用理想弹性、理想塑性、匀质性、平面变形等假设；采用矩形、三角形等简单应力图示来代替实际的曲线形应力分布；采用简支、固支等典型边界条件来代替实际的边界条件；采用线性方法来简化计算表达式。所有这些近似处理，必然造成结构构件的抗力与按给定公式计算的抗力之间存在差异。计算模式的不确定性正是反映了这种差异。

4）拉拔计算中抗力参数统计特征

由于锚杆与注浆体、注浆体与岩土剪力受力情况复杂，后面的计算直接参考岩土工程学报《基于可靠度分析的锚杆抗拔安全系数取值标准研究》(王玉杰，徐佳成，汪小刚，曾庆义)中，锚杆与注浆体抗拔剪力变异系数的取值：0.1、0.2、0.3，注浆体与管壁抗拔剪力变异系数的取值：0.1、0.2、0.3、0.4。通过对比，最终分别采用变异系数 0.3、0.4。

8.3.3 锚杆挡土墙设计中隐含的可靠指标计算结果介绍

1)设计和抽样计算的基本数据

一般地区岩质路堑地段的锚杆挡土墙,岩质一般指硬质岩层(花岗岩、闪长岩、片麻岩、石灰岩、石英岩和硅质砾岩等)及软质岩层(页岩、泥灰岩、云母片岩、千枚岩等),其中也包括节理发育程度低、弱风化程度的硬质岩石,其岩体的内摩擦角等于或大于 45°的软质岩层。根据《铁路岩质路堑立柱钢筋混凝土锚杆挡土墙》(部控:贰路2000)通用图,相关设计资料摘录如下:

(1)结构的布置及土压力计算参数

墙高 H 每级墙高最大为 8m,最小为 4m,最大总墙高为 18m,两级之间设置 2.0m 平台。立柱最小宽度不小于 300mm,桩间距一般为 2m。计算选用上、下两层锚杆布置形式,锚杆的布置原则采用等弯矩法,计算可靠指标时选取上层锚杆。由于标准图所列的挡土墙类型较多,各种参数的组合情况也较多,这里选择了以下几种组合情况进行计算,设计数据见表 8-7。

综合内摩擦角、边坡坡率、重度组合表 表 8-7

序 号	路堑边坡坡率 i	综合内摩擦角 φ_0	墙后岩体重度 γ
1	1∶1.25	45°	20
2	1∶1	50°	21
3	1∶0.75	55°	23

通过分析,选取具有代表性的墙高,其他实际运用中都能够通过组合找到不同方案,级数的组合见表 8-8。

各种墙高、级数及构件尺寸组合表 表 8-8

组号	总墙高(m)	选择的第几级	单级墙高(m)	立柱截面 $b(mm) \times h(mm)$	挡土板板长(m)
1	4	1	4	300×300	1.9
2	5	1	5	300×350	1.9
3	6	1	6	300×350	1.9
4	9	2	5	310×350	1.9
5	10	2	6	350×400	1.85
6	11	2	6	400×400	1.85
7	12	2	6	400×400	1.8
8	16	3	6	410×450	1.8
9	17	3	6	420×450	1.79
10	18	3	6	420×450	1.79

(2)锚杆抗拔指标的选用

铁路工程中的锚杆挡土墙在设计时,其抗拔指标按《铁路路基支挡结构设计规范》(TB

10025—2006)附录C采用。下面首先将该规范中的参数与《锚杆喷射混凝土支护技术规范》(GB 50086—2001)中的参数进行对比。见表8-9。

锚孔壁与注浆体之间的黏结强度(MPa)　　　　表8-9

《铁路路基支挡结构设计规范》			《锚杆喷射混凝土支护技术规范》		
岩土种类	孔壁摩擦阻力设计值	岩石单轴饱和抗压强度	岩土种类	孔壁摩擦阻力标准值	岩石单轴饱和抗压强度
硬岩及较硬岩	1.0～2.5	≥15～30	硬岩	1.5～3.0	≥60
较软岩	0.6～1.0	15～30	中硬岩	1.0～1.5	30～60
软岩	0.3～0.6	5～15	软岩	0.3～1.0	5～30

从上表可见,两个规范岩土的分类前两项有差异,只有软岩完全一样。孔壁摩擦阻力在《铁路路基支挡结构设计规范》中称为设计值,在《锚杆喷射混凝土支护技术规范》中称为标准值。从软岩来看,取值的下限一样,上限有差异。在抗拔检算时,《铁路路基支挡结构设计规范》中,安全系数 $K=2.0～2.5$,孔壁摩擦阻力直接采用表8-9中设计值;《锚杆喷射混凝土支护技术规范》中安全系数 $K=1.6$,孔壁摩擦阻力采用表8-9中标准值乘以系数0.8,若将1.6/0.8换算成总安全系数 $K=2.25$,恰好为 $K=2.0～2.5$ 的平均值。由此可见,这两本规范在总安全系数上是相当的,只不过《锚杆喷射混凝土支护技术规范》将总安全系数分项在作用和抗力上了。至于表8-9中孔壁摩擦阻力是否就是极限值或者与真正的极限值还存在什么系数,则有待考证。在后面的可靠指标计算中,为了真实反映铁路支挡结构的设计现实,锚固段长度的计算中,孔壁摩擦阻力的设计值采用表8-9中《铁路路基支挡结构设计规范》的取值,设计安全系数采用总安全系数2.0,抽样计算孔壁抗拔可靠指标时,孔壁摩擦阻力极限值与设计值取一样的值。将来若能提供孔壁摩擦阻力极限值的资料,再对可靠指标进行修正。

后面的可靠指标计算结果介绍中,孔壁摩擦阻力的取值为0.4MPa。

从上表可见,钢筋与水泥砂浆之间的黏结强度的取值,两个规范差别不大,名称上的区别与表8-9类似,检算上的区别也同孔壁抗拔检算存在同样的差别,因此,锚固段长度的计算中,钢筋与水泥砂浆之间的黏结强度的设计值采用表8-10中《铁路路基支挡结构设计规范》的取值,设计安全系数采用总安全系数2.0,抽样计算水泥砂浆抗拔可靠指标时,摩擦阻力极限值与设计值取一样的值。将来若能提供钢筋与水泥砂浆之间的黏结强度极限值的资料,再对可靠指标进行修正。

钢筋与水泥砂浆之间的黏结强度(MPa)　　　　表8-10

类型	《铁路路基支挡结构设计规范》		《锚杆喷射混凝土支护技术规范》
水泥砂浆等级	M30	M35	≥M30
黏结强度	2.40	2.70	2.0～3.0

(3)钢筋混凝土等级采用C30,主筋采用HRB400,箍筋采用HRB335,锚杆钢筋采用HRB400。钢筋和混凝土的物理力学性能根据《混凝土结构设计规范》(GB 50010—2010)的规定取值。钢筋和混凝土的极限强度均值按表8-4采用。

(4)可靠指标统计原则

在挡土墙可靠度计算时,尽量选取锚杆抗拔、抗拉设计安全系数2.0,立柱设计的荷载分项系数为1.6,挡土板设计的荷载分项系数为1.3时,对应的可靠指标作为目标可靠指标计算的基础值。

2)锚杆挡土墙可靠指标计算及分析

在确定了各种土工计算参数后,对锚杆挡土墙标准图进行可靠指标的计算,抽样次数采用20000次。

(1)锚杆挡土墙抗拉和抗拔可靠指标

锚杆挡土墙抗拉可靠指标的计算值在1.29~6.361之间,对应的失效概率在9.85%~0.001%之间。计算时,采用按不同坡率i分组。可靠度随坡率的变化递减,由此可见,虽然坡率没有作为随机变量,可靠指标受坡率的影响却很大。由于土压力会出现无穷大的理论值,坡率成为计算控制因素。如果坡率放得很缓,使得φ的抽样不会出现产生破裂面与边坡不相交的情况,则内摩擦角φ、重度γ是主要影响因素。

锚杆挡土墙抗拔可靠指标在0.87~3.05之间,相对应的失效概率在19.22%~0.11%之间;注浆体与管壁的可靠指标β_2在0.76~2.09之间,相对应的失效概率在22.36%~1.83%之间。每组可靠指标比抗拉可靠指标还要低,原因除了与抗拉一样、土压力出现无穷大的情况外,在取钢筋与注浆体、孔壁与注浆体之间剪力的时候,设计值和极限值都是同一个值,总安全系数只有2.0。由此可以推测,孔壁或水泥砂浆提供的抗剪强度不是极限值,不管是经验值还是实验值,可能有一定的安全储备。

另外,孔壁对注浆体的抗拔可靠度比注浆体对钢筋的抗拔可靠度小,与实际工程情况中孔壁与注浆体之间的抗拔更容易失效的情况是一致的。

(2)立柱各项功能可靠指标计算

锚杆挡土墙立柱抗弯可靠指标的计算值,$r_G=1.6$时,β在1.29~6.36之间,相对应的失效概率在9.85%~0.001%之间。

同样也可以看出,可靠指标β值是随坡率逐渐变小的,其主要原因同前。

锚杆挡土墙立柱裂缝可靠指标的计算值,β在-0.06~2.73之间。

(3)挡土板各项功能的可靠指标计算

锚杆挡土墙挡土板抗弯可靠指标的计算值,$r_G=1.35$时,β在0.74~3.29之间,相对应的失效概率在22.96%~0.01%之间。

锚杆挡土墙挡土板抗剪可靠指标的计算值,$r_G=1.35$时,β在1.15~6.36之间,相对应的失效概率在12.51%~0.001%之间。

8.3.4 锚杆挡土墙目标可靠指标建议值

由于我们在计算破裂角$\psi=\varphi-i$的时候,当$\varphi-i<0$时,破裂角的计算公式无解,土压力无穷大,此时我们在程序中直接判断各项功能检算失效。$\varphi=45°$、$\varphi=50°$、$\varphi=55°$时,设计中刷方边坡与水平面的夹角i对应分别为38.6598°、45.0°、53.1301°,而出现$\varphi-i<0$的概率分别为5.3403×10^{-6}、2.5808×10^{-4}、0.097051。土压力出现无穷大的概率随着综合内摩擦角的增大

而增大，由于计算中没有考虑综合内摩擦角增大、变异性减小的实际情况，就出现了岩层越好失效概率越大的情况。为减小此原因对计算可靠度的影响，在推荐可靠指标的时候，主要参考了土压力出现无穷大的概率为最小的情况，即第一种情况。根据综合以上对锚杆挡土墙的可靠指标计算结果的分析，按目前设计方法计算的锚杆挡土墙隐含的可靠指标范围见表8-11。

锚杆挡土墙可靠指标计算值（配套刷方边坡） 表8-11

项目	抗拉	抗拔		立柱		挡土板	
		钢筋与注浆体	锚杆与锚孔	抗弯	抗剪	抗弯	抗剪
范围	1.28~6.36	0.82~3.05	0.74~2.09	1.28~6.36	1.28~6.36	0.74~6.36	1.15~6.36
均值	3.71	1.85	1.38	3.54	3.23	2.21	2.38

若将设计坡度放缓，锚杆挡土墙隐含的可靠指标有所提高，锚杆挡土墙各项功能隐含的可靠指标见表8-12。

锚杆挡土墙可靠指标计算值（刷方边坡放缓） 表8-12

项目	抗拉	抗拔		立柱		挡土板	
		钢筋与注浆体	锚杆与锚孔	抗弯	抗剪	抗弯	抗剪
范围	6.36	1.46~3.89	1.28~2.74	6.36	3.54~6.36	1.56~6.36	2.21~6.36
均值	6.36	2.72	2.08	6.36	5.21	3.53	4.11

目标可靠指标建议值确定：由前面的计算分析及以上两表可知，可靠指标收敛情况均良好，并分别按95%保证率计算了各项可靠指标的置信区间。考虑到土压力计算方式还需要进行深入研究，结合公众对岩土工程结构目标可靠指标的预期，推荐采用目标可靠指标见表8-13。

目标可靠指标 β_{nom} 选取建议值 表8-13

项目	抗拉	抗拔		立柱		挡土板	
		钢筋与注浆体	锚杆与锚孔	抗弯	抗剪	抗弯	抗剪
可靠指标	3.71	2.50	2.00	3.54	3.23	2.21	2.38
失效概率(%)	0.01	0.62	2.28	0.02	0.06	1.35	0.87

8.4 稳定性和内部结构的极限状态设计表达式

8.4.1 锚杆挡土墙分项系数计算算例

1）抗力及荷载特征统计

（1）锚杆抗力及荷载特征统计

锚杆抗力及荷载特征统计如图8-4~图8-6所示。

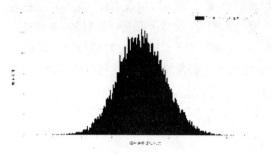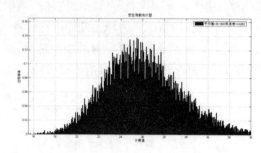

图 8-4 钢筋抗力特征统计和受拉荷载特征统计

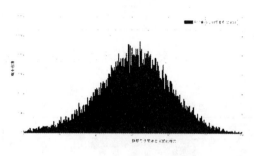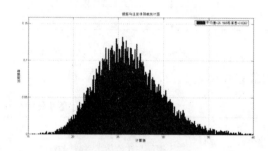

图 8-5 注浆体拔力特征与荷载特征统计

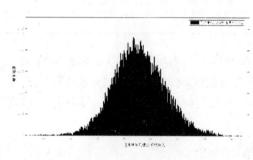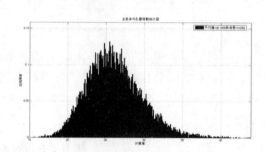

图 8-6 注浆体与孔壁之间抗拔力特征统计和荷载特征统计

(2)立柱抗力及荷载特征统计

立柱抗力及荷载特征统计如图 8-7、图 8-8 所示。

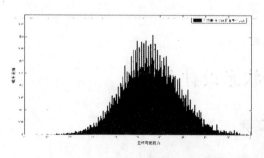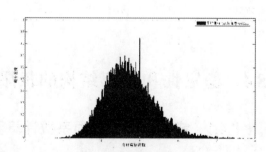

图 8-7 立柱弯矩抗力特征统计和最大弯矩特征统计图

(3)挡土板抗力及荷载特征统计

挡土板抗力及荷载特征统计如图 8-9、图 8-10 所示。

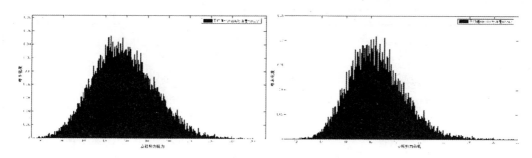

图 8-8 立柱剪力抗力特征统计和最大剪力特征统计图

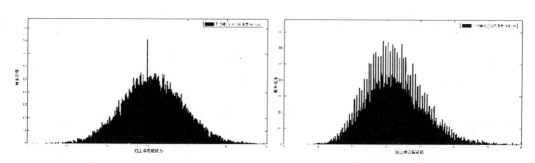

图 8-9 挡土板弯矩抗力特征统计和最大弯矩特征统计

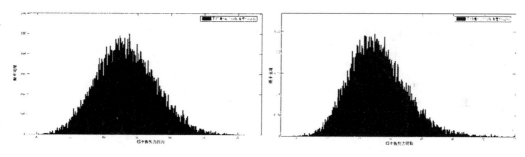

图 8-10 挡土板剪力抗力特征统计和最大剪力特征统计图

2）主要计算公式

统计特征计算公式见表 8-14。

统计特征计算公式表　　　　表 8-14

均　值	标　准　差	变 异 系 数
$\mu = \dfrac{\sum\limits_{i=1}^{N} x_i}{N}$	$\sigma = \sqrt{\dfrac{\sum\limits_{i=1}^{N} x_i^2 - N\mu^2}{N-1}}$	$\delta = \dfrac{\sigma}{\mu}$

由程序统计得到锚杆、立柱和挡土板极限状态方程中抗力和作用的标准差和变异系数见表 8-15。

支挡结构设计的可靠性

极限状态方程中统计特征计算结果　　　　表 8-15

极限状态方程类型		抗　力		作　用	
		σ_R	δ_R	σ_S	δ_S
锚杆	钢筋抗拉	8.20	0.074	3.626	0.138
	钢筋与注浆体之间抗拔	20.405	0.338	3.626	0.138
	注浆体与钻孔壁之间抗拔	19.571	0.384	3.626	0.138
立柱	抗弯	1.267	0.0765	0.6559	0.138
	抗剪	29.368	0.213	2.395	0.163
挡土板	抗弯	0.7693	0.0758	0.9083	0.163
	抗剪	8.9213	0.1909	1.9124	0.163

3)按一般分离法,抗力和作用分项系数的分离函数计算结果

分离函数计算结果见表 8-16。

分离函数计算结果表　　　　表 8-16

极限状态方程类型		抗力分项系数分离函数 $\varphi_R=\dfrac{\sigma_R}{\sqrt{\sigma_R^2+\sigma_S^2}}$	作用分项系数分离函数 $\varphi_S=\dfrac{\sigma_S}{\sqrt{\sigma_R^2+\sigma_S^2}}$
锚杆	钢筋抗拉	0.91	0.40
	钢筋与注浆体之间抗拔	0.98	0.17
	注浆体与钻孔壁之间抗拔	0.98	0.18
立柱	抗弯	0.89	0.46
	抗剪	1.00	0.08
挡土板	抗弯	0.65	0.76
	抗剪	0.98	0.21

8.4.2　锚杆挡土墙分项系数计算结果统计

采用一般分离法计算《铁路岩质路堑立柱式钢筋混凝土锚杆挡土墙》(贰路 2000)通用图,锚杆的分项系数结果见表 8-17。

锚杆挡土墙设计分项系数　　　　表 8-17

分项系数	抗力分项系数 γ_R	作用分项系数 γ_S
抗拉	1.59	1.50
钢筋与注浆体抗拔	1.67	1.21
注浆体与管壁抗拔	1.40	1.47
立柱弯矩	1.62	1.25
立柱剪力	2.39	1.19
挡土板弯矩	1.22	1.38
挡土板剪力	1.84	1.16

8.4.3 锚杆挡土墙的极限状态设计表达式

《铁路路基支挡结构设计规范》(TB 10025—2006)中,锚杆挡土墙各构件的设计,均已采用极限状态方法。由于早期是直接通过系数的反算确定荷载分项系数,没有基于概率的统计,不知道分项系数对应的可靠指标是多少,故本书在锚杆挡土墙这一章,主要分析了现行规范设计的锚杆挡土墙的可靠指标,极限状态设计表达式仍采用现行规范的设计形式。由于抗拔的可靠指标偏低,挖方边坡较高的锚杆挡土墙在进行抗拔计算时,宜采用较大的分项系数,并对边坡进行加固。

本书中锚杆挡土墙极限状态设计表达式中的分项系数计算值,均对应于各变量取值为极限值的均值的情况。本书中的计算方法,可用于将来修改规范时,对分项系数进行调整计算的参考。必须注意的是,大多数规范中的抗力参数为标准值或设计值,当抗力指标采用标准值时,抗力分项系数应调整(减小);当抗力参数采用设计值时,表示已经包含了抗力分项系数。作用效应由于涉及岩土参数,目前笼统将土压力的计算值称作为标准值,将来随着基于概率论的岩土参数研究的发展,势必会针对勘测和试验,对设计提供的参数给出完善的规定,不同的参数,所采用的分位值或特征值是不一样的,而本书中的作用分项系数的计算,是把作用中的变量当成极限值的均值考虑的,这个系数的取值,应根据随机变量的取值做相应的调整。

第 9 章

加筋土挡土墙可靠性分析简介

加筋土挡土墙利用筋材良好的抗拉性能、伸缩率小和耐久性好等特性,在土体中加入后能够有效地提高土体的强度和稳定性。该类结构具有良好的抗震性能,对地基承载力要求不高,造价也比一般的重力式支挡结构低廉,因此,在世界各地应用广泛。虽然加筋土技术已有长远的历史,但是作为现代建筑技术加以研究和推广则是近40年的事,现代加筋土技术在60年代问世以来,以其显著的技术经济效益,越来越广泛地应用于岩土工程中,尤其是土工合成材料作为筋材的应用,被誉为是支挡结构的一场革命,是土木工程中继混凝土和钢筋混凝土后最重大的发明。在我国,公路、铁路及其他民用建筑中已建成许多加筋土挡土墙,它们在国民经济建设中正发挥着十分重要的作用。

加筋土挡土墙的设计一直是将土性和筋材等参数作为定值,采用安全系数法进行设计的。长期以来,岩土科技工作者一直试图建立合理、科学和有效的岩土工程安全性设计与评价方法,一直以安全系数作为岩土工程的评价指标,即将岩土体看作具有"平均"性质的"均质材料"。因此,各种参数、荷载和计算方法都是确定的。安全系数只是一个由确定信息得到的一个定值,它未能考虑设计变量中客观存在的变异性。安全系数的大小并不能完全确切地表征岩土工程的安全程度。因此,国内权威人士指出:"如果不考虑设计参数的不确定性,结构的精确分析所能取得的效益将被粗略的经验性安全指标所淹没。"

在我国,铁路系统开展加筋土挡土墙的研究很早。在许多铁路线路上分别修建了加筋土挡土墙,并进行了一些土工合成材料加筋土挡土墙试验研究。从加筋土挡土墙运营使用情况来看,稳定性较好,其中所取得的试验成果对我国铁路土工合成材料的应用研究也有积极的作用。对于大多数的加筋土挡土墙和加筋土边坡工程,从设计到施工、试验到科研都有各铁路设计研究院的参与,他们为加筋土在我国铁路系统上的应用做出了不可替代的贡献,为修改完善铁路路基支挡规范提供了可靠的资料和依据。考虑到铁路运输安全性,铁路在使用加筋土挡土墙上非常慎重保守,为使加筋土技术在工程中得到充分应用,研究加筋土挡土墙中的土性、筋材指标以及计算模型等不确定性因素,进行可靠性分析是有必要的。

9.1 加筋土挡土墙的极限状态方程

加筋土挡土墙的形式多样。按设置地段分,有路肩和路堤式;按墙面形式分,有直立式加筋土挡土墙、斜面式加筋土挡土墙;按级数分,有单级和多级;按面板形式分,有面板与筋带分离式和包裹式等。无论加筋土挡土墙的形式多复杂,但计算模式有共性。下面从加筋土传统的计算方法中,研究极限状态方程的形式。

9.1.1 路肩式加筋土挡土墙极限状态方程

1)内部抗拔稳定性分析

内部稳定性分析是保证加筋土挡土墙在填土自重和外部荷载作用下保持稳定,对加筋配置所做的分析验算。对加筋土挡土墙的拉拔、倾覆等破坏形式在各种荷载条件下的安全系数进行分析。

第 9 章 加筋土挡土墙可靠性分析简介

验算拉拔、抗倾覆稳定时，应考虑有荷载和无荷载两种情况，并分别验算单个拉筋和全墙抗拔稳定。

单个拉筋抗拔稳定（不计拉筋两侧摩阻力）：

$$K_{pi} = \frac{S_{fi}}{E_{xi}} = \frac{2\sigma_{vi} L_a f}{\sigma_{hi} S_y} \tag{9-1}$$

式中：K_{pi}——拉筋抗拔稳定系数；
　　　S_{fi}——单根拉筋的摩擦力；
　　　E_{xi}——拉筋承受的水平土压力；
　　　σ_{vi}——拉筋表面垂直压应力；
　　　L_a——筋带锚固段长度；
　　　f——拉筋与填料间摩擦系数；
　　　σ_{hi}——墙面板上水平压应力；
　　　S_y——筋带层间距。如果土压力计算不是按照每延米考虑，式(9-1)中，拉筋承受的水平土压力还应考虑筋带水平间距 S_x。

拉筋抗拔稳定系数一般不小于 2.0，条件困难时可适当减小，但不小于 1.5。

全墙抗拔稳定系数 K_p 不小于 2.0，传统的检算如下：

$$K_p = \frac{\sum S_{fi}}{\sum E_{xi}} \tag{9-2}$$

将式(9-1)单根拉筋抗拔稳定性表现为极限状态方程：

$$Z = R - S = S_{fi} - E_{xi} = 2\sigma_{vi} L_a f - \sigma_{hi} S_y = 0 \tag{9-3}$$

将式(9-2)全墙抗拔稳定性表现为极限状态方程：

$$Z = R - S = \sum S_{fi} - \sum E_{xi} = 0 \tag{9-4}$$

分析上式中的各个变量，可得到抗拔的功能函数为：

$$Z = g(\gamma, Q, c, \varphi, f) = 2\sigma_{vi} L_a f - \sigma_{hi} S_y \tag{9-5}$$

无荷载情况下，如图 9-1 所示，$\sigma_{vi} = \gamma h_i$，$\sigma_{hi} = \gamma_i \gamma h_i$。

路肩式加筋土挡土墙无荷载下单个拉筋抗拔稳定性极限状态方程可表示为：

$$Z = 2\gamma h_i L_a f - \gamma_i \gamma h_i S_y = 0 \tag{9-6}$$

路肩式加筋土挡土墙无荷载下全墙抗拔稳定性极限状态方程可表示为：

$$Z = \sum_{i=1}^{n} 2\gamma h_i L_a f - \sum_{i=1}^{n} \gamma_i \gamma h_i S_y = 0 \tag{9-7}$$

有荷载情况下，如图 9-1 所示，$\sigma_{vi} = \gamma h_i + \sigma_{v2i}$，$\sigma_{hi} = \gamma_i \gamma h_i + \sigma_{h2i}$。这里：

$$\sigma_{h2i} = \frac{\gamma h_0}{\pi} \left[\frac{b h_1}{b^2 + h_i^2} - \frac{h_i(b+l_0)}{h_i^2 + (b+h_0)^2} + \tan^{-1}\left(\frac{b+l_0}{h_i}\right) - \tan^{-1}\left(\frac{b}{h_i}\right) \right]$$

$$\sigma_{v2i} = \frac{\gamma h_0}{\pi} \left[\tan^{-1} X_1 - \tan^{-1} X_2 + \frac{X_1}{1+X_1^2} - \frac{X_2}{1+X_2^2} \right]$$

路肩式加筋土挡土墙有荷载作用下单个拉筋抗拔稳定性极限状态方程可表示为：

$$Z = 2(\gamma h_i + \sigma_{v2i}) L_a f - (\gamma_i \gamma h_i + \sigma_{h2i}) S_y = 0 \tag{9-8}$$

路肩式加筋土挡土墙全墙有荷载作用下抗拔稳定性极限状态方程可表示为：

$$Z = \sum_{i=1}^{n} 2(\gamma h_i + \sigma_{v2i}) L_a f - \sum_{i=1}^{n} (\gamma_i \gamma h_i + \sigma_{h2i}) S_y = 0 \tag{9-9}$$

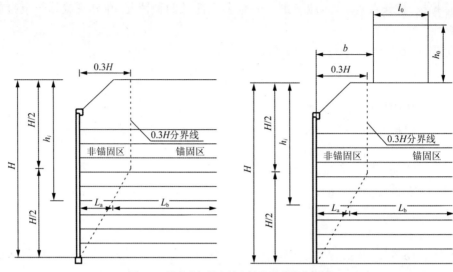

图 9-1 路肩式加筋土挡土墙内部稳定分析图

2) 内部抗拉稳定性分析

传统的拉筋抗拉检算：

$$T_i = K\sigma_{hi}S_y \leqslant T_a \tag{9-10}$$

式中：T_i——设计拉力；

K——拉筋峰值附加系数，1.2~2.0；

T_a——拉筋容许抗拉强度。

当采用土工合成材料时：

$$T_a = \frac{\alpha_{ult}}{K_R} \tag{9-11}$$

式中：α_{ult}——加筋材料拉伸试验极限抗拉强度；

K_R——强度打折系数，2.5~5.0。

将式(9-11)加筋土挡土墙拉筋抗拉稳定性表示为极限状态方程：

$$Z = R - S = \alpha_{ult} - \sigma_{hi}S_y = 0 \tag{9-12}$$

对应的功能函数：

$$Z = g(\gamma, Q, c, \varphi, \alpha_{ult}) = \alpha_{ult} - \sigma_{hi}S_y \tag{9-13}$$

无荷载情况下，$\sigma_{hi} = \gamma_i \gamma h_i$；有荷载情况下，$\sigma_{hi} = \gamma h_i + \sigma_{h2i}$。

3) 外部稳定性检算

在进行加筋土挡土墙抗滑动稳定、抗倾覆稳定检算和基底压应力与合力偏心距计算时，可将其视为实体墙(图9-2)，按重力式挡土墙进行计算。其极限状态方程的形式与重力式挡土墙的形式一样，若墙体宽度不作为随机变量，则随机变量的个数也与重力式挡土墙一样。下面介绍一下加筋土挡土墙的基底压应力检算。

《铁路路基支挡结构设计规范》(TB 10025—2006)第 8.2.4 条规定：加筋土挡土墙基底压应力应满足地基承载力要求，可按下式计算：

第9章 加筋土挡土墙可靠性分析简介

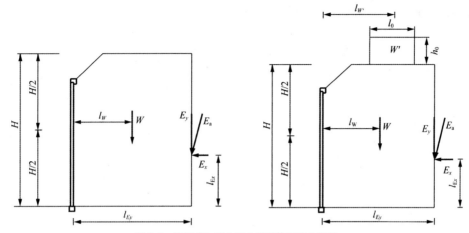

图 9-2 路肩式加筋土挡土墙整体稳定分析图

$$\sigma = \frac{\sum N}{B - 2e} \tag{9-14}$$

式中：σ——基底压应力；

$\sum N$——基底竖向压力之和；

B——加筋体基底宽度；

e——基底合力偏心距，$e \leqslant B$，$e < 0$ 时，取 $e = 0$。

规范中并没有给出地基抗力的计算公式，只在条文说明中有提到，国外一般采用极限承载力乘以适当的系数（1.35~2.0），加筋土挡土墙设计时，若有经验可适当地提高地基承载力。实际工程中，地基压应力超过地基容许承载力也不会破坏，对于加筋土挡土墙来说，地基压应力检算更接近正常使用极限状态的情况。在规范规定不明确的情况下，暂时不对加筋土挡土墙地基承载力的极限状态进行研究，可直接建立正常使用极限状态的设计表达式。一般情况下，基底压应力也不控制设计，故对于加筋土挡土墙，重点分析抗拉和抗拔。

9.1.2 加筋土挡土墙极限状态方程

路堤式与路肩式加筋土挡土墙，其不同之处是换算土柱的计算，如图 9-1 所示。按《铁路路基支挡结构设计规范》（TB 10025—2006）第 8.2.6 条规定，内部稳定性计算时，应将路堤墙加筋体上填土换算成等代均布填土荷载，就可按路肩式加筋土挡土墙进行设计了。荷载土柱高 h_z 应按下式计算：

$$h_z = \frac{1}{m}\left(\frac{H}{2} - a\right) \tag{9-15}$$

式中：h_z——路堤墙上填土换算荷载土柱高（m），$h_z > H_s$ 时，取 $h_z = H_s$；

H_s——墙顶填方高度；

m——填土边坡坡率；

H——加筋土挡土墙墙高；

a——墙顶以上堤坡脚至加筋面板的水平距离（m）。

换算后，无列车荷载情况下（图 9-3）：$\sigma_{vi} = \gamma h_i + \sigma_{v2i}$，$\sigma_{hi} = \lambda_i \gamma h_i + \sigma_{hi}$。有列车荷载情况下

(图 9-4):$\sigma_{vi}=\gamma h_i+\sigma_{v2i}+\sigma_{v3i}$,$\sigma_{hi}=\lambda_i\gamma h_i+\sigma_{h2i}\sigma_{h3i}$。

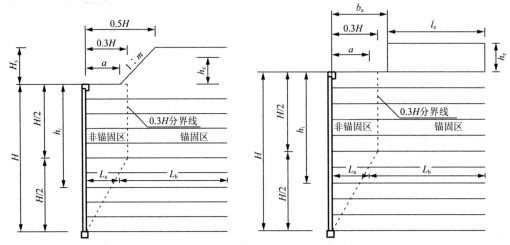

图 9-3 无列车荷载情况下路堤式加筋土挡土墙内部稳定分析图

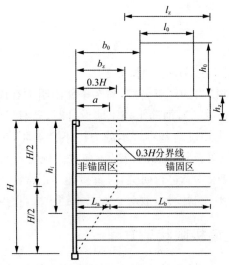

图 9-4 有列车荷载情况下路堤式加筋土挡土墙内部稳定分析图

9.2 加筋土挡土墙可靠指标

由于加筋土挡土墙的尺寸变异一般较小,可简化为定值,故加筋土挡土墙的稳定性主要与填料重度 γ、土的强度指标 C 和 φ、加筋性能、荷载 Q、基底摩擦系数 f 等有关。

9.2.1 计算原理

根据第 4 章所述,在计算公式明确的情况下,JC 法是计算可靠度指标的可行方法。JC 法的基本原理是,首先把随机变量 x_i 原来的非正态分布用正态分布代替,但对于代替的正态分布函数,要求在设计验算点 x_i^* 处的累积概率分布函数(CDF)值和概率密度函数(PDF)值都和原来的分布函数的 CDF 值和 PDF 值相同,如图 9-5 所示。然后根据这两个条件求得等效正态分布的均值 $\overline{X}'_i$ 和标准差 σ'_{x_i}。最后,用一次二阶矩法求结构的可靠指标。

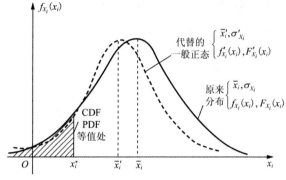

图 9-5　JC 法的等效正态分布图

下面主要阐述如何利用当量正态化的方法求解等效正态分布的均值 $\overline{X}'_i$ 和标准差 σ'_{x_i}。利用 x_i^* 处 CDF 值相等的条件,原来的分布概率为 $P(X \leqslant x_i^*) = F_{X_i}(x_i^*)$,代替的正态分布的概率为:

$$P(X \leqslant x_i^*) = F_{X_i}(x_i^*) = \Phi\left(\frac{x_i^* - \overline{X}'_i}{\sigma'_{x_i}}\right) \tag{9-16}$$

根据 JC 法条件,要求以上概率相等,得

$$F_{X_i}(x_i^*) = \Phi\left(\frac{x_i^* - \overline{X}'_i}{\sigma'_{x_i}}\right) \tag{9-17}$$

利用 x_i^* 处 PDF 值相等的条件,原来分布的概率密值为 $f_{X_i}(x_i^*)$,代替的正态分布的概率密度值为:

$$F_{X_i}(x_i^*) = \frac{\mathrm{d}F'_{X_i}(x_i^*)}{\mathrm{d}X_i} = \frac{\mathrm{d}\Phi\left(\frac{X_i^* - \overline{X}'_i}{\sigma'_{x_i}}\right)}{\mathrm{d}X_i} = \Phi\left(\frac{X_i^* - \overline{X}'_i}{\sigma'_{x_i}}\right) \cdot \frac{1}{\sigma'_{x_i}} \tag{9-18}$$

根据 JC 法条件,要求以上概率密度值相等,得

$$f_{X_i}(x_i^*) = \frac{1}{\sigma'_{x_i}} \phi\left(\frac{X_i^* - \overline{X}'_i}{\sigma'_{x_i}}\right) \tag{9-19}$$

由式(9-19)解出

$$\frac{X_i^* - \overline{X}'_i}{\sigma'_{x_i}} = \Phi^{-1}[F_{X_i}(X_i^*)] \tag{9-20}$$

代入式(9-19),得

$$f_{X_i}(x_i^*) = \phi\{\Phi^{-1}[F_{X_i}(x_i^*)]\}/\sigma'_{x_i}$$

从而,得到

$$\sigma'_{x_i} = \phi[\Phi^{-1}(F_{X_i})]/f_{X_i}(x_i^*) \tag{9-21}$$

最后,由式(9-20)得

$$\overline{X}'_i = x_i^* - \sigma'_{x_i}\Phi^{-1}[F_{X_i}(x_i^*)] \tag{9-22}$$

上述各式中,$F_{X_i}(\cdot)$ 和 $f_{X_i}(\cdot)$ 分别代表 X_i 的原来累积概率分布函数和概率密度函

数，$\Phi(\cdot)$ 和 $\phi(\cdot)$ 分别代表标准正态分布下的累积概率分布函数和概率密度函数。

以上是 JC 法求等效正态分布的均值 $\overline{X}'_i$ 和标准差 σ'_{x_i} 的一般公式，具体计算时如果遇到正态变量，则不必运用式(9-21)和式(9-22)，而是直接把该变量的均值和标准差作为"代替变量"的均值和标准差。遇到对数正态分布，式(9-21)和式(9-22)还可以进一步简化。$m_{\ln X_i} = \ln m_{X_i} - \frac{1}{2}\sigma^2_{\ln X_i}$，$\sigma^2_{\ln X_i} = \ln(1+\delta^2_{X_i})$，可得

$$F(x_i) = \Phi\left(\frac{\ln x_i - m_{\ln X_i}}{\sigma_{\ln X_i}}\right)$$
$$= \Phi\left\{\frac{\ln x_i - \left[\ln m_{X_i} - \frac{1}{2}\ln(1+\delta^2_{X_i})\right]}{[\ln(1+\delta^2_{X_i})]^{1/2}}\right\} \quad (9\text{-}23)$$
$$= \Phi(s_i)$$

式中：

$$s_i = \frac{\ln x_i - \left[\ln m_{X_i} - \frac{1}{2}\ln(1+\delta^2_{X_i})\right]}{[\ln(1+\delta^2_{X_i})]^{1/2}} \quad (9\text{-}24)$$

依概率论，有

$$f(x_i) = \frac{dF(x_i)}{dx_i} = \frac{d\Phi(s_i)}{dx_i} = \phi(s_i)\frac{\frac{1}{x}}{[\ln(1+\delta^2_{X_i})]^{1/2}} \quad (9\text{-}25)$$

式(9-23)和(9-25)表示对数正态分布下变量 x_i 的累积概率分布函数和概率密度函数，把它们代入式(9-21)和(9-22)得对数正态分布变量 x_i 的代替正态变量的均值 $\overline{X}'_i$ 和标准差 σ'_{X_i} 为：

$$\sigma'_{X_i} = \frac{\phi\{\Phi^{-1}[F(x_i^*)]\}}{f_{X_i}(x_i)} = \frac{\phi\{\Phi^{-1}[\Phi(s_i^*)]\}}{\phi(s_i^*)/x_i^* [\ln(1+\delta^2_{X_i})]^{1/2}} \quad (9\text{-}26)$$

化简后得

$$\left.\begin{array}{l}\sigma'_{X_i} = x_i^*[\ln(1+\delta^2_{X_i})]^{1/2} \\ \overline{X}'_i = x_i^* - \Phi^{-1}[F(x_i^*)]\sigma'_{X_i} \\ \phantom{\overline{X}'_i} = x_i^* - \Phi^{-1}[\Phi(S_i^*)]\sigma'_{X_i}\end{array}\right\} \quad (9\text{-}27)$$

从而得

$$\overline{X}'_i = \overline{X}_i^* - S_i^* \sigma'_{X_i} \quad (9\text{-}28)$$

式中，S_i^* 由式(9-25)计算，但式中的 $\ln x_i = \ln x_i^*$。

利用式(9-27)和(9-28)不必借助标准正态分布表，而直接求对数正态分布下的代替正态分布的均值和标准差。

等效正态分布的均值 $\overline{X}'_i$ 和标准差 σ'_{X_i} 确定之后，JC 法求解结构可靠指标的过程与改进一次二阶矩法大致相同，下面就是用该法计算可靠指标 β 的步骤：

$\boxed{\text{假定一个 }\beta\text{ 值}} \rightarrow \boxed{\text{对所有的 }i\text{ 值，选取设计验算点的初值，一般取 }x_i^* = m_{X_i}} \rightarrow \boxed{\text{计算 }\sigma'_{X_i}}$

$\boxed{\text{和 }\overline{X}'_i} \rightarrow \boxed{\text{计算 }\left.\frac{\partial g}{\partial x_i}\right|_{x^*}\text{ 值}} \rightarrow \boxed{\text{计算灵敏系数 }\alpha_i} \rightarrow \boxed{\text{计算 }x_i^*\text{ 的新值，重复步骤(3)至步骤(6)，}}$

直到 x_i^* 前后两次差值在容许范围内为止 → 计算满足 $g(x_i^*)=0$ 条件下的 β 值 → 重复步骤(3)至步骤(7),直到前后两次 β 差值的绝对值很小为止(例如≤0.05)。

取消步骤6,同样可以得到正确的结果。上述迭代计算的收敛速度取决于极限状态方程的非线性程度,一般来说,五次以内即可求得 β 值。图9-6给出了 JC 法求解 β 的较好的程序框图,它基本上是根据上述迭代计算步骤缩写而成的,只是回避了求解 β 值时解 n 次方程的步骤7,这里 n 是求可靠指标 β 的次数。

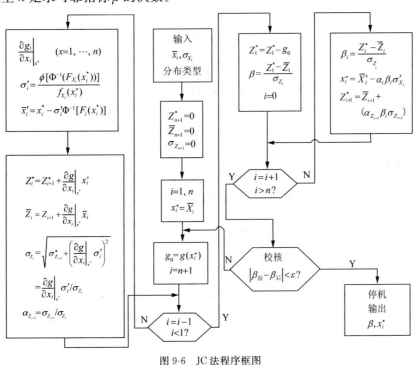

图 9-6 JC 法程序框图

9.2.2 计算参数

在加筋土挡土墙可靠指标具体计算时,综合国内外收集加筋土挡土墙情况,设计了挡土墙高度、拉筋长度、填料的综合内摩擦角、填料重度、拉筋与填料间摩擦系数、基底与地层间摩擦系数、拉筋极限抗拉强度取值的具体范围以及相关参数的变异系数,见表9-1。计算包括路肩式加筋土挡土墙不考虑列车荷载、路肩式加筋土挡土墙考虑列车荷载、路堤式加筋土挡土墙不考虑列车荷载、路堤式加筋土挡土墙考虑列车荷载四种情况。

材料参数取值范围及变异系数 表9-1

名 称	取 值	变异系数
高度(m)	4、5、6、7、8、9、10、11、12	—
拉筋长度(m)	3、4、5、6、7、8、9、10、11	—
综合内摩擦角(°)	22、24、26、28、30、32、34、36	0.10
重度(kN/m³)	15、16、17、18、19、20、21、22	0.10

续上表

名 称	取 值	变异系数
土柱高度(m)	2、2.2、2.4、2.6、2.8、3.0、3.2、3.4、3.6	—
拉筋与填料间摩擦系数	0.20、0.25、0.30	0.16
基底摩擦系数	0.10、0.15、0.20、0.25、0.30、0.35、0.40、0.45、0.50	0.10
拉筋极限抗拉强度(kN/m)	35、40、45	0.10

根据表9-1中的设计参数,按图9-6的步骤,即可进行加筋土挡土墙抗滑稳定、抗倾覆稳定、抗拔和抗拉靠指标计算。

9.3 加筋土挡土墙极限状态设计

应用程序统计得到极限状态方程中各抗力和荷载的统计特征,根据目标可靠指标,按一般分离法即可计算出分项系数。

9.3.1 加筋土挡土墙实用分项系数计算

1)加筋土挡土墙抗滑动分项系数计算

抗滑动极限状态方程和对应的设计表达式见表9-2。

抗滑动极限状态方程和对应的设计表达式 表9-2

路基面上	极限状态方程	极限状态设计表达式
无荷载	$Z=(W+E_y)f-E_x=0$	$Z=\gamma_G Wf+\gamma_{Q_1} E_y f-\gamma_{Q_2} E_x=0$
有荷载	$Z=(W+W'+E_y)f-E_x=0$	$Z=\gamma_G(W+W')f+\gamma_{Q_1} E_y f-\gamma_{Q_2} E_x=0$

采用程序统计表9-2中Wf、$E_y f$和E_x的标准差和变异系数,结合滑动稳定的目标可靠指标$\beta_k=2.5$,即可按一般分离法计算分项系数γ_G、γ_{Q_1}、γ_{Q_2}。

σ_G、σ_{Q_1}和σ_{Q_2}分别是Wf、$E_y f$和E_x的标准差,δ_G、δ_{Q_1}和δ_{Q_2}分别是Wf、$E_y f$和E_x的变异系数。通过试算多个标准图,得到的分项系数为:$\gamma_G=0.8$,$\gamma_{Q_1}=1.0$,$\gamma_{Q_2}=1.2$。

2)加筋土挡土墙抗倾覆分项系数计算

抗倾覆极限状态方程和对应的设计表达式见表9-3。

抗倾覆极限状态方程和对应的设计表达式 表9-3

路基面上	极限状态方程	极限状态设计表达式
无荷载	$Z=Wl_W+E_y l_{E_y}-E_x l_{E_x}=0$	$Z=\gamma_G Wl_W+\gamma_{Q_1} E_y l_{E_y}-\gamma_{Q_2} E_x l_{E_x}=0$
有荷载	$Z=Wl_W+W'l'_W+E_y l_{E_y}-E_x l_{E_x}=0$	$Z=\gamma_G(Wl_W+W'l'_W)+\gamma_{Q_1} E_y l_{E_y}-\gamma_{Q_2} E_x l_{E_x}=0$

采用程序统计表9-3中Wl_W、$E_y l_{E_y}$和$E_x l_{E_x}$的标准差和变异系数,结合抗倾覆稳定的目标可靠指标$\beta_k=3.0$,即可按一般分离法计算分项系数γ_G、γ_{Q_1}、γ_{Q_2}。

σ_G、σ_{Q_1} 和 σ_{Q_2} 分别是 Wl_W、$E_yl_{E_y}$ 和 $E_xl_{E_x}$ 的标准差,δ_G、δ_{Q_1} 和 δ_{Q_2} 分别是 Wl_W、$E_yl_{E_y}$ 和 $E_xl_{E_x}$ 的变异系数。通过试算多个标准图,得到的分项系数为:$\gamma_G=0.8$、$\gamma_{Q_1}=0.95$、$\gamma_{Q_2}=1.3$。

3)加筋土挡土墙内部抗拔稳定分项系数计算

内部抗拔极限状态方程和对应的设计表达式见表 9-4。

内部抗拔极限状态方程和对应的设计表达式　　　　表 9-4

路基面上	极限状态方程	极限状态设计表达式
无荷载	$Z=2\gamma h_i aL_a f-\gamma h_i\lambda_i S_x S_y=0$	$Z=2\gamma_{Q_1}\gamma h_i aL_a f-\gamma_{Q_2}\gamma h_i\lambda_i S_x S_y=0$
有荷载	$Z=2(\gamma h_i+\sigma_{v2i})aL_a f-(\gamma h_i\lambda_i+\sigma_{h2i})S_x S_y=0$	$Z=2\gamma_{Q_1}(\gamma h_i+\sigma_{v2i})aL_a f-\gamma_{Q_2}(\gamma h_i\lambda_i+\sigma_{h2i})S_x S_y=0$

用程序统计表 9-4 中 $2\gamma h_i aL_a f$ 和 $\gamma h_i\lambda_i S_x S_y$ 的标准差和变异系数,结合内部抗拔稳定的目标可靠指标 $\beta_k=3.0$,即可按一般分离法计算分项系数 γ_{Q_1} 和 γ_{Q_2}。

σ_{Q_1} 和 σ_{Q_2} 分别是 $2\gamma h_i aL_a f$ 和 $\gamma h_i\lambda_i S_x S_y$ 的标准差,δ_{Q_1} 和 δ_{Q_2} 分别是 $2\gamma h_i aL_a f$ 和 $\gamma h_i\lambda_i S_x S_y$ 的变异系数。通过试算多个标准图,得到的分项系数为:$\gamma_{Q_1}=0.5$、$\gamma_{Q_2}=1.1$。

4)加筋土挡土墙内部抗拉稳定分项系数计算

内部抗拉极限状态方程和对应的设计表达式见表 9-5。

内部抗拉极限状态方程和对应的设计表达式　　　　表 9-5

路基面上	极限状态方程	极限状态设计表达式
无荷载	$Z=\alpha_{ult}-\lambda_i\gamma h_i S_y=0$	$Z=\gamma_{Q_1}\alpha_{ult}-\gamma_{Q_2}\lambda_i\gamma h_i S_y=0$
有荷载	$Z=\alpha_{ult}-(\lambda_i\gamma h_i+\sigma_{h2i})S_y=0$	$Z=\gamma_{Q_1}\alpha_{ult}-\gamma_{Q_2}(\lambda_i\gamma h_i+\sigma_{h2i})S_y=0$

采用程序统计表 9-5 中 α_{ult} 和 $\lambda_i\gamma h_i S_y$ 的标准差和变异系数,结合抗拉目标可靠指标 $\beta_k=2.3$,即可按一般分离法计算分项系数 γ_{Q_1}、γ_{Q_2}。

σ_{Q_1} 和 σ_{Q_2} 分别是 α_{ult} 和 $(\lambda_i\gamma h_i+\sigma_{h2i})h_i S_y$ 的标准差,δ_{Q_1} 和 δ_{Q_2} 分别是 α_{ult} 和 $(\lambda_i\gamma h_i+\sigma_{h2i})h_i S_y$ 的变异系数。通过试算多个标准图,得到的分项系数为:$\gamma_{Q_1}=0.8$、$\gamma_{Q_2}=1.2$。

9.3.2　加筋土挡土墙极限状态设计表达式

加筋土挡土墙极限状态设计表达式见表 9-6。

加筋土挡土墙极限状态设计表达式(推荐)　　　　表 9-6

功能检算		极限状态设计表达式及分项系数推荐值	
外部	抗倾覆	$\gamma_G Wf+\gamma_{Q_1}E_y f-\gamma_{Q_2}E_x=0$	$\gamma_G=0.8,\gamma_{Q_1}=1.0,\gamma_{Q_2}=1.2$
外部	抗滑动	$Z=\gamma_G(Wl_W+W'l'_W)+\gamma_{Q_1}E_yl_{E_y}-\gamma_{Q_2}E_xl_{E_x}=0$	$\gamma_G=0.8,\gamma_{Q_1}=0.95,\gamma_{Q_2}=1.3$
外部	基底抗压	$\sum N/(B-2e)\leqslant\sigma_a$	σ_a 为地基抗力特征值
内部	筋带抗拔	$2\gamma_{Q_1}(\gamma h_i+\sigma_{v2i})aL_a f-\gamma_{Q_2}(\gamma h_i\lambda_i+\sigma_{h2i})S_x S_y=0$	$\gamma_{Q_1}=0.5,\gamma_{Q_1}=1.1$
内部	筋带抗拉	$\gamma_{Q_1}\alpha_{ult}-\gamma_{Q_2}(\lambda_i\gamma h_i+\sigma_{h2i})S_y=0$	$\gamma_{Q_1}=0.8,\gamma_{Q_2}=1.2$

上表设计表达式均按路基面以上有荷载的情况推荐;无荷载时,相应的荷载项取值为零即可。基底抗压检算直接给出正常使用极限状态设计表达式,设计时作用项采用标准值,抗力取值有待研究。

第 10 章

U形挡土墙极限状态设计研究简介

随着我国经济建设的蓬勃兴起,铁路及公路等交通基础设施建设得到了快速发展,建设标准也在不断提高。为了保证行车速度和安全,大量的铁路与公路平交地段改为立交,一些线路不可避免的以路堑下穿的方式通过地下水水位较高的地段,槽形挡土墙由此开始出现,且应用逐渐增多。槽形挡土墙是一种较新的结构形式,它是承受土压力、水压力、水浮力并阻止路基本体地表水或地下水浸入至路基面的结构物。在铁路工程中,槽形挡土墙一般应用于地下水水位较高且采用常规引排地下水方式难以降低地下水水位,或因某些原因不允许永久降低地下水位的路堑地段。

槽形挡土墙设计包括整体稳定性设计、结构设计及防排水设计,其中抗浮稳定性设计是整体稳定性设计的重要组成部分,也是槽形挡土墙特有的功能要求。为使槽形挡土墙设计能够真实反映结构的特点和使用要求,更加经济合理,并符合国际岩土工程结构设计的发展趋势和先进水平,同时能为铁路路基相关设计规范的制定提供依据和支撑,需对铁路路基槽形挡土墙极限状态设计进行研究。本章重点介绍槽形挡土墙抗浮稳定性极限状态设计的研究内容。

槽形挡土墙按设置位置可分为路堤式、路堑式、半堤半堑式;按边墙和底板形状可分为直墙背式、俯斜墙背式、悬挑底板式。横断面示意如图 10-1 所示。

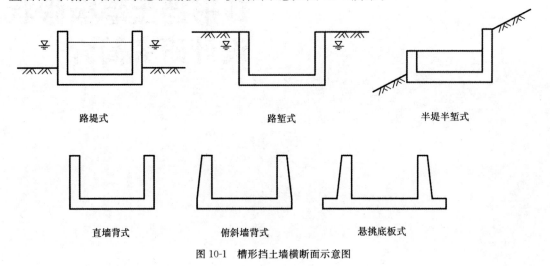

图 10-1 槽形挡土墙横断面示意图

10.1 荷载类型及设计计算

10.1.1 荷载类型

槽形挡土墙上的荷载类型较多,传统设计中一般只考虑主力对结构的影响。此外,在高烈度地震区,应考虑地震力的作用,其抗震设计按现行《铁路工程抗震设计规范》(GB 50111—2006)执行。设计时,根据检算目的按最不利荷载组合进行检算。

作用在槽形挡土墙上的荷载分类见表 10-1。

荷 载 分 类 表   表 10-1

荷载分类		荷载名称
主力	恒载	结构重力
		结构抗浮配重重力
		边墙墙背土压力
		设计水位的静水压力和浮力
		设备重力(包括钢轨、道床、电缆槽、侧沟等)
		边墙破裂面围内的设施及建筑物压力
	活载	列车竖向静活载及动力作用
		列车活载产生的离心力和横向摇摆力
		边墙外侧人或车辆对边墙产生的压力
附加力		温度变化的影响
		地下水的冻胀力
特殊荷载		地震力
		施工及临时荷载
		边墙外侧汽车等撞击力

10.1.2 设计计算

1)抗浮设计

槽形挡土墙除了与重力式挡土墙一样的外部稳定性检算之外,抗浮设计是其独有的功能要求。计算方法有国内普遍采用的单一安全系数设计方法和欧洲规范采用的分项系数设计方法。抗浮设计主要包括地下水浮力的荷载分类、抗浮设计水位的确定、地下水浮力的计算及荷载分项系数取值等。

地下水浮力作为一种特殊荷载,目前国内规范将其列为永久荷载或可变荷载,并不统一;欧洲规范也把水的作用作为永久荷载或可变荷载考虑,并明确规定了其使用条件。

目前,国内各规范对抗浮设计水位的规定主要为:按勘察实测水位、近3~5年最高水位或历史最高水位甚至室外地坪标高确定,还没有相关概率分布的规定;欧洲规范提出了一种基于模型和长期观测资料进行地下水位预测的方法,较科学合理。

地下水浮力的计算一般采用静水压力,当地基渗透系数(比如黏性土地基),可结合工程经验,对浮力做适当折减,有渗流时,应采用渗流分析确定;欧洲规范将水压力特征值乘以分项系数得到地下水浮力设计值,不进行折减。

国内相关规范中,抗浮稳定验算一般采用的单一安全系数的设计方法,抗浮力安全系数大于1.05~1.1;欧洲规范采用分项系数的设计方法,换算后相应的安全系数明显高于国内相关规范的取值。

Eurocode7 中抗浮验算[Verification of uplift (limit state UPL)]的极限状态设计方程表达式为:

$$E_{d,dst} \leqslant E_{d,stb} + R_d \tag{10-1}$$

式中：$E_{d,dst}$——对抗浮稳定不利的作用设计值；

$E_{d,stb}$——对抗浮有利的作用设计值；

R_d——与作用相应的设计抗力。

实际采用的极限状态设计表达式中，$E_{d,dst}$、$E_{d,stb}$ 为作用（或抗力）标准值×分项系数的表达形式。

单一安全系数的设计法简单、易行，设计应用方便。但单一安全系数的设计法对水位、浮力值做出了许多假定，与复杂多变的工程实际差异较大。因此，目前在设计方面，仍需通过工程实践积累经验，并进行系列试验研究、理论分析，对单一安全系数的设计法进行合理的修正，使其更接近工程实际。

采用分项系数的极限状态设计方法，在理论上更符合实际。当然，在推广极限状态法设计前，有必要结合工程实践，开展设计参数、分项系数、可靠性指标、极限状态设计表达式等系列的分析研究工作，以形成切合实际的槽形挡土墙极限状态法设计体系。

2）边墙设计

槽形挡土墙边墙按悬臂梁设计。

边墙荷载：作用在边墙上的荷载主要是侧向土压力、水压力。当接触网支柱、雨篷等其他设备安装在边墙上时，尚应计入设备对边墙产生的内力。

边墙结构设计：根据现行《混凝土结构设计规范》(GB 50010—2010)按极限状态法对正截面、斜截面及裂缝宽度进行验算，常水位时土压力荷载分项系数采用 1.65，水压力荷载分项系数采用 1.35。最不利荷载组合为设计高水位时的水土压力组合。

3）底板设计

槽形挡土墙底板按简支梁或弹性地基梁设计。

底板荷载：作用在底板上的荷载主要包括结构重力、配重重力、边墙水土压力的竖向分力、水浮力、列车竖向静活载及动力作用、轨道等设备的重力、施工阶段槽内的汽车及其他大型机具设备重力等。列车竖向静活载应考虑其动力作用，动力系数采用 1.25。计算时，直接将换算土柱中的列车竖向静活载部分乘以动力系数。

底板结构设计：槽形挡土墙底板根据现行《混凝土结构设计规范》(GB 50010—2010)按极限状态法对正截面、斜截面及裂缝宽度进行验算。对于多线地段考虑不同列车荷载的组合。底板结构计算一般按弹性地基梁采用文克尔假定进行计算。

10.2 槽形挡土墙的极限状态方程

槽形挡土墙的外部稳定性检算主要由抗浮检算控制设计，其他检算可参照重力式挡土墙进行设计。钢筋混凝土结构设计已经采用极限状态设计法，只是可靠指标未知。下面分析抗浮极限状态。

目前，国内对非震地区槽形挡土墙抗浮验算采用抗浮稳定安全系数法：

$$K_f = \frac{(\sum G_k + \sum G_{pk}) + \sum F_{kb}}{F_{fk} + P_{wy}} \geqslant [K_f] \tag{10-2}$$

式中：$[K_f]$——抗浮稳定安全系数限制，施工阶段为 1.05，运营阶段为 1.10；

$\sum G_k$——结构自重、轨道结构及附属设施自重；

$\sum G_{pk}$——配重，地下水以下配重按浮重度计算；

F_{fk}——结构主体所受浮力，$F_{fk} = \eta \gamma_w A$；

P_{wy}——处于承压水层时所受的承压水的水头压力，$P_{wy} = \gamma_w h_{wy} B$；

$\sum F_{kb}$——抗拔桩（锚）抗拔极限状态承载力标准值。

根据式(10-2)，可建立抗浮稳定极限状态方程：

$$Z = R - S = (\sum G_k + \sum G_{pk} + \sum F_{kb}) - (F_{fk} + P_{wy}) = 0 \tag{10-3}$$

极限状态方程可表达为功能函数的形式：

$$Z = G(G_k, G_{pk}, F_{kb}, F_{fk}, P_{wy}) \tag{10-4}$$

槽形挡土墙目前还未纳入支挡结构设计规范，下面简要介绍槽形挡土墙的设计计算原则。

10.3 槽形挡土墙极限状态设计法

10.3.1 土压力计算

作用在边墙上的外荷载主要是侧向土压力，土压力计算原则如下：

(1)土体产生的压力按主动或静止土压力进行计算；对砂类土、碎石类土和粉土按水土分算原则计算；对黏性土根据工程经验按水土分算或水土合算原则计算。

(2)按水土分算原则计算时，作用在边墙上的侧压力等于土压力和静止水压力之和，地下水位以下的土压力采用浮重度(γ')和有效应力抗剪强度指标(c'、φ')计算。

(3)按水土合算原则计算时，地下水位以下的土压力采用饱和重度(γ_{sat})和总应力抗剪强度指标(c、φ)计算。

10.3.2 抗浮水位确定

地下水的静水压力和水的浮力对封闭式 U 形槽的整体稳定性及结构设计影响较大，因此，地下水设计水位的选取必须慎重。由于季节和人为的工程活动（如邻近场地工程降水影响）等都可能使地下水位发生变动，所以不能仅凭地质勘察取得的当前地下水水位作为设计水位，必须估计到将来可能发生的变化。尤其近年来对水资源保护的力度加大，需要考虑结构在长期使用过程中城市地下水回灌使地下水水位升高的可能性。设计时，应综合考虑各种因素选取最不利地下水水位进行设计。

最不利水位包括设计常水位、设计低水位和设计高水位。设计常水位一般指每年大部分时间保持的水位，可采用勘测或施工时的地下水水位并考虑一定的水位变幅；设计低水位应取历史最低水位并根据近几年低水位变化趋势考虑未来水位降低的可能性；设计高水位应取历史最高水位并根据近几年高水位变化趋势考虑未来水位升高的可能性。

不同地下结构埋深与含(隔)水层的关系和抗浮水位取值分析表(表 10-2)及对应简图

(图 10-2)。

表 10-2 地下结构埋深与含(隔)水层的几种关系

简图	地下室与含(隔)水层关系	地下水的作用	抗浮设计需考虑的地下水水位
a)	地下室在上部含水层	地下室除侧壁受静水压力的作用外,底板还要承受地下水的上浮作用,这是最简单最直接的一种浮力作用形式	设计水位即为潜水水位
b)	地下室穿过了上部含水层,底板位于下部隔水层	地下室除受上部含水层中的静水压力作用外,由于地下水的渗流作用,底板存在地下水的上浮作用	设计水位即为潜水水位,但需折减
c)	地下室位于上部隔水层中,地下室开挖后无地下水存在(局部上层滞水暂不考虑,下同)	下部砂层中的承压水由于渗流作用对地下室底板有浮力作用,同时要考虑地下室底板下隔水层在下部承压水作用下能否产生隆起、裂开甚至冲毁变形的问题,即坑底不透水层抗浮稳定性问题	地下室底板下部隔水层抗浮稳定性验算水位为下部承压水位;地下室底板应考虑浮力,浮力计算设计水位为承压水位,但要折减
d)	地下室穿过上部隔水层,地下室底板位于下部含水砂层上	地下室侧壁除受静水压力作用外,地下室底板还承受砂层中承压水的浮托力作用	承压水水位即为设计水位
e)	地下室穿过上部潜水含水层,底板位于隔水层之上,隔水层之下存在承压水	由于上下含水层的渗流作用,地下水对地下室的作用兼有图 b) 和图 c) 的特点	上下部含水层水位(水头)均为考虑的设计水位
f)	地下室穿过上部潜水含水层及中间隔水层,底板位于承压含水层上	上部砂层对地下室有侧壁静水压力作用,下部砂层对地下室的作用同图 d)	抗浮设计水位为下部承压水位值(上部砂层对浮力无影响)

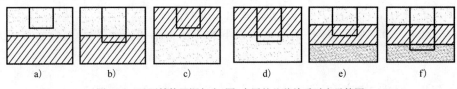

图 10-2 地下结构埋深与含(隔)水层的几种关系对应示简图

10.3.3 抗浮稳定验算方程

槽形挡土墙抗浮验算分为施工和使用两个阶段进行。施工阶段设计水位采用设计常水位,抗浮荷载一般只计主体结构及配重重力和抗拔桩抗拔力;使用阶段设计水位采用设计高水位,抗浮荷载同时应计入使用阶段结构内部其他的恒载。

槽形挡土墙抗浮验算荷载如图 10-3 所示,其极限状态设计表达式如下:

$$\gamma_G(G_k+G_{pk})+\gamma_R R_d \geqslant \gamma_0 \gamma_F \eta F_{fk} \tag{10-5}$$

式中:G_k——结构重力,施工阶段为主体结构自重标准值,使用阶段尚包含结构内部其他恒载的重力标准值;

G_{pk}——配重重力标准值,地下水位以下为饱和重力;

R_d——抗拔桩抗拔极限承载力标准值。抗拔桩抗拔极限承载力标准值可按《建筑桩基技术规范》(JGJ 94—2008)进行估算；

F_{fk}——结构主体所受浮力,可按下式计算：

$$F_{fk}=\gamma_w HA \tag{10-6}$$

γ_w——地下水的重度；

H——从结构底板底面算起的地下水设计水位高度；

A——结构底面面积；

γ_G、γ_R——抗力分项系数,对抗浮有利的荷载分项系数,取 0.9；

γ_F——荷载分项系数,取 1.1；

γ_0——结构重要性系数,一、二、三级工程分别取 1.1、1.0、1.0；

η——浮力折减系数。结合工程经验确定,无经验时参照表 10-3 取值。

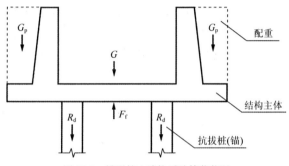

图 10-3 槽形挡土墙抗浮验算荷载图

浮力折减系数 η 表 10-3

地 基 情 况	η 值
一般黏性土地基	0.9
粉土、砂类土、碎石类土及节理裂隙发育的岩石地基	1.0
节理裂隙不发育的岩石地基	0.5

10.3.4 底板计算荷载组合

槽形挡土墙应根据以下不同的设计水位及荷载组合按最不利者进行结构设计。对于多线地段尚应考虑不同列车荷载的组合。

(1)施工阶段配重已施工,地下水位尚未恢复,边墙土压力尚未施加。此时,设计中只考虑配重及结构重力,不考虑列车及轨道荷载、土压力在边墙底部产生的竖向分力及水平分力产生的弯矩、施工阶段槽内的汽车及其他大型机具设备重力等。其荷载图如图 10-4 所示。

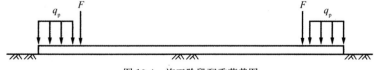

图 10-4 施工阶段配重荷载图

图中,q_p 为边墙外侧配重重力荷载强度,F 为边墙重力,当边墙与配重材料重度相差不大时可合并。

(2)设计水位分别采用设计低水位、设计常水位、设计高水位,底板底面荷载以水浮力为主,设计中考虑列车及轨道荷载,并计及配重及边墙重力、土压力在边墙底部产生的竖向分力及水平分力产生的弯矩等。其荷载图如图10-5所示。

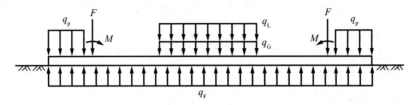

图10-5 底板计算荷载图

图中,q_p为边墙外侧配重重力荷载强度,F为边墙重力及土压力在边墙底部产生的竖向分力合力,M为土压力水平分力在边墙底部产生的弯矩,q_G为轨道荷载强度;q_L为列车荷载强度,同时应考虑其动力影响;q_F为设计水位浮力强度。

第 11 章

支挡结构极限状态设计原则

支挡结构设计的可靠性

铁路路基支挡结构按照极限状态设计应遵循一定的设计原则,这些原则包括一般规定、荷载如何计算和组合、抗力如何计算、设计检算的规定等。

11.1 设计一般规定

(1)路基工程在下列情况下应修筑路基支挡结构:
①为减少路堑边坡薄层开挖、路堤边坡薄层填方地段或为加强路堤本体稳定地段的陡坡路基。
②为避免大量挖方、降低边坡高度或加强边坡稳定性的路堑地段。
③不良地质条件下的加固地基、边坡、山体、危岩或拦挡落石地段。
④受水流冲刷影响路堤稳定的沿河、滨海路堤地段。
⑤为节约用地、少占农田或为保护重要的既有建筑物地段。
⑥为保护生态环境地段。
⑦其他特殊条件需要的地段。
(2)路基支挡结构应与桥台、隧道洞门、既有支挡结构物衔接平顺。
(3)路基支挡工程铁路工程结构安全等级执行《铁路工程结构可靠性设计统一标准》(GB 50216—1994)的规定,见表 11-1。

铁路工程支挡结构安全等级划分 表 11-1

一级	二级
特殊条件、技术复杂的路基支挡结构	路基主体结构

(4)支挡结构重要性系数,可根据结构所确定的安全等级和相应目标可靠指标确定。对于安全等级为一级的工程结构,其重要性系数应大于或等于 1.1;对于安全等级为二级的工程结构,其重要性系数为 1.0。
(5)铁路路基支挡结构承载能力极限状态设计,对于持久设计状况和短暂设计状况,应采用作用的基本组合;对于偶然设计状况,应采用作用的偶然组合。铁路路基支挡结构正常使用极限状态设计,应根据不同情况采用作用的标准组合、频遇组合或准永久组合。
(6)铁路路基支挡结构正常使用极限状态的设计,应根据线路等级、支挡结构类型制订以下各种限值:
①桩板墙在土压力和列车荷载作用下墙顶水平位移的限值。
②对在列车运行速度不小于 200km/h 的线路上,列车动荷载引起的轻型支挡结构墙顶水平位移的限值。
③钢筋混凝土构件,在不同侵蚀性环境下的裂缝宽度限值。钢筋混凝土构件裂缝宽度限值应符合铁路混凝土耐久性设计的有关要求。
(7)路基支挡结构工程的设计应符合《铁路混凝土结构耐久性设计规范》(TB 10005—2010)的有关要求。

11.2 荷载

(1)支挡结构设计,应考虑施工期间及设计使用年限内的永久作用、可变作用和偶然作用,按照路基工程结构的功能要求和设计使用状况采用适当的组合。

(2)土压力作用应根据支挡结构的具体情况分别采用主动土压力、静止土压力或被动土压力,并结合工程经验乘以相应的增大或折减系数。

(3)支挡结构上的作用,根据其作用的时间和出现的频率可按表 11-2 分类。

作用分类 表 11-2

分 类		名 称
主力	永久作用	土压力
		结构重力
		结构顶面上的恒载
		常水位时的静水压力和浮力
		地基变位影响
		预应力
		轨道荷载
		滑坡推力
	可变作用	列车荷载
		人行道荷载
		膨胀力
附加力	偶然作用	设计水位时的静水压力和浮力
		水位退落时的动水压力
		破浪压力
		冻涨力和冰压力
特殊力	偶然作用	地震力
		达到洪水位时的静水压力和浮力
	可变作用	施工临时荷载

(4)作用组合根据《铁路工程结构可靠性设计统一标准(试行)》(Q/CR 9007—2014)的规定,并结合支挡结构的实际情况采用恰当的组合方式。

11.3 抗力和平衡力系

11.3.1 支挡结构构件的抗力

支挡结构构件的抗力包括抗弯承载力、抗剪承载力、抗压承载力、抗扭承载力、裂缝宽度限定值、挠度或位移限定值等,与材料的性能和尺寸相关。例如:钢筋混凝土构件的抗力与钢筋的物理力学性能、钢筋尺寸、混凝土的物理力学性能和混凝土尺寸有关。

11.3.2 支挡结构检算

支挡结构检算中,与岩土相关的稳定性检算的抗力或平衡力与岩土工程的材料有关。岩土工程的材料分为天然材料和人造材料。支挡结构与岩土相关的检算,有一个很大的特点,即土压力既是作用,又是抗力;或既是不平衡力系,又是平衡力系的来源。例如:重力式挡土墙设计中的水平分力为作用(不平衡力系),竖向分力为抗力(平衡力系)。此外,岩土材料所提供的抗力比结构材料所提供的抗力更为复杂。

11.3.3 明挖基础挡土墙的外部稳定性和内部抗拔检算的抗力

1)重力式和衡重式挡土墙及L形挡土墙的抗力或平衡力

抗滑力主要由4部分构成:挡土墙自重、墙背与第二破裂面(或假想墙背)之间土的自重、主动土压力竖向分量以及荷载作用效用的竖向分量、被动土压力(一般不计)。

稳定性力矩主要由4部分构成:挡土墙自重、墙背与第二破裂面(或假想墙背)之间土的自重、主动土压力竖向分量以及荷载作用效用的竖向分量对墙趾的力矩、被动土压力力矩(一般不计)。

地基压应力检算的抗力为地基的极限承载力。

2)加筋土挡土墙外部稳定性检算和内部抗拔检算的抗力

外部稳定性中的抗力参考重力式挡土墙的抗力;内部抗拔检算中的抗力为填料与筋带间的极限摩擦力。

3)槽形挡土墙的抗力

外部稳定性中的抗力:抗浮验算时,为墙身自重、底板悬出段回填土配重;钢筋混凝土结构构件设计中的抗力与L形挡土墙一样。

11.3.4 桩板墙和预加固桩及抗滑桩锚固段设计的抗力

在抗力设计中,锚固段侧压应力特征值含有一定的系数:土体侧承载力与极限承载力有约2倍的关系,岩体侧项承载应力特征值与极限值有约3.3倍的关系。

11.3.5 锚杆和锚索结构抗拔验算的抗力

锚杆的抗力:岩层提供的孔壁抗拔应力,与岩层的类型、注浆体的强度和注浆压力等有关;钢筋或锚索与注浆体之间的摩擦提供的抗拔力,与注浆体的强度和压力、锚杆(索)的形状、根数等有关。

11.4 设计计算

11.4.1 设计流程

以多个分项系数进行显性表达的设计方法以及以目标可靠指标为检验标准的设计方法的设计流程分别如图 11-1、图 11-2 所示。

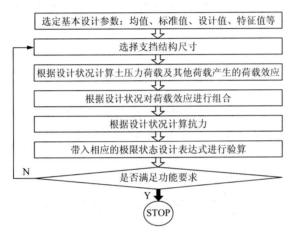

图 11-1 以多个分项系数进行显性表达的设计方法的设计流程图

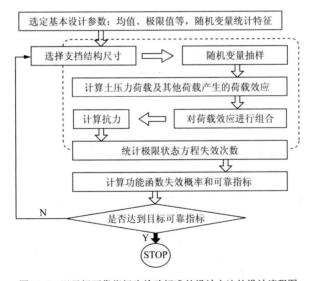

图 11-2 以目标可靠指标为检验标准的设计方法的设计流程图

11.4.2 重力式挡土墙编制示例

1)一般规定

(1)重力式挡土墙可用于一般地区、浸水地区、地震地区和特殊岩土地区,可设置于路

支挡结构设计的可靠性

肩、路堤和路堑等部位。一般地区路肩、路堤和土质路堑挡土墙高度不宜大于10m,石质路堑地段墙高不宜大于12m,膨胀土地段路堑墙高不宜大于4m,桩间挡土墙高不应大于15m。高速铁路路堤墙高不宜大于6m,路肩墙高不宜大于8m。

(2)重力式和衡重式挡墙的墙背形式,路肩地段可选择衡重式或墙背为折线形的重力式,地震地区矮墙不宜设置衡重台,可按墙背为折线的重力式挡土墙设计;路堤和路堑地段可选择墙背为直线的重力式。

(3)重力式挡土墙的设计作用和抗力应符合下列规定:

①抗滑、抗倾覆设计应按承载能力极限状态考虑,作用组合的形式根据不同的设计状况分别采用基本组合、偶然组合和地震组合,不平衡力系和平衡力系分项系数可分别采用综合分项系数。

②地基承载力验算可按正常使用极限状态考虑,作用效应采用标准值,地基抗力采用特征值。

③截面承载能力设计应按承载能力极限状态考虑,荷载组合的形式根据不同的设计状况分别采用基本组合、偶然组合和地震组合,荷载分项系数可采用综合分项系数,材料抗力采用设计值。

④作用组合应按表11-3确定。

承载能力极限状态设计常用作用组合分类　　　　表11-3

编号	设计状况	组 合 内 容	组合形式	设计状况举例
I	持久	永久作用;永久作用+主可变作用	基本组合	一般地区和浸水地区常水位时
II	短暂	I+其他可变作用;I+施工可变作用	基本组合	受施工荷载作用
III	偶然	I+偶然作用	偶然组合	浸水地区洪水位时
IV	地震	I+地震作用	地震组合	地震地区

注:1. 组合中的作用应乘以分项系数。
　　2. 列车荷载为主可变荷载。

2)设计与计算

(1)作用于重力式挡土墙的土压力计算应符合下列规定:

①作用在墙背上的主动土压力,可按库仑理论计算。破裂棱体上的力系及墙背土压应力如图11-3所示,墙背主动土压力按式(11-1)、式(11-2)计算。

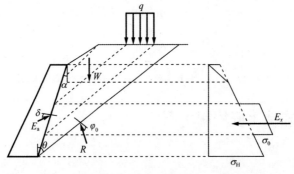

图11-3　破裂棱体上的力系及墙背水平土压应力分布

$$E_x = \frac{W}{\tan(\theta+\varphi_0)+\tan(\delta-\alpha)} \quad (11\text{-}1)$$

$$E_y = E_x \tan(\delta-\alpha) \quad (11\text{-}2)$$

式中：E_x——墙背所承受的水平土压力；

E_y——墙背所承受的竖向土压力；

W——破裂棱体的自重，包含路基面以上、破裂面以内荷载自重；

θ——墙背岩土内产生的破裂面与竖直面的夹角；

φ_0——墙背岩土综合内摩擦角；

δ——墙背摩擦角；

α——墙背倾角。

②土体中出现第二破裂面时，应按第二破裂面法计算土压力。

③墙背为折线形时，下墙土压力可采用力多边形法或延长墙背法计算。

④复杂条件下可采用破裂圆弧法等其他方法计算土压力。

(2)墙背岩土的物理力学指标及墙背摩擦角的确定应符合下列规定：

①路堤地段墙背填料的物理力学指标，应根据试验资料确定其标准值，当无试验资料时，可按经验取值。

②路堑地段墙背地层的物理力学指标标准值，应根据地质资料确定。

③墙背摩擦角应根据墙背的粗糙程度、土质和排水条件确定其标准值。

(3)墙身所受浮力应根据地基的浸水情况按下列原则确定：

①碎石类土、砂类土和节理很发育的岩石地基，按100%计算。

②节理不发育的岩石地基按50%计算。

(4)墙身材料宜采用混凝土或片石混凝土。

(5)重力式挡土墙极限状态设计检算应符合下列规定：

①结构作为刚体静力平衡的承载能力极限状态设计，应满足下式要求：

$$\gamma_0 S_{d,dst} \leqslant R_{d,dst} \quad (11\text{-}3)$$

式中：$S_{d,dst}$——不平衡作用组合效应设计值；

$R_{d,dst}$——平衡作用组合效应设计值；

γ_0——结构重要性系数。

②基底承载力按正常使用极限状态设计时，应满足下式要求：

$$S_d \leqslant C_d \quad (11\text{-}4)$$

式中：S_d——正常使用极限状态作用组合效应的标准值；

C_d——设计对结构达到正常使用所规定的相应限值。

③挡土墙结构体破坏的承载能力极限状态设计，应满足下式要求：

$$\gamma_0 S_d \leqslant R_d \quad (11\text{-}5)$$

式中：S_d——结构作用组合效应设计值；

R_d——结构抗力设计值。

(6)挡土墙的抗滑动稳定性应按式(11-3)进行承载能力极限状态检算，不平衡作用组合效应设计值和平衡作用组合效应设计值按下式计算：

支挡结构设计的可靠性

$$S_{d,dst} = \gamma_{E_2} E_x + F_{hE} \tag{11-6}$$

$$R_{d,dst} = [\gamma_G W + \gamma_{E_1}(E_y + E'_x \tan\alpha_0)] f' + (\gamma_G W + \gamma_{E_1} E_y)\tan\alpha_0 + \gamma_{E_3} E_p \tag{11-7}$$

式中：W——作用于基底上的墙身重力标准值，浸水部分采用浮重度计算；

E_y——墙后土压力的总竖向分力标准值，挡土墙浸水时，应扣除浸水部分岩土的浮力；出现第二破裂面时，含主动土压力及实际墙背与第二破裂面之间岩土的重力；

E_x——墙后主动土压力的水平分力标准值，地震时含地震力；

E_P——墙前被动土压力的水平分力标准值，浸水和地震时，$E_P=0$；

E_{hE}——地震时，作用于墙体质心和墙背与第二破裂面间岩土质心处的水平地震力之和的标准值；

E'_x——总水平力标准值，$E'_x = E_x + F_{hE}$；

γ_G——重力抗力分项系数；

γ_{E_1}——土压力抗力分项系数；

γ_{E_2}——土压力作用分项系数；

γ_{E_3}——被动土压力抗力分项系数；

α_0——基底倾斜角度；

f'——基底与地基层间的摩擦系数极限值，$f' = 1.5 \times f$；

f——基底与地基间的摩擦系数标准值，宜根据试验资料确定。基底下有软弱土层时，尚应检算该土层的滑动稳定性。

(7) 挡土墙的抗倾覆稳定性应按式(11-3)进行承载能力极限状态检算，不平衡作用组合效应设计值和平衡作用组合效应设计值分别按式(11-6)和式(11-7)计算。

$$S_{d,dst} = \gamma_{E_2} E_x Z_x + F_{hE} Z_{hE} \tag{11-8}$$

$$R_{d,dst} = \gamma_G W Z_W + \gamma_{E_1} E_y Z_y + \gamma_{E_3} E_p Z_p \tag{11-9}$$

式中：Z_{hE}——水平地震力到墙趾的水平距离；

Z_W——墙身自重及墙顶以上恒载自重合力重心到墙趾的距离；

Z_y——墙后土压力的总竖向分力到墙趾的距离；

Z_x——墙后土压力的水平分力到墙趾的距离；

Z_P——墙前被动土压力的水平分力到墙趾的距离。

(8) 挡土墙地基承载力验算应符合下列规定：

①基底竖向合力偏心距和压应力如图11-4所示。基底合力偏心距应按式(11-10)计算。

$$e = \frac{B}{2} - c = \frac{B}{2} - \frac{\sum M_y - \sum M_0}{\sum N'} \tag{11-10}$$

式中：e——基底合力的偏心距；

B——基底宽度，基底无斜底时为水平宽度，倾斜时为斜宽；

c——作用于基底上的垂直分力对墙趾的力臂；

$\sum M_y$——稳定力系对墙趾的总力矩，$\sum M_y = W Z_y + E_y Z_y + E_P Z_P$；

$\sum M_0$——倾覆力系对墙趾的总力矩，$\sum M_0 = E_x Z_x + F_{hE}$；

$\sum N'$——作用于基底上的总垂直力，按式(11-11)计算。

$$\sum N' = \sum N \times \cos\alpha_0 + \sum E_x \times \sin\alpha_0 \tag{11-11}$$

式中：ΣN——挡土墙上的总竖向作用，$\Sigma N = W + E_y$；
ΣE_x——挡土墙上的总水平作用，$\Sigma E_x = E_x + F_{hE}$；
α_0——基底倾斜角度。

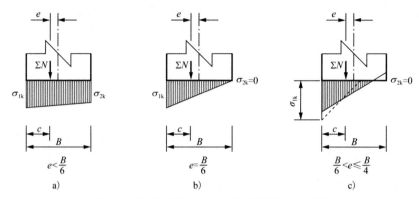

图 11-4 挡土墙基底竖向合力偏心距及压应力示意图

②基底合力偏心距应满足表 11-4 的要求。

基底合力偏心距限定值 表 11-4

基底岩土状况	基底合力偏心距限定值	
	地震状况	一般地区和浸水地区
未风化至弱风化的硬质岩石	$\leqslant B/3$	$\leqslant B/4$
除上项之外的其他岩石	$\leqslant B/4$	$\leqslant B/6$
基本承载力大于 200kPa 的土层	$\leqslant B/5$	
除上项之外的其他土层	$\leqslant B/6$	

③挡土墙的墙趾、墙踵及基底平均压应力可按正常使用极限状态验算，荷载效应采用标准组合，基底抗力采用特征值。基底压应力按式(11-12)计算。

当 $|e| \leqslant \dfrac{B}{6}$ 时，

$$\sigma_{1k,2k} = \frac{\Sigma N'}{B}\left(1 \pm \frac{6e}{B}\right) \tag{11-12}$$

当 $e > \dfrac{B}{6}$ 时，

$$\sigma_{1k} = \frac{2\Sigma N'}{3c}, \sigma_{2k} = 0 \tag{11-13}$$

当 $e < \dfrac{B}{6}$ 时，

$$\sigma_{1k} = 0, \sigma_{2k} = \frac{2\Sigma N'}{3(B-c)} \tag{11-14}$$

$$\sigma_{pk} = \frac{\sigma_{1k} + \sigma_{2k}}{2} \tag{11-15}$$

式中：σ_{1k}——挡土墙趾部的压应力标准值；

σ_{2k}——挡土墙踵部的压应力标准值；

σ_{pk}——挡土墙基底平均压应力标准值。

④基底承载力应按式(11-4)进行正常使用极限状态设计验算。基底压应力标准值和正常使用限定值分别按式(11-16)和式(11-17)计算。

$$S_d = \sigma_{1k} \text{ 或 } S_d = \sigma_{2k} \text{ 或 } S_d = \sigma_{pk} \qquad (11\text{-}16)$$

$$C_d = \gamma_\sigma \sigma_a \qquad (11\text{-}17)$$

式中：σ_a——修正后的地基承载力特征值；

γ_σ——基底承载力特征值调整系数。

(9)墙身截面强度检算应符合下列规定：

检算截面的合力偏心距 e' 应满足：荷载组合Ⅰ时，$|e'| \leqslant 0.3B'$；荷载组合Ⅱ、Ⅲ、Ⅳ时，$|e'| \leqslant 0.35B'$，B' 为墙身截面宽度。正截面抗压和抗弯检算按《混凝土结构设计规范》(GB 50010—2010)素混凝土相关规定设计。

3)构造要求

(1)挡土墙地基与基础应符合下列规定：

①挡土墙宜采用明挖基础；当基底下为松软土层时，可采用加宽基础、换填土或地基加固处理等措施；当水下挖基困难或基底承载力不够时，也可采用桩基础或沉井基础。

②基础埋置深度应符合表11-5的规定。

挡土墙基础埋置深度 表11-5

挡墙基础所处环境		最小深度限定值及相关措施
一般地区		≥1.0m
冻土地区	冻结深度小于或等于1.0m时	≥1.0m 并保证基础底在冻结深度线以下0.25m
	冻结深度大于1.0m时	≥1.25m 基底至冻结线下0.25m深度范围内换填不冻胀土
受水流冲刷		基底在冲刷线下不应小于1.0m
软质岩层地基		≥1.0m
膨胀土地段		基础埋置深度不宜小于1.5m

注：路堑挡土墙基底除满足上表要求外，基础底还应低于侧沟砌体底面0.2m或侧沟平台下1.2m。

③路堤地段挡土墙基础趾部埋入深度和距地面的水平距离应符合表11-6的规定。

墙趾埋入最小尺寸 表11-6

地层类别	埋入深度(m)	距斜坡地面的水平距离(m)
硬质岩层	0.60	1.50
软质岩层	1.00	2.00
土层	≥1.00	2.50

④基底纵坡大于5%时，应将基底设计为台阶形式。

⑤挡土墙受滑动稳定控制时，横向可采用大于0.2：1倾斜基底。浸水地区挡土墙不宜设倾斜基底。

⑥挡土墙受基底偏心或基底承载力控制时，可设置墙趾台阶，台阶的连线与竖直线间的夹角不应大于45°。

⑦明挖基础的基坑，当开挖较深且边坡稳定性较差时，应采取临时支护措施。基础浇筑完成后，应及时回填基坑并夯实，坑顶顶面应设计为不小于4%的排水横坡。黏土地基，墙底宜设置碎石土或灰土等垫层，湿陷性黄土、膨胀土等特殊土地基，应采取消除湿陷或防止水流下渗的措施。

(2)挡土墙墙身构造设计应符合下列规定：

①墙顶宽度不应小于0.4m；路肩挡土墙顶部帽石厚度不应小于0.4m，宽度不应小于0.6m，飞檐宽度应为0.1m。

②沿墙纵向长度每隔10~20m或与其他建筑物相接处，应设置伸缩缝，基底的地层变化处应设置沉降缝。伸缩缝和沉降缝可合并设置，缝宽均采用2~3cm。缝内沿墙的内、外、顶三边填塞沥青麻筋或沥青木板，塞入深度不应小于0.2m。

③挡土墙高出地面部分，应设置泄水孔。泄水孔从墙背向墙外向下倾斜的坡度不应小于4%。泄水孔上下左右每隔2~3m交错布置，折线形墙背易积水处必须设置泄水孔，纵向间距宜为2m。泄水孔应采用管形材料，管材要求在预埋前将进水口切成斜面并打磨光滑，并要超出墙背伸入墙后20cm长，在墙身浇筑过程中，不得有混凝土堵塞进水口、进水孔及管道；预埋过程中应放置于两个袋装砂砾石袋之间。

④在一般地区和浸水地区，衡重式路肩挡土墙上、下墙之间，宜设置短钢筋连接；在地震地区，上、下墙之间应设置短钢筋。为减小上墙土压力或改善衡重台上应力集中现象，必要时可在上墙范围横向铺设土工格栅。

⑤挡土墙混凝土浇筑应连续进行，不得形成水平通缝。若不能一次浇注施工，必须确保连接处强度不小于整墙墙体强度。在墙身薄弱截面、墙趾台阶转折处或混凝土墙的施工缝，必须设置榫头或采用短钢筋加固，榫头的面积不应小于截面面积的20%。

⑥浸水地区路堤墙宜使墙面保持在一个平面上，不同墙高可通过调整墙背顶平台达到要求。

⑦墙身材料采用片石混凝土时，片石掺用量不应大于总体积的20%。

泄水孔进水侧墙背应设置反滤层，反滤层设计应符合下列规定：反滤层宜采用袋装砂夹砾石(卵石)、土工合成材料、无砂混凝土块或其他新型材料。排水量较大时，可采用砂砾(卵)石与土工材料相结合的复合反滤层。无砂混凝土块或砂夹卵石反滤层的厚度不应小于0.3m，墙背为膨胀土时，反滤层厚度不应小于0.5m，墙背和反滤层后铺设一层复合排水网。在靠近路肩或地面的最低一排泄水孔的进水口下部应设置隔水层。

⑧袋装砂砾(卵)石的编织袋渗透系数不小于0.172cm/s；砂砾(卵)石质地应致密、坚硬，具有高度的抗水性和抗风化能力，颗粒不均匀系数不应大于2，粒径小于0.15mm的含量不得超过5%，含泥量不得大于5%。靠近墙背的砾(卵)石粒径范围为10~30mm，靠近岩土的砂砾(卵)石粒径范围为2~6mm。

⑨三维复合排水网作为反滤层时，无纺土工布质量不应小于200g/m²，法向渗透系数不应小于0.3cm/s；三维土工网芯厚度不应小于5mm；复合排水网导水率不应小于$1.2 \times 10^{-3} m^2/s$。

(3)挡土墙纵向连接设计应符合下列规定：

①挡土墙与路堤连接可采用锥体，端部伸入路堤内不应小于0.75m。路堤锥体顺线路方向的坡度，当锥体边坡高度在8m以内时，不应陡于1:1.25；当锥体边坡高度在20m以内时，不应陡于1:1.5。

②路堤或路肩挡土墙与路堑连接，墙端部应嵌入原地层，地层为土质、弱风化岩层、微风化岩层时，嵌入深度分别不应小于1.5m、1.0m、0.5m；路堑挡土墙与路堑连接，应向两端顺延逐渐降低高度，并与路堑坡面平顺相接。

③挡土墙与路堤、路堑或其他结构物连接，采用过渡顺接有困难时，可在挡土墙与连接结构交界处设置端墙。

(4)陡坡路基地段挡土墙墙背与坡面相交的狭窄部位（2m宽以内），应压夯实，填筑或回填材料可采用C15素混凝土。墙顶平台采用与挡土墙同等强度等级的混凝土封闭。

(5)挡土墙与地面相交处和墙顶部位应设隔水层。墙顶和墙顶平台上不能随便堆放杂物，墙顶以上填方边坡不能随意改陡。

(6)挡土墙较高且由挡土墙两端山坡不易下到墙趾进行检查时，应在适当位置设置踏步或检查梯。检查梯一般可用$\phi 16$钢筋弯制，插入墙身$0.2\sim 0.25$m，竖直间距为0.3m。

第 12 章

支挡结构设计参数的试验研究

12.1　试验的意义

从铁路路基支挡结构极限状态设计可靠性分析可知,随机变量的统计特征对支挡结构的可靠性影响很大,但分析时为了简化计算和便于经验校准,一般采用能代表设计中广泛土性的平均统计特征来进行计算。深入分析可知,均值、方差、变异系数以及分布规律这些统计特征,如不根据具体情况确定,对具体的支挡结构,可靠性分析的准确性难以保证。本章以挡土墙抗滑动稳定性的可靠性分析为例,针对设计中遇到的不同基底土的类型,通过试验对关键参数——摩擦系数的统计特征进行细化,分析摩擦系数对抗滑动可靠性的影响,具有重要的工程意义。

第 6 章中 L 形挡土墙悬臂板的土压力按库仑主动土压力计算,而实际受力情况是,悬臂板很难因为变形达到主动状态,对 L 形挡土墙的可靠性分析可知,悬臂板的结构设计无论是抗弯还是抗剪,可靠指标都很大,如果考虑到实际承受的土压力大于库仑主动土压力的事实,则悬臂板的实际可靠指标应该适当降低。本章基于试验,研究挡土墙悬臂板的土压力增大系数,并在此基础上分析 L 形挡土墙悬臂板的可靠指标,具有重要的理论和工程意义。

本章介绍影响支挡结构抗力和作用的两个关键参数的试验研究,目的是为支挡结构极限状态设计研究提供一种手段,并提出支挡结构设计参数的不确定性和计算类型的不确定性是支挡结构可靠度深化研究的重要方向。

12.2　基底摩擦系数分类试验

12.2.1　试验方案

试验目的及思路：

(1)将地基土分为碎石土、砂土、粉土、黏性土四类,设计试验方案,分析处理试验数据,用最小二乘法拟合,得到基底摩擦系数的值,通过统计得到数字特征和分布规律。

(2)根据试验结果,将四种地基土基底摩擦系数均值与《铁路路基支挡结构设计规范》(TB 10025—2006)中的取值进行对比。

(3)计算一般地区重力式路肩墙的抗滑动可靠指标,并与以往的研究结果对比,验证其可靠性。

(4)分析了土性参数之间的相关性,在考虑相关性的情况下计算抗滑动可靠指标。

1)试验设备装置

如图 12-1 所示,试验设备装置包括可以施加竖向反力的箱子、墙身基础(混凝土试块)、地基土(四种不同性质的土样)、加载装置(液压千斤顶两个、辊轴、垫板等)、测量设备(量测位移的百分表、测量荷载的液压表)。

第12章 支挡结构设计参数的试验研究

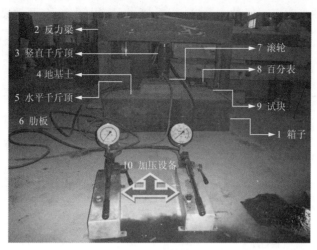

图12-1 试验装置图

(1)试验箱

尺寸:考虑满足半无限体地基边界条件,参考地基静荷载试验的长宽取值相关理论,箱体的长宽为:120cm×120cm。

反力系统:反力靠箱体自身施加。竖向反力由反力梁提供图12-1中的2),反力梁以及支架均采用工字钢,可承受15t荷载而不发生明显变形;水平荷载通过千斤顶施加,反力由箱体边框提供,安装千斤顶一侧加设肋板,以保证实验过程中不会发生明显变形(图12-1中的6)。

(2)混凝土试块

地基土体是一种复杂的材料,变异性强,受力变形明显且非线性,所以试块体积太小会影响试验结果的准确性,太大则会引起试验箱和土体体积的增加,费用增加且试验难度增大。

根据西南交通大学岩土工程系《岩土工程原位测试技术》中,地基静载试验的相关理论,承压板的面积有以下规定:

①我国勘察规范规定,承压板的面积一般宜采用$0.25\sim0.5m^2$,均质密实的土体可以降低到$0.1m^2$。

②铁一院根据经验:碎石土承压板的直径或者边长易大于碎石直径的10倍;细粒土体,承压板面积为$0.1\sim0.5m^2$;岩石为$0.1m^2$。

③日本常用方形承压板面积为$0.09m^2$,苏联常用承压板面积为$0.5m^2$。

可见,各国和各部门所用的承压板的面积不尽相同,甚至相差较多,具体的采用值应根据具体的试验综合考虑确定。本试验参考地基静荷载试验的规定选取试块面积,考虑到试验的具体操作流程,为了避免试验中,试块倾斜或倒塌,保证试验的安全性和稳定性,水平荷载的施加点距离地基土表面5cm左右,混凝土试块的尺寸采用:50cm×50cm×10cm。

(3)地基土

根据国家标准《岩土工程勘察规范》(GB 50021—2001)和《建筑地基基础设计规范》(GB 50007—2011)对土进行的分类(表12-1),试验按照地基土的粒径大小,将地基土分为碎石土、砂土、粉土、黏性土四组。每种土做20组重复试验,得到20个摩擦系数,共80组试验。直剪试验和测量重度的试验使用与每组对应的试验土,并保证和每组土有相同的压实度和含水率。

土 的 分 类　　　　　　　　　　　　　　　表12-1

土 分 类		颗 粒 形 状	颗 粒 级 配	塑性指数
碎石土	漂石	圆形及亚圆形为主	粒径大于200mm的颗粒质量超过总质量的50%	
	块石	棱角形为主		
	卵石	圆形及亚圆形为主	粒径大于20mm的颗粒质量超过总质量的50%	
	碎石	棱角形为主		
	圆砾	圆形及亚圆形为主	粒径大于2mm的颗粒质量超过总质量的50%	
	角砾	棱角形为主		
砂土	砾砂		粒径大于2mm的颗粒质量占总质量的20%～50%	
	粗砂		粒径大于0.5mm的颗粒质量超过总质量的50%	
	中砂		粒径大于0.25mm的颗粒质量超过总质量的50%	
	细砂		粒径大于0.075mm的颗粒质量超过总质量的85%	
	粉砂		粒径大于0.075mm的颗粒质量超过总质量的50%	
粉土			粒径大于0.075mm的颗粒质量不超过总质量的50%	$I_p \leqslant 10$
黏土	粉质黏土			$10 < I_p \leqslant 17$
	黏土			$I_p > 17$

试验用碎石土为圆砾,粒径的分布范围为0～19mm,每部分的比例见表12-2,级配曲线如图12-2所示。根据以往的研究可知,人工配置的级配碎石土与天然碎石土对混凝土的摩擦系数差别不大。根据碎石土各粒径的组成百分比,求得通过百分比,做出级配曲线如图12-2所示。从图12-2中的级配曲线可得,$d_{10}=2$mm,$d_{30}=7$mm,$d_{60}=12$mm,则不均匀系数:$C_u=d_{60}/d_{10}=12/2=6>5$,曲率系数:$C_c=d_{30}^2/(d_{10} \times d_{60})=2.04$,根据级配规定,该碎石土级配良好。

碎石土颗粒组成表　　　　　　　　　　　　表12-2

碎 石 土	粒径(mm)	质量(kg)	各部分百分比(%)
试样质量7kg	0.00	0.85	12.14
	2.36	0.75	10.71
	4.75	1.185	16.93
	9.50	2.06	29.43
	13.20	1.23	17.57
	16.00	0.93	13.21
	19.00	0.00	0.00

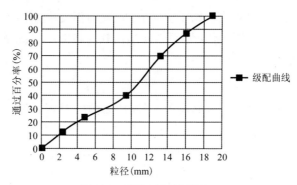

图 12-2 碎石土级配曲线图

砂土为天然砂,根据测得的粒径组成,做出级配曲线如图 12-3 所示。由级配曲线得:$d_{10}=0.18\mathrm{mm}$,$d_{30}=0.25\mathrm{mm}$,$d_{60}=0.6\mathrm{mm}$,不均匀系数:$C_u=d_{60}/d_{10}=3.33$,曲率系数:$C_c=d_{30}^2/(d_{10}\times d_{60})=0.58$,根据级配规定,试验用的砂土属于级配不良的粗砂。砂土颗粒组成见表 12-3。

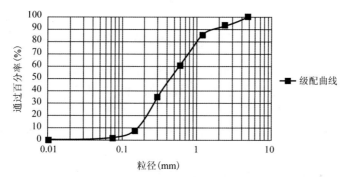

图 12-3 砂土级配曲线图

砂土颗粒组成表 表 12-3

砂　　土	粒径(mm)	质量(kg)	各部分百分比(%)
试样质量 5kg	0.00	0.09	1.70
	0.08	0.31	6.20
	0.15	1.40	28.00
	0.30	1.21	24.10
	0.60	1.30	25.90
	1.18	0.33	6.50
	2.36	0.38	7.60
	4.75	0.00	0.00

粉土与黏性土颗粒比较细,故不做级配测量,其中,粉土和黏性土都有一定的含水率,黏性土属于硬塑状态。

(4)加载及量测装置

加载装置包括竖向和水平两个液压千斤顶。竖向千斤顶下放置滚轴和垫板,防止实验过程中千斤顶跟随试块一起滑动,使作用力垂直于试块而不发生偏移。试验时,应保证试块是沿着水平方向滑动的,否则应该调整水平千斤顶荷载的施力点。量测装置采用百分表,位置如图 12-1 中的 8 所示。

2)试验原理

如图 12-4 所示,当试块处于平衡状态时,竖向压力的反力 $N=N_1+G$(N 为竖向总的加载值,G 为竖向千斤顶、垫板、滚轮以及混凝土试块的重力,N_1 为每次竖向加载值),$T=F$,即水平千斤顶施加的荷载值等于地基土与混凝土块(挡土墙)之间的摩擦力。摩擦系数 $f=F/N=T/N$,所以试验中,只需要测得水平推力和竖直压力即可。

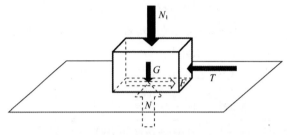

图 12-4 试块受力图

试验达到平衡状态的标志是:当水平力不变时,位移持续增大;或者当水平力达到一定值以后,位移增加量明显,减小水平力位移继续增加,而上一级水平荷载无明显位移。τ-s 的曲线如图 12-5 所示,下列三种情况下对应的水平力认为是与每级竖向压荷载相对应的水平力的大小:曲线上的终点处所对应的值;曲线上的峰值处所对应的值;曲线上的拐点处所对应的值。

每组地基土改变 5 次竖向加载值,测得 5 个与之对应的 T 值,求得竖向总荷载 N,分别除以试块的面积 A,则可以得到 5 个压应力 σ 与剪应力 τ 组成的坐标点,利用最小二乘法进行线性拟合,得到一条直线(图 12-6)。

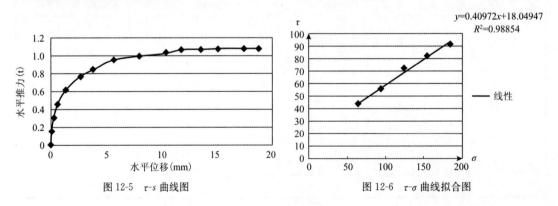

图 12-5 τ-s 曲线图   图 12-6 τ-σ 曲线拟合图

试块处于即将滑动的极限状态时,符合库仑定律:$\tau=\sigma\tan\varphi+c$,即:$\tau=\sigma f+c$,则直线的截距为地基土与试块间的黏聚力 c,而斜率即为该种地基土对应的基底摩擦系数 f。

每种地基土重复 20 次剪切,对应 20 组数据,可求得 20 个 f 的值,统计其均值和方差数字特征,做出地基摩擦系数 f 值的频率分布直方图,分析确定 f 的分布函数类型。

3)试验方法

(1)步骤

试验按照对地基土的四种分类,分为四组,每组地基土又包括二十组重复剪切试验,共八十组。按照碎石土、砂土、粉土、黏性土的顺序进行。

①按照图示12-1组装试验设备,每一组试验时,竖向荷载分5级加载,加预定的竖向压力时必须注意补压,以保持恒定预设值,因为竖向压力的任一微小变化对摩擦阻力的影响都十分敏感。每一级加载后保持竖向荷载不变的情况下施加水平荷载。

②分级施加水平荷载,开始时按照$0.1 \times N \sim 0.05 \times N$($N$为正压力值,可近似按照竖向千斤顶的荷载值取用)增加水平力的值,中间按照$0.05 \times N \sim 0.03 \times N$($N$为正压力)增加水平力,最后阶段按照$0.03N \sim 0.01 \times N$($N$为正压力)增加水平力。每级水平力施加完毕以后,马上读一次百分表读数(两只表都要读),以后每隔一分钟读一次,一共读3组数据,之后进行下一级水平力的加载。

试验结束的标志为:

a. 水平力不变时,位移读数呈线性增加。

b. 位移值突然变大,说明试块已滑动。

c. 水平千斤顶的示数已经出现了回落现象。然后,水平力分级卸载,并记录相关位移数据。

③改变竖向压力到下一级预定值,重复水平加载过程。

④对每组地基土取样,进行直剪试验,测得内摩擦角。重度值由环刀法测得。

(2)注意事项

①同一种地基土的20组试验,每组试验完成后,要将地基土重新回填。

②每种地基土可预先做几组,估计摩擦系数的大致范围,再结合具体试验过程中水平位移计读数变化规律,确定水平加载值增加幅度的分界点。

③当百分表的读数出现异常时,说明试块可能发生了转动,应停止试验,调整水平千斤顶的位置。

④为保证安全和试验数据的精确性,整个试验过程中,必须保证竖向荷载垂直于试块,不发生偏移。

⑤水平力的加载分级可以按照竖向千斤顶的荷载值的倍数取值,但是计算σ时,必须将全部的竖向荷载计算在内(要包括千斤顶、试块、滚轮以及垫板等设备的重量)。

⑥试验过程中,应时刻观察地基土及设备的变化情况,出现问题立即解决。

12.2.2　试验结果与数据分析

1)碎石土

(1)基底摩擦系数 f

按照预设试验方案,竖向荷载分五级加载,每级加载完成,保持竖向荷载不变,按照竖向荷载的一定比例逐渐施加水平荷载直到混凝土块滑动。记录每一级水平荷载对应位移值,做出 $\tau\text{-}s$ 曲线,求得最大水平力大小,举例如图12-7所示。

20组试验对应20个 $\tau\text{-}s$ 曲线图,相应的有20组荷载组合,每组包含五个数组,对每组的五个数组用最小二乘法拟合,求得一条直线,得到直线的斜率,即为基底摩擦系数值,如图 12-8 所示。

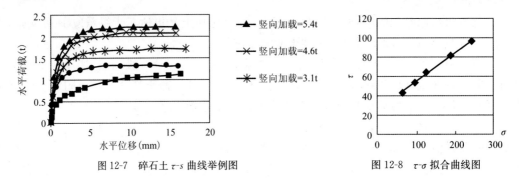

图 12-7 碎石土 τ-s 曲线举例图　　　　　图 12-8 τ-σ 拟合曲线图

求出每个拟合曲线对应的 f 值,统计其数字特征和分布规律。见表 12-4。对二十组数据进行统计分析,得到数据的数字特征:均值、方差、变异系数、样本偏度 S、样本峰度 K,画出直方图(图 12-9),并通过 JB 法,计算 JB 统计量的值,检验数据是否符合正态分布。

基底摩擦系数 f 的统计特征　　　　　表 12-4

项　目	不考虑地基土与试块间的黏聚力		
	五个数拟合	四个数据拟合	三个数拟合
	f	f	f
均值	0.46599385	0.50230915	0.56633600
方差	0.00032546	0.00071992	0.00059242
标准差	0.01804055	0.02683136	0.02433967
变异系数	0.03871414	0.04737700	0.04845556
偏度 S	0.52993443	0.53738435	0.34134038
峰度 K	0.99030115	3.56837807	1.18207528
JB 值	1.75334865	11.57370816	1.55279582

注:1. 在正态分布的假设下,JB 统计量渐进地服从自由度为 2 的卡方分布,即 JB$\sim\chi^2(2)$。一般取检验水平为 5% 时,对应的临界值为 5.99,即 $P(X>5.99)=0.05$,即:若 JB$>$5.99,则拒绝假设。
　　2. 碎石土求基底摩擦系数应该按照不考虑试块与土体之间的黏聚性取值。

试验中发现,按五个数据拟合的结果偏小,分析原因是因为当竖向荷载加大的时候有些材料已经被压碎了。若剔除压碎情况,采用三个数据拟合的结果是比较合理的。

另外,碎石土材料和砂土材料是按照截距为零来拟合的。经综合考虑,碎石土的基底摩擦系数均值取为:0.566336,变异系数为:0.04845556,最优分布类型为:正态分布。

(2) 内摩擦角 φ、重度 γ 的测量值及数字特征

碎石土材料的直剪试验采用大型直剪仪,如图 12-10 所示。试验原理与基底摩擦系数的试验相类似,试验中,仪器会自动采集水平力与水平位移的数据,根据数据,做出 τ-s 图,求出对应的水平应力大小。通过最小二乘法拟合,求得内摩擦角 φ 的取值和数字特征。重度 γ 采用比重法求得。

第 12 章 支挡结构设计参数的试验研究

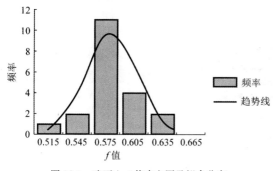

图 12-9 碎石土 f 值直方图及拟合分布

图 12-10 大型直剪试验

由于后期所有的碎石土材料都已被压碎,试验数据已经不准确,故取前十五组试验数据求得数字特征。求得碎石土材料的内摩擦角 φ、重度 γ 的数字特征如表 12-5 所示。

内摩擦角 φ、重度 γ 的数字特征　　　　表 12-5

项目 取值	内摩擦角($\tan\varphi$)	重度(kN/m^3)
均值	0.87453333	17.32262582
方差	0.0009517	0.073385132
标准差	0.03084956	0.270896903
变异系数	0.03527545	0.015638328
样本偏度 S	0.46332170	−0.255380000
样本峰度 K	−0.06908850	−1.338360000
JB 统计量	0.53965075	1.710064000
最优分布	正态分布	正态分布

碎石土材料的内摩擦角与重度试验数据的频率分布直方图如图 12-11、图 12-12 所示。

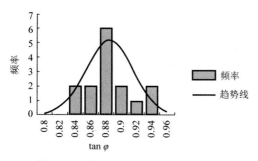

图 12-11 碎石土 $\tan\varphi$ 直方图及拟合分布

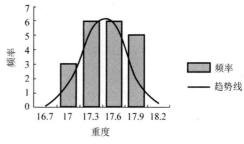

图 12-12 碎石土重度直方图及拟合分布

2) 砂土、粉土和黏性土

(1) 基底摩擦系数 f

砂土、粉土、黏土的基底摩擦系数 f 的试验方式与碎石土的相同,此处仅给出试验数据

的 τ-s 图举例,以及拟合图 τ-s 举例,如图 12-13、图 12-14 所示。

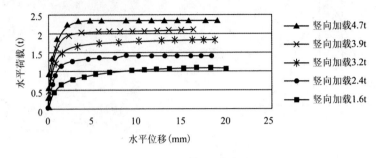

图 12-13　土体 τ-s 曲线图

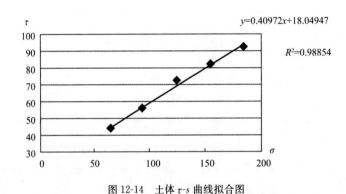

图 12-14　土体 τ-s 曲线拟合图

砂土、粉土、黏性土的基底摩擦系数试验中,砂土不考虑与试块的黏聚性,粉土和黏性土由于本身的黏聚性,会和试块产生黏聚力,故计算摩擦系数时,考虑黏聚力的存在。其统计特征计算结果见表 12-6。

砂土、粉土、黏土的基底摩擦系数 f 统计特征值　　表 12-6

土类 项目	砂　土	粉　土	黏性土
均值	0.513589	0.442716	0.383954
方差	0.000224	0.000821	0.000853
标准差	0.014972	0.028657	0.029209
变异系数	0.029151	0.064730	0.076074
样本偏度 S	0.189384	0.026110	0.024595
样本峰度 K	−0.930740	−1.362830	−1.641980
JB 统计量	0.841455	1.317531	1.686564
最优分布	正态分布	正态分布	正态分布

三种土的 f 值直方图及拟合分布如图 12-15～图 12-17 所示。

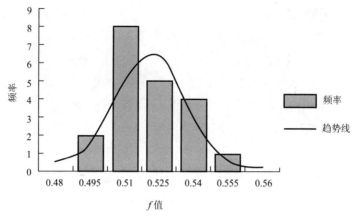

图 12-15　砂土 f 值直方图及拟合分布

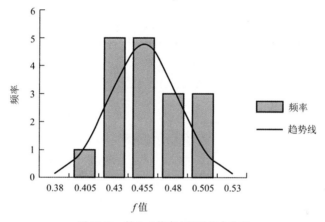

图 12-16　粉土 f 值直方图及拟合分布

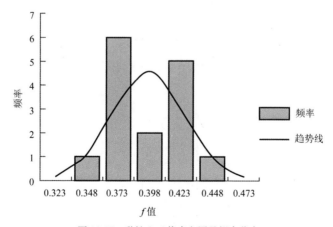

图 12-17　黏性土 f 值直方图及拟合分布

(2) 内摩擦角

砂土、粉土、黏性土的内摩擦角 $\tan\varphi$ 的试验采用小型直剪仪(图 12-18)进行。三种土的颗粒比较细,可以直接用小型的直剪仪进行试验。采用环刀法测量土体的重度。

图 12-18　小型直剪仪试验仪器图

三种土之中,砂土没有黏聚力,粉土和黏性土由于每次改变含水率,黏聚力变化较大。三种土的内摩擦角的统计特征见表 12-7。

内摩擦角 $\tan\varphi$ 的统计特征值　　　　　　　　表 12-7

项目＼土类	砂　土	粉　土	黏　性　土
均值	0.75248000	0.61840300	0.56573850
方差	0.00054259	0.00109808	0.000249146
标准差	0.02329363	0.03313727	0.015784345
变异系数	0.03095582	0.05358523	0.027900426
样本偏度 S	−0.20506360	−0.07083070	−0.499671150
样本峰度 K	−0.26461270	−0.46681270	−0.579469450
JB 统计量	0.24815026	0.19831837	1.112058234
最优分布	正态分布	正态分布	正态分布

砂土、粉土、黏性土三种土的内摩擦角频率分布直方图如图 12-19～图 12-21 所示。

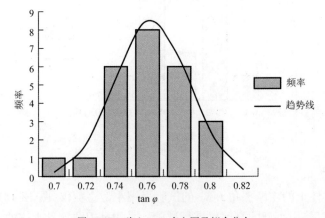

图 12-19　砂土 $\tan\varphi$ 直方图及拟合分布

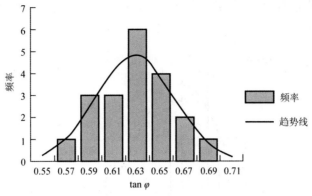

图 12-20 粉土 $\tan\varphi$ 直方图及拟合分布

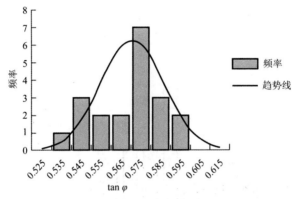

图 12-21 黏性土 $\tan\varphi$ 直方图及拟合分布

(3) 重度

砂土的重度用比重法测量，为保证精确性，尽量增加试验的组数，本次试验实际做了 35 组，粉土和黏性土的重度应用环刀法测量，每种测量 20 组。三种土的重度统计特征值见表 12-8。

砂土、粉土、黏性土重度 γ(kN/m^3)数字特征统计值   表 12-8

项目＼土类	砂土	粉土	黏性土
均值	16.18061	15.29862	14.36117
方差	0.038241	0.039722	0.013274
标准差	0.195553	0.199304	0.115212
变异系数	0.012086	0.013028	0.008022
样本偏度 S	-0.190430	-0.860320	0.089799
样本峰度 K	-1.077950	0.013512	-0.9962900
JB 统计量	1.906074	2.467343	0.8540440
最优分布	正态分布	正态分布	正态分布

根据试验数据的统计特征,做出砂土、粉土、黏性土三种土的重度频率分布直方图,如图 12-22～图 12-24 所示。

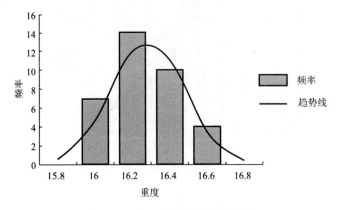

图 12-22　砂土重度直方图及拟合分布

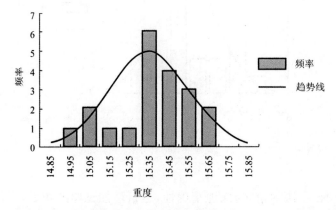

图 12-23　粉土重度直方图及拟合分布

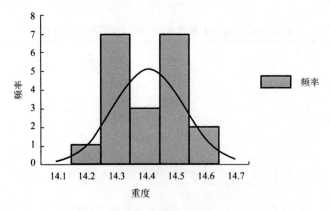

图 12-24　黏性土重度直方图及拟合分布

3)试验结果小结

基底摩擦系数、重度、内摩擦角的试验结果分别见表 12-9～表 12-11。

基底摩擦系数试验结果　　　　　　　　　　　　　表 12-9

试验土 项目	碎石土	砂土	粉土	黏性土
均值	0.566336	0.513589	0.442716	0.383954
方差	0.00059242	0.000224	0.000821	0.000853
标准差	0.02433967	0.014972	0.028657	0.029209
变异系数	0.04845556	0.029151	0.064730	0.076074
最优分布	正态分布	正态分布	正态分布	正态分布

重度试验结果　　　　　　　　　　　　　表 12-10

试验土 项目	碎石土	砂土	粉土	黏性土
均值	17.32262582	16.18061	15.29862	14.36117
方差	0.073385132	0.038241	0.039722	0.013274
标准差	0.270896903	0.195553	0.199304	0.115212
变异系数	0.015638328	0.012086	0.013028	0.008022
最优分布	正态分布	正态分布	正态分布	正态分布

内摩擦角试验结果　　　　　　　　　　　　　表 12-11

试验土 项目	碎石土	砂土	粉土	黏性土
均值	0.87453333	0.75248000	0.61840300	0.565738500
方差	0.0009517	0.00054259	0.00109808	0.000249146
标准差	0.03084956	0.02329363	0.03313727	0.015784345
变异系数	0.03527545	0.03095582	0.05358523	0.027900426
最优分布	正态分布	正态分布	正态分布	正态分布

根据我国《铁路路基支档结构设计规范》(TB 10025—2006)第 3.3.2 条的规定,基底摩擦系数 f 的取值范围见表 12-12。

基底摩擦系数 f 的取值范围　　　　　　　　　　　　　表 12-12

地基土类别	基底摩擦系数 f
硬塑黏土	0.25～0.30
粉质黏土、粉土、半干硬的黏土	0.30～0.40
砂类土	0.30～0.40
碎石类土	0.40～0.50
软质岩	0.40～0.60
硬质岩	0.60～0.70

试验的四种地基土类型分别为:圆砾、粗砂、粉土和黏性土。可大致对应于规范中的碎石类土、砂类土、粉土和硬塑黏土。本次试验的基底摩擦系数试验结果见表 12-13。

支挡结构设计的可靠性

基底摩擦系数 f 的试验结果 表 12-13

项目 \ 试验土	碎石土	砂土	粉土	黏性土
均值	0.566336	0.513589	0.442716	0.383954
方差	0.013679	0.004259	0.013139	0.011944
变异系数	0.206512	0.127067	0.258919	0.284643
最优分布	正态分布	正态分布	正态分布	正态分布

设计工作者一般取规范规定范围内的最小值,则对比关系见表 12-14。

基底摩擦系数 f 的对应关系表 表 12-14

项目 \ 试验土	碎石土	砂土	粉土	黏性土
试验数据	0.566336	0.513589	0.442716	0.383954
规范取值	0.400000	0.300000	0.300000	0.250000
试验数据与规范取值的比值	1.4160000	1.712000	1.476000	1.536000

由表 12-14 可知,基底摩擦系数的试验结果与规范规定的取值范围内最小值的 1.5 倍基本吻合。

12.2.3 采用试验结果计算抗滑动可靠指标结果分析

1) 地基土分类后抗滑动可靠指标计算

在前面的重力式挡土墙和 L 形挡土墙的可靠性分析中,土性参数统计特征的取值是按照代表大多数设计采用值的均值来选取的,没有根据土性进行分类。比如,摩擦系数 f 为 0.3 和 0.5 的统计特征是采用同样的变异系数。现在,假设墙后填土是砂性土的情况,分别计算碎石土、砂土、粉土和黏性土作为地基土时对应的可靠指标。四种地基土的 f 值取值见表 12-15。

四种地基土 f 值的参数取值表 表 12-15

项目	试验土	碎石土	砂土	粉土	黏性土
f	均值	0.5663360	0.513589	0.442716	0.383954
	方差	0.00059242	0.000224	0.000821	0.000853
	标准差	0.02433967	0.014972	0.028657	0.029209
	变异系数	0.04845556	0.029151	0.064730	0.076074
	最优分布	正态分布	正态分布	正态分布	正态分布

外力计算条件如下:

(1) 墙高 H:3~12m。

(2) 墙背摩擦角 $\delta = \varphi/2$。

第12章 支挡结构设计参数的试验研究

(3)荷载组合:列车荷载换算成土柱高度,换算土柱距路基边缘距离 $k_0=1.95$m,列车荷载分布宽度 $l_0=3.6$m,换算土柱高度 $h_0=3.6$m,线间净距为0.5m。

(4)墙后填土为砂性土,土性参数见表12-16,基底的摩擦系数取值见表12-15。

填土参数取值表　　　　表12-16

项目 取值	填土内摩擦角 φ(°)	墙背摩擦角 δ(°)	填土重度 γ(kN/m³)
均值	36.95156	18.47578	16.180610
方差	0.729507	4.90000	0.038241
标准差	0.854112	2.21000	0.195553
变异系数	0.023114	0.12000	0.012086
分布类型	正态分布	正态分布	正态分布

应用"M-C"法计算四种地基土的可靠指标,结果分别见表12-17～表12-20。

碎石土地基抗滑动可靠指标计算结果　　　　表12-17

墙高	墙宽	台阶数	K_c	K_0	β_{Kc}
3	0.50	0	1.366	1.972	3.048
4	0.81	0	1.303	1.780	2.894
5	1.08	0	1.306	1.629	3.076
6	1.39	0	1.373	1.604	3.719
7	1.79	1	1.305	1.697	3.156
8	1.99	1	1.301	1.621	3.156
9	2.21	1	1.321	1.603	3.353
10	2.40	1	1.353	1.602	3.891
11	2.91	2	1.299	1.695	3.156
12	3.14	2	1.300	1.692	3.195

挡土墙为重力式路肩墙,基底不倾斜,墙胸坡和墙背坡均为0.25。抗滑动控制设计,抗倾覆安全系数在1.6以上。从表格中的数据可知,当抗滑动安全系数接近1.3时,碎石土地基的抗滑动可靠指标在2.894～3.891之间,均值为3.264,对应的失效概率为0.0548%。

砂土地基抗滑动可靠指标计算结果　　　　表12-18

墙高	墙宽	台阶数	K_c	K_0	β_{Kc}
3	0.55	0	1.313	2.168	3.036
4	0.95	0	1.304	2.048	3.390
5	1.25	0	1.303	1.842	3.719
6	1.49	0	1.306	1.700	3.891
7	1.69	0	1.307	1.602	3.891
8	2.22	1	1.303	1.812	3.891

续上表

墙高	墙宽	台阶数	K_c	K_o	β_{Kc}
9	2.40	1	1.300	1.752	3.891
10	2.13	0	1.390	1.601	6.361
11	2.64	1	1.302	1.699	3.891
12	2.80	1	1.303	1.718	3.891

挡土墙为重力式路肩墙,为了使挡土墙为抗滑动控制,不设基底坡,墙胸坡和墙被坡分别为0.25。砂土地基抗滑动安全系数接近1.3时,可靠指标均值为3.721,对应的失效概率为0.0099%,失效概率非常低。

粉土地基抗滑动可靠指标计算结果　　　　表12-19

墙高	墙宽	台阶数	K_c	K_o	β_{Kc}
3	0.71	0	1.304	2.755	2.515
4	1.25	0	1.308	2.517	2.732
5	1.61	0	1.305	2.210	2.776
6	1.88	0	1.305	2.020	2.807
7	2.02	0	1.301	1.940	2.794
8	2.13	0	1.302	1.907	2.855
9	2.21	0	1.304	1.862	2.903
10	2.28	0	1.301	1.782	2.820
11	2.41	0	1.300	1.794	2.827
12	2.54	0	1.298	1.798	2.814

挡土墙仍为一般地区重力式路肩墙,不设基底坡,墙胸坡和墙被坡分别为0.25。粉土地基抗滑动安全系数接近1.3时,抗滑动可靠指标在2.515~2.903之间,均值为2.784,对应的失效概率为0.268%。

黏性土地基抗滑动可靠指标计算结果　　　　表12-20

墙高	墙宽	台阶数	K_c	K_o	β_{Kc}
3	0.99	0	1.310	3.556	2.411
4	1.73	0	1.306	2.938	2.492
5	2.01	0	1.306	2.638	2.524
6	2.13	0	1.305	2.530	2.546
7	2.26	0	1.304	2.454	2.559
8	2.37	0	1.299	2.370	2.546
9	2.45	0	1.304	2.301	2.608
10	2.58	0	1.303	2.240	2.559
11	2.73	0	1.299	2.239	2.540
12	2.89	0	1.301	2.245	2.566

挡土墙为一般地区重力式路肩墙,为了使墙体为抗滑动控制,不设基底坡,墙胸坡和墙背坡均为0.25。黏性土地基抗滑动安全系数接近1.3时,抗滑动可靠指标在2.411~2.608之间,均值为2.535,对应的失效概率为0.562%。

2)结果分析

在第5章中,对于一般地区重力式路肩墙,应用综合取值的土性参数进行了可靠指标的计算,得到的一般地区重力式路肩墙的可靠指标均值为1.975,对应的失效概率为2.413%。采用本次试验的统计特征,将地基土分为碎石土、砂土、粉土、黏性土四类的时候,计算的一般地区重力式路肩墙的抗滑动可靠指标取值范围与均值见表12-21。

四种地基土对应的抗滑动可靠指标　　　　　　　表12-21

取值＼分类	碎石土	砂土	粉土	黏性土
取值范围	2.894~3.891	3.036~3.891	2.515~2.903	2.411~2.608
均值	3.264	3.721	2.784	2.535
失效概率%	0.0548	0.0099	0.268	0.562

由上表可以得到以下几点结论:

(1)将地基土分类以后,可靠指标更大,失效概率更低。这是因为将地基土分类之后,变异性更小,出现失效的次数就会更少。说明采用综合的统计特征计算出的可靠指标偏低。

(2)四种地基土之中,可靠指标最大的是砂土。这是因为在抗滑动可靠指标的计算中,砂土的随机变量的变异系数均比其他三种土的变异系数小,尤其是与抗滑相关的摩擦系数f的变异系数,砂类土比其他土类小得多。

12.3　L形挡土墙土压力计算不确定性系数试验

12.3.1　试验方案

1)试验目的及思路

(1)通过离心模型实验(土工离心机示意图如图12-25所示),得到在不同荷载状态下和不同填料情况下,L形挡土墙受力、墙顶位移的变化情况,给出L形挡土墙墙背土压力的分布图示。

(2)提出悬臂段土压力计算的不确定性系数。

2)原型与模型试验尺寸的近似

(1)离心模型技术基本原理

将土工模型置于高速旋转的离心机中,通过离心机产生的离心加速度增加模型中的重力场,来补偿因模型尺寸缩小而导致土工构筑物自重的损失。可以证明,离心模型通过恰当的模型率,能够保证土工模型具有与原型相似的边界条件和应力、应变状态。

根据广义相对论等效原理可知,重力作用与惯性力作用是等效的,因此可以采用离心机旋转模拟重力场,以惯性力(拟重力)代替重力。根据拟重力的增加,达到将缩小的模型尺寸放大为原型尺寸的目的(也可以反过来说将原型尺寸缩小)。

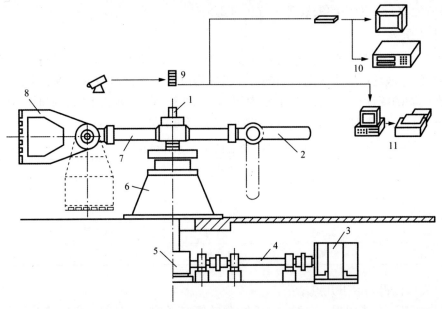

图 12-25　土工离心机示意图

1-转轴；2-平衡重；3-电动机及整流系统；4-传动轴；5-减速器；6-机座；7-转臂；8-吊篮；9-滑环；10-摄像系统；11-数据采集系统

土工离心模型如果采用和原材料相同的材料,原型和模型密度 ρ 不变,由重力场与惯性力力场等效性,可得：

$$\left.\begin{aligned}\sigma_p &= \gamma_p H_p \\ \sigma_m &= \gamma_m H_m \\ \gamma_p &= \rho g \\ \gamma_m &= \rho a\end{aligned}\right\} \quad (12\text{-}1)$$

式中：σ_p、γ_p、H_p——分别为原型的应力、重度和尺寸；

σ_m、γ_m、H_m——分别为模型的应力、重度和尺寸；

g、a——分别为原型重力场的重力加速度和模型模拟重力场中与转速对应的加速度。

将式(12-1)中的重度代入应力计算式可得：

$$\left.\begin{aligned}\sigma_p &= \rho g H_p \\ \sigma_m &= \rho a H_m\end{aligned}\right\} \quad (12\text{-}2)$$

根据离心模型试验不会改变材料的基本特性,即可保证土工模型具有与原型相似的应力和应变状态,可得：

$$\sigma_p = \sigma_m \text{ 即 } \rho g H_p = \rho a H_m \quad (12\text{-}3)$$

当加速度 a 为 g 的 n 倍时,由式(12-3)可得：

$$H_p = n H_m \quad (12\text{-}4)$$

式中：n——过载系数或模型率,合适的取值范围为 $n=20\sim200$。

从上述分析可知,当模型的离心加速度达到 $a=ng$,模型尺寸为原型尺寸的 $1/n$ 时,可以保证模型所受应力与原型一致。

(2)模型尺寸计算

根据中铁二院挡土墙计算软件计算确定,$H=6.0\text{m}$ 的 L 形挡墙的设计尺寸为悬臂高度 $H_1=5.4\text{m}$,底板厚度 $H_2=0.6\text{m}$,底板宽度 $B=4.18\text{m}$(其中墙踵板宽度 B_3 为 3.25m,墙趾板宽度 B_1 为 0.6m,悬臂厚度 B_2 为 0.33m)。原型与模型形示意图如图 12-26 所示。

根据原设计尺寸与实验模型率 n 确定试验模型尺寸。模型尺寸符号均以小写字母表示。由于 L 形挡土墙本身尺寸较小,故取模型率 $n=20$,则试验模型尺寸 $h=0.3\text{m}$,$h_1=0.27\text{m}$,$h_2=0.03\text{m}$,$b=0.209\text{m}$,$b_1=0.03\text{m}$,$b_2=0.0165\text{m}$,$b_3=0.1625\text{m}$。

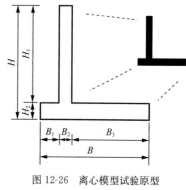

图 12-26 离心模型试验原型与模型示意图

由等效原理可知,改变模型惯性加速度与原型重力加速度的倍数,试验的模型尺寸不变,对应的原型尺寸是变化的。表 12-22 给出了不同墙高所对应的加速度和模型率。

不同墙高试验加速度和模型率 表 12-22

实际墙高 H(m)	模型率 n	离心机加速度	备 注
4.5	15	15g	
6.0	20	20g	
7.5	25	25g	本表以 6m 墙高的模型率为基准,其余墙高与模型率的换算关系如下:$n=\dfrac{H}{6.0}\times 20$
9.0	30	30g	
10.5	35	35g	
12.0	40	40g	
13.5	45	45g	
15.0	50	50g	

注:由于悬臂段土压力与墙高有关,故以墙高尺寸的变化代表缩放所对应的加速度。

3)原型与试验模型力学性质的近似

试验模型按照比例缩小后,其面板厚度只有几公分,用原型混凝土材料制作模型是十分困难。本试验主要测试填土压应力和悬臂板形变,只要墙高和加速度严格对应,模型填料的土压力的应力分布和原型的土压力的应力分布就是对应的,因此可用其他材料近似代替结构构件。

按照《岩土离心模拟技术的原理和工程应用》中所介绍,目前对于模型中的薄板材料,厚度尺寸的换算可按照刚度相等的原则,即 $E_m I_m = E_p I_p$,E_m 和 E_p 分别为模型和原型材料的弹性模量。此处,我们使用钢板厚度代替钢筋混凝土构件厚度。当模型材料为 C35 混凝土时,弹性模量为 $3.15\times 10^4 \text{N}/\text{mm}^2$。悬臂板底部为矩形截面,刚度计算按平面问题处理,则:

原型底部截面惯性矩

$$I_p = \frac{330^3}{12}(\text{mm}^4)$$

原型挡墙立壁抗弯刚度

$$E_p I_p = 3.15 \times 10^4 \times \frac{330^3}{12} = 9.43 \times 10^{10} \text{N} \cdot \text{mm}^2$$

试验模型的抗弯刚度

$$B_m = E_m I_m = \frac{E_p I_p}{n^3} = 11787500 \text{N} \cdot \text{mm}$$

当材料换成钢板时,弹性模量发生变化,如要保证试验模型刚度不变,则要改变材料的厚度。使厚度与弹性模量的匹配达到与力学模型的近似。钢的弹性模量为 $E_s = 2.0 \times 10^5 \text{N} \cdot \text{mm}^2$,则:

试验模型中钢板的厚度

$$b_m = \sqrt[3]{\frac{12 B_m}{E_s}} = \sqrt[3]{\frac{12 \times 11787500}{2.0 \times 10^5}} = 8.9 \text{mm}$$

选择标准的 8mm 厚钢板作为悬臂板的代替材料,刚度比设计换算的刚度稍小,考虑到设计中刚度一般会打折,所以试验中采用稍小的刚度对结果比较的影响不大。本次试验主要针对悬臂板的土压力和变形,对底板不进行测试和研究,为了试验方便,底板和悬臂板采用一样厚的钢板。由于板厚有力学性质的近似、加工钢板有精度的限制,模型尺寸局部有细微调整,最终试验的模型尺寸如图 12-27 所示。

4) 试验模型的墙背填料和地基材料

选用中砂和粗砂两种填料模拟设计中的填料。根据规范对于土体分类,粒径大于 2mm 的颗粒含量不超过全部质量的 50%,且粒径大于 0.075mm 的颗粒超过全部质量 50% 的土体称为砂土;粒径大于 0.5mm 的颗粒超过全部总质量 50% 的称为粗砂;粒径大于 0.25mm 的颗粒质量大于总质量 50% 的称为细砂。中砂级配如图 12-28 所示。

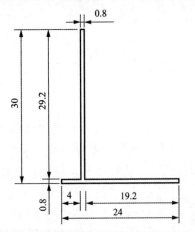

图 2-27 离心模型试验模型尺寸详图(尺寸单位:cm)

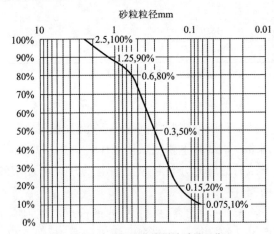

图 12-28 中砂级配曲线累计质量百分比

由上图可知,有效粒径 d_{10}(下标 10 表示累计质量占总质量的百分比)为 0.075mm,限定粒径 d_{60} 为 0.4mm、d_{30} 为 0.2mm、d_{50} 为 0.3mm。判断其不均匀系数 $C_u = \dfrac{d_{60}}{d_{10}}$ 与曲率系数

$C_c = \dfrac{(d_{30})^2}{d_{10} \times d_{60}}$ 可知, $C_u = 5.33$、$C_c = 1.33$ 均处于 $C_u \geqslant 5$, C_c 处于 $1 \sim 3$ 之间级配良好。

徐光明等的离心模型试验研究结果表明：与土直接接触的结构物尺寸与模型填料的平均粒径的比值大于或等于 30 时，填料的粒径效应所产生的试验偏差可忽略，此时填土的平均粒径 d_{50} 为 0.3mm，使用的土压力盒为超微型压力盒，其直径为 $d_y = 15$mm，所以 $\dfrac{d_y}{d} = \dfrac{15}{0.3} = 50 > 30$ 土体可以当作连续体考量，忽略粒径效应产生的误差。

对于粗砂采用 0.3~0.6 粒径来进行配置，作为一组级配不良组与中砂这一级配良好组进行对照分析。

地基土的模拟采用厚度为 5cm，级配良好的中砂来进行悬臂式挡土墙地基土的模拟。

5) 试验器材

本次试验采用西南交通大学 TLJ-2 型土工离心机(图 12-29)，该离心机的最大加速度可达 $200g$，应力计采用应变式微型土压力盒，位移计采用激光位移测量计，试验土体采用经过筛分、配制后的河砂。现各器材具体工作性能分述如下：

(1) TLJ-2 型离心机

通过其离心力来补偿因为模型缩小所导致的重力场不足的问题，可以在室内较准确地模拟现场情况。并配有拍照及摄影仪器辅助我们认识及处理数据。

图 12-29　TLJ-2 型土工离心机

(2) 应力计

采用直径为 15mm 的 JMYB501M 应变式微型土压力盒，其测量精度可达 1%FS(即满量程的 1%)，压力盒电阻为 350Ω，组桥方式为 4 个 350Ω 电阻全桥电路。

(3) 位移量测设备

悬臂式支挡结构需要测量其顶端位移，采用 ZLDS100(点式)激光测距仪予以采集。激光采集位移计相关参数见表 12-23。

激光位移计相关参数　　　　　　　　表 12-23

传感器型号	量程(mm)	起始距离(mm)	分辨率	线性度	接线方法
ZLDS100(点式)	5	15	0.01%FS	0.1%FS	4 线制差动式接法
ZLDS200(线式)	X 轴:180 Z 轴:250	X 轴:75 Z 轴:100	7μm	—	网线传输

注：ZLDS200 的 X 轴指激光线的长度，Z 轴指激光线所测物表面的高度。

6) 传感器的布置

(1) 土压力盒的布置

根据计算可知，土压力随深度加深而变大，所以在不同深度下采取不同量程的土压力盒以保证其测量精度。根据土压力的变化，土压力盒布置形式如图 12-30、图 12-31 所示。

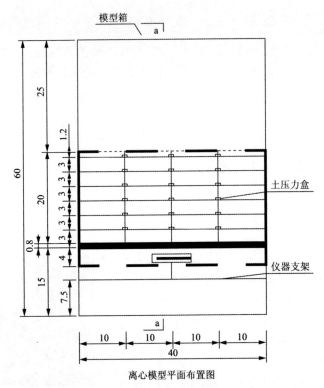

图 12-30 土压力盒在平面上的布置图(尺寸单位:cm)

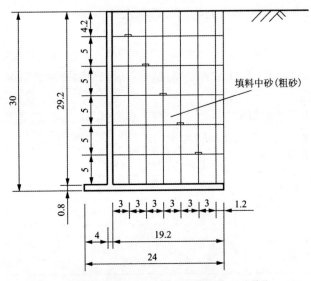

图 12-31 土压力盒在 a-a 断面上的面布置图(尺寸单位:cm)

(2)点式激光测距仪的布置

点式激光测距仪在平面上的布置如图 12-32 所示。

7)模型的制作安装及试验流程

模型的制作安装及试验流程如图 12-33 所示。

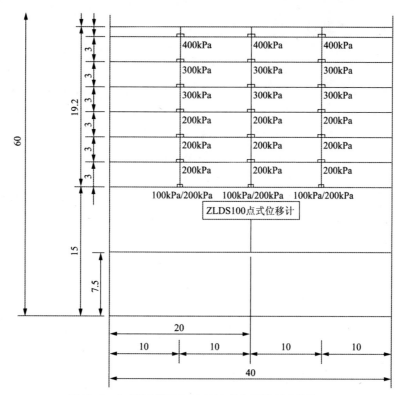

图 12-32　点式激光测距仪在平面上的布置图(尺寸单位:cm)

图 12-33　模型的制作安装及试验流程图

注意事项:

(1)悬臂式挡土墙模型安装时,左右两端以铝箔填补模型与挡土墙之间的空隙,使墙后填土不会漏出,挡土墙和模型箱也因为没有直接接触而大大减少了边界效应的影响。

(2)墙后填料应分层填筑,每层的夯实厚度应达到设计要求。

(3)埋置土压力盒等测量仪器时,应进行及时标定与检测。

12.3.2 测试结果及分析

1) 填料为中砂填料时不同深度下的土压力

填土中砂的物理力学实测性能：重度 γ 为 $15.5 \mathrm{kN/m^3}$，内摩擦角 φ 为 $32°$，填土与墙背摩擦角 δ 为 $16.17°$。离心模型试验中不同墙高土压力的分布规律如图 12-34～图 12-39 所示，图中，水平土压力采用累计侧压应力与对应悬臂分段长度之积的形式计算。

图 12-34～图 12-39 中的土压力计算理论值按朗肯主动土压力计算公式 $E_x = 0.5H^2 \tan(45°-\varphi/2)$ 计算。从图中可见，墙高小于或等于 9.0m 时，实测土压力大于主动土压力，这与预想的结果一致。墙高 12m 和 15m 出现实测值小于主动土压力的情况，这与预想不符，分析其原因为：理论计算是按纵向为无限延伸的情况考虑的，而实测值纵向不可能无限延长，两端会产生约束力，墙越高，纵向长度与墙高之比越小，无限延伸的这种模型越不合适，两端约束的效应越大，实测土压力与理论土压力之差逐渐减小，最后出现实测土压力小于理论主动土压力的情况。

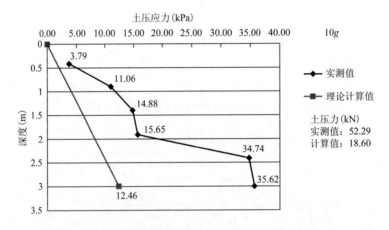

图 12-34 墙高为 3m 时的墙背水平土压应力分布（图中 10g 为加速度）

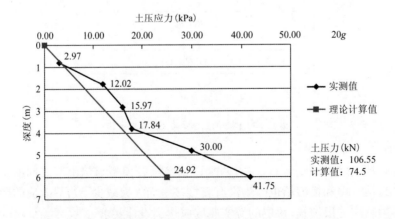

图 12-35 墙高为 6m 时的墙背水平土压应力分布（图中 20g 为加速度）

第12章 支挡结构设计参数的试验研究

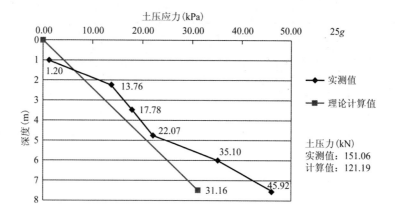

图 12-36　墙高为 7.5m 时的墙背水平土压应力分布（图中 25g 为加速度）

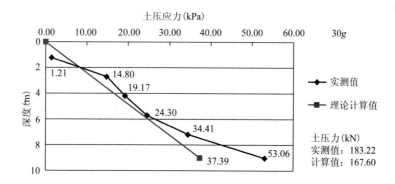

图 12-37　墙高为 9m 时的墙背水平土压应力分布（图中 30g 为加速度）

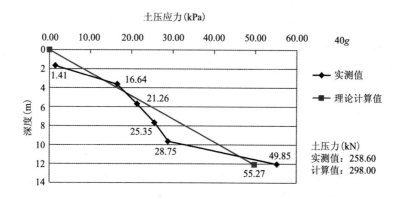

图 12-38　墙高为 12m 时的墙背水平土压应力分布（图中 40g 为加速度）

支挡结构设计的可靠性

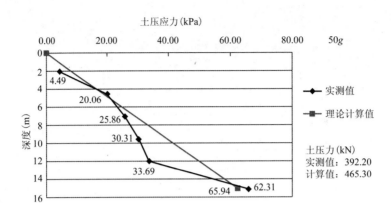

图 12-39 墙高为 15m 时的墙背水平土压应力分布(图中 50g 为加速度)

另外,图中土压应力分布的总趋势与理论主动土压力相似,最后一点有突然放大的现象,这与其他试验或现场实测土压应力减小的情况相反。这是因为本试验为了满足规范中的计算假定——踵板顶面光滑(实际施工中的最不利情况:踵板顶面确实光滑或者填方在接近踵板位置夯实不够),将代替踵板的钢板顶面涂上润滑剂,使踵板不对填土产生约束,这样才能更好地和理论计算进行比较,而每层填料对上一层土压力都会产生约束,底部土压力突然去掉了这种约束,从以上各图中反映出来就是从上到下土压应力向外鼓出,然后略微回收,最底层土压应力又突然放大。

将图 12-34～图 12-39 中的实测土压力和理论主动土压力列表对比,见表 12-24。

墙背水平土压力理论计算值与模型试验测量值对比表　　表 12-24

墙高(m)	土压力(kN)		实测值与理论值之比	土压力计算不确定性系数建议值	备　注
	实测值	理论值			
3.0	52.29	18.6	2.81		土压力计算不确定性系数建议值根据墙高 6m、7.5m 和 9m 的实测值与理论值之比的加权平均而得
6.0	106.55	74.5	1.43	1.25	
7.5	151.06	116.32	1.30		
9.0	183.22	167.5	1.09		
12.0	258.6	297.8	0.87		
15.0	392.2	465.3	0.84		

从表 12-24 可以得到以下几点:

(1)当模拟 3m 墙高时,加速度只有 10g,不满足加速度大于 20g 的适用范围,所产生系统误差较大,导致测量精度不够,3m 墙高的实测值与理论值之比不宜作为土压力计算不确定性系数的依据。

(2)由于 12m 与 15m 墙高出现土压力小于理论计算结果的现象。理论计算是假设沿纵向为无限长的情况。当墙高较矮时,模型试验还可以近似认为纵向约束忽略不计,随着墙高增大,纵向与墙高之比减小,与纵向无限长的假设越来越不相符,两端的约束会导致传递与墙背的事实际土压力减小。另外,设计中悬臂式挡土墙一般在 6m 以下,7m 以上必须增加其他措施减小悬臂板的变形,所以我们采用中间墙高6~9m之间的数据对土压力计算不确定性系数进行分析并推荐。

2) 不同墙高的墙顶位移测量结果

(1) 位移计标定

CW-YB-20型位移计,仪器输出数值为应变,通过图12-40中的回归,将应变x值转换为实测位移y_x值。

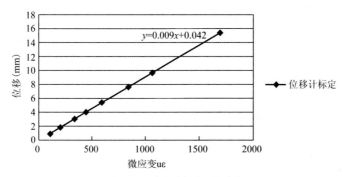

图12-40 位移计标定回归直线

图12-40显示,位移计在16mm范围内呈线性变化,其标定系数为0.009mm。试验模型在不同加速条件下,位移计所读取的应变值见表12-25。

试验测量的应变 表12-25

试验加速度及对应墙高		位移计应变值		
加速度	墙高(m)	最终应变 x_1	初始应变 x_0	试验测量应变 $\Delta x = x_1 - x_0$
10g	3.0	−186.45	−158	28.45
20g	6.0	−200.95	−158	42.95
25g	7.5	−210.23	−158	52.23
30g	9.0	−217.05	−158	59.05
40g	12.0	−224.67	−158	66.67
50g	15.0	−227.27	−158	69.27

表中x_1为位移计所读出的应变值,x_0是为了保证位移计与立壁充分接触,所施加的一个初始应变值,试验测量位移按下式计算:

$$\Delta y = (0.009x_1 + 0.042) - (0.009x_0 + 0.042) = 0.009\Delta x \tag{12-5}$$

(2) 实际位移计算见表12-26。

墙顶试验测量位移与换算实际位移 表12-26

墙高与比例系数		应变 x	墙顶位移(mm)		
H(m)	n		试验测量位移 $y = 0.009\Delta x$	等比例换算实际位移 $y_s = ny$	相对位移 y_s/H
3.0	10	28.45	0.26	2.6	0.09%
6.0	20	42.95	0.39	7.8	0.13%
7.5	25	52.23	0.47	11.8	0.16%

续上表

墙高与比例系数		应变 x	墙顶位移(mm)		
H(m)	n		试验测量位移 $y=0.009\Delta x$	等比例换算实际位移 $y_s=ny$	相对位移 y_s/H
9.0	30	59.05	0.53	15.9	0.18%
12.0	40	66.67	0.60	24.0	0.20%
15.0	50	69.27	0.62	31.0	0.21%

表 12-31 中位移随墙高变化情况如图 12-41 所示。

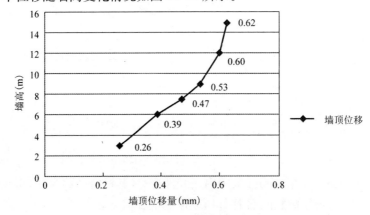

图 12-41　墙顶位移随墙高散点图

结论：

(1)根据模型试验测量值转换为真实条件下的实际值可知，6m 墙高墙顶位移量为 7.73mm，根据现有理论知，要达到主动土压力状态，相对位移量一般应超过墙高 5%，6m 墙高约需 30cm 位移量，所以试验结果显示填土压力未达主动状态，填土实际承受土压力应大于理论计算值。这一结果与土压力模型试验结果相吻合。

(2)从图 12-41 可见，当墙高大于 7.5m 以后，墙顶位移量有加速增大的趋势，这一点正好可以进一步印证现行规范中将悬臂式挡土墙的适用范围限定在 6m 及以下的高度。虽然最大墙高的变形也没有超过正常使用极限状态的限定值，但根据设计经验可知，墙高 7m 以上，用钢量和结构尺寸会显著增加。为了限制变形和节省材料，当墙高超过 6m 时，规范规定应改变结构形式，通过改善结构的受力状况达到控制变形和节省材料的目的。

另外，根据理论计算，6m 墙高墙顶点位移为 8.65mm；根据数值模拟计算，墙顶位移为 7.3mm。均与表 12-26 中的 7.8mm 接近，说明本次试验的结果比较准确。

课题研究成果

1. 公开发表的论文

[1] 魏永幸,罗一农,刘昌清. 基于概率论的支挡结构极限状态设计方法[J]. 铁道工程学报,2014(07):33-37.

[2] 罗一农,刘昌清,魏永幸. 支挡结构的可靠指标与分项系数关系研究[J]. 铁道工程学报,2014(07):38-42.

[3] 刘昌清,罗一农,魏永幸. 基于概率的支挡土压力及其对可靠指标的影响[J]. 铁道工程学报,2014(07):42-47.

[4] 魏永幸,罗一农,昌清. 分项系数法与基于可靠指标设计方法的对比[J]. 铁道工程学报,2014(09):21-25.

[5] 罗一农,刘昌清,魏永幸. 支挡结构极限状态的划分探讨[J]. 铁道工程学报,2014(09):26-29.

[6] 刘昌清,罗一农,魏永幸. 基于极限状态设计法的重力式挡墙设计研究[J]. 铁道工程学报,2014(09):30-34.

[7] 魏永幸,罗一农,刘昌清. 基于极限状态法的悬臂式挡土墙设计研究[J]. 铁道工程学报,2014(11):6-9.

[8] 罗一农,刘昌清,魏永幸. 基于极限状态法的桩板式挡土墙设计研究[J]. 铁道工程学报,2014(11):10-14.

[9] 刘昌清,罗一农,魏永幸. 基于极限状态法的锚杆挡土墙设计研究[J]. 铁道工程学报,2014(11):15-19.

2. 研究报告

中铁二院工程集团有限责任公司,西南交通大学. 铁路路基支挡结构极限状态设计研究[R]. 成都:中铁二院工程集团有限责任公司,2014.

参 考 文 献

[1] 李海光,等. 新型支挡结构设计与工程实例[M]. 北京:人民交通出版社,2011.
[2] 李毓林,等. 铁路工程设计技术手册——路基[M]. 北京:中国铁道出版社,1992.
[3] 顾宝和,毛尚之,李镜培. 岩土工程设计安全度[M]. 北京:中国计划出版社,2009.
[4] 高大钊. 土力学可靠性原理[M]. 北京:中国建筑工业出版社,1989.
[5] 冷伍明. 基础工程可靠度分析与设计理论[M]. 长沙:中南大学出版社,2000.
[6] 罗一农. 重力式挡土墙可靠度设计方法研究[J]. 铁道工程学报,2007(8):27-29.
[7] 郭云志,等. 极限状态设计法及应用[J]. 建筑机械,2005(5):67-69.
[8] 中华人民共和国铁道部. TB 10025—2006 铁路路基支挡结构设计规范[S]. 北京:中国铁道出版社,2006.
[9] 中华人民共和国铁道部. TB 10025—2006 铁路混凝土结构耐久性设计规范[S]. 北京:中国铁道出版社,2011.
[10] 中华人民共和国铁道部. GB 50111—2006 铁路工程抗震设计规范[S]. 北京:中国计划出版社,2009.
[11] 中华人民共和国铁道部. 铁路工程结构可靠性设计统一标准(试行)[S]. 北京:中国铁道出版社,2014.
[12] 中国建筑科学研究院. 工程结构可靠性设计统一标准[M]. 北京:中国建筑工业出版社,2008.
[13] 中华人民共和国建设部. GB 50068—2001 建筑结构可靠度设计统一标准[S]. 北京:中国建筑工业出版社,2001.
[14] 中华人民共和国交通部. GB/T 50283—1999 公路工程结构可靠度设计统一标准[S]. 北京:中国计划出版社,1999.
[15] 中华人民共和国建设部. GB 50010—2010 混凝土结构设计规范[S]. 北京:中国建筑工业出版社,2010.
[16] 中华人民共和国交通部. JTG D30—2004 公路路基设计规范[S]. 北京:人民交通出版社,2004.
[17] 中华人民共和国建设部. GB 50007—2002 建筑地基基础设计规范[S]. 北京:中国计划出版社,2002.
[18] 中华人民共和国建设部. GB 50009—2001 建筑结构荷载规范[S]. 北京:中国计划出版社,2002.
[19] 铁道部第三勘测设计院. 铁路桥涵设计规范(荷载和抗力系数极限状态设计法). 北京:中国铁道出版社,1999.
[20] 中铁四院勘察设计集团有限公司. 加筋土挡墙极限状态设计研究[R]. 武汉:中铁四院勘察设计集团有限公司,2013.
[21] 王飞,罗书学,王金香. 综合内摩擦角的变异性探讨[J]. 四川建筑,2007(4):63-64.
[22] 王飞,李洪岗. 支挡结构设计中引进可靠度方法的几点建议[J]. 高速铁路技术,2013(2):51-53.
[23] 王玉杰,徐佳成,等. 基于可靠度分析的锚杆抗拔安全系数取值标准研究[J]. 岩土工程学报,2012(2):303-308.
[24] 杨松林,徐卫亚,刘祖德. 岩石锚杆抗拔实验数据处理及可靠度分析[J]. 岩石力学与工程学报,2003(1):61-64.
[25] 章学义,鲍本健. 点荷载试验确定岩基抗压强度标准值的分析[J]. 安徽地质,2002(4):268-272.
[26] 沈在康. 混凝土结构设计新规范应用讲评[M]. 北京:中国建筑工业出版社,1993.

［27］梁波.挡土墙抗滑稳定分析中分项系数的确定与对比[J].兰州铁道学院学报,1999(12):12-18.

［28］Lumb P. Statistical Methods on Soil Investigations[A]. Proc. 5th Australia-New Zealand and Conf. on soil Mech. and Foud. Engrg. ,1967.

［29］Meyerhof, G. G. Limit States Design in Geotechnical Engineering[J]. Structural Safety,1982(1).

［30］R. E. Melchers. Structural Reliability Analysis and Prediction[M]. England:Ellis Horwood Limited,1987.

［31］Freudenthal, A. M. Safety and Probability Theory for Structual Design[M]. Solid Mechanics Division, Univ. of Waterloo,Waterloo,Ontario,Canade,1969.

［32］Smith, GN. Probability Theory in Geotechnics: An Introduction[J]. Ground Engineering, Oct. 1981.

［33］Meyerhof, G. G. Limit States Design in Geotechnical Engineering[J]. Structural Safety, 1982(1).

［34］Lumb, P. The Variability of Natural Soils[J]. Canadian Geotechnical Engineering Journal,Vol. 3,No. 2.

［35］Lumb, P. Application of Statistics in Soil Mechanics[M]. Soil Mechanics: New Horizons,1974.

［36］Lumb, P. Spatial Variability of Soil Properties[C]. Proc. 2nd ICASP,1975.

［37］Wu, T. H. Uncertainty, Safety and Decision in Soil Engineering[J]. ASCE, Vol. 100,No. 3,1974.